总 主 编　李红权　朱宪
本卷主编　李红权　朱宪

近代蒙古文献大系

政治卷

◇ 第 一 册 ◇

中华书局

本卷目录

前　言

第一册

第二册

第三册

第四册

第七册

第九册

第十一册

第十三册

第十四册

第十五册

第十六册

第十七册

第十八册

目　录

前　言

　　《近代蒙古文献大系》（以下简称《大系》）是一部将1833—1949年百余年中，散见于各种期刊杂志、报纸文摘、回忆录，及各类公报中，关于蒙古的中文文献，进行分类编辑整理而成的史料集成，旨在全面系统地汇总近代蒙古文献，为研究近代蒙古历史提供可用的史料。

　　这里的"蒙古"一词，含义有二。一为地理含义的蒙古，即指蒙古高原。蒙古高原地域辽阔，物产丰富，自古就是多民族共同生活的家园。匈奴、鲜卑、柔然、突厥、回纥、契丹、蒙古、女真、满、回、达斡尔、鄂温克、鄂伦春等民族，均曾在此生息繁衍。二为民族含义的蒙古族。蒙古族居住和活动的区域，遍布于我国北部的内蒙古、黑龙江、吉林、辽宁、河北、陕西、宁夏、甘肃、青海、新疆等省区，及今蒙古国的广大地区。

　　自元至清，蒙古问题已经不是单纯的区域性问题，而是关系到中国乃至世界的全局性问题，是中国北部边疆最为重要的问题之一。鸦片战争以后，中华民族饱受内忧外患之苦，蒙古亦不例外，且有过之而无不及。为挽救危亡，包括蒙古民族在内的中华民族作了种种努力。本民族的自救尝试、帝国主义势力的侵略与宰割、内地移民的大量涌入，三者共同作用于这片广袤的土地之上，使得该地区的社会结构、阶级关系、行政建制、经济文化、社会面貌等，都发生了急剧的变化。

这种急剧的变化，自然引得各种各样的目光投向这里，各方出于不同的目的，对蒙古的关注和研究空前增加，这就为今天的我们提供了大量的史料。

道、咸以降，清政府与俄国勘界立约之事，时常发生。清廷使臣不谙边务，不明界域，交涉中每每失地，动辄千里。激于此，部分学者开始了对边疆史地的研究，产生了诸如《蒙古游牧记》、《蒙古志》、《朔方备乘》、《藩部要略》等著作。但其研究均以西部舆地为主，旨趣皆在讲求中俄边界交涉沿革，冀以挽救时艰，且由于体例的限制，涉及社会生活等领域的篇幅不多。

20世纪以来，特别是辛亥革命后，随着民族危机的加深，国人对蒙古地区的研究活动呈现出蓬勃发展的态势，例如：

翻译外国文章。主要是将日本、俄国早期的关于蒙古的调查文章，翻译而揭载于报刊之上。

成立研究组织。赵守钰在重庆，马鹤天在榆林，顾颉刚在成都，分别成立了边疆学会，均以促进民族团结、考察边疆情形、研究建设方案为宗旨。

开展实地调查。政府部门、社会团体、民间组织、机构，以及名人学者等，纷纷前往，并撰写和出版了大量调查报告、考察日记、访古实录等。

创办刊物。内蒙地区仅在1928至1937年的短短9年时间内，就有约90种期刊问世。①

京、津、平、沪等地创办的边疆期刊，更是不胜枚举。

俄国很早就开始了对蒙古地区的研究。俄国政府不惜耗费巨资，数次派探险队深入蒙古地区进行实地调查，搜集了大量资料。

---

① 忒莫勒：《内蒙古近代报刊事业发展概述》，《内蒙古旧报刊考录》，远方出版社，2010年。

日俄战争后，日本在中国构建了庞大的谍报机关网，用以收集情报。其间谍组织，遍布山海关、张家口、多伦、百灵庙、归绥、包头、额济纳旗，及凉州、西宁等处。① 日本政府还在东京外国语学校开设蒙古语文班，培养精通蒙古语文的人员，以作侵略的工具。所训练的"蒙古通"，不断出入蒙古地区，平日旅行、调查、测量工作极为紧张。② "常见日人乘坐汽车，出入蒙古草地，只凭地图与指南针，在此茫茫草海中，未尝下车一询土人，丝毫均未错误。"③

通过这些活动，日、俄等帝国主义势力对蒙古地区的了解，令国人自叹弗如。有人感慨："蒙汉本是一家人，我们一向的漠视这一家人，彼此不能了解的地方已很多，我们研究蒙古问题，反要在日文书籍中找材料。""一望近数十年来帝国主义者的调查工作和出版工作，好像水银泻地无孔不入的，真使得我们又痛恨又惭愧。"④

当时的报刊上，也登载了一些欧美人士对蒙古问题的评论和观感。

由以上所述，可知《大系》的文献来源，很是广泛。这些文献的体裁，有论述文、社论、论战、史抄、消息、报导、报告、通讯、调查、考察、旅行记、探险记、访谈、电文、计划、大纲、译文、日记、演讲、讲议、年鉴、诗歌、小说、散文、歌曲等，十分多样。文献涵盖的地方行政区划层级较为完整，大到整个内

---

① 黎小苏：《日本对于蒙古之间谍工作》，《边疆》1941 年 5 期。

② 谢再善：《日寇侵略蒙古阴谋的失败》，《塞风》1939 年 4、5 期合刊。

③ 锋：《"九一八"事变后日本对于蒙古之侵略》，《中国新论》1936 年 2 卷 8 期。

④ 顾颉刚等：《中国边疆学会丛书总序》，许崇灏：《漠南蒙古地理》，正中书局，1945 年。

外蒙古，黑龙江、吉林、辽宁、河北、宁夏、新疆、青海等省区，小到旗县村镇，均有所涉及。作者来自中外，身份各异。这些，都是《大系》史料丰富性的体现。

驳杂的内容，使这部《大系》有了近代蒙古"百科全书"的色彩，我们把这些文献分类分卷整理出版，想来当是研究者和爱好者所乐见的。

各篇文献的底本，因年代久远、印数有限、使用频繁、保存不善等诸多因素，流传稀少，加以馆藏分散、缺藏破损严重，我们虽然做了广泛搜罗、精心比对等等工作，仍不能实现影印出版的初衷。同时，多用繁体竖排，有许多文章没有标点，有标点者，既有"新式标点"，也有"句读"，但其"新式标点"，与今日标点规范仍有很大差距；且由于印刷技术的局限、出版节奏的变化、从业人员的专业水平等问题，原文中的错漏衍舛问题突出，这些，都会给读者的使用带来不便。为此，我们就花了很多时日和精力，把它进行了整理。

各卷的篇目，以发表的年、卷、期先后排序。发表年代相同的文章，不分卷者居前，分卷者居后。连载的文章，以第一期著录的年、卷、期、刊名为排序标准。多期合刊，按首起期数排序。年、卷、期相同者，以刊名、作者、篇名的拼音顺序排序。

重复发表而内容差别甚微的文章，取最先发表者，若文字改动较大，则兼收并存。

各篇之出处，标注于篇末。原刊的出版频率，或称"号"，或称"期"，今悉依其旧。若某刊，封面与内文，"期"与"号"杂称，以原刊封面为准。连载文章出处的著录，如1911年2卷5—7期，表明此文连续刊载在2卷5期、2卷6期、2卷7期上；2卷5、6期，表明此文刊载在2卷5期、2卷6期上；若是双期合刊，则标为"2卷5、6期合刊"。

著述方式，用以下办法处理：1. 若原刊未标明著作方式，则统一加"撰"字。2. 若原刊有"著"、"作"等字样，则一仍其旧。3. 原刊没有标明作者和著述方式，但从通篇内容中可以知道的，按所述添加，如《西北考察团经过》，标题下说明这是"徐炳昶之报告"，用"徐炳昶报告"表示。4. 作者不详的文章，标为"作者不详"。5. 原刊在作者名字后出现"女士"、"先生"等字样的，予以保留。

在文字校勘上，以忠实于底本原貌为基本原则。1. 将异体字、俗体字，规范为简化字，有特殊含义者除外。2. "异形词"用字，不作改动，如"真象"、"真像"，予以保留。3. 对与今天用字不同的"专有名词"，不作改动。4. 对人名、地名等的音译用字，不作改动，如"乌生旗"，不改为"乌审旗"。

校勘符号使用如下：1. 正文中的（），皆为原有，并非整理者所加。2. 原刊缺字或漫漶无法识别之处，以□标识。3. 错字随文更正，改正字置于〔〕内。4. 增补的脱字，置于< >内。5. 衍文，置于［ ］内。6. 疑有讹误者，以［?］标识。文义不通之处及其他疑难问题，以"整理者注"的方式加以说明。

各篇文献的作者，立场不同，身份各异，自然观点不一。特别是站在日伪立场上叙事者，其言辞之荒谬，逻辑之带有强盗性，至为明显。为保持资料的完整性，我们在按出版规范加以处理后，予以收录，请读者明鉴。

编者识
2018 年 9 月

法国书记官窥探蒙古

作者不详

　　法国驻中公使，作东海之游，其武官巡历满洲，其书记官讨寻蒙古南部，以俄公使去北京次日，束装就道，经历张家口、多伦诺尔、热河等处。夫张家口，俄国租界所在之地，而为蒙古一市场也，多伦诺尔为喇嘛庙地，乃蒙古牲畜之市场也，热河当东南矿山之冲，为中国皇帝之猎场也。此地矿山颇夥，不胜枚举，其最著者，曰承德府之遍山、线室沟等，皆为银矿，平泉洲〔州〕之锡蜡银矿，银子园之铜矿，丰宁县牛圈子沟之银矿及铅矿，喀拉沁王旗土槽子、罗圈沟之银矿，同中旗之金矿，建宁县之金厂沟，滦平县之宽沟，丰宁县之大营子等金矿，翁牛特王旗之红花沟、水泉子沟、拐棒沟等之金矿，建昌县之各里各，宁建之双山子，朝阳县之五家子等之金矿，皆其大者也。华人未知开掘，以供国家之用，而弃在荒野，然则法国书记官之往蒙古，岂与寻常游历等哉。

《时务报》（旬刊）
上海时务报馆
1896 年 12 期
（李红权　整理）

蒙古盛衰论

余杭章炳麟　撰

　　呜呼！方良贙离之属，杀人以长其子孙，其子孙亦蕃衍岔息，是固天道所不与知也。犹是裸胸而生，而暴戾恣睢〔睢〕，屠黔首如草艾，顾羡续且数十世，则吾未尝前闻于彭铿氏之子。蒙古之盗中国，其杀人什伯嬴氏。嬴氏遇刘项，系颈以组，丧其陈仓之石。独扶苏嗣子某，当违难奔辽西，为数部长，至晋初曰"弓月者"，始见逼归日本，然秦裔之不亡，亦麋矣。蒙古则自顺帝北窜，其太子曰阿裕锡里达赖汗者，子姓犹不绝如线，数世以后，遂为车臣、土谢图、札萨克图三汗，横有漠北，血食至今，且南则科尔沁等五十一旗，西则四额鲁特，皆其种族，或尝庸牧马，是何天之笃爱暴人，使其丑类历五六百年而不一衰息也。

　　章炳麟曰，唯唯否否，不然，吾闻亚洲之域，环乎中国者，曰蛮、闽、羌、狄，谓之虺蛇犬羊之种，今之红黑番人则近是。意者其诚虐老兽心，天性异于冠带之族耶？其诸吾中国之酿嘲其人，而被之恶名耶？惟蒙古始祖巴塔赤罕，实出自苍狼、白鹿，载在《元秘史》，以《春秋》所讳为美谈，是则其自具狱也，而非吾中国人之驾诬之矣。嗟乎！使吾入鲸鲵之域，固自分必死，亦何怨乎鲸鲵，且知鲸鲵之自是可久也。蒙古以窃毛之兽，心若雄虺，荐食上国，而苗裔不蒙其祸，吾故曰："方良贙离之属，杀人以长其子孙，其子孙亦蕃衍坌〔岔〕息，是固天道所不与知也。"如是族者，宁渠与欧美诸国，可以生人之道论者乎，徒可道其盛衰之概，法乎自然而已；当其宰割赤县，剥丧元元，颓夷陵墓，自黄巢、王仙芝以来未尝有，而贤智之士，如姚枢、吴澄者，方肉食朝列，汗颜不去，志犹有所匡正。彼于蒙古之种类，特未谛也。彼蒙古于中国，犹土耳其于希腊也，蚕食数百年，犹不得持君臣义，而况狼鹿之种乎。若之何其视以紫宫北极，而欲拥铎卫之也。当是时，蒙古知髦杰附己，一二愚民，不敢弯弓而抱怨，乃益横厉，奋其爪牙，攫咀所至，覃及禹域，则神明之胄，孑然其殆尽矣。席成吉思之余业，威棱慴邻国，令范文虎等征师十万，东伐日本，日本君臣，至祷襘神宫以求解，此则以然炭爇飞蓬，虑无不糜烂者。天夺其魄，飓风凭怒，余皇帛兰，沦陷岛国者，以十百计，智虑穷尽，六师墨色，仓促而归，计蒙古起兵以来，未有軗驾败绩至是者，顾使日本不费一卒，而蒙古皆漂为转尸，其诸厉气之未当遍于神明之胄，而故遗日本一方隅土，使不与中国同饱于饿狼之喙也。嗟乎！当蒙古之盛，方明不坠，滈池不遮，惟神飙之灵，一挫其气，亦若有上天绎之矣。彼特自以为天之骄子，驰骤俯仰，所趋则如志，而不知大命之不久假也。明太祖起于亡命，河神授图，是时四方豪杰，已所在云起，土崩之日，蒙古钟虡未变，官府未改号，灭国四十之劲旅，其更数传者，犹在四方；及明师雷厉，蒙古羽箭不射，横弩不发，父子相率，弃后妃北遁，惟王保保与明齮龁，倔强十余年，终未得志，无他，蒙古之气，固自此衰矣。其后瓦剌可汗及小王子等，控弦尚数十万，跳踉朔方，世为边患，明虽都宛平，畿甸间犹数不靖，谋臣猛士，时以鞑靼为患。帖木儿既西败土耳其，至欲弄兵大东，以窥九鼎，天实祝之，未发而陨。是数子者，固犹燋火之熄，焰即乍起，不足以为蒙古复盛之证也。及噶尔丹作，以牧圉侵轶其故主，漠北诸部，皆鸟窜兽遁，南下保近塞地，荡析离居，莫有宁处，仁者矜而覆之，复其戎索之地，致其九白之贡（喀尔喀三汗自崇德时已各贡白马八，白驼一，谓之九白之贡，后以为常），筑阿尔泰山为长城，以断准部之抄掠，以其无政事法守，为置库伦办事大臣以纪纲之，愍其苦寒，复与俄罗斯通茶叶、大黄于恰克图，其仰视中国，诚若鷇翼。然其权力益分，戎事废弛。人知晏卧，俄罗斯磨牙于后，而不知为自守计，视昔之负箙疾趋、噬人若国瘈狗者，其榰庛诚不知其几何也。盖自巴塔赤罕之生，时大时小，尚已，其幽明强弱，载籍所不能记，至成吉思乃虓阚震中外，世为枭雄，历六百余祀，戾气既泄，筋力缏弛，虽种族蕃衍，而不能任一战卒，故蒙古之极衰至于今日，乃夭阏雕伤为尤甚，其不能存萌蘖以待王气之复盛，章章明矣。夫杀人以长子孙者，天道所不与知，及利觜长距之既极，则亦有以折之、排之，使不复振起。昔者匈奴衰矣，继之以鲜卑；鲜卑弱矣，嗣之以柔然；柔然灭矣，踵之以突厥；突厥歼矣，充之以回纥；及回纥屡靡，羁属契丹，其后女真、蒙古嗣兴，计朔方之地，一部之盛衰，永年如蒙古，盖不数见，今其当骈首以就大戮无疑也。彼俄罗斯之未事蒙古者，以西伯利亚之铁路未成耳，轨道既通，蚕食黑龙江，则必自呼伦贝尔城以西噬喀尔喀，其举之之易，若以一手足撅春草也。駾駾然谋伊犁而不得，得是五千里，亦足以横沙漠，且以是为规伊犁根本，其进取也益易，剥床以肤，吾中国之忧方大，而彼犹醒醉偃卧，而不遽觉。信夫其出于冥顽之犙夫，然则吾中国将如何？曰"河决不壅，鱼烂不鲜"，与〈其〉灭自俄罗斯，宁灭自我，蒙古尝以异类噬中国，中国复噬之，何损于义，奉招摇之耀，诛淫昏之裔，攘除确特之族（蒙古博明《西斋偶得》曰："《元史》称帝姓奇渥温，《秘史》载'孛敦察尔目为孛尔只止歹氏'，此亦如中国姓氏之别，盖各蒙古之类，凡十数皆出自奇渥温姓，帝自为孛尔只止歹氏以别之，孛尔只止歹，其先世之名。蒙古不讳名，其来久矣。今蒙古元裔皆博尔济吉特氏，而姓确特，确北音作平声，及奇渥亦平声，二字合温，其余音当日译言之讹耳。"），以其壤地为郡县，而练士卒以处其险阻，若昔之改土司为流官者，何损于义？兼弱攻昧，取乱侮亡，武之善经也。呜呼！吾于是知其无天道也，凡事之餍于人心，与不餍于人心而出于自然之度者，则不得已而谥之曰"天道"也。

《昌言报》（旬刊）
上海昌言报馆
1898 年 9 期
（李红权 整理）

俄谋蒙古情况

作者不详

西六月二十八号，《伦顿朝邮报》云：俄人竭力经营西伯利亚商务，遂设立尼因迁那符公司，以揽由卑高劳大湖往来蒙古之商利。尼因迁那符公司，备有商轮十艘，货艇数十艘，俄廷在卑高劳岸，设船政厅，派员管理之。公司周年备商轮二艘，代俄廷运军粮、器械、来往公文，每年由俄廷补回船费三万卢卑。又设亚麻公司，以揽来往亚麻河船艘之利，更欲分设小公司，通入蒙古内河，备有商轮四十艘，货艇三百余艘，小船数十艘。此两公司能垄断蒙古之商利，凡内地城镇、市廛之处，皆派人常驻司理。昔俄人常欲通蒙古内地，屡为华官阻拒。十二年前有一俄商，名缉保他离扶，在蒙古宋加利河，为土人所戕，故俄人皆不敢入内地。今则中朝允俄人所请，许俄人派总督在蒙古亚麻驻扎，俄人入内地者，华官皆保护之，故俄人商务渐广。但蒙古商务虽颇盛，惟尚欠乏柴薪之用，现俄人在此设法积薪，以供往来船艘用。凡初辟商地，必备历艰险，始能成大事，然开辟蒙古，较为易易也。俄廷特派总督驻守亚麻者，欲其在蒙古相机办理，徙俄人以实蒙古之地，凡俄人到蒙古屯田者，由俄廷给以田地、屋宇、口粮，五年后，任其去留。每年执军械操练数次，名曰高索兵。入内地屯田者，名高索士兵。二十年间俄人殖民于亚麻河者甚众，亦有先到亚麻耕植后，移妻子往亚麻之上游垦地者。今亚麻总督，又以此法殖民于蒙古内地,故俄人渐在西伯利亚屯兵,以蚕食蒙古内地。盖蒙古土极膏腴,且甚寥旷,何中国政府不知屯田之法,而甘让人耶?有如此大地而弃之,中国可谓愚哉。据亚麻俄总督对人云,蒙古荒地极多,蒙古人亦可以开垦,况蒙古人亦谙我俄例,我俄人不禁蒙古人越我俄界,悉任其往来。至于开辟各地,无非欲各占其利,故亚麻河之南北,不过隔一衣带水,俄蒙人相交如兄弟,吾愿蒙古人悉去其旧习云。

《知新报》(半月刊)
澳门知新报社
1898 年 61 期
(李红权 整理)

新定统治蒙古制度

——东京《朝日新闻》

作者不详

内外蒙古，久属藩部，二百余年来，不过派遣大臣，监督政务，未闻或有不虞也。今者强俄伺隙，时存觊觎，经裕钦使直情人告，近政务处及军机大臣，商议改正蒙古地方政治，及国际上之制度，并将日前袁制军所奏条件，一律讨论妥洽，已由肃邸代奏，不日即可实行，其制度大略，兹具于左：

一、由北京遣派蒙古总督一员，驻扎库伦府，该总督在该地，有管理行政及指挥军事全权。

一、总督下设政务及军务顾问官各一员，以掌一切事务。

一、总督每年必召集各地酋长一次，亲训以地方行政之大略，又同时各官吏，亦必将行政上要件，协议一次，以图政务之进步。

一、该地亦效支那本部制度，凡要紧区域，必设立巡抚，或提督及州县官衙，以备不虞。

一、该地兵备分警卫、驻屯、防备三队，以分驻各地。

一、警卫队隶属于该地总督下，设有军务，则听其指挥。

一、驻屯队当无事时，则专作屯田之用，设遇有事，其义务与警卫队同。

一、防备〈队〉专守护国境，以精强新练者充之。

一、各要地置政务监督官，以与外人交涉，及报告各地之行政机宜于该地总督。

此外尚有与外人通商，及采矿、修筑铁路等件，凡数十条，目下尚未定妥。

《大陆报》（半月刊）

上海作新社图书局

1902 年 1 期

（朱宪　整理）

蒙古近状

作者不详

《朝日新闻》载称，驻京俄使当中俄条约画押之际，力向中国政府钻营，请将蒙古各部地方归中俄两国公同管辖，经庆邸力拒。而王夔石相国谓将蒙古改为中立地，可免日后各国异议，故极力赞成。俄使乘机与王相拟就一密约稿，为彼此两国永远立案之地。荣仲华相国亦有同心，极力主持其事。惟庆邸、袁慰帅则大不以为然，故尚未决定也。密约各款列下：

第一条，中国应专聘俄国武员训练蒙古之兵。

第二条，俄因本国边防起见，应于蒙古地方要隘数处建筑炮台。

第三条，蒙古若遇有祸乱，应由俄国派兵代中国裁定。

第四条，俄国应在蒙古地方设立俄语方言学堂。

第五条，凡在蒙古界内，中俄两国人民若有讼事，应由布喇俄衣斯乾士克刑署审判。

第六条，凡在蒙古之行政权，及征收课税权，应照向章归华官掌理，惟委派该等官，必须由中俄两国政府公同议定。

第七条，除俄人外，凡有别国人民居住蒙古者，须另定法律，严加限制。

盛京以北，内蒙古第几旗副盟长乌泰，率领金州迁去之客民，将蒙民强劫。其正盟长某王为卢索塔等戕害，正盟长印信亦为土匪白顺劫去。旋因裕钦差德前往查办，该三旗相率款附俄罗期〔斯〕。顷闻俄国已有公文照会理藩院及盛京将军，申明彼已附俄，不再为中国属部云。裕尚书德往蒙古查办事件密信一封录下：

军机大臣荣中堂、步军统领敬大人钧鉴：密启者，裕德奉命由山、陕前往蒙古，目睹沿途风景人情，不胜浩叹。概当拳匪变乱之际，俄人待蒙古盟长非常优渥，甚至供给粮饷，赠送衣服、财物，实较中国之怀柔蒙人尤为真挚。且自中国乱后，所有盟长、兵丁，因俄人相待之厚，渐渐与中国疏远，均存内附俄人之心。据道路传言，又谓端革邸、董福祥乘此机缘，以甘言说其土民，以厚利饵其盟长，宽猛相济，缓急相通，其诡异情形，一若俄国则大度能容，中国则不足深靠，潜移默化，层出不穷。德于此等流言，原未敢遽信，然曾睹董福祥部下兵勇，每于此地往返徬徨，及形迹诡异之俄人，屡与土兵往来。此皆细心探访而得之。且土民争习俄语、服俄服，甚至有蒙古三旗如巴林、齐红、宁扬、哈古蒙等四处，屡见建造洋馆，并延及喜罗地方，虽旧俗未尽改变，实已渐化于俄。愚顽土民并扬称中国当拳匪变乱之际，不能自行征讨，借外洋之力，始能平定，但现受外洋之侮，赔款巨兆。直隶防卫尽撤，一蹶不能复振，故此后保全我等生命，不在中国，惟俄国为可恃耳。此种不法之言，人人传诵，处处附和，恐成大患。窃思蒙民未能真知内情，宜以新练洋操兵至各处镇抚，虽蒙民谬见，未必即解，然实当今之急务也。为此求请钧座商之直督，速定救时之策，大局幸甚。

京电云，俄人之在蒙古中部者，其势力甚盛，现有俄兵一千二百名，驻扎库伦，似无撤退之意。

欧人之侨寓库伦者千余人，聚居一处，俨然成一租界。

自恰克图至库伦之铁路，已测量竣事，自库伦至张家口一段，现在正踏勘。

　　恰克图红茶生意已复兴旺如前。

《选报》（旬刊）

上海选报总社

1902 年 16 期

（李红权　整理）

俄营蒙古

作者不详

东清铁路既成，俄国经营东方之铁路政策，已告成一段落，不久当计设蒙古铁路。蒙古铁路既成，即为计设新疆铁路之时。于是自东、西、北三面，拥中国之背，此固俄国之素志也。蒙古铁路自贝加尔线，经卡天塔、乌鲁鞯、安根等，而达北京，较之由东清铁路出东海，路程可减其半。夫横断戈壁沙漠而敷设铁路虽非易事，然以俄人之热心趋事、勇往直前，此路迟速必可有成，盖识者已预决之矣。蒙古诸汗部，近颇归服俄国，即有不满于俄国者，亦已慑其威而为之魄丧，故蒙古铁路既成后之蒙古，较之东清铁路既成后之满洲，俄人取之更易。观于现今之形势，蒙古、新疆之各藩部，不待铁路之敷设，已归俄人掌握之中矣。

俄人现已定局，至蒙古西都〔部〕一带，查考交通事宜，而最注意者，则在开通航路，以便推广商务。探得该国往游蒙古之军民等，共分四路。一由满洲入北京，经山西出长城，绕道四子部落，过中次旗、左中旗，抵库伦。二由后贝加尔经恰克图，入外蒙古抵库伦。三由乌拉山经乌里雅苏台、新疆，下天山北路，过乌鲁木齐、扎萨克图汗，折而南至西拉乌苏古城堡，入甘肃境。四由满洲柳边营，沿长城外草地渡滦河、上都河，至河套北行，至扎尔乌苏、中次旗，与第一路往者会。

《东报》记俄人在蒙古之势力，其文云：东友某君，前由北京越八达岭，经怀来、宣化至张家口出长城，遍游蒙古诸地，复返北京。据所见闻者如下：俄人在中部蒙古之势力非常伟大，盖其根柢深而范围复广也。兹分说以证明之。

一、库伦之俄国专管居留地　库伦为中部蒙古之一大都会，即中国外藩统治上之一大雄镇也。该处设有都统衙门一所，军队若干，盖内以防蒙古各部之背叛，外以备敌人之侵入。库伦之于蒙古，一如哈拉宾之于满洲，倘库伦委于他国势力之下，则中部蒙古之地，虽存亦亡。库伦户数共五千余，人口八万以上，土著多蒙古人，华商咸趋之，以占利市。街道甚不整洁，而家屋栉比，颇称繁庶。此地西〔东〕南距张家口二千四百里，西北距俄属西比利亚基亚达城一千二百里，距伊犁、乌里雅苏城一千八百里，街道东、北二面包以兵山，图赖河自北方来，环流街端，而西、南为一望无垠之大原野。如欲自张家口至库伦，或乘骆驼，或驾马车，用骆驼者，须行三四十日，马车二十八日可达，故行人乐用之。又有一种大形马车，土人称曰挟捍车，行驶甚速，此种车概须用骡四五匹，每五十里一换，俄人多用之。自库伦至基亚达，亦用骆驼、马车二项，道路颇为安全，速行一礼拜可到。库伦不洁之区也，而就中有清洁之家屋，平坦之街道，树绿风清，别开一新世界者，即俄国专管居留地是也。俄国居留地，在库伦东端，有石壁高丈余围绕之，俄人多居此壁内。目下有俄人一千有奇，多以贸易红茶为业，共有大商店二十余家，而最大者曰双利洋行、和信洋行、降昌洋行，店内佣华人使役之，察哈尔、张家口等处，均设有支店，以经营红茶、毛皮之业。库伦有俄领事官一员，名塞塞马利夫，现年七十四岁，精神犹矍铄，在中国五十余年，精通华语及蒙古语，于蒙古内地状况，亦颇熟悉，专心致志以扩张己国之利益。俄人居留者除商业外，尚有军人、有僧侣、有工役，尤可咤叹者，并有俄政府派来留学生数名，专研究蒙古土语，俄人之深谋远虑，不大可惊哉？俄人之在库伦也，一用治外法权，即纯然置库伦于俄国法权之下也。居留地外，有俄罗斯圣教寺院二所，规模宏壮，足寒半开代〔化〕人民之胆矣。库伦地方，俄人日渐增加，而威力亦日强盛，自外貌观之，直成俄属矣。俄语为当地普通用语，即粗朴之蒙古土人，亦半用俄语以相问答。俄人卢比货币，为商界所信用，凡汇票一切，均归华俄道胜银行支店之掌握。自库伦至张家口电线五条，至基亚达电线十二条，库伦电信局长为俄国人，凡发信文字，皆用俄语。居留地内有俄国僧侣所设之学堂，收蒙古人儿童数百人教之，其规模一如小学校，除教授俄语外，复教以俄国国教教理，盖欲若辈他日纯然为俄国之忠臣也，宗教上之感化，将来必大有势力，诚可惊矣！俄人既在库伦设专管居留地，并设立领事官一员，自当专心致志，扶殖本国之权力矣。夫俄人敢于光天化日之下，公然施其伎俩，而各国均相顾莫敢谁何者，盖本于清俄条约中，有俄人得于蒙古库伦设立租界之语，列国固不得涎其利而均沾之也。库伦之俄国专管居留地，诚所谓弱肉强食之显象矣。俄国之侵略手段，为五尺童子所共知，而对于老大帝国，尤为暴慢无礼。曾忆基亚达为清国属地时，颇为清俄贸易之要点，而俄人乃私将其地绘入俄国版图，遂攘臂而夺之，今库伦又将蹈其辙矣。俄人之用心，亦贪狡矣哉！

二、商业 俄人在蒙古之商权，根柢甚固，直揽蒙古贸易之霸权矣。每年自中国运输俄境之红茶，约值数千万卢比，皆由蒙古往来，俄人于商业上重视蒙古者，一如于政治上重视满洲也。夫俄人垂涎蒙古也，与其从政治上下手，不若从商业上下手之为得。世人不察，咸以蒙古为荒漠不毛之地，瘴疠蛮乡，毫无出产，亦太谬矣。细察蒙古地舆，非全部尽为沙漠者，其沙漠不过五分之三耳。自余丛草繁茂，清泉涌出，膏腴颇多，产物滋富。余至张家口，曾调查其税关总册，知蒙古输出之重要商品为毛皮类及马、牛、羊、豕、烧酒、哆啰麻、胡麻油、羊绒、药材、荤油、石料等，额数颇巨。此等产物，全为俄商及华俄合资商人所贩卖，或运往中部西比利亚，或从张家口转运而南。俄商概以库伦为根据地，而察哈尔、巴林哈、柳国台、赛尔乌苏台、巴彦和硕台、伯特格台、努克图等地，均设有分店，经营前所述之各种商业。华商多山西人，彼等即俗所谓贩货客人者，惟往来奔走于俄人及蒙古土人之间，转相贩卖，以搏其赢余之微利耳。予谓俄人直揽之〔蒙〕古贸易之霸权者，非过言也。自张家口至库伦，及自库伦至恰克图之道路，日有俄商往来，而转运货物等事，亦朝夕不绝于道。红茶一物，为俄罗斯最要之品，即朝夕不可缺之食品也。输入于恰克图之总数，每年数千万留，而红茶往来，必欲取道于蒙古者，亦自有故。盖红茶产地为湖南、北两省，而以汉口为其市场，自汉口经天津、山西、张家口，可直至蒙古，即于蒙古整顿装包，输入西比利亚，此固今日极便利之道也。若将来经大连湾，取道东清铁路入西比利亚内地，则其运价必较由蒙古往者为省矣。前年恰克图输入红茶总额五千三百万卢比以上云。

三、军事　库伦地方，既移住多数俄人，且于专管居留地经营规画着着进步，俄人之雄图亦可谓壮矣。然尚有可惊之一事，即库伦之俄国军队是也。俄国军队果依何理由，而屯驻于库伦耶？果从何时而来此屯驻耶？且将来果永久屯驻否耶？是最宜研究之问题也。目下该处俄兵共一千二百余，大佐某氏统之，本部置于户部衙门印房。此种俄兵，皆系后贝加尔州义尔克斯克旅团之派遣队，分步兵、骑兵、炮兵三种，即以都统衙门为其营舍，颇有久假不归之势。俄国派遣如许军队，概在义和团暴发之前，即前年四月间，借口匪乱而闯入者也。当俄军初来库伦也，蒙古居民狼狈异常，华官亦惊愕无措，相顾失色，战栗之不暇，何敢复言抗拒耶。于是俄军趾高气扬进入街市，分占官衙，而库伦一隅，全然置于俄国军政之下矣。自后继续派来者，络绎于途，直至今日，已为蒙古一雄镇。当时丰隆阿为镇守库伦等处地方办事大臣，车臣汗德木楚克多尔为帮办大臣，且有练勇守备兵数百屯驻城内，乃竟兢兢业业〔战战兢兢〕开辕门以纳敌军，以官廨为其营舍，以军饷为其资粮，唯唯下风，甘从俄将之命，都统且然，况部下之官吏及兵卒耶！俄人既安全驻军于是，一面示以威力，一面示以怀柔，华官及蒙古汗王，如库伦都统丰隆阿、定边左副将〈军〉连顺、乌里雅苏台参赞大臣奎焕等，皆操纵于掌握中，盖以待奉天将军增祺之手段待之也。俄兵时在蒙古大原野操演阵法，或炮声震天，或骑影蔽野，威武严肃，入鬼出神，彼愚昧之土人，怯懦之官吏，有不畏之如日月，敬之如父母者乎？彼等土人，见清国如是微弱，而俄国竟如是强大，皆以为俄可倚，而清不可恃，官吏及蒙古各部汗王，亦犹是也。俄人派兵至库伦，既以义和团为口实矣，抑思义和团果有如何之神变莫测、不可思议之幻术，身无两翼，乃能由北京越二千八百里，而侵入库伦界耶？如谓"京津事变"时，库伦商业必受其影响，特出兵以为保护商民之地，然即如此，则派数十名兵士斯可矣，何必多至一千二百余哉？今日北清一带，既克复和平矣，而库伦俄军竟毫无撤退之意，不特不撤退，且有豫备永久驻扎情形。吾信俄罗斯秘密地图中，早将清属蒙古库伦之名称，换为俄属蒙古阿勒塞夫市之名称矣，此为俄人经营蒙古之最大结果也。拭目俟之。

《选报》（旬刊）

上海选报总社

1902 年 18 期

（朱宪 整理）

论俄伺蒙古

译日本十二月二十七日东京《朝日新闻》

作者不详

中国议改蒙古行政制度，隐有并归行省之意，《关东报》代俄筹画，以为有非常之利害，其言如左：

中外各报，近日赍送俄国消息，蒙古一事，最为重要。传闻中国军机大臣会议，拟改定蒙古行政制度，按照各行省办理，业经具奏请旨施行，传闻果确，是与我接界之蒙古之一大变也。蒙古向归中国统辖，别有蒙古王公，岁时朝贡，颇似封建之制。今一旦改其行政制度，以蒙古并入行省，蒙古王公其真甘心于中国之改革乎？中国内乱，其将发于蒙古乎，俄国于此数事，不可不加之意也。西伯利亚毗连蒙古，平时往来，甚为亲密，边疆警备，未甚施设。且西伯利亚牲畜贸易甚大，大都仰给于蒙古，俄商贩运红茶，亦取道其间，将来满洲铁路告成，或可改辙，今则不能舍此他出。以此二故，蒙古改设行省，于我有种种不便，为俄国计，盖非保存其独立不可。

请再详究改定蒙古行政制度之得失，无论蒙古王公不肯甘心服从，即令改定制度，果能颇〔颁〕行，而蒙古王公，亦未必默尔息也。中国各行省，地方官吏类多贪污，横征暴敛，朘削小民，为闾阎害，已为各国之所共见共闻，虽最驯良之华民，亦有不堪官吏之骚扰，起而抗拒之非议之者。蒙古历数千年，栖于关外沙漠之地，习于放纵自由之域，一旦隶于中国行政束缚之下，顾能受其钤制敲扑之苦乎，吾知必群起而为敌矣。且蒙古人种，好勇尚武，将来与中国必启争端。祸患之来，洞若观火，我俄国于此利害，不可不豫为之计也。

中国果以威权胁制蒙古，吾恐他国必从其后，而为"得步进步"之谋。盖各国之视中国也，凡官吏士卒所在之处，无不可以长驱直入，果尔，则蒙古必为他国所争矣。俄与蒙古，唇齿相依，关系之重，何待赘述，且以数百年之交谊，俄即视为一己之利害，亦何不可。总之，中国并吞蒙古，改设行省，于俄国最为可虑，果能思患预防，庶不至徒滋异日之缪辕欤。

《外交报》（旬刊）

上海商务印书馆东方杂志社

1902 年 2 卷 33 期

（丁冉　整理）

奏定蒙古官制

作者不详

北京函云：蒙古官制及一切政治，已由政务处、军机处会同将直督袁慰帅原拟条陈反覆详议，前月十一日始行决定，经御前大臣肃亲王具奏，已蒙俞允。今举其要旨如下：一、设蒙古总督驻扎库伦府兼管一切军务。二、蒙古总督之下设政务参谋、军务参谋各一员。三、蒙古总督每年须召集各地酋长一次，亲询地方政治并劝化一切，以图政治进步。四、总督辖内各要隘设置提督及厅、州、县各官。五、招练警卫队、驻屯队及防备队军三，其军制如左：（一）警卫队隶于蒙古总督，征讨及警备诸制均由总督命令；（一）驻屯队各兵平时可各谋生业，有事之秋，听总督调遣；（一）防备队专任防守之责，须精强新练之兵充之。六、于各要地置政治监察宫〔官〕，监察在蒙古之外国人及政治、商业诸务，随时禀报总督。

《时事采新汇选》（刊期不详）

北京居士编辑出版

1902 年 10 卷 1 期

（朱宪　整理）

中蒙古被难事

作者不详

光绪二十六年夏，拳匪谋害洋人，兼及教友，蒙古全境几无处不受害，虽教堂、教民同有存者，而被害者实已不少。张家口及山西万大人之兵，并各处拳匪，屡欲剿灭西湾教堂，因该堂防守严密，聚教民五六千之多，是以未敢围攻。按西湾乃中蒙古总堂，总堂既保，其分堂除高家营外，亦获保全。高家营在张家口东二十里，村中平民多于教民，为拳匪群集之处，本堂高神父因教民率避西湾，已亦暂归西湾堂中。六月十五日，匪首杨旺等串通常裕库二兵，并万大人部下二兵，领拳匪数千，将教民徐大贵放枪击毙，将其弟三贵用刀劈死，将堂中祭衣、祭器，及各种什物抢掠一空。翌日该匪拘教民张跟玉到某庙，重刑拷打，逼令背教，跟玉不肯背，遂于十七日送交张家口义和团首，复经审问，跟玉坚不背教，因举刀劈之，临死尚呼圣母之名。高家营拳匪将教民乔大永之妻石氏，烧死窖中，教民杨全福若望被刀劈而死，教堂及教民房物，尽归灰烬，有圣婴会小孩七口，被投火中烧死，张跟玉之母，因教民尽散，无所依傍，遂至饿死。

姚巴尔纳伯神父来函云：去年六月廿五日午后五点钟，仆正听告，突自二道河镇来拳匪五六百人，手持刀枪及别种凶器，仆等将各门闭锁，齐登房顶，匪至半里之遥，大声呼杀，一拥而前，转瞬已至，距堂仅十余步，仆一呼开仗，教民力与之战，匪不能支，立即奔散，蒙天主特佑，我堂未伤一命。明日复自二道河来拳匪大队，约六七千人，乡民随之，多至二三万人，时在午前八下二刻钟。匪既近，复行开仗，匪又败走，然不即散，终日围绕堂周，仆意其有再战之心，不谓后有外教人言，是时匪皆迷目，不辨归路，故未行耳。比晚六七下钟，大雨顿下，黑云布天，拳匪始逐渐散去。有地名廿三号者，小村也，距西营子九十里，有男女教民一百二十人，有育婴堂一，内有小孩一百七八十口，去此不远，别有一教友村，地名三十号，拳匪来攻时，该处教友聚于二十三号，亦未伤一命，惟二十四号一村，房屋被烧数十间，教友则未受伤。是役拳匪器械及大旗等，俱为我夺得，匪中伤死多寡，仆不得其详，至我堂所失，惟土房几间而已。辛丑八月二十日启。

丰镇属中蒙古，匪焚住堂二，即沙钵儿与旧黄羊滩，又焚小堂五，杀教民六十余人，焚掠教民房物不少。该厅同知徐兆沣，未曾明助拳匪。今将军永德已故，或谓其病死，或谓其自尽，不知孰是。道台郑文钦已正法，同知郭之枢，发极边囚禁，通判李恕闻已自尽，毛世黼病故，沈荣绥撤任，同知徐兆沣撤任。已〔以〕上录张雅各伯神父函。

何、马二司铎，比国人，为归化城官长所杀。何司铎济世，传教于香火地，马司铎赖德，传教于公沟堰。匪在道署前，又杀洋员周恩斯，又在后坝铁圪旦沟，焚毙荷兰国司铎杜世忠、孟友真二人，并毙比国司铎罗友义。孟司铎传教于什拉无素壕，罗司铎传教于海流速太。匪烧住堂三，即铁圪旦沟、河东、古营子，又烧分堂十五，焚杀教民七百余名，时率团为害者将军永德、道台郑文钦、同知郭之枢三人。

韩主教默理驻二十四顷地方，匪拽至托克托城，百般虐辱，卒至倒点人油蜡（此句录来文，不知何义）。匪焚住堂二，即南平、什拉无素壕，烧分堂二，杀教民五百余，其中有非刑拷逼令背教，因不肯背教而正法者，该厅通判即李恕。

和林格尔之匪焚住堂二，即舍必崖、海流速太，又焚分堂三，杀教民四百余。该厅通判毛世黼未助匪。按托克托、和林格〈尔〉之教民，皆新奉教，光绪十三年始有司铎传教其地，庚子大乱，未曾自卫，安然就死。

宁远厅通判沈荣绶，将何、马二位司铎解送归化后，任匪焚住堂二，即公沟堰与香火地，又焚分堂一，杀教民数十人。计归、宁、和、托四厅教堂，与教民房物，焚掠一空，荡然无存。

《圣心报》（月刊）

上海圣心报馆

1902 年 15 卷 176 期

（李红权　整理）

中蒙古致命事

作者不详

楚水河东属图默境，有一妇人，年约四十五，受洗以来仅三年，常劝人进教，果有数人进者。妇为拳匪所拘，自认奉教，匪重击之，遍体鳞伤，砍以刃，血流如注，绑于木架，似×字形者，直至六下钟之久，仍劝人进教。濒死曰：我还愿劝你们，但没有力量了，只望天主宽免你们，开导你们的心。言已，气绝而终。妇于未进教前，禀性固执，久不肯进教，因其弟数数劝之，遂亦奉教。其弟同日被拘，拳匪强其背教，不从，亦杀之。

壕拉和守濠，有一妇人，进教仅八年，拳匪拘其一家人，解送托城，妇一路劝勉家人，高声诵经。匪问曰：你们都是教友么？众人应曰：我们都奉教，我们到死奉教。匪忿，举刀杀之，头断而经声始止。

和架河东亦归图默境，有一教友，名陈若瑟，未进教前，深憾天主教，且以素性强悍，人以老虎称之。既入教，信心坚切，直欲天下人同敬真主，故逢人讲道，不殚唇焦舌敝，尝自言深愿致命，以仰报天主之恩。夏初拳势方炽，若瑟告家人曰：致命之时至矣，尔曹已备否？尝自投于拳党，党人未之害，若瑟曰：你们神兵，竟怕一教友么？我侪皆奉教人，你们犹豫，因刀不利耶？大丈夫勿作女子态可也。匪闻之怒，一声呼杀，百手齐下，先杀小孩，若瑟不惟不惧，且感之，以衣、银给匪。既而自受戮，容色欢然。其弟名陈留，鼓励己子曰：儿不怕，片刻升天，享福无穷矣。匪不即杀，终日苦之，陈曰：尽一日之苦，享福无穷，真大幸矣。全家十二人，同日毙命。

献天哥，系拉玛房人。初，吃斋敬菩萨，其心甚诚，一年前入天主教，曾劝化百余人进教。拳匪执之，百般凌虐，卒悬于十字架，犹讲道劝人，直至气绝而止。

后四家子有外教人名蔡昌堂，业牧牲，多年求道，欲知死后何如，然遍访僧人，又请于蒙古喇嘛，终不能服其志。卒遇天主教传教司事，与之谈，辄为恍然，受洗时，取名伯多禄。后弃其牛羊入堂当司事责。拳匪乱时，伯多禄往来教友家，振其信心，授洗新守规者。嗣以匪徒捕之急，往避太海教堂，有诘之者，伯多禄答曰：圣教不能灭，惟偶窘耳；教友苟能致命，他日教会之光益明。后回图默，闻己弟被杀，自诣拳党曰：我亦教友。匪曰：你劝了多少人进教？曰：劝了五十余人进教，那是我的体面。匪曰：你作这大的孽，今儿该受罪。言已，约击五十刃，登时殒命。临终叹曰：我到神父那里去了。因其闻神父尽致命，故有此言。

吴宋陆路，有教友名乔玉都者，初为密教首，十一年前中国某神父劝其入教，将邪教书当众焚毁，并劝密教中人，弃邪归正，密教人百计害之，然不稍悔。二年以来，劝密教中故友进天主教，听其言而入教者，约三百人。乱作，谓其子曰：吉日近矣，尔其预备。比闻拳匪至，着白色衣，手持念珠，颈悬苦〔圣〕像，径诣匪中曰：朋友们，你们来得好，我是教友，随便你们什么样。不稍待，立被斩决。

广地营子，有赵姓一家，人人推重，其一子偶遇教友，谈及天主教，心为之动，索一问答书，归家一再翻阅，濒〔频〕诵于家，决意进教。旋有人派出庙戏捐，赵不允，邻里共愤，起与为难，嗣以教士出场，始得免祸，自是全家三十余口，习道受洗，全守教例，遐迩无间言，同村人见之，亦多入教者。庚子乱起，赵夫人唤集子若孙，嘱以坚信圣教，曰：尔中有不敢致命者，可逃去，予与小孩辈俟此，可以同死。全家二十四人应曰：我侪同致命。无何，为拳匪所执，赵夫人先令小孙受戮，匪以草刀杀之，一匪斩四岁小孙之头，掷夫人足下，谓曰：看看你孙儿体面不体面。夫人曰：真是体面。其女与媳，自往草刀下，任匪截颈，言欲速升天。此升天一语，教友屡言之，故匪有不问在教与否，只问欲升天与否者。有一瞽目老人，匪徒拉之往某庙，老人曰：何地不可升天，不必前往矣。

太海有杨端治者，被执送官，三次受审，官命截其手足，问：你还信教否？应曰：信教。遂死。

有一女教友，携三孩自赴官前，声言我侪已六世进教，大老爷可先杀小孩。官喝曰：拉他出去，那是疯妇。未获授命，闻者惜之。

在诺卜山后坝，有五十教友，匪强其背教，不从，立杀之，已死二十许，其他三十人，畏死背教，然不久即悔，向匪言宁死不背教，一老人高声诵圣母祷文，其余应之，皆被杀。已上姓名由西音译出。

《圣心报》（月刊）

上海圣心报馆

1902 年 15 卷 178 期

（李红权　整理）

译东报论蒙古王与博览会

作者不详

　　昔时尝恣其铁蹄长驱而蹂躏欧亚之蒙古，今则萎靡不振，殆不足齿，民间游惰，俗则顽迷，几不可期其发奋为雄，当夫咸丰之际，虽有如忠勇贤明之僧格林沁亲王，及忠勇公多隆阿等，人才辈出，然譬犹沧海之一粟，未克奏振作之功也。顾内外蒙古地广人众，民皆醉生梦死于黑暗世界之中，今欲冀其渐造进化之域，实属至难之事。且清朝发祥于满蒙二部，近年国步多艰，渐失统治之实权，而比邻之俄国，则用其怀柔政策，以图并吞满蒙之地，祸根日见其深。去年六月清廷尝派兵部尚书裕德前往蒙古视察情形，回京覆命，尝谓我清朝之威令，竟不能行于蒙古，实出意料所不及云云，由是观之，清朝之前途不亦可惧之甚也耶？当是之时，幸而有贤明有志之喀拉沁王者出，斯诚清朝之大幸矣。查王夙有礼贤爱才之怀，尝招延学士大夫讲求时务，闻见由是日广，况又与肃王联姻，势力、财力于以壮伟，是故开化蒙民之雄图，几有易于转圜之势。刻王慨念蒙民之昏迷愚顽也，遵奉朝廷劝学育才之谕，冀于蒙古设立学堂，课蒙民以文明新学问，将即聘师招生矣，苟王能从此认真办理，则蒙古之开发，殆不可测其进步。顾昔有忠亲王僧格林沁以武而为蒙古吐气，为清朝致忠，今又有喀拉沁王以文而开化蒙古，如是清朝之统治之也益易，东亚平和之基亦随而巩固，然则喀拉沁王谓非北方之雄杰也欤。且王又极倾心于我日本改革之进步，因将所藏之珍宝，送至我国博览会为出品，至放一大异彩于我邦。王并冀乘此机会，游历我国，视察文明之精神，俾为开化蒙民之资，尝咨请于外务部，乃外务部各大臣拘执性成，谓蒙古王向无旅行海外之例，不允其请。呜呼，清国大臣之顽迷如斯，不诚有负贤王也哉？而王则倾慕我国之心，仍未尝少减，闻尚冀我国政府予以便宜之途，俾偿夙志而后已。且夫清国频年外患荐至，创巨痛深之余，凡百改革，需才孔殷，子弟之游学外洋实为急务中之急务，各大臣亦尝有奖励游学之举，而今独于贤王之游历我国，泥于旧例，竭力沮止，吾侪真不知其是何居心矣。为今之计，深冀我国不吝忠告，使开破格之例，于开化清国，裨益正多。况王与博览会极有关系，若得东游浏览会中所列物品，所获智识庸有限量。然则其道维何？曰当由协赞会禀由我国外务部，向清国政府力请许王来观，是亦一手段也。要之王之来游，为〈益〉日清两国关系正多，我国当局幸善为说辞，展好手段，使王获偿厥志，斯则吾侪之所翘企者尔。

《经世文潮》（半月刊）

上海新世界学报馆

1903 年 7 期

（丁冉　整理）

论俄在东部蒙古之势力

译日本明治三十七年二月二十日《外交时报》

作者不详

日俄战祸方亟，举世皆知注目于满洲，而于壤地相接之东部蒙古，似罕留意及之者。人或曰："满洲本也，蒙古末也，本题既决，旁义自解。"噫！此第知满洲之外形，而不知东部蒙古之真相者耳。苟一审东蒙古之形势、之位置与俄人在此地方之举动、之势力，则其关系之若何重要，亦可以恍然矣。

论东部蒙古之地势，则北起海拉〈尔〉、齐齐哈尔、伯都讷，南暨热河，而近薄北京。其东方一带，深贯满洲腹部，故其大小万端，皆与满洲有辅车相依之势，且接近满洲一面，已渐为俄人势力所包举，以比外蒙古之有万里瀚海，对亚俄而为天然之屏蔽者，殆不可同日语也。

东蒙古地势如斯，故一朝而隶诸俄人势力之下，则海拉〈尔〉之铁路可经乌珠穆沁、多伦诺尔而直达北京。东华铁路之枝线，亦可横贯其中部，既至其时，其地之政治与人民，自必大蒙变化。而东部蒙古，将为第二之满洲，俄之势力且波及于北京矣。

此犹就政治言之耳。若从财政言之，则不但农产饶，畜牧盛，且金矿、煤矿、白碱、青盐、羊毛等物，产额甚多，厥利不浅。况产业日兴，人口必众，而他货之输入境内，以供其求者，自亦益繁，故东部蒙古，是否属俄人之权力，实大有关于列国之商工两业也，不待言矣。

更从兵事言之。苟与满洲之俄军战，则东部蒙古，实为储兵之重地，策应之要区，其得此地与否，有足扼全军之胜负者。或言日本攻俄，自有进军之路，夫何取于蒙古？虽然兵法有奇有正，岂不闻声东者必击西乎？据吾侪之实查，则日俄交战之秋，实当以东部蒙古为一绝好之策应地也。转而自中国言，则虽明对日俄宣言中立，而其屯重兵于此地，以保疆土，自属势所必然。况中立以〔亦〕非永久不变者，为敌为仇，旦夕难期，若中国亦与俄交绥，则此地之为华军出入之要道，又无容多疑已。

东部蒙古之地，其为要也如此，狡黠如俄，宁不知之？其将以数年前所施诸外蒙古之术，徐施诸东蒙古，盖有不难逆料者。而俄人扶植势力之手段，约不出乎二端。

一胁以兵威。俄以剿伐马贼为名，往往以马贼四五十人，而出师数百。虽马贼足迹未至之区，而亦任意阑入，且俄人漫无纪律，焚掠奸淫，靡所不至。故人民之仇视俄兵，有过于马贼者。呜呼，剿伐马贼，适贻俄人以出师之名，谓马贼实为俄人之向导，无不可也。今之土默、三锡喇特、科尔沁各旗，屡为俄兵所蹂躏，上而王公，下而人民，一闻俄兵之名，罔不股栗，此等俄国武员，每至一地，必数数谒见王公，以耀其兵力焉。

一啖以重利。东部蒙古，多金矿及煤矿，数年前，俄派〔派〕技师或劝实业家，前往各地，百计经营。今与各旗王公，订开矿之约者，既有数处，分赢余以诱之，纳重税以给之，彼等迫于贫弱之王公，要皆惑一人目前之利，而忘国家永远之害者，〈惟〉有俯首受命而已矣。其接近满洲之哲里木各旗，向为俄兵购马处，人民之售马于俄兵者，岁获利无算，其倚俄人为性命，固其宜也。俄人不但假利益所在，以操纵蒙人，又托名观光，馈王公、官吏以厚币，以结其欢心，其用意之周匝，有如是者。

要而言之，俄之在东部蒙古，意在恩威并用，以徐遂其侵略之愿，而其必持之以渐，出之以密者，无他，彼欲以东部蒙古，为第二之满洲，且明知其奏功较易，而今日满洲之事，尚未解决，故不欲张大其声色，以耸他人之视听也。俄之深〔深〕谋远虑如此，适以证其心怀之叵测已。

更就蒙人之对待俄人观之，则如浮萍逐浪，忽而附之，忽而仇之，决非从一定之国是，以为进退者。平心论之，后等虽至愚暗，岂不闻东方之时局，目观俄国之恣横，只以后有兵威，前有重利，欲抗其威，奈积弱何；欲撤其利，奈贫困何。故其联结俄人，殆非出诸本心者也。彼等之视日本，亦知为人种相同，且为世界强国之一，故非不愿弃俄就日。然终以国土辽隔，无甚利害关系，故自不如其昵俄之念之强，彼等遇日人来游者，亦待之以国宾，款洽殷至，而心怯俄国之状，终有时露于言动之间。至蒙人之于中国政府，则已淡其归附之诚矣。彼知中国今日，内政不修，外患日迫，自保且难，何能兼顾。只以土地人民，尚属中国主权之下，历年朝贡，相安若常，故不忍公然称臣于他国耳。更一言以蔽之，曰："东部蒙古各旗，识短而力弱，不能审东亚之形势，不能明列强之关系，故震于一时之威，惑于目前之利，已渐化为俄之势力圈矣。虽英迈如喀喇沁王，愤世嫉俗，力图自强，而势力究微，不足以挽既倒之澜也。"昔者中朝先帝为用羁縻蒙人之策，鼓吹喇嘛教，禁讲学术，分封王公，以立士族之制，又定按年朝贡之法。其在当时，策不可谓不善矣。而孰知适以自弱哉。夫蒙古者，不独为中国之屏藩，亦兼作东亚之长城，而东部蒙古，则又关键中之关键也。今不购〔筹〕防御之策，竟以衰弱垂老之藩属，委诸贪黩无厌之强邻，则他日之东部蒙古，终为今日之满洲而已矣。况扶植势力之事，多经一日，则更盛一日乎。然则经营蒙古一举，岂仅以其关联满洲之事为重要哉。即专论蒙古之为蒙古，亦自有不可忽视者在也。

《外交报》（旬刊）
上海商务印书馆东方杂志社
1904 年 4 卷 6 期
（李红权　整理）

论蒙古改设行省之不可缓

录乙巳二月十六日《时报》

作者不详

处今日之中国，而为固圉谋，则亡羊补牢，东北之事，几不可为，而西北之设备，其尤亟亟者矣。近日颇闻都中议论，有改革蒙古部落制度，建设行省，而置巡抚于库伦之说。斯议之起，已在去年。惟据东报所言，则谓政府［若］谓蒙边贫瘠，设官置守，费无所出，故事虽可行，只宜暂缓云云。按蒙古设省之议，其事机有甚顺者，盖自辛丑之冬，特派贻大臣谷督办垦务以来，开拓之效渐著，朝廷已知边利之可兴，而此时贻又在都，故置省之说为可信。使不以阻挠之术萁之，则其事之成，宜若可恃也。记者窃谓持此论者，殆犹专就实边而言，未遑思及备边之要，故反对者，以为可作缓图，不知为兴利言可缓，为边防计不容缓。事理显然，盖有不可诬者，今不必以俄人之遽破中立言也。即以其他日之政策推之，俄人每经一次之挫败，则必更有一重之希望，不得于此，将逞于彼，征诸故实，则鞑靼海峡、君士但丁、巴〈尔〉干半岛、中亚细亚一带，种种成案，皆其尤大彰著，而尽人所知者也。故其经营可毁，而其志愿不可毁，扼之于东，则彼愈蓄念于西。今者东三省之战，其终局之胜利，既不可期，而环顾世宙，列强相衡，更孰有可逞者，其犹系一线之望于不绝者，仍不外此中国西北一隅耳。审是，则东事毕而西事愈危，蒙部之与新疆，必不能幸逃于俄国梦魂之外，前例具在，断然可知。而新疆既已设官置戍，则蚕食之谋，又不若施诸蒙古为较易，此俄人深心之所必至者也。况据本报驻京访员所报（见十三日本报北京专电），即自贝加尔经库伦以至张家口一带，早已由库伦办事大臣警电告急乎！夫西藏若先置行省，则英人不易于长驱，即东三省早用汉官，亦何至糜烂如今日。今任事者于西藏、于东三省之事，亦颇悔其失策，且甚欲得而改置行省矣。蒙古诸盟，事同一律，何以必靳之于先时，而不怵于两者之成例，岂必待蹂躏之已及，然后皇然为救治之谋耶？且更有可虑者，记者尝闻蒙部诸藩，阴受煽惑，且以困穷之故，屡售其地于俄人，亲近如喀尔喀部，犹所不免。理藩院书吏，阴为护持，得贿致富，盖不独近日遵化州有盗卖旗地之案也。及今不为清查，迟之十年，不难以内外六盟游牧之区，尽变而为俄人之公产，而为之上国者，犹［将］不自知，使一旦猝起事端，不悉何以处此。蒙边之实情若是，而谓可不为过问，窃恐被其害者，终在中国也。夫蒙人之所以售地者，亦坐贫耳。彼其拙于生计，以水草茂衍可耕可牧之土，而自弃之，则与其售之于强邻，曷若售之于汉种，诚使改定行省，百度更新，广招农民，肆力垦辟，尽地力，教耕战，而谓边患必不可除，无是理也。是故蒙疆设省，利于国家，利于蒙藩，且利于汉民，所不利者睨视眈眈之俄耳。于此肆其反对者，吾不敢谓其被俄人之运动而云然，然其说为俄人之所乐闻，则固可以决也。窃谓此时改设行省，诚有细费之虞，然欲弭巨患，岂宜因此坐误？蒙边要区，本有将军、都统驻扎，酌量移并，而又豁除蒙藩岁贡之驼马等费，以挹注之，度改革之费，尚不致甚病。且近年宫中、府中，无益之销耗款，亦未必遂无矣，何独于此重大急要之举，而固斤斤较量乎？

《东方杂志》（月刊）

上海商务印书馆东方杂志社

1905 年 2 卷 3 期

（朱宪　整理）

论蒙古现势

译日本明治三十八年八月十日《外交时报》

作者不详

由地理言之，蒙古者，中国之一部也。然论其事实，则中国之于蒙古，亦惟羁縻勿绝而已。华廷命令，果能无小无大，悉行于蒙古乎？蒙古之四十八王，割据各所，各自行其政令。其民即以蒙王为己之君主，若不知有朝廷者；其于华人，亦以外国人视之。殆以中俄间自主之中立国自命，即曰不自命独立，亦若中国之保护国然。要之有自成一国之状，然则俄之所以觊觎者，岂无故耶！使离中国而观之，则不过游牧种族发达者之所集合，惟中国统御既久，或子女联姻皇族，或岁时派遣使臣，故必谓蒙古忽将脱离中国，而以一独立国介于中俄之间，殆非近势之所有也。惟其危机，则在俄人之阴谋。吾人以为有可虑者四：一、俄人尝训练蒙古布里野脱族三千人，以抗日军于奉天；二、俄人尝派数人于蒙古内地，使自认为日人；三、又使宣布俄国为佛教国之言；四、俄人尝说蒙古人，谓日本不日吞韩，将驱韩人以伐蒙古。此皆蒙古人之所自言，可确信其不谬也。第一事，即俄国破毁中国中立之一端，彼俄人戾战争之法规，害中立国之权利者多矣，然无甚于此者。第二、第三，虽若可笑，然以此煽动未开化之蒙古人，不亦巧乎。第四则尤为蒙古人所易信。

夫以此等事为中国不普及政令于蒙古之罪，诚然。虽然，中日唇齿辅车之国也，曩虽偶有龃龉，而其事出于误解，不久而邦交转笃。彼俄人窥满洲不成，而图收桑榆之功于蒙古，被其害者，岂特直接关系之中国耶！由日本观之，虽曰满洲之事告成，然使蒙古之事复起，则与满洲之事未成，又何异耶！

蒙古之事渐亟，而尚漠然置之，其责诚在中国。然日本为中国之益友，坐视不顾，虽不必与有责焉，而不免有不相关切之嫌。夫蒙古之地，虽文化未被，人口尚稀，若较之非洲内部之瘴疠袭人，及沙漠无崖之地，固迥不侔。牲畜肥盛、人民朴实、矿产可采、农牧可兴，俄人苟跋扈于其地，则远东之祸害再发，又乌可不未雨绸缪乎？

按俄窥蒙古，我政府亦既常得警报，彼邻国且犹深虑如此，而我曾不为之备，何耶？

《外交报》（旬刊）
上海外交报编辑所
1905 年 5 卷 21 期
（丁冉　整理）

论今日宜明定统治蒙古之法

录乙巳十一月十三日《南方报》

作者不详

自日俄战后，研求时局者，因东三省之影响而及蒙古，于是众论纷起，然卒不能见诸实行。日俄战终，俄果有于蒙古扩张权力之事。中朝始怵其害，亟议改良统理之法，派某道员前往考察，日者又特命肃邸管理理藩院事。夫今日而始议整顿蒙古，其事已迟，然终胜于毫无举动。况蒙古与中国之关系，在今日日益繁要，欲筹补救，尤不可不先事预图。惟今日之筹蒙古，既以对外为先，则其所以为对外之方者，必须先具成规。求执行一切，毫无扞格，然后折冲之略，乃有所施。且中国与蒙古之间，其统治之权，尤必详为规定。而一切应行之事、应立之职，亦必有条不紊，然后可有据依。斯皆下手之方，所宜速为处理者也。按蒙古地形，错处中俄之间，为全国北方之屏蔽。我朝屡次戡定，非尽为武功之赫奕，与西南之穷兵拓地者不同，故其抚绥而驾驭之也，立法详明，而情意周挚，复立专部以理其事（理藩院大半理蒙古事）。虽大致与统治青海、西藏相类，然青海、西藏，当时未明与外国有何等重要关系，故统治之法近于放任者多，而蒙古则不然。盖当时以蒙古逼近京畿，而外邻俄族，且与东三省素相联属，故处理更加审慎，而事之干涉者以多。且疆域虽宽，而内地之交通尚夥，故情俗易晓，制御易得其宜。自丕治中衰，声灵不振，以属地之事，置之度外，一切法度乃荡然无所守，而成今日悉行放任之局。夫所谓属地者，谓其可行使一切军事、外交、财政之特权于其区域之内也，方今列国莫不本此原则，以为措置之方。我国前此之对蒙古，一切权限，颇不甚明。然关于特权，颇有可以寻究者，各外交其最显者也。在当日未悉属地之义，处理稍有失当，亦自其宜。今日与列国立于竞争之场，权限稍有未明，势必即滋借口。即使当日所行之例如故，尚当详加更革，以期完备，况前此之所行者，今已废坠不可收拾。而犹欲本空虚无〔浅〕薄之法，以当内外艰棘之冲，虽不世之才，必难有济。窃谓今日宜将统治蒙古之法，速行制定，宣示内外，使外人知蒙古为中国属地，确无疑义，以杜前此西藏之弊，而中国应享之权利，亦即随之而明。假遇外交，我即可执应有之权，与之从事，而一切欺诱、私约之事，可以渐绝。蒙古之众，亦可知对于中国之分，应需何等，不至如前之专主自裁；而中国主理此事之官，更借此以组织其机关，各明其职任，不至茫无头绪。夫列国之于属地，未有不明定统治之法者。我国虽有理藩院以统治属地，然相沿腐败，无一人能举其职。此时若欲整顿，应先将理藩院对于属地之权利、义务详为制定，俾执事者知所率从，然后对于属地、对于外人，皆可切实施行，而不至有所退缩。此实包括凡百之根本，非此则支支节节，虑必不周。不特对外之事，多所支梧，即以办事言，亦难得要领也。夫西藏讵非我之属土，徒以置之度外，遂为英所觊觎。至今上国、主国之称，尚悬而无定。蒙古之要，又非藏比。惩前毖后，能勿早为明定哉。自古通西域以制匈奴，今西域已置郡县如内地，东三省又为我有，蒙古全属，久应改为行省。我国旷其责任，遂至今日益迫阽危，此事已非仓卒所能行，无庸追论。顷有欲以蒙古为联邦者，有欲改为属国者，鄙意蒙古民族尚无此资格。果欲为此，恐益动他人之狡启，利用其扶助独立之策，使我不得执名义以相争，非策之上者。无宁改良其统治之法，申明为属地之为愈也。今日统治之法：一、宜修明祖制。二、宜参准列国新例。三、宜详察蒙古情形。四、宜审度我国势力。本此饬为原则，而融会贯通之。务求今日所能行，而弗过求高远，则补牢之策，其犹将有所施也矣。肃邸亲贤，雅称明达，屏翰之任，允协其宜。愿以此开宗明义，借慰天下之望焉。

《东方杂志》（月刊）

上海商务印书馆东方杂志社

1906 年 3 卷 1 期

（丁冉　整理）

论肃邸考察蒙古

节译日本明治三十九年一月六日大阪《朝日新闻》

作者不详

　　昨岁十月中旬，肃亲王奉游历蒙古之命，将以实行考查，此诚中外所注目者也。自中日议约事起，遂无所闻，一似置之等闲者然；虽然，肃王之往蒙，惟未示行期耳。据所传闻，则俄使璞科第，时设盛筵为飨，以冀结欢于王，欲及其未行，得以隐相契合，而为俄利者，而王殊不置可否，以不亢不卑临之，璞因是至为忧急，心窃窃不安云。此说虽亦有所据，然王以在丧故，不与宴会。我国赴华大臣小村寿太郎尝宴华廷亲贵，特不及王，乃所以从其志，若璞使云云，要必造作谰言以中伤王耳。此姑不论，而特派肃王考察蒙古一事，诚千载一时之机，自宜默察其事情，以资吾人留心时局之考镜焉。

　　王富于春秋，行年犹未四十，当管理崇文门税务时，欲痛除中饱私肥之弊，举其税饷所入，悉纳国库，涓滴不留。寻管工巡局，其所措施，大为步军所嫌忌，然王固始终不挠，尝语其所亲曰："中国如将倾之大厦，苟为之主者，因循遗误，不早为计，则不能不待他人之来，悉覆其基而改筑之。比他人改筑，而我束手旁观，则其落成之日，我所有权利，亦必全属之彼，而不能拒。然则今日最急之策，在中国自毁拆其大厦，即以旧时基础，而建筑新屋于其上可耳，徒为一时修缮计，无益也。"王欲实行此理想，故直情径行，终不得遂其欲。廷臣又甚嫌忌之，而争相远避，无与亲者。王既处此境，不独愤懑不平，抑郁而无所发，且正可为修养之地，所谓动心忍性，增益其所不能者。于是以肮脏坎坷之身，迫而成深练沉毅之性，如是者数稔。中国志士之倾慕之者渐多，若外邦游士客卿之来者，亦每集王之门，以礼谒见，盖诸王之中，其可与语中国大事者，王为最耳。

要之，王巡游蒙古，即不能恢谋势力，立奏成绩，然以王禀资特异，造诣宏大，必非他人所能抑遏，所谓"不鸣则已，一鸣惊人"，其前途固未可以限量也。所憾者，王之左右幕僚，未得奇才异能，以辅弼赞襄之，虽然，阿附诌谀，为华人之特长，苟王能恢复势力，表树声闻，则释褐之士，方且摩肩击毂而至，惟恐其后，又何患哉。今中日交涉既终，赴蒙之期，度必不远，吾辈姑更待后此之佳报，而预祝其安宁康健，为王晋一觞。

按，肃王前办理崇文门税务一事，夙为中外所钦仰传道。今以考察蒙古事宜，实可谓人宜于地，用当其材者。观于此论，外人且属望之如此，则蒙古之待王而理者，又当何如。王其善体此意，而力为勉旃也可。

《外交报》（旬刊）
上海外交报编辑所
1906 年 6 卷 6 期
（李红菊　整理）

蒙古之实情——大事去矣

作者不详

某东报载张家口函云：俄国经营满洲，虽因日俄战争大败，然于蒙古、新疆一带势力，则无丝毫受其影响。俄人现在在北自雅布意诺山，南达库伦一带地域，一切行动，且与俄国领土内无异。更在张家口设立通商根据地，并布设邮便、电线，以与北直各省俄人立脚之地互相呼应。观俄人于海拉尔、乌里雅苏台等处，其扩张势力，反不如其经营买卖城、库伦一带之盛。即此可见其志图南下已〔矣〕。

库伦、恰克图间各地方，现已全入俄国势力范围，各处河川之渡船业，全由俄人经营，金矿亦归俄人开采，劳动亦自俄国招来，该处蒙民，多半操俄国语。企鲁罗武河谷之特尔勃济，衣罗河谷之珠尔琥珠两处金矿，本为中俄合同之业，今则全归俄人掌握矣。俄国现于张家口，设有邮便局、银行分行及茶、毛皮等行，货物由北清经由此地出入俄属者，年约二千六百万两，内一千四〈百〉万两，为绸缎、生布、茶叶等，北清输出俄属；一千一百万两，为兽皮、绒罗等，输入北清。库伦至张家口间之电线，系于一千八百八十九年建设，后经二年，始行开通，全线长计二百一十英里。俄人又设有中国之邮便线，每月定期邮递十三次，共计设十三驿，每驿备马三十匹，骆驼十数头，驿长及副驿长，皆系俄人，脚役则用华人（俄人获此递送邮便权利，见西一千八百五十八年之《天津条约》，及一千八百六十年之《北京条约》）。现在库伦俄领事馆、邮便局、会堂、银行、矿务公司及各种商人人数，据去年末之调查，共三百零数人，内官吏四十人，商人二百五十人，兵士十余人。大北公司专用之电信线，由此通过，途中所经，并无驿站，径达俄国。俄人于归化城，虽不见有何等设备，然常见有一种不可思议之俄商往来此间，而由张家口经乌里雅苏台、科布多城，以达俄属，并蒙古中断交通线之沿路，亦多有此行商及真商人，往来贩售货物，以投蒙人嗜好。惟俄国人素乏商才，又因昂贵，故仍未能畅销，惟以强力流通货币，又售砖茶而已。近且极力营谋恰克图、张家口间铁道之权，一面笼络喇嘛教徒，伸张势力于全蒙古，俾将蒙古全部，收入掌握之中。

　　俄人经营蒙古，势力已张，中国近始发觉，然其所谓防御边疆，仍然有名无实。刻下中国兵驻该方面者，惟库伦一营，归化城绥远将军所率之练军，蒙古兵、汉兵各一营，及张家口步队千人，马队五百人而已，此等之兵，又多腐败，恐不能敌哥杀克兵一大队。外人皆为中国寒心，然中国视之漠然也。

《振华五日大事记》（五日刊）

广州广东振华排印所

1907 年 33 期

（朱宪　整理）

论库伦情形

译日本明治四十年八月五日《东京日日新闻》

作者不详

库伦面积甚广，以达赖喇嘛本山为中心，而中俄两国之小商，宅于四周。本山之西约半俄里，有一街市，称干丹，是为喇嘛所居，治高等佛学。其南约四俄里之图拉河岸，有达赖喇嘛避暑别业。其东约四俄里，有俄领事馆，绕以堤壕，壕侧张铁网。此一千九百年肇乱拳匪之遗物也。领事馆中，有俄国邮政局及医生之宅。由此而东约半俄里，有华俄银行。去银行三俄里，而达买卖城（与西伯利亚□之买卖城□）。其地有中国巨商货栈、电报局，及管理华人商务官署。驻扎库伦之边务司政官（□□），在本山东侧，适当山与俄领事馆之中央，而稍偏北方之处有小寨，为一千八百八十三年蒙古戒严时所筑，寨有库伦戍兵。以上所述本山街市长一俄里四分之一，干丹市长四分之三俄里，买卖城长一俄里，综计库伦东西殆长及十俄里。库伦居民，为蒙古、汉人二族，户口颇难确查。其中太半暂时侨居，不常居，库伦常居者惟喇嘛。喇嘛之数，约有万二千人。华人今约三千，蒙人之常居者约四千。惟蒙人中之附属本山者不在其列。故库伦土著，可概计为万七千人至万九千人云。

库伦俄人，据一千九百零二年俄领事馆所查核，有三百五十人。其中以屯驻其地护卫领事馆之哥萨克兵三十人并计之，盖比之一千八百九十七年，已增三倍半矣。此等俄人之大半，惟以向蒙人鬻售小杂货为主，绝无专门大商肆以应俄人之需者。故俄人所必需要之物，悉由忒雷科萨夫士克即恰克图或伊尔库芝克二城转寄。俄人在库之商业，状甚寥落，其一年贸易之额，亦仅数万罗布。数年以前，达赖喇嘛犹时时以五十六十罗布，购值八罗布或十罗布之金时表用之。又以五六百罗布，购一百二百罗布之镜。其后喇嘛力趋俭约，又以所见品物渐多，凡向日俄商所售之杂货，渐不为置重。俄人习于一攫千金，遇此等急变，直无缓急适当之策以应其穷，而达赖喇嘛遂至于不复喜信俄商。虽有力求得获其一人之欢心者，然此等商人，不常居库，时或一来，亦濡滞无几日也。

夏秋之候，凡购求羊毛、骆驼毛、细软毛皮等巨商之代理人，咸集于库。盖皮毛一项，实库伦全部暨侨居俄人重要不可缺之物也。

库伦居人之生计，至为简陋。夏时郊外骑马、垂钓、游猎等事，可借以游乐者，事固不少。至于冬时，至零度以下三十五度之大寒，生涯至为寂寞。俄人聚于总会，惟以击球为乐。其总会之屋，此次以期满故，有优人自恰克图至，遂让之以居，而总会乃别迁矣。

蒙古之秤，以年岁丰歉，价值时有大差。常年一布特（重量）仅四十加培基（□日本一□□），若在凶年，则有腾贵至三罗布者云。

按俄人衰败于东，今方汲汲以谋我西北，地虽荒寒，然以生产寒带之俄人，何所往而不可振兴之。试观三十年前之哈尔滨，孰又料其有今日之庄严繁盛哉。不知我政府诸公，将何以筹备之也。

《外交报》（旬刊）

上海外交报编辑所

1907 年 7 卷 21 期

（李红权　整理）

怎么愚到这步天地

作者不详

（蒙古）蒙人迷信佛教最深，除佛经以外，并无别的书籍。至于医学，蒙人毫不知道，每逢疾病，就请喇嘛讽经，喇嘛另外有药，这药真是我们意想所不到的了，药有两种，一为药面，是活佛处所养一大象的象屎，每付价值俄洋五元，一为药丸，是活佛的屎做成的，每付十余丸，价值俄洋三十元。蒙人服这药的，还不不容易咧。唉，我不要笑蒙人，就是最文明的扬子江一带，大庙小庙，每逢初一、十五，那烧香求仙丹的人，不知多少，那泥塑木雕的案上香炉里的香灰，就是在下从前也唉过好几次呵。

《安徽白话报》（旬刊）
上海安徽白话报社
1908 年 3 期
（朱宪　整理）

日图蒙古野心

作者不详

潦海某处,有日人多名居住。询之土人,始悉日本人执护照来此测绘者有二百余人之多,且为时已久。客冬十月间,不辞冰雪之苦,入各蒙地探险绘图。并探悉有日本官长二名,常住潦海之某旗地,其人能操华语,且不惜金钱,勾通蒙人之能操华语者携同前往,由博王旗至达尔罕旋赴仪都鲁者有十余名,至札萨克旗者有十余名,内有日本官长一员,与该旗蒙王往来,秘密绘图而去。又有王茂文者,日本人也,操华语,服华服,往来营口、大连湾、哈尔滨诸处,东三省人不知其为日本人也。去冬乃引日本人之学堂毕业生多名,到黑、吉两省测绘,复入博王旗界内,约计有二十余人之多。且时与敖汉王旗内人秘密往来,并雇土人送信云云。

《半星期报》(半周刊)

广州半星期报馆

1908 年 16 期

(李红菊　整理)

漠南北建置行省议

陈去病　撰

位于长城之北，版图式廓，苍莽无际，盟旗繁会，部落纷拿，自三百年来，屹然为中朝藩卫者，皆所谓蒙古也。幅帧所届，与十八省垺，经纬自东九度，迄西三十度弱，横袤五千五百六十五里（或称五千三百里者，缘东四盟之哲里木盟，今已改属东三省，故云），又自北三十七度零，迄五十三度强，纵广二千七百里（或亦称二千五百六十里），面积略得一京二亿三兆七万四千七百九十六方中里，乌乎，可谓雄藩巨镇也已。间尝考之，其地统别为四部，曰内蒙古，位漠东南；曰外蒙古，位漠正北（兼唐努乌梁海部）；曰额鲁特蒙古，位漠西北；曰察哈尔、土默特蒙古，位阴山南麓，界画井井，各自分布，会盟朝贡，咸奉一尊，不叛不侵，并受羁勒，盖亦久矣。然稽之载籍，则大漠以南，固我中国所有土也，开边置郡，筑城受降，其事至盛，自五胡乱华，六朝南渡，黄河以北，且长沦为氐、羌、戎、羯之区，历数百年而始或一返。于是塞外之域，乃若他人之所固有，终古恝置，漠不关怀。乌乎！不其蕒哉。挽近以来，燕赵边外，东抵辽沈，始渐开垦，规为郡县，然意在苟安，无大兴革，终未见其裨补也；允宜博综成宪，周揽形胜，举夫大漠南北，悉数囊括而隶司空之籍，更藩属之往制，夷穹庐为城鄘〔郭〕，增置军备，拓为行省，慎简重臣，威镇其地，移民耕垦，以实边塞。夫如是，则国本固，而敌亦知我之备，将北顾之忧其稍纾乎。不然，王庭以北，逼邻鲜卑，黄教式微，旁门畅启，安知罗刹之众不即乘我懈，狡焉思逞，以来荡摇边疆，则抟抟斯土，且日多事，得毋惧哉。余为是故，乃钩稽方志，条其所见，列之左方，有王者作，经营八表，必从吾言矣。

其说曰：今若弃蒙，吾可无言否？欲保蒙，则必置省。然蒙辽远，稽察匪易，若仅置省，则必仍苟简而无裨治理，置仍苟简而无裨治理，则必与不置省等。夫与不置省等，则不如其弃蒙矣。是故欲议建省，宜先审地势，窥厥向背，判漠南北两之，分遣节帅，开府其间，俾壤地相属，耳目易周，政治、军令咸有专责，如是则制度完美，民情逸乐，各保其生，罔敢背叛，斯蒙民日归，而土日加辟，教化风俗，侔于内地，而利益多矣，岂不善哉。考蒙古大部虽析为四，然其大要以漠为界，故内蒙古察哈尔、土默特可总之为漠南，而外蒙古、唐努乌梁海洎额鲁特亦尽以漠北该之，然部复分区，区复分诸小体，非明辨其故，差而别之，则卤莽矣。庸是余请先言漠南。

漠南内蒙古两区，曰东四盟，曰西二盟。东四盟位燕边外（指直隶省未统属朝阳、承德、多伦诺尔以前言之），西起苏尼特旗，东并辽沈边墙，秦辽西、右北平，辽上京、中京，元应昌路，洎明大宁、开平诸卫地也。西二盟位阴山背下，东接苏尼特，而西逾河套以抵榆林、宁夏，又汉云中、五原，迄朔方、上郡地也。阴山西连贺兰，东循燕边，磅礴绵亘，天然卓越，为中原屏镇，异时所称归化蒙古暨察汉八旗，即栖乎其阳地，皆大汉故壤，特为之所而靖彼族，非诚瓯脱视也。盖呼韩来归，即居阙下，朱邪就抚，并留晋阳，二族之止，亦犹是尔。请更进述漠北。

漠北外蒙古四区，曰车臣汗，曰土谢图汗，曰赛音诺颜，曰札萨克图汗，附属一区曰唐努乌梁海。前四区东襟黑水，西掩天山，面漾流沙，背渟北海，汉唐以来，匈奴、突厥，迄于胡元，所称建牙树阒，单于龙庭之故址也。瓢棱日色，旃帐悲笳，虽复浸渺，而犹可于黄沙白草间时一遇之。至后一区，则坚昆黠戛斯之故邦也，归附既久，耕牧兼营，且甚迢远，悬绝边徼，非示威德，虑脱羁縻，抑又扶护之所宜急也。若夫科布多大臣之所隶，与定边左副将军之所节制，则额鲁特蒙古是也。其地别为二区，中介札萨克图，故南北暌隔，不相联属，又北凌金山，南及塞下，崇冈大碛，横绝境内，畴昔准夷背叛，震我西陲，端由兹起。今虽分崩离析，其势浸衰，而长驾远驭，不亦我之所宜有事乎。昔汉开西域，大列亭障，唐屏北狄，盛设候尉，况值斯际，地久我属，不辑治之，亦奚以为。

敢问其策奈何？曰：今宜急就内蒙古六盟二十五部四十八旗，洎归化城、察哈尔诸蒙地，先置省，一曰漠南；俟规制略定，更就外蒙古四盟四部八十六旗并唐努乌梁海、额鲁特诸蒙地，随置省，一曰漠北。漠南卫中国，为十八省之附庸，漠北固边防，为新疆、东三省之犄角，盖形势既殊，则经画自别，所谓安内攘外，并为要图，岂苟而已哉。

然则官制何如？曰：设总督、巡抚各一，俾分驻两省，总督有宣威树德、尽力屯垦之责，可兼行巡抚事，驻外蒙古漠北省，以饬军备；巡抚有巡方训俗、裁成化相之责，可专任绥辑事，驻内蒙古漠南省，以崇内治，惟于军事或应受总督节制者，则随时以咨，自余可假借之，毋掣其肘，此督抚分职任事之大略也。外则两省可设度支使各一员、提法使各一员、提学使各一员、巡警使各一员、邮递使各一员、劝业使各一员，秩视三品官，咸统于督抚，毋稍等差。初置省时，事简易行，可先设半，散在漠南北，侯〔候〕屯垦益烦、民益来归，乃备遣之，以符厥制。外此则府厅州县咸置如例，凡司道诸官，一切废罢，毋仍其旧，其将军、都统、大臣等官，有猝不可撤者，则督抚大员且兼任之，如奉天例，自余悉废罢之，无仍厥旧，别设提督、总兵等官，俾统其偏裨，扼漠南北险要分镇之，咸受督抚官节制，以一军政。此督抚以降文武官吏分职任事之大略也，由是方域官司两端秩如矣。请进言区划。

　　漠南曰一当升，令热河所置承德府为本省会垣，遣漠南巡抚洎诸使驻守之，府州县名，咸仍其旧，无庸变更。其二曰朝阳府，制亦如旧。三曰洮南府，则本开自东三省，属奉天，今宜归隶漠南，以复蒙故壤。四曰临潢府，则当刬前三府地，置辽上京故城，设县二，曰潢河、西辽，驻潢河，达布苏图泊并围场厅属焉。五曰庆州直隶州，置故辽庆州，设县一，曰鱼泳，盖达里泊也。是为今东四盟地。其西二盟地则前山西既设武川、五原二厅矣，今当归隶，别置府：一曰云中，驻翁滚城，而移今武川厅于大滩，改为县，仍旧名，属之府州；二曰五原直隶州，以今五原厅改升之，辖县三，曰九原、河渠、高阙，驻舒穆图、王家渠、包头镇（舒、王二地，俱见光绪二十九年山西口外萨、包□金局员禀前抚赵尔巽条程□拟及者）；〈三〉曰河套直隶州，驻准夷旧牧场，辖县一，曰秦中，割萨拉齐、托克托二厅新垦地属之。凡此皆所称内蒙古建置也。若察哈尔蒙古，故尝置厅四，曰多伦诺尔，曰张家口，曰独石口，曰陶林，分属山西、直隶，今宜升多伦诺尔为开平府，辖县一，曰濡源，驻东南善因、汇宗二大庙地，升张、独、陶三散厅为直隶，而置县一于黑灰图驿，曰阴山，属陶林，咸令归之漠南。其土默特牧地，向置为归绥诸厅者，今亦宜取归化升为府，围〔画〕绥远、托克托、清水河、萨拉齐诸厅治隶属之，改县四，曰绥远、东胜、桐过、咸阳，仍悉驻厅故地，毋迁徙。复改和林格尔厅为直隶州，命曰丰州，易宁远厅为县隶属之，升丰镇厅为直隶，而易兴和厅为县隶属之，咸如察汉例，归隶之漠南。此漠南区划之大略也。

　　更言漠北，曰一当扼土谢图汗盟为省会也。盖其地左屏肯特（山名），右距杭爱（山名），南通大道，北迫俄壤，山川阻深，舟车辐凑，诚华彝之铁限，中外之交衢，而天所以锁钥北门者也。库伦一城，形势尤便，开府于此，要足建枢立极，收居中驭外之效，今宜置为府，如旧名。漠南北总督兼巡抚洎诸使驻守之设州，一曰镇，驻南孔道县，二曰同罗汗山，驻府南北，其次则于今中俄交界卖买〔买卖〕城置直隶州一，命曰北户，辖县一，驻南北孔道奎通站（一作魁屯），曰静边，盖所以慎边防、重互市，有不得不三致意者在也。三曰岭北府，驻乌里雅苏台，辖赛音诺颜部，元岭北行中书省之所也。三百年来，我定边左副将军更驻节其间，于以驾驭蒙盟，服属藩部，意至深远。然在今日，事且特殊，防俄之要，甚于制蒙，故于蒙不惟其有威服之能，而惟其有教育之功，盖蚩蚩万众，诚得识别文字，粗习礼义，则爱国之心自油然而生，虽弛羁绁可也。不然，土习鲜卑之语，族昧祖国之文（前土尔扈特亲王尝上书政府，言蒙民削弱既久，愚陋益甚，至不识蒙古字者，何论其他，而俄人于东方施行政策，于传教外，尤以俄文为重要云），其势且骎骎北向，则虽将军何用哉。允宜废罢，别置提镇于此，为省城夹辅，斯防秋急务欤。又府既要冲，应设州一，曰和林，驻元旧都，辖东南地县三，曰木城附郭，辖西偏地；曰定边，辖西南；曰龙庭，驻单于城，辖东北。四曰车臣府，驻车臣汗，县一，曰河董，驻喀鲁伦。五曰乃蛮直隶厅，驻札萨克图汗，辖全部地；六曰坚昆府，驻唐努乌梁海，亦辖全境地，属一县唐麓。凡此皆外蒙古建置云。地当穷漠，人文素绌，开府之际，可用回缓，毋峭〔稍〕急迫，斯善导矣。若夫金山河西，部落阂隔，今亦宜就地势于科布多城置府一，曰金山，统一县，名突厥，复于定远营置府一，曰河西，属县三，曰定远附郭〔郭〕，曰流沙，辖阿拉善旗，曰弱水，驻居延海上，辖额济纳旗。此漠北区画之大略也。

　　或曰：经画备矣，屯垦奈何？则谨答之曰：其移民哉，其移民哉。盖自古欲充实边塞，以备御强敌，未有不移民者也。况在本朝，若关东三省，若西域、新疆，其流民之趋赴者，岁亿万计，屯垦之效，业且昭著。即大漠以南，亦既日辟，无日促矣，宁于漠北，独未可乎？愚计以为今淮南北地，凡穷民之无告者，何可胜算，而终莫为之所，徒令岁岁就食江南，率以为常，其强有力者，或且去而为盗，是以乱益滋，而江南因以大困，此苏浙军事之所由兴也。夫民本无辜，因贫而乱，使其恤之，将曷有害，乃今则贫之匪恤，而惟乱是剿，只多残民命，而干天和，抑何不仁之甚哉！宜莫若戕厥渠帅，宥其胁从，移至朔方，俾事屯垦，则虽犹有北投魑魅御，而仁者之用心昭昭见矣。抑余有大可痛者，自海禁废弛，番舶争凑，闽广瓯越之民，以坋榆壤地之益迫隘，衣食生计之益奇窘，而不复可谋，闻海外之大，至不恤背乡井，弃庐墓，别父母妻子，一无所顾惜，而惟冒炎暑，触瘴疠，跋涉鲸波，罔怖蛟鳄，日望望然泛南溟，历穷荒，掉头一去，终身而不返，此其人奚啻亿兆计哉。然且受人所诈，卖为佣奴，械系鞭扑，惨同牛马，而天高地远，呼吁不闻，致身犹是为中国之民，而天若弃绝之，使不得与齐民齿，乌乎，不可悯哉！假令早为之计，俾亿兆元元，转而耕牧于大漠之野，则虽为冠裳礼乐，令侔内地可也，宁特军食足备而已哉。然而竟至此者，则既往之咎也。诚宜及时招致，资之北徙，牛马种籽，颁与毋缺，其有特异之姿，开地广远，逾于常格者，所司奏闻，以汉朝孝弟力田例，宠之显秩，则流民勤矣。其他或有斩犯例得末减者，可令罚锾改充边徼，或倍其锾输之边，以赎厥罪，则边财足矣。夫使边鄙旷漠之野，暌离绝远之乡，而诚得民劝财足，势日隆隆，则边备亦安得不修，而商旅安得不争出其途哉。此愚所以于规画县郡之后，独以移民为断断弗释也。若夫兴学劝农、明刑饬治、置邮设尉，皆后来事，非所论于此时也，故略之云。

漠南北新建置总表（附）

省名	旧部落名	府名（直隶厅州附）	州县名	历代沿革	位置	杂志
漠南省	内蒙古卓索图盟二部五旗及附牧一旗地	承德府（省城，仍旧名，本又名热河，全州占喀喇沁部三旗之地，又赤峰县两境，且占牛特右翼一旗昭乌达盟五旗）	平泉州、滦平县、丰宁县、赤峰县、隆化县	春秋山戎地，秦汉辽西及右北平二郡边地，唐奚地，契丹地，辽中京大定府思，高泽等州，明大宁卫地（金北京，元大宁路同）	在直隶遵化州北部，东北界朝阳府	产多草木，饶禽兽盛草，有野蚕，盐，铁，金，沙，煤，毡毯，马，牛，羊，梨，栗，为近边富庶之地
		朝阳府（仍旧名，全府占土默特部二旗之地）	建昌县、建平县、阜新县	春秋山戎，秦汉辽西部，辽兴中府，明西建州地	在承德府东北，又东接奉天省	物产同上，近年开垦益盛，所出木材甚众
	内蒙古哲里木盟四部十旗之地（按此盟诸旗，实奄有新民，昌图，长春，大赉等府厅）	洮南府（仍旧名，初属奉天省，今割隶本省，全府占科尔沁部右翼诸旗及札赉特，杜尔伯特，郭尔罗斯等旗地）	靖安县（旧名白城子，即泰州故城）、开通县（旧名七井子，在府东南）安广县（旧名解家窝堡，即安广军）	辽泰州及安广军等地	在朝阳府北，洮儿河之南，其东北界奉天，吉林，黑龙江	开垦日盛，物产富饶
	内蒙古昭乌达盟八部十一旗之地（按此盟，翁牛特左翼一旗已属承德）	临潢府（割朝阳，洮南，承德三县交界地置，即平地松林），西工，巴西屯河，巴林右翼，阿鲁科尔沁，扎鲁特，奈曼，克什克腾，喀尔喀及翁牛特左翼等旗诸地，府城择达布苏图泊旁博罗罗斯城建置，即辽泊泊遗址焉）	巴西屯河（此工具二县，一设于滇河左岸，一设达布苏图泊，此当一设于滇，一设公解之旁）	辽上京临潢府及祖，仪坤，乌，永，饶等州	东界奉天昌图，南界英会，老哈二河，西界翁林二河，郭勒及察哈尔部，东北界洮南部	河流通畅，湖泊弥漫，宜于耕植
	内蒙古锡林郭勒盟五部十旗地	庆州直隶州，就锡林郭勒盟地置	鱼泺县（就地泊旁即元史）答儿脑儿，汉语谓之鱼儿泺是也	辽庆州，元应昌路	东界临潢，南界开平，西界西二盟，北界外蒙古车臣汗	多泉泊，饶鱼盐之利，关民（内）流民争垦之
	以上四府一州就东四盟地置					

续表

省名	旧部落名	府名（直隶厅州附）	州县名	历代沿革	位置	杂志
	内蒙古乌兰察布盟四部六旗地	云中府（就乌兰察布地置，辖有四子王、达尔汉、茂明安部三旗之地，以武川厅治改，知府驻翁滚城，即建甸城）	武川县（驻大滩）	汉云中都武泉县，北魏武川镇，金云内州，元建甸城等地	东界庆州，南界归化，西界五原，北界外蒙古	汉民甚众，垦辟已久
		五原直隶州（本山西五原厅改升，辖乌拉特西三旗地）	九原县（驻舒穆图），河渠县（驻王家渠），高阙县（割萨拉齐厅西置，驻包头镇）	汉五原郡九原县及高阙塞地	东南界武川，河套，西北接沙漠	垦熟已久，舒穆图、王家渠一处汉民尤盛
	内蒙古伊克昭盟一部七旗地	河套直隶州，驻黄河西岸，准夷旧牧地，辖鄂尔多斯部之七旗（原属之托二厅所置新垦地）	秦中县（驻旧时萨、托二厅新置）	秦灭义渠戎王置新秦中，汉朔方、上郡，明河套地	东、西、北并界黄河，南以长城界陕、甘省	浅草平沙，耕牧甚盛，尤产羊皮
	以上一府二州旋西二盟地置					
漠南省	察哈尔蒙古右翼八旗地	开平府（原多伦诺尔厅改升，总辖察哈尔左旗地）	濡源县（驻东之善因、汇宗二大庙地，考滦河即古濡水，其源出多伦诺尔西南山中，一名上都河）	金桓州，元上都，明开平卫地	东界用场，南界张、独，西界旧滦水，北界滦水	贸易甚盛，以粮食、牲畜为最大宗
		张家口直隶厅		金昌，抚二州地		为陆路商场，有京张铁路
		独石口直隶厅		汉上谷郡北境，北魏御夷镇地		
		陶林直隶厅（原属山西，为散厅）	阴山县（驻黑炭图驿）	汉云中郡陶林县地	东界开、张，南界兴和，西界旧界武川，化，北界武川	地系新县，汉民旧归极繁，耕牧并饶

续表

省名	旧部落名	府名（直隶厅州附）	州县名	历代沿革	位置	杂志
		以上一府三厅就察哈尔八旗改设				
漠南省	归化城土默特二旗地	归化府（原归化厅升设）	绥远县（汉北舆县故治）、东胜县（原托克托厅改设）、桐过县（原清水河厅改设）、咸阳县（原萨拉齐厅改设）	汉云中、定襄、五原三郡，金云内，东胜、丰净、宁边诸州，明顺又王俺答等居于此	东界丰镇，南界山西长城，西界河套，北界武川	开垦已久，物产饶多
		丰州直隶州（原和林格尔厅改设）	宁远县（本厅改设）	汉定襄郡成乐县，金丰州地	东界丰镇，南凭长城，西界桐过，北接陶林	开垦已久，地力丰富
		丰镇直隶厅（原散厅升）	兴和县（原厅改设）	金丰州，元兴和路之西境地	在山西阳高县北边外	开垦已久，成效日多，劳饶嘱地，宜于放牧
		以上一府一州一厅就土默特二旗改设				
漠北省	汗阿林盟二部二十一旗（系喀尔喀地后路，简称土谢图汗部）	库伦府（省城，漠南北总督驻库伦城）	同罗县（驻府南孔道之多伦站，因唐时回纥同罗部命名。按回纥同罗与图拉为一音之转，今其址有图拉河水，即此，汗山县）	唐回纥同罗部，辽镇州地，元属岭北行中书省	东界车臣，南界内蒙古西二盟，西界古北二音诺颜，北界恰克图	地势平坦，最为觅阔，商业旺盛，扼蒙古北部之咽喉，气候近寒，野兽盘绕，山岭盘纡，野兽颇多

续表

省名	旧部落名	府名(直隶厅州附)	州县名	历代沿革	位置	杂志
漠北省	汗阿林盟一部二十一旗(系喀尔喀地后路,简称土谢图汗部)		(驻府东南之汗阿林盟地,因汗山命名),镇州(驻汗山萨伊尔乌苏孔道之上)			
		北户直隶州(就恰克图之卖买[买卖]城置)	静边县(驻奎通,镇旁之奎通站)	清初恰克图地	东界恰特,南界库伦,西界杭爱,北界俄地	市街繁旺,道路修整,贸易以茶为大宗,人口三千余
	齐齐尔里克盟一部二十四旗地(系喀尔喀中路,简称赛音诺颜[三]部)	岭北府(就乌里雅苏台改设)	定边县(择西要地驻之,辖西境),木城县(辖东偏,驻庭县),龙庭县(驻色房格河北单于故城),和林城(就元喀喇和林故城置,辖东诸城置,辖东诸地)	汉匈奴单于,唐突厥,回纥王庭,蒙古故都,元行中书省北行中书省	东界和林,南界流沙,西北界札萨克图汗,北界唐努乌梁海	地居要冲,为边外弟[第]一重镇,河流繁富,宜于耕植,人民繁庶,专事畜牧。城以木为之,周围五百丈,有东、西、南三门
	客鲁伦巴尔和屯盟一部二十三旗地(系喀尔喀东路,简称车臣汗部)	车臣府(就东库伦地置,辖本部西南两地)	河童县(就巴尔和屯盟地置,统辖鲁伦河南北地)	汉匈奴左贤王地,魏晋时鲜卑幕左部,元成吉思起此	东界黑龙江,南界内蒙古[四]盟,东界回库伦,北界俄境	
	札克必剌色钦毕都里雅苏尔部一部十九旗附辉特一旗地(系喀尔喀西路,简称札克图汗部)	乃蛮直隶厅(就盟地置,统辖鲁西全部)		汉匈奴右贤王地,金末元蛮南部	东界三音诺颜,西接科,布多,北以地形如坎,以唐努山界乌梁海	北部多森林,南部多泉泊,天然牧场也

续表

省名	旧部落名	府名（直隶厅州附）	州县名	历代沿革	位置	杂志
	唐努乌梁海四部地	坚昆府（驻贝克穆河与乌鲁克穆河二水之合流处，即乌鲁克穆河，今名克穆兀穆池）欠州地	唐麓县（《唐书》称唐努山为唐麓岭，今从之，驻地在达哈尔特庙）	汉坚昆，唐黠戛斯，元吉利吉思地	东界俄又尔古德省，西界彼托穆斯克省	欠欠州有俄段商住宅，物产（有）金、铁，有貂及青鼠
	以上					
漠北省	金山额鲁特蒙古（简称科布多）	金山府（欵科布多城置）	突厥县	隋突厥赋起此，金末乃蛮部	东界札萨克图，西南界新疆，北界彼境	北部多森林，饶兽禽，南部临沙漠，亦有井泉
	河西额鲁特蒙古两部地	河西府（欵定远城置）	流沙县（就额济纳土尔扈特旗置）、弱水县（就定远威笼驿置）、定远县（就定远城附近置）	《禹贡》流沙、弱水地	东界贸兰山，南抵长城，西接新疆，北逾瀚海	饶池盐，多泉治

补遗：

漠南　朝阳府原县二，误。今当添一县曰绥东（此县戊申春同新置，系欲阜新县东北隅地割分县治，在今小库伦之街地方）
临潢府后（案此所拟府属地今热河都统廷杰已奏置赤峰直隶州及林西，于唐二县矣，但其名不雅驯，自当易林西为潢河，易开鲁为西辽乃可。至临潢府治即设赤峰府为治为县，惟须降赤峰仍为县，俾附郭佐州府治理耳）

《国粹学报》（月刊）
上海国粹学报馆
1908 年 42、44、45 期
（李红权　整理）

蒙古救亡论

天僇生　撰

天僇生既撰《西藏大势论》，以告有位。近闻政府复有将蒙古改建行省之议，天僇生作而叹曰："西藏者，防英之枢也。蒙古者，制俄之纽也。自江孜互市，而西藏危；自西伯利亚铁道成，而蒙古亟。然而，英人之患迟，而俄人之患速者，则以蒙古之与中国其关系视西藏为亲，其情形亦较西藏为迫也。"

蒙古自成吉思汗崛起沙漠，世为枭雄。顺帝北奔，其太子阿格锡里达赖，犹为彼中酋长，至小王子及瓦剌可汗等数世后，遂为车臣、土谢、札萨克三汗，而科尔沁、额鲁特诸旗，皆其种类。然子孙虽日藩衍，而势力则益消亡。本朝既兴，以蒙古有噶尔丹之难也，悯其苦寒，则令与俄罗斯交易大黄、茶叶以济之；哀其穷蹙，则为之筑阿尔泰山为长城，避准部之抄掠以翼之。开国暨今，垂三百载，未尝有违言，此固历代所未有也。然而戾气既泄，种性日消，迷信宗教，则精神渝，崇尚封建，则政体紊。其组织则纯然贵族政治之规模也，其人民则纯然神话时代之风俗也。愚弱蒙昧，与昔之骁悍善战者，适成一反比例。巴塔赤罕之种族，其不能复炽也，明矣。

自日俄战争以后，日本政府亦欲经营蒙古，以为第二之满洲。然俄之经营在先，而日之经营在后。且日人财力远逊于俄，既倾其全力以注满洲，必无暇日复争此一片地。于是日之于满，俄之于蒙，皆有隐然默认之态度。今俄人之所以尚未发难者，以无隙可乘耳，一有借口，彼必自呼伦贝尔进兵，以西噬喀尔喀，即以是为归画伊犁之张本。蒙古一去，则此五省均非我所得而有矣。

然则吾中国将如之何？曰经营之策，千绪万端，非可以一言尽也。为今之计，择要以言之，则请献两种决定义，一种持久义，一种经远义，一种旁义，一种归墟义。

蒙人愚陋之故，由于不识汉文，懵于书数，宜筹有的款，首于库伦、科布多、察哈尔、乌里雅苏台诸地，设立汉文学堂，次第推广，凡已出痘者，令入京师就学，施以文数〔教〕，是曰决定义，更无疑义。

红黄二教，重在形式，说果谈因，人人以虚空相尚，喇嘛一至，布施山积，自王公以下皆然，倾其家弗顾也。以有用之资，而耗之无用之地，其以此为最矣。宜选彼中资质端敏之士，教以浅近理科，以蒙古语编为白话，随地赠人，破其宗教上之迷信，是曰决定义，更无疑义。

蒙地多矿产，多森林，多兽皮、药料，地质之富，冠于中国，宜就彼中设一实业学校，教之以开矿、种植诸法，分门肄习。即以蒙古之出产品，供蒙古之新政费，是曰持久义。

凡内地游民之无恒业者，有罪应罚；鬼薪者与夫无罪而身体强固好作远行者，举其家室迁之入蒙，择地垦牧。籽种备，牛犁具（近日贴谷亦开办屯垦，然贴非办事才，徒害民而已），轻责其税，而厚程其功。宜设一陆军专门学〈校〉于库伦，以军国民教育鼓励之，是曰经远义。

蒙古自蒙德时，喀尔喀三汗已有九白之贡，如是以为常，日久弊生，上而曹司，下而吏役，舞文弄法，凡入贡者，均任意婪索，而山西诸商，复重利盘剥之。蒙民怒而不敢言，非怀柔远人道也。宜慎选公正大臣为之稽查各司官，仍蹈前辙者，杀无赦。奸商有违禁渔利者，杀无赦，是曰旁义。

何以为归墟义也？曰今日治蒙之最上上策，宜风行雷厉，执行干涉主义之政策，若归化，若呼兰，若鄂尔多斯诸地，皆宜以兵守之。结蒙人以恩，而教蒙人以学，部之以军法，则弱者强矣；导之以谋生，则贫者富矣；输之以欧化，则昧者聪矣。旧日诸王公仍其封号，优其赏给，而主权所在，凡关于内政外交诸事，则由总督直接政府，以一洗旧日之陋习，诚能准斯以行，三年而改观，十年而大成，二十年后可以为东北一重镇。而燕、赵、齐、鲁诸省，有泰山之安。若夫因循，苟且失此不图，总督虽设，而以庸懦不识之辈当其任，则设如不设。行省虽建而教育不兴，武事不讲，则建如不建。恐日本在满洲完成之日，亦即俄人在蒙古满足之时，剥床以肤，后患方大，屏藩既去，腹心自亡，不敢言之矣，不敢言之矣。

《广益丛报》（旬刊）
重庆广益丛报馆
1908 年 173 期
（丁冉 整理）

喀喇沁王振兴蒙古之政见

作者不详

喀喇沁札萨克多罗都楞郡王贡桑诺尔布奏陈经营蒙古事宜一折，计数千余言，内分八端如下：

一、请设银行于蒙地（附陈中外纸币行使之性质，且谓日俄战后两邻银行林立三省势且侵及蒙旗，请饬民政部分设各项银行，发行纸币，严禁私开钱票）；

二、宜速修铁路（请饬邮传部拣员侦察日本修筑京釜等路办法，从关外分枝，由朝阳、赤峰等处经围场直接张家口，由张家口分两路，北通库伦，由库伦东南过乌珠穆沁等旗，经乌丹城接赤峰；一面由张家口经西二盟直接新疆等处）；

三、请开矿山（系沿铁路逐渐开采）；

四、宜整顿农、工、商（请饬下农工商部拣派曾学专门之员前往，提倡分置农场、工厂、商局，请仿外洋托辣斯办法，由劝业银行借资开办）；

五、预备外交（英法教士、日俄士商时有游历蒙地，而蒙人通晓外交者少，况地方辽阔，盗贼出没，保护稍疏，动成交涉，非数蒙员所能胜任，请旨饬下外部筹议办法）；

六、教育普及（蒙人通晓汉文者，百无一二，即蒙文，亦甚寥寥，且谓除喇嘛外，无所谓教。倘外人巧为尝试，后患何可胜言。请饬下学部、理藩部筹议，广兴教育办法）；

七、速练新军（蒙古练军虽有千人，并无饷干、器具、弓箭、长矛、鸟枪等项，实不足以言练军。请饬陆军部将蒙旗通盘计画）；

八、巡警即宜创办（请饬民政部商派通晓警务者，量以品秩较崇、阅历较深之员，综理其事）。此折已由军机处钞交政务处议奏矣。

《大同报》（周刊）
上海广学会
1908 年 9 卷 6 期
（李红权　整理）

俄人在蒙古设施新政策

作者不详

俄人近在科尔沁地方取两种政策：

（一）为怀柔蒙古马贼之政策。由该国陆军部派精练士卒投身于马贼之间，并派久留蒙地、熟谙蒙语者马德利罗夫大佐专任怀柔蒙古之马贼，收置麾下，以兵法部勒之。

（二）为怀柔蒙古王公之政策。以贸易牛马为名，饵之以金钱，暗遣哥萨克兵伪作商人驻屯各处，又从满洲里至张家口设商用定期邮便线路，以为将来布设铁道直达北京背后之基础。

记者曰：俄人之于蒙古，曩日全用强硬政策，近年改用怀柔政策，此固司马昭之心路人皆知之者也，试问政府其知之否？

贻曰：政府何尝不知之。即政府自言，亦未必不谓我知之。或曰：不知而不言是不智，知而不言是不忠，然则我政府何为不言？曰：此之谓我政府。

《华商联合报》（半月刊）

华商联合会报馆

1909 年 9 期

（李红菊　整理）

黑龙江巡抚周树模奏呼伦贝尔设立调查局片

周树模　撰

　　再，前准暂护呼伦贝尔副都统宋小濂咨称：伦城远处兴安岭外，三面邻俄，边线延长，地方辽阔，只以僻在荒漠，应行之政，次第举办，自非逐一调查，无从着手。拟请设调查局，拣派员弁详加调查，并分路详勘，绘图贴说，以便择要举行而资考镜。所有开办以及常年额支、活支银两，开单咨请核覆等因前来。臣查呼伦贝尔地处极边，关系綦要。该副都统咨请设立调查局，系为举行庶政、慎重边防起见，业经照准。所需之款，应准作正开销。除将开支章程咨部外，谨会同东三省督臣锡良附片陈明，伏乞圣鉴。谨奏。

　　宣统元年十二月初八日奉朱批：该部知道，钦此。

《政治官报》（日刊）

北京政治官报局

1909 年 805 期

（李红菊　整理）

俄国经营蒙古之野心

作者不详

殖民家之野心　据最近北省通信，谓俄国对于蒙古，以种种巧妙手段，经营进取之方略者，约有数端：（一）马贼怀柔策。俄政府从陆军部内，选派老练士官投身于马贼之间，专讲怀柔政策。如已派来之马脱里罗夫大佐，以洋式训练彼等，该大佐竟得自由指挥，其活动之状态，颇足令人注目。（二）利用王公策。俄政府竟以哥萨克兵乔装商人，派入蒙古各处，借牛马贸易为名，以饵蒙古王公而思利用之。此种状况，若再继续进行，则俄人在蒙古之势力，当达可惊之程度。（三）设置通信机关。在满洲里、张家口间开设商用定期邮便，且有敷设铁道，直达北京后方，以扼北京之背之计画，现方着着实行。（四）洮南府之军队。俄国曾以哥萨克兵，驻屯于洮南府，虽经满洲总督数回交涉，请其撤退，然俄人乘机南下之野心卒不为之稍戢，此皆显然可见者也。

按俄人近方发行蒙文报纸，亦即笼络蒙古人之一端，我政府大宜注意。

探险家之野心　俄国陆军中佐克磁鲁夫君，前承俄国地理学会之托，前赴蒙古各处探险，艰苦备尝，乃得深究地理、历史上之事迹，于本年阳历八月，安抵恰克图府，即行回往俄京。按中佐于西一千九百七年十二月，偕地理学者及随员等十四员，由恰克图起程，于去年一月，即抵库伦。旋起程横断戈壁大沙漠，到亚穆土（译音）下山，发见哈拉确土（译音）都城之遗址（该都系于五百年前灭亡者），并发掘珍奇之佛像、佛画、汉书，及西藏之古书等多件。其佛像已历数百年，尚完全无缺，佛画亦笔致精巧，盖多系在印度或西藏所制造者，现皆送入地理学会及学士会等处，以资研究史学上之考证。并闻克中佐在蒙古某地方，曾谒见西藏达赖喇嘛，颇蒙优待。中佐尝语人曰："西藏喇嘛王，近来抱持文明主义，已饬西藏颖慧青年，留学欧洲，又派学员数名，留学俄国，讲究医、矿等学，将以为开辟西藏利源之地步也。"

《东方杂志》（月刊）

上海商务印书馆东方杂志社

1909 年 6 卷 12 期

（朱宪　整理）

中俄议以呼伦贝尔大河为国界

作者不详

呼伦贝尔中俄国界，自阿巴哈依图岭以下，即以额尔古讷河为天然界限。惟河流久已改道，分成新旧两河。两河之间，水淤而成平地，所产有羊草、柳条。俄之沿边居民，于两河淤出之地，无不随便刈取，久之遂视为己有。我国疆界，自整顿边卡以来，遇有两河分流之处，即以河之大者为额尔古讷河正流，其大河南岸淤地，所产羊草、柳条，即不便听其刈取，因之界务争执，时有所闻。如阿巴该图、孟克西里河间平地甚多，均曾辩论再三，外务部准俄使函称：俄境作尔果里对岸岛屿，俄人栽植柳条，已历十年，曾由黑抚照会俄官会同往查，其河之正流在左在右，均难悬揣，必须会同俄官沿河详勘，始可解决。闻俟冰解，即当派员会同俄官前往详勘。其详勘之法有二，一稽考古道，一参照现在正流。盖古道年久，半多淤为平地，两国既以河流为界，未便再由平地画分，各应以河流之大者为界，并声明如再改道，无论偏左偏右，永以现流大河为界，彼此均不得以故道争执云。

《外交报》（旬刊）
上海外交报编辑所
1909 年 9 卷 5 期
（朱宪　整理）

蒙古之危机与政府

铎 撰

日俄之役，俄为日创，尽失其于朝鲜、满州〔洲〕之权利。识者早测其必将逞志于内外蒙古，遂其高掌远跖之心。近报载，俄兵入蒙，日有增加，辟地屯营，已有久居不归之势。对待土人，一以柔和，于贫穷者，且衣食而噢咻之。以是土人乐为用，断发易服，私入俄籍，亦往往而有。夫抚餒〔绥〕万方，得民为贵，今蒙人用俄变夏，向背之端见矣。使报言果确，则兵力既巽懦不足与抗，民心又顺逆无定，不及十年，蒙古其非我有乎。然今日者祸端仅见，苟能一面整饬蒙事，示人以未易狎视之端，一面慎重外交，与人以不敢轻举之势，则外人虽凶横，而根基未固拂除犹易，已失之权利，犹或能挽救于万一。乃静览执政之施设，皆若漠然无动于中者。惟学部蒙文报一举，差强人意。虽未必果完善，而举世蒙蒙，独为创举，亦足多矣。呜呼！执政多才，奈何仅使学部独得好高柔远之名也，悲夫！

《宪志日刊汇订》

北京预备立宪公会所

1910 年 4 期

（刘哲 整理）

政府待遇蒙古之失计

铎 撰

近闻蒙古王公，对于直省咨议局成立，慨然有感，援例请设咨议局。政府以其地野民陋，卢〔万〕难如格，斥不允。学部奏定筹备清单，至第六年始订蒙藏兴学章程，实行尚不知何日。夫咨议局，国会之先声也，何独于蒙古而靳之？兴学，愈愚之至计也，何独于蒙古而缓之？

如以为藩属之政，于例当后乎，然吾考诸入关之初，蒙古诸旗功最高，列圣新驭之鸿图，亦世世渥予恩礼，备极隆重，与昔之待朝鲜、安南等者，相去至远，则蒙古非他藩比也。

如以为边陲之政，不妨稍缓乎？吾以为天下防视所最不可缓者，惟边陲耳，今者蒙藏无恙，固足以捍卫西北，脱不幸而蒙藏有警，则内地亦边陲也。此虽不祥之言，有心者所不忍出口，然以其为边陲而忽之，其势不至以内地为边陲不止。夫至以内地为边陲，其事岂忍言哉。

且俄自战败以来，日思伸张其权利于内外蒙古，冀有以偿其损害，英既扩其势力于西藏，今复由藏入蒙，乘机待攫，东邻日本，亦且雄踞满州〔洲〕，窥伺间隙。夫俄、英、日，皆雄国也，一地而介三雄，其势甚殆。蒙民又蠢愚，喜新而厌古，而英俄又导诱之，断发改□者，日益加多，爱戴之心，疑稍衰矣。

当此而欲收将涣之人心，固西北之捍卫，则非广施声教，其道无由。吾意蒙古诸王不自请，政府犹将严予责限，督其进行，即不然，于蒙古诸王请命以后，亦当曲予优容，鼓其盛气，纵所成未必如所期，不犹愈〔逾〕于束手不办一事者乎？呜呼，观于缓设蒙古咨议局，缓兴蒙古学务，而后知政府之无意于远大也矣。

《宪志日刊汇订》
北京预备立宪公会所
1910 年 4 期
（丁冉　整理）

俄人之经营蒙古

作者不详

《日俄协约》成，发表者计三款，事盖不涉于满洲以外，而报纸所传道，则争言全约共有十八款，特秘而不宣耳。观于俄人朝野上下，同心并力，以窥伺我蒙古，则其言或不尽虚也。俄人之经营蒙古，凡两策，政府以兵，民间以商。今之兵在蒙古者，库伦七千，恰克图二千，乌里雅苏台四千，此外尚有散布兵队，计万余人，到处建筑营舍，为久驻计。而墨斯科府之俄商，复组织蒙古远征队以应之，以研究蒙古人之嗜好、垄断蒙古之商业为目的，并以工业专家随行。呜呼！蒙古果何人之地也，奈何任俄兵之欲来即来，欲驻即驻，而熟视无睹也。前虽曾空言诘责，而俄人借辞推宕，外部亦未闻有后言也。恃日行公事之伎俩，以与强国交，其何往而不败。至远征队之组织，尤足以致我死命。往昔彼此陆上通商，原以恰克图为孔道，以其相处较稔，故其感情亦较密。则此次远征队，其足以笼络蒙人之感情，扩张商业之范围，不待智者而知也。有用武之地而不知用，见人侵略而不知兢，我商界尚得为有人哉？呜呼，兵以制我，商以穷我，吾不知其危亡之何日矣！日与俄利害较密，俄既悍然肆虐，日亦不置一言，则私心过计，窃以为《日俄协约》之力，当不仅涉于满州〔洲〕矣。

《宪志日刊汇订》

北京宪志日刊报馆

1910 年 6 期

（朱岩　整理）

蒙古政策谈

作者不详

今日蒙古之事，闻者寒心。夫外患，其表焉者也，乃若国家政策之所酿，为内邪者，不及今治之，不崇朝必崩溃骤发，不可措手。当本朝戡定此土之时，外视之已甚，分析其部落，羁縻其王长，行政大吏，特以娄索供亿为尊□自娱。蒙人之视内国犹秦越，外人之乘间而来者，亦即昵而就之。不比内地之民，犹知正朔，朝室之可贵而不可叛。今当变其根本之谬误，一以治内地之法治之，故改设行省，一也；选用蒙人之有识量者，辅我行政，二也；速设自治机关，察其好恶而噢咻之，三也；侦告外来警报，为补救于万一，四也。且此不徒内国之责，惟我蒙古之贤明有达识者，当知本朝之视藩属，虽未协同仁之旨，然较之外人殖民政策之束缚拘苦，则天渊矣。一其股肱心膂，相我王室，实为内外之休，而其起点请自资政院之蒙古议员诸君始，吾内外仁人志士尚其勉之哉。

《宪志日刊汇订》
北京预备立宪公会所
1910 年 6 期
（丁冉　整理）

蒙人入俄籍

作者不详

两月以来，荷人强我华侨入籍，俄人、韩人强入我籍，今俄人又以诱我蒙民入籍闻。荷人之强华侨入籍，惧其以巨产归祖国，故设苛法以困之也，俄、韩之强入我籍，将与吾民习处，觇其风尚，窥我内情也，俄人之诱蒙人入籍，将隐植其力，结民心以逞志于我也。呜呼！在他国皆有法律以为之范，视出籍入籍，亦寻常事耳，而我则一出一入，无不有至重极大之恶果及于国计民生者。国顾可以无法律，无法律之国，顾可以一日自安哉？然而政府诸大老，且断断于国会年限，不与吾民以立法之权，譬之身撄膏肓之疾，有良医而不知御，有良剂而不知投，则稍有识者不至此，不谓于吾执政躬见之也，悲夫。

《宪志日刊汇订》

北京预备立宪公会所

1910 年 6 期

（丁冉　整理）

蒙古之危机

耆寿　撰

一

在远东风云日趋紧张，内蒙自治初苗萌芽的今日，蒙古未来之演变怎样？趋势如何？这不仅为一般蒙古忧时人士最所关心，尤其为世界各国所同深注意。但是，我们欲解答这个问题，必须先检讨蒙古问题何以愈益严重？现在蒙古之危机是些什么？然后对于蒙古未来之演变及趋势，方不难得一正确的认识。

二

频年以来，蒙古问题忽然严重的原因，完全受日本大陆政策的影响，所以，我们研究蒙古之危机，决不能忽略了日本的"大陆政策"。

先是欧美资本帝国主义者，英、法、葡、意、德……等国，因为要发展海上贸易，不远数千里来和中国通商，帝俄亦因为实现其远东政策，对中国阑入了陆路商队。凡此帝国主义者，继续挟持其暴力，造成许多不平等条约，借以在中国多辟商埠，设置租界，树立侵略中国之水〔永〕远根据地，其势力渐次扩张，有增无已。日本虽然也抱负着资本帝国主义，但它是后起的国家，与老牌的先进诸国比较起来，究竟相差太远，如果在我沿江沿海各省，与根深蒂固的英美各国竞争，无疑地直接冲突，成功必鲜，又因为当时日本帝国主义者，对于帝俄之老大无能，也是非常藐视，所以它决然改定方针，以侵略满蒙，企图完成它的侵略中国以至于并吞亚洲的迷梦，这便是"大陆政策"。

说起"大陆政策"，依照田中秘密奏章上自供自白，是欲征服我全部满蒙地方，造成基础的大陆势力，然后南向以经营中国本部，钳制在华的欧美资本帝国主义，北向以抗御苏俄，使其"赤化"政策不得在亚洲施展。它此种〈政策〉之确定，却也不是一朝一夕之故，当初在日本侵占朝鲜以后，已与我东三省的蒙古，壤地相接，虽然早已蓄意占据，但因其他帝国主义者的监视，不敢轻举妄动，只有养精蓄锐，以待时机，可好，在一九一四年，世界大战爆发，欧美各帝国主义者，正在互相残杀，无暇东顾，日本逐乘机逞凶，强占我国山东胶济路，并向我国大总统袁世凯提出五号二十一条之要求。其中倒有七条关系满蒙。纵然那条文表面上，纪载的纲要说是："因中国向认日本，在南满洲及东部内蒙古，享有优越地位……"而列举的条款，也是如此范围，但推究起它的精神和效果来，凡是我蒙古民族生存居住的区域，没有不是它所要独霸占领的。由此可见日本对满蒙的野心，是何等地狠毒，而当时我蒙胞所处的境域，是何等地可怕。幸而欧战不久告终，日本的企图，竟归一时的停顿，蒙古也明光着，暂得一时的苟安。

迨一九三一年，世界各国正闹着经济恐慌，欧美各帝国主义者，又因为债务问题不得解决，纠纷不已，日本又认为是实现"大陆政策"的时机已到，怎肯轻易放过，遂毅然决然对我加紧侵略起来，绝对的不管什么是国际信义、人道、条约……结果，辽、吉、黑、热四省——哲、卓、昭三盟和呼伦贝尔全部包括在内——接连着失陷了！伪满洲国成立了！其实，只有那铁蹄下被蹂躏着的呻吟，仿佛时时刺激我们的心灵，而惨痛的九一八纪念，深深印在吾人的脑海中。

在这个场合，偏还有着一个极大的威胁，使日本时时感受不安，不能畅所欲为的东西，这东西便是赤色帝国主义者苏俄。因为日本既著〔要〕西进，公然与苏俄对起面来，这两个体制不同野心则一的国家，自然会发生冲突，冲突的表现，战争是绝对的不可避免的。决战的场所，无款〔疑〕的必然是在蒙古，同时决定战争胜负的唯一关键，也在谁先抓住了蒙古。何以呢？设若日本能将西部内蒙以至于外蒙古的相当部分占领了，便可施用侧击方法，将苏俄和西北利亚沿海省，截成两断，使之无法连系。这样驻在极东地带的巨额赤军，行将不攻自破，换言之〔二〕假使苏俄或外蒙军队，将外蒙现区域以外之蒙古地带，一并占据，即便极东的俄军失败了，海参崴、伯力、乌苏里……都被日军占领了，苏俄不但不见得就此屈服，并可以从容的直线撤退，在形势上仍然可以依附贝加尔湖，在蒙古布置坚固阵线，诱敌深入，作最后的决斗。因此，日本方面既有心摧毁苏俄在蒙古的阵线，恨不得把它立刻驱逐到蒙古以外贝加尔湖以西，那么苏俄方面，为防止"大陆政策"之实现，当然万分重视蒙古，而不肯丝毫放松。而蒙古介在这两大之间，简直成为坐待蹂躏的逐鹿之场，无能逃避。况且世界第二次大战之爆发，日近一日，日俄两帝国主义者的冲突，也日迫一日，我蒙古全体同胞，不论目下居于何种环境之下，那祸患之迫于眉睫，可以说是大致相同的。

三

我尚未沦陷的各盟、部、旗，截至今日，受世界大势之支配，也已经踏上最危险的阶段了。那早被强敌攫夺侵略了去的，我们自愧无法援救他们，只好待之将来吧！现在谨〔仅〕存的锡、乌、伊三盟，察哈尔、土默特、阿拉善、额济讷，以及青海各部旗，就国家立场来说，这便是唯一的西北屏藩国防重地。就蒙古本身来说，实极需自拔自救，勿得自暴自弃。进而论之，这些地带，则是土地广袤，人口稀少，实业不兴，经济困窘，教育落伍，民智未开，政治腐旧如故，自卫力量单薄。实际现状，既有如此，际兹外侮凭陵，危机四伏，则无论从任何方面来说，均不足与暴日、赤俄相对抗，又何能负得起国防重任，自存大计呢？为今之计，吾人诚能自知蒙古危机已濒极顶，欲求不为人所覆灭，亦非无径可寻，无法可措。吾人敢大声疾呼于我蒙古官民之前曰：惟有在中央领导之下，发展实业，奖励生殖，广设学校，启迪民智，并须互相联合，戮力同心，以御外侮，以图生存，庶乎蒙古之危机，可以逐渐减少，蒙古之生命，得以永恒线〔绵〕长也。

《蒙古向导》（月刊）
归绥蒙古向导月刊社
1910 年 1 卷 1 期
（丁冉　整理）

蒙古危言

朱山　撰

　　被发野祭，伊川为戎，中原故都文物，所被祸患稍缓。乃在百年，边徼荒垂，背弃国版，削发易服，生心外向，直毛角之类，引相从耳。今之蒙民，率入俄籍，燃眉不救，噬脐无及矣。记者之危言，夫何容心哉。夫以俄人手腕，对待蒙民，外示和柔，实具阴鸷。通商易市，联结感情。精致货品，售以廉值。织造服色，概用俄制。蒙民骤失常服，不自觉察，炫观于市，心昏耳目塞矣。俄人乃进其植民之术，寒者衣之，饥者食之，称颂功德，盖无量数矣。于是俄兵络绎增驻库伦，进而哈〔恰〕克图，再进而乌里雅苏台，固筑营垒，贮藏器械。蒙民熟睹，视若无事。祸机一发，束手为囚，跃马横戈，奋起敌忾，决非今日通古斯人所能任者。

　　最近驻京俄使回国，暨俄国某铁路总理、东省领事，先后至圣彼得堡，连日开议，其为蒙古关系，路人皆知。而重闉悠邈，叩关言事，阒若无人。庙堂胜算，莫测所指。嗟夫！割弃珠崖，委失河隍，汉唐覆辙，悔不可追。高丽、台湾，尤近事之可鉴者。夫以成吉思可汗龙拏虎掷之巨壤，开国赞功、封王尚主之贵族，固结民气，瀚海百丈之冰，誓洗国污，黑龙一江之水，时乎不再，来事尚有可为者，今以边防大势而言。东省收回，发祥所在，西藏经略，屏蔽川滇，蒙古危亡，重要稍次。然其糜烂，不遑朝夕，蒙地一失，东势益孤。俄既注重北方，英必专营西土。一发千钧，全身牵动，三边兼顾，库帑先乏，长材远驭，疆臣无人，坐失土地，斯可慨已。说者谓，宜停止协饷，即以其地，付诸官吏，任其建国独立。或仿西班牙，售其属土于美国之已事，暂举北路售诸他国，仅守其南。是二说者未为无见。然在朝廷，重恤国体，彰明售土，必不显居官吏。建国独立之号，尤中忌讳，惟有尽举葱岭以东，松花以西之地，作为万国通商埠，而自享其地主之利。内外蒙古，不使一国据为独有。伊犁、新疆之后患，且免于将来，破碎辽阳，家乡系念，颠连藏卫，门户惊心。然则记者筹蒙之言，讵为鳃鳃过计者乎。

《蜀报》（半月刊）

成都蜀报馆

1910 年 1 卷 2 期

（丁冉　整理）

俄国注意恰克图之权利

作者不详

　　俄政府见京张铁路告成，以为中国之意在经营蒙古，将由此线推至库伦，以达于终点之恰克图，乃议自西伯利亚铁道分线，亦推广至于恰克图，以示抵制，现在勘查已毕。据闻该线拟通过哈耳马达巴耳山脉，沿铁姆尼克河谷地，其间有两隧道，一二千四百尺，一一千四百尺。又塞雷河有一千一百二十尺之铁桥，其分歧点在西伯利亚之蒙沙洼驿，该驿至恰克图约二十三英里，沿路之建筑材料颇为丰富。此路既开，则自俄国至蒙古之陆上贸易，必大为发达，西伯利亚之谷类，殆即其主要品，则恰克图不久将为中俄两国之大市场矣。闻俄国拟不日即兴工筑造，亦现今最可注目之一大问题也。又闻二年前俄人实行保商政策，凡华俄接壤之关卡，重课其税，以阻华商之入境，乃近日已于塔尔巴哈台外之税关，将中国丝茶税减去大半，而恰克图一口之税，亦议酌减。华商之侨俄国者，莫不感颂其德，俄人之计亦巧矣。

《地学杂志》（季刊）

北京中国地学会事务所

1910 年 1 卷 7 期

（朱岩　整理）

俄国对蒙之政策

作者不详

　　日前，外务部接驻俄萨钦使函告云：西比利亚毕克斯埠，向为俄蒙贸易市场，近时日货销售蒙古额数，年年加增。俄蒙贸易，影响匪浅。该埠商绅忧虑不置，拟探求原因，讲求救济之策，请杜木斯克大学堂教习苏勃列普君、勃哥列保君组织探险队，巡历蒙古各部。所有预备一切，已整顿就绪。俟今春雪融之候，启程前往。该探险队应调查事项，开列如左：

　　（第一）俄蒙贸易出入，并通过贸易之真相。

　　（第二）贸易之中心市场，并各市场之配分地域。

　　（第三）贸易之通路：（甲）由俄国赴蒙古之贸易路；（乙）由中国赴俄国之贸易路。

　　（第四）有力之俄国商店，并外国商店。

　　（第五）贸易货品各种名目。

　　（第六）贸易之契约、价值、支银、办理债银、货品输运并运费、贸易季节、代办贸易业之方法。

　　（第七）外国商人竞争情形。

　　（第八）于蒙古市场之货品需要、供给之真相。

　　（第九）蒙古经济界之真相。

　　（第十）俄国对蒙贸易之衰颓，并其原因。

　　（第十一）于俄国在蒙古之利权保护之方法，并与中国官宪之关系。

（第十二）中俄两国陆路税关。

（第十三）中俄各条约之效果若何。

（第十四）关系于俄蒙贸易之银行，并其银票之办理情形。

（第十五）俄国贸易之将来。（令俄国工艺品适合蒙古之需要之方法若何）

再，俄报论该探险队云：该队调查各事项，极关紧要。如果该队探险能达目的，调查果得的确，则裨益俄国经济界诚匪鲜浅。且中俄通商条约，以明年为限期，故改订条约之时，与调查之详略，关系甚大等语。本大臣案：近时各国注重蒙古富源，探险调查之企画，频繁出现。即英国伦敦商绅，有组织蒙古探险队之举，俄国复有此举，德国甚为动意，将来亦必发遣探险队。回顾中国于蒙古之设施，威令渐衰，蒙民离心，其危象可想也。未知钧部若何对付各探险队，请详覆示。

外务部又据萨钦使报告，略云：俄国皇家地学协会，于一千九百七年，组织探险蒙古队。其队员以各科专门学士充之，举格苏罗斯陆军大佐为总司令，特支拨内帑金二万俄元，协济川资。由是年十一月起，从事探险，首先研究中部蒙古、南部蒙古，次探查青海地方，又次探查四川省之西北部。主查地理的、政治的情形，旁搜集古代历史的遗物。阅三年余，于去年腊杪回国覆命。因此该协会拟由阳历四月一日，开展览会，陈列探险队所搜集之各种材料。令公众随览，以资观摩。且探险之报告，其一半已经发表。阅其内容，关于蒙古之学术上新意见、新发明甚多。其裨益学界，决匪浅鲜，云云。

按：又据某报载哈尔滨函云：俄商齐斯查格普氏，日前向满洲里驿之自治会提议，创办蒙俄货品交换贸易所。并谓该案如果实行，职商先自捐俄币一千元为创。莫斯科府棉布商团之代表人公

铎拉查氏闻之，最表赞成，誓协同从事。闻该案内容，创立一大
交换市场。该市场正面适中之地，创建一喇嘛寺院，请喇嘛僧中
之高僧，为其管长。并于该寺院之四面，创建陈列馆，陈列俄货。
如蒙人来购俄货，则不索货银，准将牛羊及其他所有土货交换。
其目的在于利用宗教，招徕蒙人，交换货品，而推扩商权也。记
者按：俄人所欲推扩者，岂特商权而已？

《东方杂志》（月刊）

上海商务印书馆东方杂志社

1910 年 7 卷 3 期

（李红权　整理）

蒙旗现状之一斑

作者不详

外蒙古车臣汗盟，属桑索赖多尔济贝子旗。于二月杪，有由东三省、内蒙窜入蒙匪百余人，携带车骑军械，进旗抢掠，并先有函致桑贝子，约定：（一）不抢蒙旗人等；（二）专抢华商；（三）请该贝子先期谕令华商不得远去，财物不许他运；（四）倘华商移动，向该贝子是问。桑贝子遂照函行事，故蒙匪一到，华商数十家，大被抢掠，损失财产，约数十万之谱。遂急禀库伦大臣派兵保护，遂派宣化营帮带郑秀起、哨官李子敬带马队六十余名，驰赴该旗剿捕。适蒙匪抢掠财货，正在外窜之时，遂相遇开仗，枪弹互击。郑帮带极为奋勇，因马匹奔驰疲乏，请桑贝子换健马，而贝子因将好马全赠蒙匪，故遂以弱马给郑，致郑战阵不利，弃马步战，奋死直前，匪始少退。乃有贝子旗蒙人，私与匪通，将官军所骑之马牵匪，匪队见官兵无马，遂困官军于垓心，而官军死战，毙命二十七名，李帮带亦受重伤。该匪并将财物分散蒙民甚多，而华商以该贝子私通巨匪，抢掠商家，并故以劣马使官军战败，实为罪首，拟公举代表，清查失单，呈控贝子，并请赔款，以保商业而警蒙患云。

二月间，绥远城道兵在四子王旗获匪多名，由归绥道胡孚宸审讯。该犯供有四子王旗蒙人同伙，至八九十名之多。胡道禀请将军，派兵严拿，信留守即札委同知崇福，带旗兵马队百名前往，以查垦为名，实则捕匪。但旧例凡派兵前往蒙旗，应先知照该旗，以免惊疑，此次竟未知照，其故由于幕友陈某，漏将此文未发。又官兵未到蒙界，该旗已先聚众至二三百人，兵到蒙界，崇同知侦知蒙情汹汹，未敢轻举，上禀请示办法。蒙人黄夜乘官兵无备，为先发制人之计，开枪击毙官兵七名，官兵亦毙蒙人二名。四子王当即行文将军，声称本蒙界突有冒穿官兵号衣马贼百余人，扰害蒙界，枪毙蒙员，查悉必非官兵，若官兵前来本旗，何以将军尚无文到，云云。信留守因又札委胡孚宸前往查办弹压，胡孚宸到，又被蒙人围困，易装遁逃，狼狈而归。禀见信留守，信面责其畏葸无能，办理不善，胡遂气愤殒命。

《东方杂志》（月刊）

上海商务印书馆东方杂志社

1910 年 7 卷 5 期

（朱宪　整理）

蒙古祸源篇

作者不详

近日法报、德报，皆记俄人因与中国改订商约，议设西蒙古各地领事，势将决裂，有下最后通牒，并发兵攻入伊黎〔犁〕、库伦之说。以常理论之，其事固所必无。然俄人近日因改约事，要挟百端，欲大伸其对蒙古政策，则固不可掩之事实，此等风说，实非无因而起也。

俄人之窥伺蒙古，不自近日始也。而其谋之专行之急，则于今日为尤甚。此次商约问题之要挟，不过乘机动作之一端，今而后，其步步逼紧之势，当更未有艾也。

盖自近东问题解决以来，俄人南下以出黑海之策不行，而彼得大帝遗传之帝国主义政策，又不能息，乃不得不肆其东封之志，而东方侵略政策，于焉以立。东方侵略之方面有三：一曰中亚，一曰蒙古，一曰满洲。中亚方面自波斯问题，与英人冲突，一时不能得势，乃专其力于满洲。日俄之战，满洲又为日人所阻，东出太平洋之政策，又不能实现，乃更不得不转其锋于蒙古。是固事有必至，理有固然者也。

至于近日，则更有不得不尔者焉。日俄媾和以来，俄人保守北满，有东清铁道以联络欧亚，有海参崴以吞吐海陆。其对于日本复仇之念甚炽，故犹有根据北满，南下以与日本再战之志。数年之间，谋修黑龙江铁道，设海参崴保护贸易制度，盛移欧俄人民于东部西伯里亚，各种举动，皆其预备也。至近日则因美人势力侵入满洲之故，与日本共其利害，非释前怨以同谋防御不可。前次美人倡满洲铁道中立之议，两国瞿然惊惧，以有第二次协约，且更进而谋交通、产业等种种之同盟。于是俄人在北满之势力，因以固定，而不能再图进取。且也日本既得南满，尚有以为未足时，有窥伺东蒙古之心，尤为俄人所忌。故俄人苟攫蒙古而有之，则东可以抗制日本，南可越长城而席卷中原，极东政策，可期大成矣。此其最近原因一也。

自英、俄两［二］国冲突于中央亚细亚，俄人有西举波斯、阿富汗，东掠新疆、西藏，以控制印度之势。虽屡为英人所遏，然俄人开拓土耳其斯坦，修筑中亚铁道，怀抚波斯，因而利用之，英人亦不能得优势。此日俄战役以前之现象也。至近日，则俄人因战败之余，不能复与英竞，乃悉举中亚方面诸问题，与英和协。光绪三十三年，《英俄协约》成立，划定波斯、阿富汗之势力范围，协定两国皆不干与西藏之事。于是俄人对于中亚方面之政策，乃不得不暂藏其锋。中亚方面既无可为，则不得不再求尾间之地。又其对于英人之疑虑，未能泯灭（近日因德俄协商尤甚），窥伺西藏、印度之心犹炽，尤不得不预植其势力于西蒙古、新疆各处，以为将来之地。故乘此改约问题以力图扩张者，亦其宜也。此其最近原因二也。

要而论之，俄人之志，固不仅在蒙古，而必得蒙古势力，方可以实施其极东政策与近东政策。此莫斯科诸政治家所日夜绞脑筋呕心血者也。是故其所计画与施行者，无一不可为其政策之左证：反对锦爱铁道也，擅设洮南领事以拓蒙古商业也，谋筑张恰铁道也，暗贷巨金于蒙王以怀柔蒙人也，皆其极东政策系统中之方略，以为侵入北中国之地步者也。谋设科布多、迪化、哈密诸领事也，开通叶尼塞、额尔齐斯诸河航路以便西蒙古国境贸易也，延长中亚铁道以近新疆境上也，派遣乌梁海、科布多等处之远征队也，笼络蒙古、新疆等处喇嘛僧、回教徒也，皆其近东政策系统中之方略，以为席卷中亚各国属地、控制印度之地步者也。凡此悉彼国近年逐渐进行不已，且或大睹功效者，惟以战后国力未充，且以日英二国监于其旁，尚未敢露骨行之耳。

　　夫最近东亚之国际政局，以各种同盟协约为机轴，其对于中国，无不以领土保全、机会均等为言者。俄人之在北方，更有《日俄》、《英日》二协约，固不敢显然用强力于今日明矣。然正惟其不用强力，故汲汲焉用变相的政策，二协约者，即所以确定两国政策接触之范围，以互相尊重者也。正惟其不用强力于今日，故汲汲焉用预备的政策。二协约者，即所以确定二国政策将来实施之约束，以互相信守，而姑维持现状以待者也。此盖今日列强墟人国、屋人社之最新法，而俄人尤号称神乎其用焉耳。抑日内道路传闻日、俄、德三国同盟之事，德国者，向为极东问题侵略派之中坚，而以黄河流域为势力范围者也。使其事果不虚（记者固揣此事未必真），则以扬子江以北之局势，将为此三国以均分支配。而俄人之对蒙古，因此国际协定之确认，当益肆行无忌。今而后，大漠南北，行见哥萨克马蹄之蹂躏不远矣。呜呼！吾秉国钧以当外交之冲者，其亦有所动于中焉否耶？

《南凤报》（月刊）

桂林同盟会广西支部南凤报社

1911 年 3 期

（李红权　整理）

俄人对于蒙古、新疆之阴谋

译大阪《朝日新闻》

［俄］裴尼格生　演讲　　蓬仙　译

俄国裴尼格生伯爵，以通晓蒙古事情著名，近来游历西蒙古及新疆地方，归国后演说于俄京军事研究会，题为《在战争时之西部支那》。兹述其大要如下。

新疆地方，与俄领土耳其斯坦州接壤。蒙古为中国与西伯利亚之境界。此两处地方，在中国人自信为处于征服者之地位，汲汲扶植自己之势力，以防两地之自立。蒙古人本为多数异种族所成，而为征服者之殖民所迫压，甚苦之。中国人以殖民之故，欲得其土地，以不法掠夺蒙古人之家畜，使彼等远去而居于俄国国境之间。彼等之部落，常因此而破坏。然中国人又欲隔离蒙古人于俄国势力范围之外，移居多数之中国人于国境以警备之。蒙古人之间，憎恶中国人之情颇盛，而亲俄之情益强。以此之故，俄人与蒙古人同种之古说，复兴起于彼等之间。又有黄人之王国当亡于白王之传说，亦流布于彼处。余旅行中，屡有蒙古人向予质问曰："使我等自由更胜于中国之白王，何时来乎？"故若一旦有事，蒙古人必为俄国一方面，奏伟大之功绩。彼等于战争之时，可供给十万名精锐之骑士。彼等之手，有九万五千之骆驼。骆驼者，中国与西蒙古间之大沙漠中，惟一之输送机关也。于此沙漠之中，欲使中国之军队全行覆灭，只须蒙古土人，埋灭其若干之水井，以绝其饮料，足矣。新疆地方之种族中，有一勇敢好战之民族，五十年以前，曾抗中国之主权而立反旗，为当世之所知。一八九四年，又起稍小之叛乱。今中国对于此民族，取和缓手段，于此民族之中枢，某市之四境，多设中国之小学校，大约每住民三千人中，有一人入学。但是等之学校，欲强彼等儿童入学，因而与彼等冲突不绝。一旦有战争之事，则此强悍之民族，必欲恢复新疆地方之独立，而参加于战斗之中。其余民族，亦立于局外之地位。故就西蒙古及新疆两处地方言之，中国人之地位，决不能谓之巩固。由中国输送军队于此地，无铁路，无道路，无桥梁。其在国境之各处，欧洲式之军队，综计不满八千。其炮颇拙劣，辎重极少，不能咄嗟应用。然因中国人之醒觉，其改革运动颇强烈。此运动之结果，三四年以内，必能使之充实无疑。今日西方交通之铁道，已决定敷设，三年后，必可开通。中国军备充实之时，首交干戈者，即俄罗斯也。吾辈非好言侵略，然东邻之国境，不可不使之安固，事关切己，实不容已。最善之方法，则使中国西部蒙古与新疆二处，恢复其独立，建设新蒙古及新疆之两独立国，实安固俄境之要道也。

　　记者案：裴氏之言，虽未足以代表俄国人之意见，然苟我国人对于边境地方之开发不加注意，则使邻国生窥伺之心，亦固其所。狁焉思启，何国蔑有，固不能以此咎他人也。而今而后，我国人犹不急起直追，则此言论之成为事实，自在意计之中。十八年以来，朝鲜事件之经过，犹印于吾人之脑蒂。前事之不忘，后事之师也，望吾国人之警醒焉。

《东方杂志》（月刊）

上海商务印书馆东方杂志社

1911 年 5 期

（李红权　整理）

奏明蒙古王公等按班来京

作者不详

理藩部奏称：窃查臣部于宣统元年闰二月二十九日具奏：内外扎萨克蒙古王公暨回子王公、土司、土舍等年班应否俟二十七个月后按班来京，请旨遵行一折，本日由内阁钞出，奉旨：理藩部奏：年班内外扎萨克蒙古汗、王、贝勒、贝子、公、台吉、额驸等可否来京一折。明年年班内外扎萨克、阿拉善、青海、乌梁海、土尔扈特、霍硕特、伊克明安、杜尔伯特蒙古汗、王、贝勒、贝子、公、额驸、台吉、塔布囊、公主子孙无论御前行走、乾清门行走、外边行走，均著俟二十七个月后再行按班来京。所有应行来京之各项呼图克图喇嘛及西藏呈递丹书克来使堪布察木多、帕克巴拉呼图克图来使、回子伯克、土司、土舍、廓尔喀等，亦均著俟二十七个月后再行照例按班来京等因。钦此。钦遵行知在案。所有本年内外扎萨克蒙古王公、台吉暨回子公等年班自应钦遵谕旨，饬令按班来京当差。惟查伊犁、青海、回疆各处之王公等，程途较远，理合先期奏闻，仍由臣部行知各路将军、大臣，并传令内外扎萨克、各该盟长等处，转饬各蒙古汗、王、贝勒、贝子、公、台吉、塔布囊暨回子公等届期照例按班来京当差，其余各项呼图克图喇嘛暨西藏呈递丹书克来使堪布察木多、帕克巴拉呼图克图来使、回子伯克、土司、土舍、廓尔喀等，亦由臣部传令各照例章按班来京。谨恭折奏闻等因。奉旨：知道了。

《北洋官报》（日刊）

天津北洋官报局

1911 年 2749 期

（朱宪　整理）

蒙古议员奏准驰驿来京

作者不详

理藩部奏称：窃于本年四月十二日内阁奉上谕：本年九月初一日为资政院第二次开会之期，著即于八月二十日召集所有该院议员，均即遵照定期，一律齐集。该衙门知道。钦此。抄出到部。所有外藩王公世爵钦选各议员均由臣部恭录行知一体钦遵在案。惟查钦选外藩各议员，上年召集系由臣部具奏，奉旨准其驰驿来京，本年资政院第二期开会，除现在驻京暨在京各议员外，其已经回牧各议员即应遵照定期，届时一律来京，可否仍行循案赏驿之处，一俟命下，臣等敬谨遵行等因。四月二十九日奉旨：准其驰驿来京。钦此。

《北洋官报》（日刊）
天津北洋官报局
1911 年 2811 期
（朱宪　整理）

俄国经营蒙古之进步

剑云 撰

呜呼！俄国之经营蒙古，着着进行，鹰瞵隼视，欲于我西北边陲，统握无上之商权也，盖已匪一朝一夕事矣，特我当局者不知之耳。故自《日俄新协约》发布，而外交部一方面于外交上之对付，亦依然与前同一态度，无所事事。惟近日政府各亲王大臣，猛然深省，已有保蒙会之发起，然人智我愚，人疾我缓，从容展布，恐亦有鞭长莫及之势。蒿目河山，潸焉涕下，盖亦惟叹息痛恨于无可如何而已。

按近日东京《时事报》之言曰："俄国之蒙古研究，现已由第一期探险时期，而入商业的远征时期。此次依历来探险调查所熟知之路径，固已确信俄国可掌握蒙古之商权，故有平和的远征队之组织。其远征队之编成地，即为俄国商业中心地点之墨斯科府，布巴夫氏为该队之总指挥官。"又曰："俄国各商会，对于该远征队，深表同情，其意欲令蒙古土人采用俄制之工业品，特托远征队，带往适于蒙古人用之商品无数，且各有样本，颁布于蒙人。故其至要目的，实在于研究蒙古人适用之物品，冀独占商权于蒙古，为侵略的政策而已。"

又曰："该远征队带有商事上侵略之性质，已如前述。其队商由班长七人之下，带有人夫、马匹、骆驼等无数，一见恰如俄国军队之侵入蒙古。自墨斯科出发以来，星夜前进，业已深入内地。

其队商中，有各科工业之专门家，比于从前之俄国探险队专以地理、地质、动植物、古物学等之专家所编成者，大异其趣云。"

又曰："远征队之干部，由墨斯科出发，依西比利亚铁路，到贝加尔湖南岸之停车场，即在该地备足出发蒙古之必要品，直向蒙古内地前进。带有商品无数外，尚有商队自卫之兵器、露营所用之被服，及马匹数百余头，加以护卫商队之俄国人，一律军装，并有中国人之苦力等，整队附之而行，其威严洵可畏也云云。"

此外，又据驻俄萨使电称：自《日俄新协约》发表后，该国人民，已公然宣言切实经营蒙古，以矿产、森林、商务三项入手。而最近蒙古警信，亦有此说。谓除重兵屯驻尚未撤退外，又有俄商远征队，随率土人直进内境，调查商业，一切无所不周，政府尚无特别区画，惟蒙古之资政院议员中颇有因此发愤者。嗟夫！俄以斯拉夫族之苗裔，袭其大彼得帝之余威，自西侵之政策失败，而其远东经略，日夕图维，不遗余力者，惟注射于我中国蒙古之一隅，虽数十年犹如一日，而我中国蒙此剥肤之痛、割肉之悲，好整以暇，犹若未之察及。蒙古乎！蒙古乎！其亦何不幸而有是欤？吾顷得俄商蒙古远征队之详报，故亟采之，以为留心蒙古者告。

附记俄商蒙古远征队之状况

俄国商队之行程　远征队出自贝加尔胡〔湖〕南岸西比利亚铁路停车场以来，第一着先向恰克图前进，由恰克图赴乌尔戛，由是取道于西，横断三音诺颜，向乌里雅苏台更西摩阿尔泰山脉前进，可达科布多。自至科布多后，远征队沿叶尼塞河，纵断唐努乌梁海，向北进行，直达俄国国境。

探险队之会合　此俄商远征队，在蒙古旅行之途中，可与由乌里雅苏台方面向恰克图进行之沙列夫教授所率之远征探险队会合，会合后，二队当即合成一队，协同探险北蒙古及西蒙古。

蒙古研究队　墨斯科商队之远征队，与在蒙古途中会合之别队，即杜摩司市之西比利亚研究会，杜摩司大学教授沙列夫，及布巴氏所编成之蒙古研究队也。此研究队已自西历五月三十日，出发杜摩司市，向蒙古进行，亦以研究蒙古通商为目的。由赛米帕来丁分为二队，经额古伯伊斯而赴科布多，探险于波尔根、乌尔森开、摩丁及乌梁海，由此至叶尼塞河上流之乌里雅苏台、乌尔夏地方，豫定由恰克图及威而纳丁斯，出西比利亚铁路而归，行程凡四阅月半。

远征队调查科目　墨斯科商队之调查科目，不但关于蒙古之商业、工业一般事情，即至寻常细事，亦须详细调查。其由俄国往来蒙古之道路，及道路修理之方法事情，均在研究。此外则调查叶尼塞河（注入乌布萨泊者）、色楞格河等诸大河本流、支流，舟航之便利如何也。又别派专员，研究由蒙古内部出中国海港之道路，与蒙古之生产物，将来输出蒙古及日本、美国、欧洲商品之输入蒙古，应取如何之通路云。

关于商业事情之调查　远征队除调查研究商业道路外，尚关于乌尔夏、乌里雅苏台、科布多，及其他蒙古为中心之商业状态，一律比较研究。并关于贸易之风习、交易及卖买之习惯、改良之方法、银行汇票通货等诸问题，亦皆在研究范围之内云。

远征队之主要目的　此远征队之主要目的，在于俄国将来掌握蒙古之商权，故惟以调查蒙古之商业状态，蒙古土人之需要品与购买力，为第一主要。此外则又调查蒙古之生产物，其每岁输出数之突过于输入者，亦必研究其增进之原因，与因此所生之结果。至于俄国商人输出蒙古之生产物，其代金或代以物品者，果否可以互相交易，与俄国现今之品物，果否适宜于蒙古人之嗜好，亦皆在该队调查之至要目的。

　　蒙古及中俄条约改正之准备　俄国关于蒙古，恒希望与中国缔结新约，变更旧约，而俄国之贸易商，则谓变更现今之中俄条约，究以如何为有利，非豫先精密研究蒙俄间商业贸易上之关系，及蒙古商业与蒙古生产物，不易猝定其方针。故该队实为中俄约改正之准备，而其归国之期，则在本年十一月间云。

　　按此稿甫脱，阅报，俄人又有黑龙江探险之举，俄诚可谓着着进步矣！

《大同报》（周刊）

上海广学会

1911 年 15 卷 19 期

（朱宪　整理）

治蒙政策

萧镇　撰

　　蒙古屏藩中国，三百年于兹。在君主时代，人民慑伏于专制之下，国家之观念弱，而种族之界限严，对于蒙古，如秦人视越人肥瘠，休戚不相关也久矣。今者共和掀幕，五族一家，鉴世界潮流所趋，内外蒙古，为列强视线注射之点，与内地各省，有唇齿之关系，一发千钧，牵动全国。自俄库私约发生，各省拒俄征库之声传，不绝于耳，不惜增加担负，以备战费，牺牲生命，以雪公愤，足见民国国家观念充溢之一班〔斑〕。哲里木一盟，自南满、东清两铁道贯穿以后，由东南而蜿蜒西北，已在该两国势力范围之中，以能力薄弱、民智未开之蒙古，而与手腕敏捷之日、俄相接近，虽三尺童子，亦知其不胜也。此次乌泰被库僧煽惑，倡言独立，不得已而以武力解决之，凯旋之日，政府派今奉大都督张公充东蒙宣抚使，一宣一抚，固已责无旁贷。西哲有言曰："事不决裂，无进步。"又曰："破坏者，建设之功臣也。"其蒙古今日之谓乎。幸天心厌乱，长春一会，全盟倾向共和，宣之一字，已收圆满之效果，然战局告终，百端待理，固不在宣而在抚也，昭昭明矣。夫兵燹余生，元气未复，盗匪潜踪，乘机劫掠，惊弓之鸟，时有戒心。况蒙民生计之艰，达于极点，大军压境，损失必多。以云抚，固有急切不可缓者。然扶危济困，非多筹经费，不能畅所欲言，而值此经济恐慌，势难尽如人意，所求不遂，怨谤随之，办事之难，古今同慨，此筹蒙事者不能愉快之一端也。昨阅报载卓哩克图亲王色邸，博多勒噶台亲王阿邸，均以力谋蒙民生计自任。以两亲王之魄力，岂犹虑坐言不能起而行耶。然镇且鳃鳃焉，有不能已于言者。生计二字，以狭义言之，似于衣食以外无他求；以广义言之，舍有生产与营业两种纯粹之性质，为人类生存最大之问题。各国大学校，有生计学一门，谈何容易。前清诏饬王大臣为满汉八旗筹生计，各都统将军之奏牍，亦复天花乱坠，言之津津，十数年来，毫无成效。以八旗官私财产之多，仕途中之显官如此之众，尚无妥善办法，言之匪艰，行之为艰，即聚八旗诸巨公而问之，亦无词以自解。蒙古土地所有权，均在札萨克各王公掌握中，台吉、箭丁之有私财私产者，十无二三，而从事工商业者，又百无一二，其困苦情状，较满、汉八旗，有天堂地狱之别，今为之力谋生计，斯诚蒙民千载一时之遇，而生死骨肉〔肉骨〕之机也，岂不甚善。夫生计不能自为谋，而必待人之代为谋，是何异瞽者之恃相耶。医之治疾也，不察脉息，即不知病源，便无从下药，蒙古麻木不仁之病根，入膏肓久矣，不有善医者，势将坐以待毙。然医治方法，必先令流通血脉，使之行动自如，然后进滋养品以补元气，厥疾庶有瘳乎。所谓流通血脉，行动自如者何？则废除前清待遇之苛例是，进滋养品以补元气，则教与养是。试抉其病根，为留心蒙事者陈之。蒙者，蒙昧无知之谓，古者，泥古不化之谓。虽为名义上形容比拟之辞，而证以过去、现在之状态，则为确切不移之论。今欲振兴蒙古，莫不曰宜普及教育，先开智识，以灌输文明，庶几改头换面，久而久之，自不难转弱为强。此等议论，本为老生常谈，未尝不近情理，然而对于今日之蒙古，则仍有未当。何者？犹之先天不足之人，不培养其先天，而为皮肤之补益，未始不可以苟延残喘，一遇先天充足者与之并立，乃知下药时之急于见功，不从根本上入手，仍与杀人之庸医无以异。为此说者，大率类是矣。今试言根本上之病根，查前清遇待蒙古，约法最严，其条例中最不适宜者，有数端，特胪举之，以供治蒙古者之对镜。

内外蒙古王公，年班到京，及差满回旗，均有一定日期。住京师者为公主子孙，乃特旨也。其余王公年班差满，如有事在京逗留，即以违制论，理藩部便借此为诈索之据，虽书吏之微，亦足以挟制之。自表面观察，外藩爵秩，降近支亲贵一等，非不尊崇也，其所以不令留京者，无非为锢蔽聪明才识、束缚其行动自由起见。余如不准读汉人书，不准学习汉人语言、文字，不准用汉人同类之名字（惟恐其开通，惟恐其混合），不准雇用汉人充当书吏教授呈词，不准与汉人通婚姻（惟恐其交换智识），无故不准入边（不识汉字，不通汉语，何能与汉人交接，当然不能入边，恐其与汉人通声气，生异心也。盖无时不防蒙古，无时不防汉人）。窥其用心，因蒙古以骑射骁勇，著名于历史，非脆弱之满族所能敌，蒙古强盛，便能制满族之死命。故对于札萨克，则縻以爵赏，联以姻娅，使不得生异心；对于台吉、箭丁，则以红蓝顶戴之虚荣，使之炫耀乡里，而别设种种苛例，以取缔之，使行动不得自由，终老死于沙漠而后已。此等手段，较秦始皇焚书坑儒而尤恶辣，此蒙古愚弱不振之远因也。自博多勒噶台忠亲王僧格林沁（阿穆尔灵圭之祖父）督师征捻，部下多湘淮名将，幕府中亦多南人，此为蒙汉交通最盛时代。哲盟十旗，亦惟博旗为最开通，破坏前清苛例，实自博旗始也。以外九旗读汉书、习汉字汉语者，宾图王旗尚有人，余八旗已如凤毛麟角矣。蒙旗开垦，始自前清嘉庆初年。近边一带，蒙汉村屯相参伍，往来频数，悉泯猜嫌，饮食居处，与汉人无少差异，不独熟谙汉话，即通婚姻者，亦所在多有。此为近边一带则然，过远则仍守从前之旧。东蒙之有学堂，开始创议者，为博旗管旗章京富勒珲（现充昌图府地租局局长，汉名金星涛），实行蒙汉混合主义，其眼光学识为色目中之巨擘。该旗学堂，收容学生不分蒙汉，一体筹给官费，意在借混合以交换智识也，所见诚高人一等。是时理藩部并无升学给奖之明文，各学生均以学成无致用之处，不愿报名。富勒珲乃商由本旗呈请将军，奏准一体升学给奖，学堂始获开办。而入堂之学生，大半近边一带，不通蒙古语言文字者居多，缘蒙汉混合日久，习与性成，由勉强而自然矣。将来屯垦政策果能办到，于融化蒙汉一方面，裨助良多，举一可以类其余也。所谓根本上之病根，已陈崖略。今将考察所得，由蒙人之心理、习惯双方之体察，定治蒙之方针，但从切实而近于事情者入手，不敢为高深远迂之空谈。庶公家不致因经费难筹而碍进行，蒙民不致因要求优待而生觖望，拟定先后之次序，如左列各条：

一、自由居住　前清宣布共和之诏旨，优待旗人条件中，有自由入籍一条，是满族之苛例，已取销矣。蒙古优待条件，独于爵赏，非常注意。夫爵赏乃前清所以愚弄蒙旗者，王公、台吉受其愚弄，以为无上之尊荣，不知共和国家，人民平等，本无阶级之可言，尚何爵赏之足荣乎。查东蒙境内，府厅州县地方，及商务荟萃各集镇，蒙古居室，百无一二，固由于汉族诚信未孚，而蒙人之孤僻成性，安于鄙陋，亦可概见。嗣后应由各都督咨商蒙藏局，呈请大总统颁发命令，蒙古人准其于繁盛之区，自由居住，以期蒙汉混合，非特联络感情也，且日与［绅］士绅相近，便能灌输文明；与工商界相近，便能导引实业思想。语云："近朱者赤，近墨者黑。"值此世界交通、竞争时代，非闭塞所能图存也。

二、蒙汉通婚　塞外种族，周时惟猃狁、玁狁著名，汉时为匈奴、乌桓，唐为突厥，宋为契丹，迄于元而称蒙古。论其与汉族通婚，始于汉代之和亲，盛于北魏孝文帝之奖励，而前清则例禁綦严，政策不同，用心亦异。近二十年，近边一带，虽有蒙汉通婚之事，纯以个人之交契构成之。理藩部于宣统二年，始有"蒙汉通婚，由地方官酌给花红"之通饬。各札萨克对于此事，并无若何之注重，亦未出示晓谕，故蒙人至今尚未一体周知。盖蒙汉通婚，为种族上最大问题，亟宜提倡，以实行混合为主义，若能由北及南，则以北方之刚，济南方之柔，必能传出伟硕优秀之人种，哲学家言之綦详，不难参考而得。观俄国西北利亚之大马群，必与高加索之马配合，即寒暖通宜、刚柔相济之意也，而无识者流，或以委琐视之，而漫不经意，殊不知与国家之强弱，有莫大关系，而于振兴蒙古，则实为根本唯一之政策矣。其提倡之法，列条于后。

甲、由蒙藏局特别制造一种银质镀金徽章，发交各都督，专为预备蒙汉结婚奖励品之用。

乙、此项徽章，应札发东盟十旗各地方官若干枚，预为珍藏之，以便临时奖赠，年终列表汇报。

丙、此项徽章，专奖赠结婚之男女，主婚者不得奖给，以示贵重。

丁、蒙汉两家定婚时，汉人则报由巡警，转报地方官，蒙人则报由本旗札萨克，移知地方官，随时给与徽章，以备成婚之日佩带，以示宠荣，使戚友生歆羡之心而泯疑窦，风气一开，便成习惯矣。

戊、应由蒙藏局咨行三省都督，将通婚给奖之理由及其关系，刊刻浅显告示，分别咨札各旗、各地方官，张贴通衢，俾众周知。

三、加入地方自治团　哲盟十旗所设之府厅州县，蒙汉杂居，土地所有权掌于札萨克，地方行政权则属于地方官，而蒙旗之司法行政权，仅及于蒙古人民一部分，至一切属于自治范围以内之事，蒙旗全未举办。风气不开，不知自治之解释，原无足怪，第同一地面，文野判若天渊，实为五族一家之障碍，究其原因，乃地方官不能联络之故，非蒙旗之自外生成也。查参议院本有蒙旗议员，奉天省议会，已经国务院通令所辖之科尔沁六旗，特准每旗派员入席，而蒙界设治之府厅州县，议参董事各会，蒙旗并无议员，殊为缺点。应请通令蒙界各地方自治团体，加入蒙旗议员，以期化除畛域而泯猜嫌，庶兴利除弊，可以一致进行，岂惟收政治统一之效已耶。

四、慎选地方官　地方官难于得人，而蒙旗之地方官，尤难于得人，缘前清设治之初，官权过重，而蒙员多不识汉文汉字，门丁书差，则利用之，以施其敲诈之术，地方官以若辈情形熟习，无不惟书吏门丁之言是听。沿袭至今，对于蒙旗，故仍显分畛域，获一盗匪，交案要钱，差役勘案，事主必须纳贿，否则诬以通匪，蒙人憔悴于虐政，已非一朝一夕矣。近来蒙旗，稍有知觉，均自募巡警，以保卫蒙古居民，其饷糈则抽捐于蒙人自种之地，地方官不能过问，遇有匪警，自行派队剿捕。而地方巡警则又视同眼中钉，每有争功寻隙、播弄是非之事，地方官不察虚实，往往誉己非人，故蒙旗之积怨地方官，几无涣然冰释之一日（惟昌图府因地租局局长善于交友，尚能与地方官融洽）。他如民刑诉讼，蒙古人一到衙署，无论有理无理，原告被告，必任意需索，一堂可结之案，搁置不理，甚有延至一二年者，表报法司，不曰人证未齐，即曰原告不服，君子可欺以其方，法司乌从而知之。镇在宾图王幕府，此类地方官已数见不鲜矣（宾旗地面，划分法库、康平，该厅县之书差，尤为狠毒）。蒙旗官员，不谙公事，蒙民虽十分冤屈，无由伸雪，嗣后应责成蒙界各地方官，审理蒙汉交涉案件，按月另表呈报，法司即以表报之案，呈由都督咨请各旗，逐案调查，有无捏饰情事，如审理不公，并准蒙旗上诉，庶各地方官有所畏惧，不敢舞文弄法，仍前贪纵也。

五、强迫兴学　哲盟十旗之学堂，博王旗有两处，学生蒙汉兼收；宾图王旗一处，亦蒙汉兼收；郭尔罗斯公旗一处，学生尚足额；杜尔伯特一处，学生不过十余人；札赉特并未自设学堂，惟每年解五千两学膳费于江省，而到省之蒙古学生，并无一人；其余各旗，全未举办。急宜行强迫令，令各旗普立学堂，同时并举，每旗招足三班，每班六十人，专收蒙古学生，不必收汉人，教习由省城遴派，薪水必须从优，两学期后，认真甄别一次，姿〔资〕质聪颖者留堂，顽钝者拨入工厂。工厂不必专设，由蒙藏局分行内地官私各工厂，谕令收容此项学生，以开眼界，而期混合。每厂酌派若干名学习各种工艺。此项学生，每旗以六十名为定额，学成之后，如回蒙旗，必自寻生活，则蒙旗之工艺，自能发达；如不回蒙旗，则岁入之俸薪，计亦不菲，不惟使之生艳羡心，且亦足以救穷困也。至各旗完全学生，每旗以百二十人为定额，合十旗计之，五年有小学毕业之学生一千二百人，愿升学者升学，不愿升学者，由蒙藏局咨送东三省及北京各衙署局所，充当司书，既能练习汉字，复可养赡身家，并可以激励各蒙旗青年子弟，一体向学，庶一举而三善备矣。其升学之生毕业后，必令校长带同游历南方沿江各开通地方，以期濡染文明，再委赴各旗充当教员，自能渐次改革一切。其有志入专门学校，或愿出洋者，由中央拨给官费。惟是第一期学生，风气初开，必须特别待遇，以诱掖之，庶后来学龄儿童，闻风兴起矣，焉用强迫为耶！并拟定特别待遇及诱掖奖励之法如下：

甲、期考分等之奖励　哲蒙十旗，除教员由官发给薪金外，每旗学生至一百二十人之多，三省财政，如此困难，势难一律给以官费。然蒙旗生计极窘，子弟入学，本非所愿，若令其自备学膳各费，断不能行。拟责成各札萨克，酌量自筹，公家惟于期考后，查照等次，分别给奖，最优等奖洋十元、优等八元、中等五元，约计每旗每学期须六百元，十旗计之，有六千元之奖励金，足以分布矣。

乙、缩短毕业年限　蒙旗风气不开，急宜从教育入手，尽人知之，若拘定毕业年限，恐赶办不及，进化愈迟。应由蒙藏局咨商教育部，特别规定，初等小学改为二年，高等小学改为三年，中学三年。八年后，便有中学毕业之学生若干人，学堂既多，毕业期可以照章与全国一律，未始不可也。

丙、特别编辑教科书　蒙旗学生，毕业年限既经缩短，则现在之小学教科书，自不适用。且蒙旗所处之地位与内地不同，学生入堂，只求其了然于世界大势，与夫亡国灭种之惨祸，以唤醒醉梦而输灌新知。应由蒙藏局咨请教育部，特别编订一种蒙古教科书，以应目前之急，科学不妨从缓。

丁、毕业后之待遇　蒙古最重阶级，人民见王公，大礼则用三跪九叩首，平时则用双腿请安。民国成立以来，礼节虽大加改革，然蒙古偏僻之区，奴隶人民，匪伊朝夕，札萨克不自革之，谁敢抗之耶？拟请由蒙藏局分行各旗，其毕业之学生，除都督奖赠徽章外，札萨克亦应铸造一种徽章，无分台吉、箭丁，一律奖赠，其待遇应特别从优。改三跪九叩首为脱帽三鞠躬，改双跪安为脱帽一鞠躬，其旗署官员，尤不得以奴隶视之，以资观感而重人格。蒙古人之有子弟者，自以入学堂为荣，即令其自备膳费，亦乐从也。

戊、艺徒工资之储蓄及其取缔　艺徒咨送内地各工厂，所得工资，须请厂主人代为储蓄，以免耗散。缘艺徒生长鄙陋之乡，一入繁华之场，服用饮食，生平未见，青年心志不坚，始而骄奢，继而淫佚，至不可收拾者，往往而有。应责成厂主人负完全责任，工资所入，则为储蓄之，行为不正，则随时取缔之，一切待遇，宜仿照学堂办法，不妨从严。年终以所得工资，汇总汇交各本旗札萨克，转饬家属具领，庶艺徒之父兄，知子弟学成，可以养家，其趋时赴势，必有如猛兽、鸷鸟之发，欲遏止而不能者（蒙古人嗜酒、嗜赌、嗜利，其剃度学喇嘛，由于无业可执，借讽经以骗钱耳。工艺兴，喇嘛将绝种矣）。

总之，振兴蒙古，必期以十年，始有成效。何者？有小学两次毕业生若干人，有中学一次毕业生若干人，有自食其力之工艺生若干人，教与养均非托之空言矣。果能循序进行，始终不懈，预计二十年，人才众多，英杰辈出，工厂林立，天产、地产，贡献于市场，转贫为富，转弱为强，此其基也。孙中山先生之铁道政策，四十年能达到目的，内外蒙古之干路、枝路，必能修通，新蒙古当亦于是时出现。此仅就哲里木盟十旗而言之也。惟十旗分隶奉、吉、黑三省，地面辽阔，交通阻滞，声息不相通，果欲达此目的，必合三省，设一蒙务总局，政令乃能统一，局长必须熟习蒙旗情形者充当，尤须久于其任，方不存五日京兆之心，而负完全之责任。应令每旗遴派熟谙汉语者一员住局，以备顾问，由局酌给薪水。其利益有五：（一）化除畛域；（二）联络感情；（三）各旗不得自为风气；（四）能一致进行；（五）有事能面询，不须公聘，以免耽误时机。此数者，其显然者也。语云："有治人，无治法。"镇则谓，"有治法，无治人"，必有坚实之毅力，精细之热心，方不至半途而废。圣人复起，不易斯言矣。

《实报》（月刊）

奉天实报社

1912 年 1 期

（李红权　整理）

筹边刍议——说阿拉善

先生　撰

阿拉善者，贺兰山之声转也。其种族为蒙古，而为地仅延七百余里，是其辖境为最小也。其土壤〔壤〕与额济纳为邻，而中隔古尔鼐一部，要亦不甚毗连，是其国势为最孤也。其地望东值甘肃宁夏府边外；南值甘州、凉州二府边外；关陇外藩，至北京只五千余里，是其去都为最近也。贺兰之名词，久已表著于中国汉唐以来之史牒。而唐人之为诗歌赠从军者，又往往从而谣咏之，若贺兰进朋〔明〕辈，且用以为氏族。是其称号于历史上，早已习惯而不足震惊也。今日者，民国新造，北边之内外蒙古，则嚣然不靖，西陲之天山南北，亦警电纷传；而贺兰山一带，烽烟不举、边檄宴如，是其山川于国防上无甚重要，而不必筹画也。信斯言也，则是额鲁特蒙古河西之旧部，阿拉克鄂剌山北之名藩（按阿拉善在龙头山北，蒙古名阿拉克鄂剌），其真可以置诸度外，竟视为无足重轻，不关冲要之区也。而吾窃以为，处今日之时势，筹绥边之方略，所最不可疏忽者，厥惟阿拉善。盖有三原因焉，请得而申论之。

一以阿拉善在东西蒙古之间也。阿拉善之部落，东界内蒙古鄂尔多斯部；西界旧土尔扈特部；与新疆、青海等处，虽尚不甚近接，然固消息相通，脉络相贯。当时西夏立国，建牙于贺兰山麓，所以能南支赵宋，北拒辽金，倔强数百年，至元祀而始夷灭者，无他，地形胜，故国脉长也。今新省既猖狂多故，甘边亦扰乱不宁，则所恃作陇右之屏藩，而通塞上之声气者，当惟阿拉善是赖，是安可不注意也。

二以阿拉善与内外蒙古相接也。阿拉善之境域，北逾瀚海，界外蒙古三音诺颜及札萨克图汗部；东北界内蒙古乌剌忒部，既与漠南诸部之牧场，犬牙交错，复与漠北群酋之旗地，毳幕相望，盖不啻蒙族中间之一介绍人也。前者，库〔库〕伦活佛倡议独立，内外蒙古，亦多望风而靡。蒙王那彦图辈，素善筹边，倘能利用阿拉善部，居中联络，固不难使翕然向化，归我版图。此绥边者，对于阿拉善，不可以其壤地褊小而慢忽之，尤不可以其平素驯服而不思有以怀柔之也。

三以阿拉善有绝大盐湖之利益也。阿拉善王旗境内，有所谓吉兰泰湖，盖绝大之盐湖也。攻〔考〕塞外蒙古旗地，所产盐类，约分为红、黄、黑、白四色，鄂尔多斯盐白色，苏尼特盐黄色，乌珠穆沁盐青色，惟吉兰泰湖，属于阿拉善旗者，其所产之盐为红色。在前清嘉庆年间，阿拉善王玛哈巴拉呈献此湖，由官招商办运，始以山西口外各厅（即今归绥所属十二厅地），大同、朔平两府以及向食土盐之四十四州县（即太原、汾州、宁武三府，平定、保德、忻、代、辽、沁六直隶州、隰州及所属之大宁、永和二县，共四十四州县）为吉兰泰湖盐引地，嗣因吉兰泰盐误运亏课，又虑侵占潞盐销引地，乃将该湖偿还蒙旗，仍归阿拉善札萨克亲王管理。此当日谋国者一大失策也。然湖虽退还于蒙古，而盐仍行销于内地。以官盐论，太原、汾州以西，黄河以东，武川、五原以南，隰州以北，民间之所食者，皆吉兰泰盐也；以私盐论，则若新疆、若甘肃、若陕西、若山西四省之大，各边之地，商贩之所运者，亦无非吉兰泰盐也。今诚能规复旧章，使吉兰泰湖复为国有，其为利益固属不赀。万一不能，而吉盐与潞盐本自不相妨碍，大可听其行销（按潞盐行于晋省东南，吉盐行于晋省西北。初议原自如此，何相妨碍之有），以收并行不悖之效。盖就彼言之，堪以裨益蒙民之生计，而就我言之，大可增进蒙人之感情。一举而二善具焉，策孰有妙于此者。

虽然，尤有可喜者二事焉。蒙人多未开化，蠢蠢然衣皮食酪，不知伦理为何物。近闻阿拉善亲王塔旺布里甲拉之生母李佳氏，即前阿拉善王多罗特色楞之测〔侧〕福晋，竟以淑孝堪嘉，由袁总统给予册旌。则其沐浴中国之文化，而感恩戴德，可揣而知也。又闻参议院议决，蒙古及青海之选举区画及议员名额之分配，阿拉善部落，得自为一区，选举议员一名，由是我民国之议会，彼贺兰山之种族，皆得与见与闻。则其服从中国之法律，而观光向义，可翘足而待也，善哉阿拉善，我中国其因势而利导之，毋令为他人有也。

按论边事者，从未注意阿拉善。此论见于十月《大一统报》于《阿拉善形胜之关系及其利源》，颇有根据足资参考，故亟选录之。

萧飏曾识

《西北杂志》（月刊）
北京西北协进会
1912 年 1 期
（訾茹　整理）

论蒙古、西藏之关系

萧飏曾　撰

蒙藏在历史上数千年来，号称闭塞，西藏至称为古秘密国，虽由其民气僿野，风俗淳朴，人情安常习故，亦地理上关系也，故从无人过问，而留心考究之者亦甚少。然频年以来，门户已大为开放，闭塞与秘密者，全披露于世。于是劳各政治家、经济家、探险家及一般学子之头脑，发生种种问题，不知何日解决，其关系及于各方面者，亦至为巨大，试分论于左。

（一）蒙古、西藏与世界之关系　蒙藏位于东亚高原，幅帻辽廓，人口稀少，地利宝藏，迄未启发。自美、非、澳三洲争殖以还，环球之上，尚有如此广地厚利，芜废不治者暴露于世，其足以诱起世界殖民家之野心，使咸注目于此，有由来矣。故俄人对于外蒙，日本对于东蒙，英、俄对于西藏，莫不眈眈逐逐，亟思染指，苦心经营，骎骎日进。英俄协约，英日同盟，日俄协商，合纵连衡而来，咄咄逼人。其目的虽各不一，要无非注重于此两大高原也。不宁惟是，即英、俄、日本三国以外，其他之探险调查，不避艰辛，奔走于其间者，又何可胜道。夫岂无故哉，毋抑仍思一脔之染耳。若使一国对于蒙藏先占优势，自余各国谁甘让步，其结果适足以牵动全局，扰乱世界和平。彼协约、协商，孜孜未遑者，正所以竭力维持其决裂也。蒙藏与世界关系如此。虽然，文明国处分野蛮地域，挟野心，持强权，国际间几认为公理之正当，然要必其民族实属向未开化，其土地确无主权者而后可。夫我蒙古民族，自成吉斯汗全盛时代，已执欧亚之牛耳，入主中夏，握冠裳文物之邦之政权者，八十余年。西藏民族，在随〔隋〕唐之际，佛学大昌，极深研儿，阐明哲理，且介于中、印两大文明祖国间，复各遣派子弟游学，吸取其文明精萃，皆史有明征。其开化，实在欧洲各国之先。故论今日之蒙藏，谓其囿故因陋则可，谓其等于红黑奴则不可。况五族共和，其地完全为中国领士〔土〕，如此乌可以殖民政策施行于其间哉。

（二）蒙古西藏与中国内部之关系　又可细分论之。

（甲）历史上之关系。三代以前，西北关系即生产史上已成为重要问题。除秦皇汉武远征而外，大致抱和平主义为多，且边疆互市，物物交换，边氓咸利赖之，已不知几劳政府之经营保护矣。甚至劳内输边，每年尤不知竭国中几许金钱财物。耕夫奔走挽输于道，红女子夜勤动〔劳〕于室，以供给西北两方。乃当秋高马肥，辄东南下而多事，饱其欲仍复飏去。蒙藏人民读史至此，亦当渐〔惭〕恶矣。盖西北瘠苦，民风强悍，但知尚武，而困于谋生，故非仰国中协助不可，国内亦赖以为屏蔽，可减免屯戍〔戌〕转饷之劳费，故虽和亲、输款而不恤。前清厉行羁縻政策，每岁协边不下数千百万，从未征一粟调一丝于蒙藏者，蒙藏人民亦复亲戴无异心。此历史上之关系已极为亲密。迨民国成立，五族共和，俨然家人兄弟之风，举凡前此种种之阶级之限制之猜嫌悉消除之，开诚〔诚〕布公，同舟共济，众擎易举，单行则踬。处今日世界竞争旋涡中，茫茫四顾，孰有亲爱密切于此者，其关系更可知矣。

（乙）地理上之关系。蒙藏位于本部西北，为两长方廉形，而回部恰成一小方隅，为本部最良好之屏障。且地势高耸，内地山脉、河流概从此发源，天险与共，利害相关，中国委蒙藏则唇亡齿寒，蒙藏离中国则毛无皮附。殆天然之配置，万无违异之理，此尽人所能知者也。虽有高山大漠为交通上之障害，阻碍种种发达，正宜以人力战胜之。川藏铁道、库张铁道近十数年来喧腾人口，迄未实力举行，殊为坐误。孙中山氏二十万里铁路大计划，无论自政治、经济、国防若何方面观察之，皆当从高屋建瓴〔瓴〕之势着手，决无疑义，后此地理上之关系惟有日臻密切，经济之发展，国力之澎涨，更靡有涯涘矣。

（丙）政治上之关系。汉唐之际，朔方设治，已领至漠南北境地。西藏古称吐蕃，虽叛服不常，而中央政府对之，莫不有抚驭绥治之道，实恒与内部人民同立于被治地位。有元控制欧亚，蒙藏尤为统治中心，迄乎满清时代，直接隶属于帝政支配之下者，又二百余年。是蒙藏与中国政治关系，最古亦最切也。至蒙藏一方之影响于中国者，即因缘宗教而来。蒙藏本同一喇嘛教，自元代尊为国教，大加封号，拜发思巴为帝师，掌理全藏事宜，而佛教遂浸淫于全国，蒙藏政教亦由此混而为一，以至于今，为世诟病。姑无论其专制政体，与政教混合之利弊如何，其互相关系，确有如此。今五族共和，共谋福利，即中国古训民为邦本之意，亦正符合佛家平等博爱之旨趣。是政治关系，更归入于精神上之契合矣。居今仍欲奴颜婢膝，永为一人一姓之牛马财产物以为乐，而不思迁乔出幽，毋乃拂人情、违天性，且召实祸已。

（丁）人种上之关系。蒙古当秦汉时称匈奴。匈奴之先，为夏后氏后裔，出自淳维。淳维于殷时奔居北方，其族姓遂蕃衍于兹。人种学家称中国人为蒙古种，由来旧矣。至西藏民族，《后汉书》以图伯特（按图伯特为藏人所自称）为古代三苗后裔。三苗窜地为三危，即今之喀木及藏。是藏人系出三苗，而为其子姓无疑。近世人种学者，亦以西藏民族属蒙古种，良有以也。由此言之，汉、蒙、西藏同为黄帝之胄，不过栖处异圻，又困于前清法令不能自由往来，遂渐形隔阂耳。恰如兄弟析居，对外究属一家。夫既曰一家，民国肇造，五族共和，而犹称为五族者，何耶？盖据后世流派所别，依习惯之称谓，而特为对外之明白表示也。其实中华民国人民，尽可称为一族，并可称为纯粹汉族。蒙藏既属同源，满回早归同化，何五族之足云，适反形其畛域耳。当此国际竞争剧烈之时，家方多难，宜如何尝胆卧薪，共图建树，撑此危局，以期补救于万一，岂有自讧于内，而又引贼入室者哉。兄弟阋于墙外御其侮，顾如是耶。

夫蒙藏与内部之关系，数千年来，至繁且巨，不遑枚举。以上所述，仅就其落落数大端，约略言之。其关系至为亲密，已可概见。以如此关系，而较彼向无关系，如秦越之视肥瘠，且即有关系，而纯为危险之一方者，其利害得失之相去，奚可以道里计耶。

（三）蒙古、西藏自身之关系　蒙藏境内，人民散居野处，追逐水草，彼此老不往来，团体性素极薄弱，几若无自身之关系可言。然其关系发生于自身者尚少，由世界关系与中国内部关系相关系而发生之自身关系则甚多。何以言之？蒙藏人民恬淡寡欲，自给自足，纯利赖天然力，故多以牧畜为生活。在经济学上，谓之畜牧经济时代，其生活能力之幼稚可知。土地广阔，寒瘠不毛，半多瓯脱，其稍膏腴而蕴藏厚利者，从不开发，其土地之荒旷未辟又可知。乃复于人口稀少之中，以少数贵族、僧侣，居于平民之上，而为一种阶级制度，舍迷信宗教外，别无研究，其知识之固陋更可知。以如此能力，如此知识，居如此广□，向非中国内部岁维持其费用，且不惟费用，并由其自身所起之外债与赔款，若不一为负担之，吾恐即无强邻压境，已难逃于天演公例，而为彼各殖民地之续矣，况列强争噬如猛狮之搏兔，日逐逐于其侧乎。其自身之关系，由中外关系发生者，危急存亡既如彼，其痛切尚不觉悟，乃欲脱离数千年覆翼孕字之中国，贸贸然倡言独立，引虎自卫，不恤孤其势，而树之敌，其愚诚不可瘳矣。使其果有独立能力，能毅然成一亚东强国，如瑞典、挪威、荷兰、比利时并称于世，中国实与有荣施。乃不惟属诸万无希幸之事，而当今之世，自裂其天然绝好之国家，崩分而离析之，一若恐亡之不速，特勉力追逐于印度、波斯、朝鲜之后者，是诚何心哉。不为中国全体计，宁不为自身计耶。虽然，今兹之事，为少数居阶级之上自私自利者之所为，非我蒙藏平民一般心地。固也，尤应知自身既无独立资格，终必有所归附。即置内外关系于不顾，但择善而从，人生最愉快者，莫如自由平等政体，最良好者，莫如共和，不为最亲密之中华共和国民，而顾〔愿〕为彼专制及君主立宪国之臣民耶。愿我蒙藏同胞睹世界之关系，及中国内部之关系，并以察夫自身今日之关系，当不待周章四顾，而知置身之地矣。

《西北杂志》（月刊）

北京西北协进会

1912 年 1 期

（李红权　整理）

古城子建设镇守府论

作者不详

　　自库伦独立、科布多相继被陷，漠兆〔北〕屏藩，一时尽撤，风声鹤唳，草木皆兵，若无新疆一省横亘其中，则蒙藏勾通，联为一气，骎骎乎有内犯之势，边□愈形棘手矣。查科布多虽据有萨彦图河流之域，形势便利，然地面瘠苦，户口稀少，所辖区域除杜尔伯特旗外，均贫不能自立，即矿产、森林，亦无已经发现之利源足资挹注，平日米面粮食，俱仰给于古城子，非如库伦、喀尔喀四部落之物力雄厚，士马精妍，素称强悍，可与有为也。而且距离库伦四十八台，约有三千六七百里之遥，输送转运颇不容易，以地势上与给养上之关系，蒙人断不能坐守孤城，历久不溃。即不然，乞师俄人以为援应，然苟我兵扼守承化寺（即阿尔泰），合乎国防之布置，则俄人中亚西亚之兵，不得越雷池一步，计亦无施。又不然，其调西北利亚军队以图恫吓，则惟比斯克与赛密拍拉金斯克两处，尚能分遣，然由该两处出兵以赴科布多，一绕索果克界（比斯克军队）预计抵着期，至速亦须二十余日，非若库伦之俄兵来自恰克图，二十四小时而已可也。又科布多至承化寺之交，有二道，一西道，一南道，西道直而近，南道迂而远，然西道多险阻，一至冬令，冰雪弥天，封冻不开，其过库伦特山口，断崖绝璧〔壁〕，形如螺旋，平时一人一马，已有倾车覆辙之虞，运兵运饷，其务〔难〕可知。以目前论，蒙人若欲由科布多径攻承化寺，非取南道绕古城子不可，故古城子由新疆一方面观之，为东北之要塞，由科布多一方面言之，为西南之门户，关系甚巨，不可不注意也。而且该地商业繁盛，人口富庶，给养、交通，种种便利，为用兵之所必争，我政府当趁此时机，建设镇守府，以为恢复科布多之计。其办法，调新、甘二省军队驻扎其地，一面经营由古城子至兰州，及由古城子至伊犁、塔城之交通，一面由古城子分配军队于乌伦古河流域以为战守之备，则蒙人欲进不可，欲退不能，其不为陷阱之虎者几希。或者曰镇西亦新省要塞，控制乌科，今以镇西大加整顿，作为镇守府可乎？余曰："否，镇西地势瘠弱，无建设镇守府之价值，其自哈密以至星星峡，尤为荒凉寂莫，杳无人迹，俗称穷八台，其地势之不相宜者一。哈密一带，逼近天山，地形高燥，沙土飞扬，终年亢旱，空气恶劣，其气候之不相宜者二。积此二因，诸凡事业，均不能发达，其尚有建设镇守府之价值乎？虽愚者，亦知其不可也。而且时局变迁，今昔不同，昔之设防，专为新疆一省，今之设防，宜合乎蒙、回而言之。即曰镇西离乌城较近，有兼顾之利益，其实经营乌城，其根据地当在宁夏，不在镇西。何也？宁夏近接兰州，远联秦、晋，古称天府，易于集中，若镇西穷困贫乏，以当地之物力，供当地之要求，常忧竭蹶，安有余力足以及人，为后方之接济乎？由是观之，镇守府之建设，在古城子而不在镇西，又何疑乎？筹国防者盍念诸。"

　　按边地建设镇守府，就国防形势上言，当以阿尔泰为要。阿城内悍全蒙，西接伊、新，实为重镇。此篇见于十月《民主报》，专注重古城子，纯系对于库伦现状而言，非国防上对外之措置，读者当分别观之。

萧飏曾识

《西北杂志》（月刊）
北京西北协进会
1912 年 1 期
（李红权　整理）

论阿尔泰之关系

作者不详

自活佛反对共和以后，我政府出师致讨，迩者洮南告捷，乌泰败逃。又经伊克明安公之剀切劝导，扎赉特旗，已知反对民国之谬。默观大势，东蒙似可从此宁谧矣。虽然，科布多城久已沦陷，阿尔泰又复被围，风闻中国援科之兵，难有五千之众，而库伦活佛竟派重兵迎敌，据此则西北之风云，依然警急，谋边事者宜若何注意也。夫阿尔泰扼科布多迤西上游之地，为额鲁特种族总汇之乡，有高屋建瓴之势，有深根固蒂之形，而且悬绝朔陲，密迩俄土，倘再有疏虞，是科城永无恢复之望矣，是全蒙非复华夏所有矣，其关系愿〔宁〕不重且巨哉，试就阿尔泰之地形与其历史略说于左，以贡诸当事之筹蒙边者。

曷以言夫扼科布多西部之上游也？阿尔泰山豚〔脉〕，起于帕米尔高原，凡外蒙古与科布多、乌梁海等处之山，皆隶其系统之内，自西向东，挺为秀峰。其名不一，大别有南北二支。北支蜿蜒于外蒙古北边，列置喀伦、鄂博于其上，成外蒙古与俄属西北利亚天然之界线。南支全在中国蒙古境内，自西北向东南，如乌云一道，斜走瀚海中，自入科布多境后分支与杭爱〔爱〕山相接，若断若续，迤而东行，至土谢图汗、车臣汗二部间，为肯特山。就中布尔汗哈勒都那岭最高，为阿尔泰山系中超出雪线之一峰。

又东北则入俄属地，与外兴安岭相接。由此观之，则阿尔泰之山豚〔脉〕，直若视科布多在其肘腋之间、足趾之下耳。阿尔泰围不解，科城尚何望哉。

又曷以言夫为额鲁特种族之总汇也？额鲁特旧分四部，一为纯粹之蒙古种，则和硕特部也。二为蒙古之分支，则准噶尔部与杜尔伯特部也。一为突厥种，则土尔扈特部也。凡此诸部，皆驻牧阿尔泰山。山有地名兀鲁黑塔（在科城之西北），故号兀鲁黑塔部。语讹为额鲁特，其后诸部分析，游牧他适，仍以旧号称额鲁特，惟杜伯特与准部仍驻牧阿尔泰旧地。自准部灭，余众并入杜尔伯特，不复自著其名。其余诸部散在阿拉善、额济纳、伊犁、青海等处。推其原始，仍均属额鲁特种。由斯言之，阿尔泰为额鲁特种最初之根据地，亦犹中国种族之导原于昆仑，泰西种族之分支于罗马。一旦有失，彼土蒙民，互相煽诱，全蒙之土，其不望风而瓦解者盖几希已。

不惟是也，就今日形势以谈杜尔伯特旗，则据阿尔泰山之东乌兰固本也；新土尔扈特旗，则在阿尔泰山之阳也；新和硕特旗，则当阿尔泰山东南也。而阿尔泰乌梁海部七旗，独在阿尔泰山中，居高临下，控原驭委，则地势险要，莫与抗也。西北沙漠之区，颇鲜湖泽河渠之利，而额尔齐斯之河流，实发源于阿尔泰山、唐努山之麓。又有乌布升湖，为漠北最大之淖尔，则水利充足，为益宏也。阿尔泰译音，本即金之义。山脉中五金之品，孕藏最富，则矿产丰饶，尤足羡也。是故阿尔泰者，中国之极边，全蒙之命脉所在也。科城之邻壤，兵事之大局所关也。一旦蹉跌，则蒙事不可为，蒙地非我有矣。谨条其历史地形，以备谋边者之印证，以供军事上之采择云。

按此论见于十月《民立报》，论阿尔泰之关系颇为详尽，亟录之，以供参考。

萧飏曾识

《西北杂志》（月刊）
北京西北协进会
1912 年 1 期
（李红菊　整理）

论蒙古问题

选《亚东新报》转译俄《新生活报》

　　事有理想假定而其结果有必至者，其惟俄国干涉蒙古之问题乎？中国政府对于蒙古问题，以单独之法行之，而不从他国之意着想，是故所受之势，不但不活动，而且防患俄人之利益，遂处于进退两难之地位矣。今年春，俄国外交大臣萨作诺夫出之于着意，宣言于议院，谓："俄国宜据蒙古，以为己之被保护国，于俄国境界之域，不容中蒙有血战之决斗"云云。我外部由蒙古自治而设假定之词与中国，而与国务院总理之意相左，此吾人所以确信萨作诺夫之政策，而置俄国以不利也。实际上确系假定之词，及事实之发生，而实有不能免其所假定者。然而中蒙外部，对于此亦未预料也。兹者中政府与蒙人战，派兵二万，携带大炮六十尊，开往东蒙古，血染荒沙，蹂躏蒙人居所，其残酷暴虐，实为神人所共嫉。然则库伦政府有何对待之耶？呼图克图胸无主见，不敢派兵以保护所属蒙人，及时至今日，尚未定议，亦无一语言及保护被攻之东蒙人，无一语言及鼓励被攻之东蒙人。至其军队之组织，更未闻也。呼图克图未征集蒙人为兵，而蒙人亦未请求呼图克图保护。至关于邻国，既未与中国关系决裂，则不能干涉战事，对于萨作诺夫之政见，未成战事，而理论上由于以上所述假定之地步，颇可与中国启衅。然岂非又有第二之假定地步披露乎？所谓第二之假定地步者，即将破坏俄国远东政策之基础也，与日本在南满所定之政策战，与俄国在北满、蒙古所定之政策战，与外国干涉耆〔者〕战。若萨作诺夫于春日未预料现今之事实，则论调和中国之说，可谓不确矣。电称中国征蒙军之行动，现已停止，虽然，吾人须知同时而中国又在满洲募兵，将从征蒙问题上着想耶？夫中国募兵以反对蒙古，岂非有害于蒙人，则是中国军队二万，携带大炮六十尊及无数子弹，以蹂躏蒙古者，尚不满足中国之意。吾不知其募兵将以反对何人耶，虽然，其征蒙也，募兵也，亟力反对东清铁路不为之运兵也，此皆中国之谋进取也。于《露西亚报》已详言之。谅我外交官，正亟力研究，宜强迫禁止中国屠戮东蒙古，宜禁止交战于蒙古，宜取消其募兵，盖屠戮纷扰，有背人道。近来之战及亟力募兵，皆足以使人心不定，而停止俄国商务在满洲之行动。夫无中国征蒙，已害俄人利益不少，况有征蒙之举耶？此不能再容有恶意之发生者也。今对于中国关系上，宜出以合法的研究之要，而代以踌躇，代以设法，使中蒙互相讨论其利益。今中国明晓承认蒙古之自治者，宜根据俄蒙所订之条约也。夫如是，俄国可以强权追〔迫〕呼图克图让步，否则中俄之多年之邻交，必至冷淡，若欲免其冷淡，则两国幸急宜设法也可。

按：哲布尊丹巴胡〔呼〕图克图，以无意思无实力而倡言独立，相持日久，我政府为尊重人道起见，纯用宣慰，不得已，始用剿抚兼施。虽俄人逐逐思逞，毕竟碍于国际公例，顾及难发，我国将来无论以和平或以武装解决库伦问题，但无害于外人之生命财产，当然得为自由的行动，不必待他国之同意。他国亦绝不能因有阻碍自国之政策，遽侵轶人国之主权。且姑以理想之假定，设不幸而竟出以武力解决，亦犹之乎去岁国内南北之战争，前此南北美之战争耳。再姑以理想假定，设波兰或芬兰起谋独立，与俄政府宣战，俄人出以镇压或放任，但不损伤中国生命财产，吾国必尊重邦交，而不为幸灾乐祸于其间也。是俄国务总理与其外部之意相左，亦即在此。虽然，是篇之录，亦足证俄政府、人民两方意思之趋向矣。

萧铭銮附注

《西北杂志》（月刊）

北京西北协进会

1912 年 1 期

（朱宪 整理）

再论蒙古问题

选《亚东新报》转译俄《新生活报》

作者不详

　　先是传闻中国征蒙之信，实系不得已之举，原以保护所属，以防蒙人之攻击。于是中国张皇失措，及蒙古增加兵力，谓中国不欲蒙古之攻击，亦不言攻击蒙人，继则又传闻中国整军齐伍，入征蒙古，何其前后矛盾也。中国之所以整军齐伍而入蒙者，盖使蒙人抵抗也，名为自卫，而于荒野之地，抢掠劫杀，来往于蒙古之游牧地，是故其军队名为远征，而实〈为〉加以讨伐之性质，此中问题，颇有令人难以索解者。夫中国今日之征蒙军，踌躇多时而方始出征者，必非无故。今以《露西亚报》之通信，而证明其解。该报之言如下：半月以前，驻北京俄使致中国政府照会，谓须将中国官员、兵队，由蒙古撤回，北京政府未曾答覆，而俄使复又要求请其答覆，中政府大惊，一方面拒绝俄国之要求，而他方面同时派大员赴海牙提出于海牙平和会，而使欧州〔洲〕仲裁裁判，以为反对俄人之意。除此之外，若俄国仍行强迫要求不已，则即派兵入蒙，压制蒙人之独立，俄国于将来仍行强迫要求与否，此时暂不得而知之。然该报又录俄国《新闻报》确信一则，谓：阿尔泰蒙古叛乱，外国不准中国军队经过其地，以弹压蒙人，于是遂激起中国报纸讨论俄国有占据蒙古之意。中政府预防俄人，乃派兵攻击乌泰王，并拟中蒙宣战之词，以答覆外国之蒙古要求者。吾不能谓中国之残暴，系预定而然者，然而其能残暴者，实因其国民久已［已］养成排外之愤怒也。今中国军队，泄其忿怒于蒙古，罔不由于报纸、会党之鼓吹，而引其出生地于卑贱之地位所致，是欲其危险，又岂独一蒙古而已？不宁唯是，中政府之思及征蒙者，亦系对其卑下之行政及外国人士而意外发生。尝闻中国无有军队，不能为武装之决斗，然今以中国征蒙观之，足征中国预备战事矣。

　　按此篇持论，似为前此俄使被我政府拒绝其无理要求所发，不知我政府此次对蒙，纯以诚心公道、权利平等相待，观于《蒙古优待条例》及东省之安辑蒙古逃亡可知矣。剿抚兼施，岂我政府本意哉，去害马以安群牧，含涕泪以出之，实不得已耳。

萧铭銮识

《西北杂志》（月刊）
北京西北协进会
1912 年 1 期
（朱宪　整理）

怪哉库伦活佛之心理

少少　撰

库伦活佛，昨闻于阴历十月十二日，居然举行独立周年纪念典礼，一面特派松光汗赴谒俄皇，贡献多珍。噫！库伦团体，岂真以今为卓然自立扬眉吐气之时哉？何其愚而可怜至是也。

凡独立国家于世界本难，处今日世界而欲独立国家尤难。库伦诸人，试自计国土、人民，果有几许乎？征之外蒙王公，近且周围反对，则其实权所及，除库伦一隅外，当复无有。又自计军力有几许乎？徒聚蒙昧之乡人，与凌杂之马贼，而使持被俄国之枪装，果即能算新军备否。又自计财政有几许乎？除向俄人借贷，及勒部下贡献外，绝少固定之收入，及成法之租税。以上如领土、人民、军备、财政，皆国家必要之原素，其不完备已如此。尤且无宪法，无议会，悍然集合六七顽强之少年（库府所谓各阁员，二三十岁者居多，如陆军卿仅二十岁），扶一老僧作专制君主，挥权力于荒寒一孤城中，遂谓之为独立国，苟非儿戏，亦属荒唐。其中果有兴国之真人物，思之当自哑然失笑。而活佛以下，至今亦恬不知悔悟，是则可怪也。

吾人若诂释库伦之实在情形，非能曰独立国，不过活佛诸人，以一城背附于俄国耳。夫韩王信以城背汉而附匈奴，悉怛谋以维州背吐番而附唐，边疆之事一彼一此，历史上原不乏其例。但兹时所难同者，从前某地之人民，惟供一地主之牺牲，彼地主因个人之利害而为背向，众民一切随之而已。然今何时何世乎，民权、民族，真理发明，库伦活佛等如果有为，决不容以外蒙全体人民之实际利害为准的，苟为图外蒙全体人民经济文明之发达，倘必附俄国较中国为优，而一般人民，亦果计之熟而议之决，则举外蒙以改隶俄国，吾人亦只能尊公理而听其自由，复何能禁。然今者，试问外蒙人民全体之经济与文化，果附俄为优乎，抑附中为优乎，外蒙人民亦既大众计之熟议之已决乎？如其未也，则处今日民权、民族主义到处发明之世，而库伦活佛数人，欲仍古代地主专制之旧例，以数青年一时帝制自为之狂想，不惜刍狗外蒙全体人民之永世生活，而附带以为俄国之贡品，究竟并库伦帝制自为狂想之目的亦不得达，而外蒙人民已永葬于强权专制之下。吾人即第为同胞侠义计，为世界人道计，亦决不忍不为之大声疾呼也。哀哉库伦一带之人民，亦曾知此义而思及之乎？

《民誓杂志》（月刊）
北京民誓杂志社
1912 年 2 期
（朱宪　整理）

论西蒙

贺宜珍　撰

珍自己巳岁，度嘉峪关，西北行，逾三陇，涉流沙，而抵古城驿路，计二千六百四十里，是为天山北路之东门锁钥。由古城北至科布多城，共十三站，计一千三百六十里，乃商贾往来通衢，乌里雅苏台、科布多两城所需食物，半取给于奇台。由古城西至迪化省城，计程六站，四百九十里。再西行十八站，一千七百零七里，而至伊犁，出索伦营之呢堪卡伦，即入俄境，为赴仙米拍拉廷斯克省之要道，俄人进兵多由于此。

又由伊犁北折，至塔尔巴哈台驿路，一千九百五十里，卡伦捷径一千四百三十里。由塔城东北行九百余里，渡额尔济斯河，而抵阿尔泰办事长官驻扎承化寺。又由寺东行千余里，即至科布多城，沿边重镇，势等鸡栖，棋布星罗，实操胜算。惟北路各城，又均依古城为枢要，古城一有疏失，则二万余里之新疆孤悬隔断，消息难通，虽有上智，亦无与谋，故古城者，西域之咽喉也。今库伦蒙古西据乌里雅苏台、科布多，而窥阿尔泰，其意中，直视伊、塔为囊中物，而精神全注射于古城。使古城一归彼掌，进战退守，绰有余裕。近可吞哈密而叩嘉峪关，扰我甘肃西鄙，远可假道阿拉善以入宁夏，捣甘肃之腹心，侵陕西榆林一带之北徼。如是，则关、陇掣动，晋、直震惊，大河以北，将难安枕，而长江以南，亦必不遑暇食矣。侧闻政府因苦饷械支绌，外交棘手，颇有主抚之意，私衷窃以为忧。夫害马宜除，莠草宜去，恩威并济，古有良规，刚柔互施，史著明论。匈奴强悍，自昔已然，汉唐以来，边无宁日。前清之驭蒙古，亦系先征后抚。察哈尔之役、准噶尔之役，载在方策。迨康熙大阅于多伦泊，召集各部来宾来王，始则震以军容，继方施以懋赏，操纵之术，成绩可寻。盖蒙人淳朴，久失教育，困于佛典，不克进化，骤与清室断绝，不明共和真理，譬若婴儿失怙，中心旁皇。抚之以恩，过恩则狃，狃则易侮；我临之以威，过威则怨，怨则远而依人。是二者皆非万全之策，必须惩之以兵，启之以学，军力所至，学校随之，革其梗顽之心，化其愚悍之质，斯为安蒙要策、治蒙妙术也。

为今之计，宜仿清初办法，分东、西、中三路进兵。最要者，尤在中、西两路。夫蒙古之乱，倡之者哲布尊丹巴耳。中路一师，可以扫穴犁庭，擒渠探骊。库伦既下，则大漠不难戡平。西蒙窎远，毗连强俄，若不速定，必入外人掌握，再图收回，良非易易。西路一师，专作固围之谋，若东路之兵，仅止杜其分窜，无事过于深求。今政府筹蒙用兵，出师之途，似为首重于东，次重于北，而以西路要着，付之甘、新，二省素称瘠苦，向皆仰协外省，自谋不遑，焉有余力及人（又况军队之不精，军械之窳败，人材之缺乏，均无征蒙之资格者乎）。

珍旅居西北，未敢遥度东、中两路，谨就西路目击者而言之。兰州地属省会，肃州入关首区，哈蜜〔密〕居戈壁之中，斯三处者，均□设立转运局，运输粮饷、军械，而甘肃、新疆两都督均宜授以协办军务之职责，令广筹粮饷，接济军食，再由中央简派知兵贤员，率领劲旅一师，携带新式枪械，来甘作为西路之师，统之出关，节节进扫，先将古城扼定，保我门户，示以声威；一面选派熟悉情形干员，驰往各处宣慰开导，晓以共和之利，告以鹬蚌之害，因利乘便，解其胁从，伊、塔既可保全，科阿亦将反正。若仍执迷，再加以兵。伊古以来，文事武备，二者未可偏废也。一俟平定，洗甲释兵，则天山南路之吏治，亟宜切实整饬，凡旧日官吏之污习，若剥削回民、鱼肉缠蒙，种种虐政，均须认真禁革，悦再躬蹈，严刑惩治，以期渐培元气而安人心。

又喀什噶尔地处极边，距迪化省城四千二百五十五里，鞭长莫及，势难兼顾。虽有提督，仅辖绿营，形同虚设，于地方政治，向难干涉。而道府等官，权卑职小，动须四千里外请命，彼英、俄均驻有领事官，虎视眈眈，遇事挟制，损失曷可胜言。似宜仿照伊犁，改设镇边使，将英吉沙尔、和阗、莎车三府厅划归管理，隆其职权，俾可呼应较灵。其塔尔巴哈台之参赞，亦宜改为办事长官，将领队裁去，实行并属于伊犁节制。而阿尔泰山接近俄界，尤须与科布多联合，方足以固形势。近自伊、新相持，立约统一，不仅将伊犁、塔城、古城各长官全议裁去，并欲扩张范围，远辖及于阿尔泰、科布多，徒知集权于省会，实属不明乎地理，自抉心腹，自撤藩篱，贻误大局，甚非浅鲜。

夫新疆一隅，远在极边，论其官制，应有别于内部。彼泰东西各国，于边地皆隆重其长官之权，期固疆域，即与我比邻之俄罗斯，亦莫不然。距伊犁七站之阿拉玛图，为彼之七河省，驻有固必尔纳脱，秩若巡抚，距喀什噶尔八站之塔什干，为彼之费尔干省，驻有格聂拉勒固必尔纳脱，秩若总督，土人呼为半个沙，言其有俄皇二分之一之权也。以彼国之铁轨纵横，交通便利，尚均于沿边分布重镇，若我之喀什噶尔，远距迪化省城三十七八日，伊犁十九日，塔城二十一二日，阿尔泰亦二十二三日，又皆视阿拉玛图、塔什干距边之程遥，而况我国境内交通之不便，军队之不敷，尤觉瞠乎其后。凡谋事者，宜统筹全局，详慎计画，岂可掉以轻心，置国防于不顾。当国务院会议阿尔泰改隶新疆范围之际，亦尝知其不甚妥协，是以仅许都督管辖军政、外交，于民政等事，仍由办事长官自理，而于科布多，则未置议。今伊、新条件已定，若果据之实行，深恐全疆因而掣动，愚民惊骇，且被裁官吏，亦必鼓惑，为丛驱爵，外人而不乘隙进取者几希。（下略）

近之筹库伦者，偏重于东蒙之进行，而略于西路。此篇独以西路为要着，传曰"不备不虞，不可以师"，又曰"有备无患"，记者深望国人毋忽斯言也。

周传概识

《西北杂志》（月刊）
北京西北协进会
1912 年 3 期
（李红权　整理）

保蒙篇

定一 撰

自廓索维慈之条约发生，举国人民发指眦烈〔裂〕，必立歼厥不守公法之俄罗斯，骈戮库伦三四数之渠魁，悬首国门，以为谋叛共和，引寇入室者戒。踏破贺兰山缺之声，且将出白海以外矣。此曰征蒙，彼曰讨库，甲曰救蒙，乙曰救国，豪枭并兴，鱼龙角起，献策言计，众情纷纷，在保全领土之目的，则一致也。虽然，盛气之下，偾事必多。蒙，我领土，领土有故，保之可也。余敢定其旨曰保蒙。保蒙之道凡三，一政事，一外交，一武力也。

政事为立国系统，人民、土地，式凭之以鼓铸于成。自哲布尊丹、松光彦汗诸徒，乘庶政未敷之秋，庞然自大，举库伦一隅为私产，引虎自卫，以与我政府抗，自外民国；俄乃得逞其野心，利用其愚，虚与响喻而有今日；遂致内政无着手之处，一变而为似是而非之外交，主客易势，事乃荆棘。但此问题，不自今始，俄之觊觎外蒙也久矣。前清宣统末季，俄使即有拒简库伦将军，及外蒙种种权利之要求，张牙舞爪，南下一击。及革命军兴，盘马弯弓，以待来势。南北统一后，视我国势未磐，老悖之活佛，既骋欲而叛向；颠顸之官吏，复驾威而驱丛，迎意一合，遂悍然昭揭其协约于世界，履霜坚冰，岂朝夕事哉！然就俄人一方面观察，对于外蒙，宁入于口而复吐之，彼人扼于近东五十有余年矣。

千八百五十六年，哥里米亚之役，而得《巴黎条约》之恶果。千八百七十八年，塞罗门三邦联合之役，又得《柏林条约》之恶果。舍近东而图远东，复败衄于波罗的海之战，狮囚虎押〔柙〕，日谋破关，两端不遂，于是力辟中坚，从事于我。

然困此强俄者，英实为之。英自制法后，早夕忐忑而不能须臾恝置者，俄也。举一丸泥之土耳其而封黑海，又举扶桑三岛以立东屏，英国夸雄于海，而防俄者亦维海。俄今就陆，英亦技穷，不得已追踪大陆，以西藏与满洲对钥，举内蒙而横亘之。英非劫我也，数十年外交之方针，一丝不走，惟制俄耳。由是省吾中国之现象，定外交之正宗，万不能希望和平解决。盖和平云者，不过使我处于领土之虚位，彼则践实地而事其设施，或者双方放弃，听其自然。如此掩耳盗铃之政策，满清时代所优为，在我民国，实期期以为不可。盖喇嘛通款于英，满人输诚于日，外我而去者，正不仅库伦活佛已也。我今一味希冀和平，以此道待俄，亦将以此道待英、日乎？且德、法、葡、意，各起而持利益均沾之说，协以谋我，牺牲待境，犹恐不遑；况彼眈眈其欲者，我土地也。巨盗入室，贻之以金，金有时尽，盗无时已。准〔审〕时度势，即欲尤效满清而不可得，盖恶因早播，今正食果。若复从事联俄，苟且图安，外蒙一去，东辽、西藏、新疆、内蒙连壤瓦解，均势之局破，而瓜分之局定矣。然既不联俄，惟有拒俄；既谋拒俄，势必联英。英何可联？联之以拒俄，即所以保我外蒙也，直接以保外蒙，即间接以保满、藏、蒙、新，保均势之局也。

审是，则外交方针，决有准向。然以俄之处心积虑，盘空攫取而得者，夫岂徒争以口舌，折冲于樽俎，所甘罢休耶？势必解决于武力。武力解决，败有七道：雪满草枯，南人不习，一也；地势不娴，进退迂滞，二也；省各一军，军各一心，三也；编制不同，饷糈互异，服装歧出，口径不一，四也；器械接济，转输艰困，五也；劳师远征，饷源支绌，六也；兵多则内无以镇，兵少则外不足御，且南北心迹未融，总令不易，选将为难，七也。有此七败，吾人犹主决于武力者，何也？盖一发危机，与其不战而绝，无宁一战而踣。就使战败，战败之后，举藏、满、蒙、新，尽行割弃，藩离〔篱〕北撤，国都南迁，举国人民仅存于腥天血海之间，尝胆卧薪，炊予晰剑，气势为之一固，而后内政有着手之处，同仇有卷土之心，国乃可立。若不战而绝，非惟外召瓜分之惨，内亦起自溃之变，置政府于怨丛，裂各省为部落，是真亡矣。且战非仅败也，可乘之机，较可败之道，殆有过之。俄地广袤两洲，恃之以利，转输者仅西比利亚铁道而已，重兵缜〔镇〕守，则道阻且长；警备不严，则奇兵间出，一也；灭国而加暴政，宿怨日久，乘隙而起，首尾不顾，二也；邻国问罪于外，虚无党伸权于内，政府中悾，三也；人怀革命，军无斗心，稍有挫失，不戬〔戡〕自焚，四也；巴尔干问题悬之不决，弃之不甘，侵略方针不能矢一，五也；兵饶将慢，外强内腐，贵族积习甚于满清，六也。有此六道，胜负正未可必，焉用闻风而觳悚哉！且外蒙两部，仅仅少数人假托虚声，自尊自大，非真有政治见解含养其间，吾人即不为领土计，独不为两部苍生请命乎？吾政府其有所适从与！

嗟乎！立国之道，贵在得民，得民者昌，失民者亡。今哲布尊丹独树叛帜，妄逞私欲，陷土地于危亡，沦人民于奴隶；义师所及，岂仅国权？吾人昂首朔风，瞻视国旗，正声厉色，敬告天下，曰吾中华民国乃五族共和，非四族共和也。凡蒙古之父老子弟，谁非黄种之同胞，忍听逆佛戎首之蹂躏，而不一加意乎？然而廓索维慈之条约，距我建元，将及一稔，我政府于外蒙政事，不及为计，致有今日。而今而后，岂其容我再误乎？凡我先觉之国民，盍锻炼其一鼓之气，而从事于根底旃。

《公民急进党丛报》（月刊）

上海公民急进党丛报社

1912 年 4 期

（李红菊　整理）

俄罗斯对蒙古之外交政策

译《大陆报》

振青 撰

十月二十四日，北京某华字报载有消息，谓俄政府在库伦与哈德图所订之条约已成，按俄人之言，彼时实未成熟，此约实系于六日前（十一月三号）由俄国书使哥罗斯多弗君始与蒙古哈德图之代表订定之，即将其条约以正式之公文移至俄京。闻其中有数条，皆指蒙土而言，至俄政府在约中所承认者，系外蒙自治，而非外蒙独立；并许蒙古自由组织军队，并担任保护，以冀御中政府将来之侵伐，或重施其领土之权。今俄政府之担负，既如是其重，势必有所要求，故蒙人先以通商之特权，为俄人之报酬，惟其详细条件，俱甚秘密，一时无从稽考，要皆不外根据一八八一年之中俄协约，将来如中蒙欲重订约章，不得以新章之名义，而减其已成之条款，此后亦复不能以较厚之权利，授与他人。

去年夏季，外蒙曾派亲王与赖嘛赴圣彼得堡要求俄政府宣布保护外蒙之特权，蒙固俄人所觊觎者，方竭其能力而利用之，以冀达实行占领之目的。迨蒙既向俄，俄则遣使为之助，所谓势利所趋，毫无疑贰者也。

中政府之取缔蒙古也，欲制服库伦之哈德图，而哈德图曾于满清叔世，被囚于宫中矣，致引出俄罗斯二次之抗议，与一九一一年，中政府添设驻库大臣之际，亦经宣布停止改革政治之说，迨中国革命以后，秩序未整，不遑兼愿〔顾〕，而俄之视蒙，遂有亟亟不可终日之势。然考其亟图之理由，盖有大原因二：（一）蒙古毗连俄境，地大物博，俄人苟得蒙古为殖民地，岁入之增加，当逾其国有之半；（二）中政府对蒙政策，将来必实行其改良政治，若一颁布，必有多数不称志之蒙人，迁避于俄，而于俄之治安上，有莫大之关系。

综以上二因，俄之图蒙，似不可缓，若中政府即将俄之要求条款，解决答覆，尚不致于失败，而两政府之协议必成；协议之目的既达，中国在蒙古之主权，必受正式承认于列国，幸中政府毋再自误，致陷国家于危险也。

中政府之对蒙，以殖民政策为前提，其设施非不善也。无如蒙人之习俗，迥与内地不同，不免因疑生惧，因惧生叛，遂有建重兵于外蒙之举，极端反对中政府种种之政策。至俄政府遣使之原因，无非欲磋商两国合治之手续。虽然，蒙古，中国领土也，合治之说，岂易言哉！以吾人之观念，深愿俄之对蒙，抱极和平的主议〔义〕，从速解决；否则容易挑起两国人民之恶感，而必有一番之战争。并愿中政府对此问题，加意筹画，视为中国应行之政策，毋稍歧异，并将一切行政上、军事上、领土上逐渐改良，日臻完善，俄即眈眈，亦不敢横加干涉矣。

《公民急进党丛报》（月刊）
上海公民急进党丛报社
1912 年 4 期
（丁冉　整理）

库俄协约伊谁之咎

作者不详

　　自南北统一，举国皇皇，日事内竞，外交方略，咸置不顾。即吾公民急进党，亦苦于组织未备，不能举纲挈要，以贡献于我国民，然对于蒙藏关系，未尝须臾离吾党人之脑筋。十月漾日，乃驰电国务院，询外蒙独立事，而国务院竟付之不理，意其守外交秘密，必有嘉谋，以销除此噩耗于无形也。不料错成之日，且后我漾电两旬，国务院又不闻有如何应付之策略，若非各报馆喧腾，我国民并风影而不可得。吁！外交重大，严守秘密，今吾已知其秘密失败矣。如之何其秘密争回乎，是未敢望于扬〔杨〕素也。今陆子兴出矣，吾愿于千虑之中，而有以采国民之一得也可。

《公民急进党丛报》（月刊）
上海公民急进党丛报社
1912 年 4 期
（丁冉　整理）

外蒙古库伦昏愚自投虎口记略

违背祖国　离异同种
信俄罗斯之欺诈　弃共和国之权利

华式金（航琛）　撰

我今天有句话，要问我众位兄弟们：我们中华民国，不是世界各国统通知道，是汉、满、蒙、回、藏五大族联合的共和国吗？外蒙古的库伦，是蒙古中间的一部，岂不是中华民国的领土吗？库伦的活佛哲布尊丹〈巴〉，受了别人的哄骗，硬要自己独立，不肯归顺中国，反与素不相识的俄国要好，要求俄国出场保护他，不是有意反抗共和吗？我今天要问一句，西藏早已赞成共和，现在重行反悔，要想独立，不是因为库伦的事情，要想去学他们的坏处吗？我的兄弟们呀，我中华民国的现像，到这样危险忧愁的地步，不是都为这库伦的事情吗？今天我要把库伦独立的原因和独立的关系，与我国兄弟们谈谈！

第一章　库伦独立的原因

库伦独立的原因，很为复杂，今单讲他最大的原因。

（一）因前清的〔对〕蒙古，专用愚民政策，好像百姓越糊涂，越好管理，把爵禄来羁縻蒙古的领袖头目，拿兵力来压制蒙古的百姓，所派的办事大臣，大半毫无学术，作威作福，欺侮蒙人，最后所派的库伦办事大臣，名唤三多，与库伦的活佛，不甚要好，时起冲突。其时清政府〈要〉造一条铁路，从张家口筑到库伦，名唤张库铁路，并要招练蒙古的军队，因此设立一个营务处，筹备进行的方法。哪料这营务处横征暴敛，专们〔门〕剥削百姓，以致与库伦的人，结了许多的恶感情。

（二）因日俄战后，俄国不能伸张势力于满洲，于是改变方针，用全副精神来经营蒙古。起初要求筑造从恰克图经过库伦到张家口的铁路，清政府不准，他就一面暗地派遣军队，测量蒙古的地势，调查蒙古的情形，一面用笼络手段来勾引活佛。因为蒙古的人，都是信仰喇嘛教，人人崇拜活佛，奉他为教主，前清虽然优待活佛，也不过奉行故事。俄国西比利亚的土人中，奉喇嘛教的很多，俄国就使用西比利亚的土人去联络活佛，有时送给他物件，有时借给他银钱，以联结活佛的欢心。

有了这二大原因，一闻武汉起义，推倒满清，他就倚仗俄国的势，宣布独立，与清政府断绝关系。

第二章　库伦独立的真相

库伦的独立，出于二达喇嘛、杭达亲王、陶什陶等少数人的主张，这少数人的主张反抗民国，都是库伦的菩萨从中替他主动。这菩萨就是活佛的妃子，二达喇嘛、杭达亲王、陶什陶和这女菩萨四人，互相勾结，联成一气。活佛外受三人的挟制，内听菩萨的主谋，于是有这独立的举动。

为什么他要联络俄国呢？一因受了从前的激刺，二因受了俄人的笼络，三因杭达亲王少小时留学俄国，与俄国某亲王同学，某亲王也明白佛理，和杭达亲王有宗教的关系，所以两人极其要好，到独立的时候，一意的倾向俄国。总之库伦的独立，都是这少数人的主张，这少数人的主张独立，都是这联络俄国的缘故，所以蒙古人叫他们做联俄派。

但是库伦的依赖俄国，和西国伊朔先生的一段譬喻，情形恰好相合。他说道："有一匹马和一只鹿相骂起来，结成仇雠。马要用蹄踢杀此鹿，哪料这鹿灵便得很，跑得很快，还有许多的鹿来帮他，于是马气愤极了，他看见人是最聪明的，就恳求一个长大的人来代替他报鹿的仇，那长大的人，就一口应承了。他说道，我替你报仇，你务要听我的号令，受我的服役才好。马应允了，说道只要你肯替我报仇，我没有不肯做的事，于是这长大的人，就用绳子套了他的头，做了马缰，又用鞍辔绑在他的背上，装束好了，就腾身骑上去，跑到树林中，用弓箭射杀了几只鹿，于是马说道，谢谢你替我报仇，我现在要回去了。那长大的人说道，岂有此理，你还没有报我的恩，你只好一世的受我服役了，从此这匹马就脱不了这个圈套。"你们大家想想，库伦活佛钻到俄罗斯圈套里去，还想逃得脱吗？

第三章　库伦独立后的情形

（一）库匪蹂躏地方　库伦独立的时候，取联俄政策，把松彦可汗做内阁总理，杭达亲王掌外务，陶什陶掌军事。一面派人到各处游说，劝他归附库伦，一面派兵威逼附近各旗，并侵夺我黑龙江省的呼伦、胪滨两府，一时喀尔喀、乌里雅苏台、科布多等地方，统通被他勾引，宣布独立。

（二）蒙古王公长春会议　库伦独立之后，在京的蒙古王公，通达时势的很多，深恐独立以后，将来蹈波兰的覆辙。因为波兰从前也是一个大国，受了俄国的愚弄，后来被俄国灭掉的。一面派代表到各本旗去劝导，勿听活佛的说话，一面组织蒙古王公联合会，联络感情，研究一切的办法，后来东蒙十旗的王公，发起蒙旗会议，元年十月廿八日，聚集于长春的道台衙门，政府也派员到会提出意见书：一、请各王公回到本旗劝导；二、请内外蒙古在本年内取消独立；三、效忠民国的，由政府格外奖叙；四、请各王公宣告民国对于蒙古固有权利，概不剥夺；五、蒙古所借外债，均归民国担保归还。其余的议案很多，像那蒙古紧要的地方，许政府派兵驻扎；蒙古王公向外国借债，须经中央政府允准；蒙古王公不得将产业抵押外人等类，都在开会时当众宣布，各旗王公听了，大家极其满意。

（三）俄库密约　库伦独立以后，知道民国一定要派兵痛剿，于是去要求俄国替他保护。其时俄国有一人，名唤廓索维慈，其人从前曾在我们北京做过公使的，后来因事撤回。他要想把经营蒙古的功遮掩他从前的罪过，就请求俄国政府，派他到蒙古去运动，于是与库伦逆佛，订立密约。查密约的内容，因为要与民国断绝关系，把蒙古的一切权利，统通送给俄国，请他出场保护。譬如人家的兄弟不睦，阿弟因为要抵制兄长，把祖父传下来的房屋产业，统通送给外姓，请他来抵抗兄长，这人可恶不可恶？库伦和俄国立约，就像这个模样。

（四）蒙古各王公不认密约　密约发表之后，蒙古王公联合会，因俄库协〔密〕约，是库伦少数人的所为，蒙古全体，都是赞成共和，并不与闻，决议通告各国，并译登外国报纸。大略说内蒙古全部六盟及科布多、乌梁海、青海、新疆各盟，都是赞成共和，只有库伦活佛，勾结图什叶图部落、车臣汗部落的几个王公，妄想独立，设立伪政府。其实外蒙古四部落中间，靠西两部，也并没有赞成独立，乃库伦伪政府，竟与俄国订立协约，捏称蒙古全体，极其诧异。本会是由内外蒙古各盟的王公组织而成，本会会员，各有代表蒙古各盟王公人民负担的责任，并未承认库伦政府有代表蒙古的资格，该伪政府与外国无论订立什么条约，概不承认，特此声明。

（五）总统劝慰　库伦独立之后，袁总统打电报去劝导，教他取消独立，哪料他的覆电，说已与中国断绝关系，共和万难承认，独立断不取消。于是再派员到库伦去宣慰，哪知他把派去的人，百般凌辱，监禁的监禁，杀戮的杀戮，到俄库密约发表之后，政府一面和俄国交涉，一面再打电报去劝导，因为独立取消，密约就可作废，蒙古的一切权利，不致被俄国人夺去。哪晓他到死不悟，覆电说我与你都是清朝的臣子，如今你做汉族的总统，我做蒙古的皇帝，各守疆界，不得再有异议，若以兵力相强，不妨背城一战，这就是逆佛最后的覆电。至俄国的交涉，起初以三件事情要挟我们：一、不得驻兵于蒙古，二、不得殖民于蒙古，三、不得派官员于蒙古。近来则一味延宕，不肯与我们和平解决。

（六）勾通西藏达赖　西藏达赖喇嘛起初不肯赞成共和，经政府派员招抚，于是归顺民国。活佛因防民国派兵征讨，要想分民国的兵力，派人到西藏去运动达赖喇嘛，订立《蒙藏协约》，请他将西藏独立，与中国断绝关系，以致达赖喇嘛也有独立的思想。

（七）蒙古盟长绥远会议　库伦恨各旗不归附他们，想出种种法子来害他。一分派军队，向各处随意掳掠，遇中国大队兵马，避弗迎敌。二多招马贼，劫掠各旗，使他不能安枕。三多派奸细，到各处散布谣言，使他自愿来归附库伦。库伦的用这个计划，因为他的独立，内蒙古各旗都不赞成，就是外蒙古中，不肯附和的也很多。前日西蒙古各盟长，齐集绥远城，开特别会议，一则联络各盟的感情，二则商议抵制库逆的计划。当日所议的有四件事情，第一件实行赞助共和：一、各蒙地都挂五色国旗；二、遵守约法上所规定的法律及大总统的命令；三、由各盟长及各旗王公贝子，联名致电于大总统及国务院，决不承认俄库私约；四、由各盟各旗联名写信致库逆，劝他反正。第二件筹划蒙人的生计。第三件以后凡关于蒙古行政事宜，得由将军与各盟长和各王公商酌进行。第四件电请大总统及国务院，派兵保护各旗的地方。其余会议的事件也很多。总之绥远会议，也是得一美满的结果。

（八）蒙古王公归化会议　前日政府接绥远将军电报，说蒙古各盟王公，在归化城开大会，公同议决四条：一不认库伦活佛为教主；二附逆的王公，宣告消除他的旗籍；三所属各旗，对于附逆的王公，均不交纳租税；四附逆王公死后，不许归葬祖坟。这是绥远将军报告归化城会议的结果。

以上的八件，都是库伦独立以后的实情，可见蒙古的人心，都是赞成共和。附和库逆的，也不过少数不通时势的人罢了。

第四章　库伦现在受苦的状况

逆佛要想〔想要〕靠俄国的势力，享皇帝的富贵，哪知独立以后，处处受俄人的愚弄，一切权利，都被俄国人夺去。我今天把他的现像来讲讲。

（一）俄国设立总监　俄国仿照日本待朝鲜的法子，在库伦设立总监，因为日本的待朝鲜，起初也设立总监，后来渐渐把他合并的。俄国也用这个法子，凡库伦的军队，统通受总监的节制，不得违拗。

（二）俄国派民事总监　俄国设立总监之后，又设民事总监，管理地方上警察、民刑诉讼事件。凡库伦的人民，都在民事总监权力之下，遇紧急的时候，民事总监也可以调兵防守。

（三）俄国人充总指挥官　库伦防我国派兵征剿，先派兵队来侵犯，乌泰、福胜侵我的东部，陶什陶侵我的西部。又请俄国陆军军官为指挥官，凡南犯的军队，统通归俄国指挥官调度，并受他的节制。

（四）内讧现象　库伦的人，联俄派居其多数。上月活佛因民国将要发兵征讨，特开秘密会议，联俄派主张请俄国实力保护，把库伦种种特权，尽数许给俄国，反对的主张取消独立，归顺民国，议论纷纷，毫无定见。近日逆佛与部下，互相疑忌，各大臣因意见不合，辞职的很多，大有内讧的景象。

（五）各部解体　从前附和的各旗，见俄国的暴横，逆佛的昏愚，大半反悔。像唐努乌梁海的三佐领，前日宣布独立。三音诺颜、土谢图汗等部，以前附和库伦各旗，现在陆续宣布取消独立。库伦的商民，密议请民国发兵征讨，愿为内应。

（六）新兵哗变　库伦的财政，素来困难，兵队因欠饷闹事，已经多次。前日新编的第二师团，被参谋员把军饷卷逃一空，军队要求偿还，该团长严行压制，因此全体哗变，抢掠一空，团长及各军官，都逃到俄国领事馆避匿。

第五章　库伦与中华民国全国的关系

库伦是外蒙古中间的一小部，就是中华民国领土中间的一小部。我中华民国是汉、满、蒙、回、藏五大族联合拢来的，好比人家是兄弟五人合撑的，兄弟和睦，旁人不能播弄，兄弟不睦，旁人就要欺侮。我们现在的地位，就是大家同心同德，尚且难于抵御，哪料这逆佛，偏偏反对共和，定要把祖宗传下来的地皮，去送给俄国人。咳！直〔真〕正可恨极了。

从前朝鲜国受了日本的欺骗，要想独立自主，与我中国断绝关系，竟自称大皇帝，哪料没有几时，这几千年相传的朝鲜国，却被日本灭掉，做了日本的奴隶。现在库伦的逆佛，他不知道中国的气量宽大，相待如同一家人，偏偏要学朝鲜的榜样，想要靠俄国人的势力，设立一个蒙古帝国，试看他独立得没有几天，一切大权大柄，已经统通握在俄人的掌中了，岂非自投罗网吗！

而且库伦是商务繁盛的地方，外蒙古的中心点，南通张家口，北接恰克图，形势极其险要，库伦不保，非但外蒙古不能保守，就是内蒙古也处于极危险的地位。所以库伦是吾中华民国北部的屏障，是吾中华民国必争的地点。我们宁可大家努力奋战，一齐死在炮火之下，决不愿把库伦的地方，让这逆佛去送给俄国的。

况各国的在中国，都取均势主义，若俄国得了库伦，各国一定也要效尤的。假使英国鼓动西藏独立，占据西藏，日本运动南满洲独立，占据满洲，法国乘机占我的两广、云南，德国趁势占我的山东，我花团锦簇的锦绣江山，弄得四分五裂，还能成功什么汉、满、蒙、回、藏五大族联合的中华民国吗！

所以库伦的地方，不但关系蒙古的安危，实关系我全国的存亡，我们万万不可让他独立的，万万不可不取消他的独立的。

第六章　对付库伦的方法

逆佛的罪恶很多，即就大的说起来：（一）反抗民国，不肯取消独立；（二）贪皇帝的虚名，反对共和；（三）煽惑各旗，劝他反抗民国；（四）招降无赖，到处奸淫掳掠；（五）侵略各处的地方；（六）杀害归顺民国的王公；（七）私通俄国，订立密约；（八）勾通西藏达赖喇嘛，劝他独立，与我国断绝关系；（九）把库伦行政权，尽数送给俄人；（十）不听大总统的劝导，不听各旗的忠告，反敢派兵入寇，侵害民国。其余虐待汉人、克剥商民等类，也不必说了。

总之，逆佛的罪，上通于天。以情理论，譬之不肖子弟，把家中的物产，私下送给他人，凡一家的人，个个可以出场干涉的。以法律论，土匪盗贼，为害地方，扰乱治安，理当派兵痛剿，况逆佛背叛祖国，反对共和，乃是我全国的公敌。我大总统及国务院因为逆佛不明白共和的真意，所以打电报去劝他，派人到库伦去安慰他，哪知他冥顽不灵，至死不悟，非但不肯取消独立，而且请俄国人帮他出兵，劝西藏人一同独立，一心一意要想破坏我的共和，逆佛这样的可恶，怎能够再去饶赦他呢！所以目前对待库伦的方法，除用兵力之外，再没有第二个法子了。

我们大总统及国务院，一向不肯主张用兵。一则因库伦的独立，出于少数的主意，所以几次派人去劝慰，教他自己取消独立，庶几和平解决，不致涂炭生灵。二则因外蒙古的天气极冷，时值隆冬，行军极其不便。三则因库伦与俄国订过密约，须防俄国人出来干涉，一切军队，不得不细细布置，步步为营，庶几立于不败的地位。所以我们政府一面不主张用兵，就是这个原因。

现在天气和暖，派兵出征，已得天时的帮助，东三省的三位都督，组织了联合军队，预备出发。直隶、山东、山西、陕西的军队，都已调到内蒙古驻扎，各路险要的地方，都已把守，以地势而论，我国已经占优胜了。况我国各省的都督，各处的兄弟们，统通情愿决一死战，就是全国的学界、商界、工界、农界、女界，对于征库的事情，热心的了不得。试看俄库事件发生以来，各省设立的救国社、救亡会、征库军、探险队、募饷团等，不计其数，而且捐助军饷的，无论海内海外穷富男女，全国一致的慷慨捐纳。可见征库的事情，出于全国的公意，万众一心，立于必胜的地位，即使俄国人出来干涉，尽可以与他背城一战。从前孟夫子说的，天时不如地利，地利不如人和，我们现在天时、地利、人和，三样都已齐备，也断不致于失败了。

况库伦现在有必败的证据。（一）逆佛与部下的人，互相疑忌；（二）从前附和的各旗，现在纷纷反正；（三）库伦的人民，愿为民国的内应；（四）逆佛所派东路入寇的乌泰，有做东蒙皇帝的思想；（五）西路入寇的陶什陶，与逆佛意见极深，不肯受俄国指挥官的节制，大有割据一方的意思。从这几层看来，逆佛不是自寻死路吗！

现在逆佛所靠托的不过俄国，俄国内有革命党的煽动，外有奥国的冲突，又与逆佛也有一些意见，决不肯出兵相助的。就是出兵帮助他，以吾全国堂堂正正征剿土匪的民国军，和俄国有革命思想的军队交战，我国难道不是立于必胜的地位吗？

我愿我兄弟们，大家认真操练，把战术大家认真研究，等到开战之后，如其奉命出征，大家拼命杀贼，为祖国争气，为同胞复仇，以张大我中华民国的国威。若不逢调遣，大家恪守军律，遇有土匪蠢动，竭力弹压，保护地方的治安。这就是我兄弟们的责任，就是我兄弟们的爱国。

《军警白话宣讲书》（刊期不详）
上海国民教育实进会
1912 年 8 期
（朱宪　整理）

俄蒙交涉始末

唯刚 撰

梁启超曰:《俄蒙协约》发表后,举国震骇愤痛,舆论亦纷纷,莫衷一是。启超本欲专著一文论之,顾以为凡欲与人论一事,必须此事真相,相与了解,然后论点可得而定也。吾友林君唯刚,绩学富而治国闻最悉,乃乞为一文纪其始末,且为论断之。今唯刚之言,皆吾心中所欲言,吾殆可以更无言也。然吾犹别欲有言者,此问题本对外问题也,而影响实波及于对内问题。甲说曰外交失败一至此极,皆政府尸其罪,托国于此政府之下,吾国宁复有歹,非推翻而易置之不可也。乙说曰国民对外,当为一致行动,当此危急存亡之际,安可更生内讧,亦惟维持政府以观后效而已。启超以为此两说皆是也,而皆有所未尽也。今政府之举措,安能逃国民之责备,然听其于败坏国事之后,奉身而退,谓足谢咎,此徒以便巧宦耳,于责任之义何有焉。若泛言维持,而政府复得托庇,以自即安,此又与于不祥之甚者也。故以为吾国民当严峻督责政府,使求正当办法以自赎,待事后而更校其功罪焉可也,则邦之杌隉,又非尽卿尹百僚之责焉。我国民于事前事后,漫无所主,以导政府之先而盾其后,是益授政府以分谤之口实也。故吾愿国民一面督责政府,一面更自督责焉,又岂独《俄蒙协约》一事云尔哉。

十一月十八日,梁启超附识

一 《俄蒙协约》之通告

民国元年十一月八日，驻京俄使，以俄蒙新订协约，通告我外部，于是政界震骇失措，总统府连日会议，至今又数日矣，迄无解决之法。参议院于协议发表后数日，乃由某议员提议要求国务员出席，说明方针。而一般舆论，则攻击政府，主张宣战，激昂愤慨，与虚桥〔娇〕浮动之气，嚣然而并起。夫俄之经营蒙古，非一日矣，而库伦之独立，与俄人之要求，又非一朝一夕之事，乃举国上下，无一人焉，能先事预料于祸机未发之前，复无一人焉，能主持国是于事变既发之后，束手相视，坐待宰割，而乃呼号于刀锯既下之后。嗟乎！使我国人平日能稍留心于外交失败之所由来，则固不待此次协约发表后，而始为此事后之张皇也。用特就吾所知者，罗举数年以来，俄蒙交涉之进行，与我国对待之态度，以为今日研究蒙事者之一助，并以证俄人之无理要求，与我国之毫无方针，因循贻误，遂有今日为可叹也。

二 俄蒙接近之原因

自日俄战后，俄人一转其侵略满洲之方针，专注意于蒙古、新疆方面。一面利用宗教，笼络哲布尊丹巴呼图克图（即库伦活佛），一面则扩张商力，利用蒙人之贫困，贷以资本，而厚取利息，或以财产、地皮等为抵押，故于生计方面，则蒙人久已隶属于俄国势力范围之下。计库伦一偶〔隅〕，俄商之数，已达三千六百余人，此外尚有定期往来之队商，每年亦在七八千人内外。其余各地，俄商及游历、探险队等，每年平均总数，恒五六万人，而俄人在蒙古一带之势力，遂骎骎驾我而上。

汉商之在蒙古者，因资本缺乏，复无政府保护之故，其势遂不敌俄人。政府所派边吏，历任以搜括聚敛为务，正供之外，又有各种杂项差徭，蒙人受其鱼肉，道路以目，而一入俄籍，则悉免一切负担。故近年蒙人之挂籍俄国者日以多，而对于中国之感情日以坏，中国边吏之驱民政策，实为俄蒙接近之第一原因。

我国对于蒙古，既失其抚驭之策，而一面又欲实行干涉主义，特派专员，在库伦招练新军，设兵备处，建新式营房，拟练马队、机关炮等队。又创办新式巡警，蒙人不谙警章，动受处罚，军警仗势凌人，其待蒙民尤酷。清宣统三年八月，外蒙商民全体，呈请军咨府、理藩部、外务部，请求撤去扰害商民之巡警及兵备处，虽由蒙地风气未开，致举办新政动多阻碍，而此举之根本错误，在于不知以收拾人心为急，乃欲以形式上之改革，极少数之军警，维持其事实上已失坠之统治权，转使俄人得以借词，挑动中蒙恶感，益促其外向之念，是为俄蒙接近之第二原因。

杭达多尔济王者，略通外事，常往来圣彼得堡，为亲俄派之领袖。宣统三年，俄人之要求六款也，外蒙蠢蠢欲动，杭达运动尤力，嗣因商卓特巴反对联俄，杭达谋稍沮。商卓特巴者，活佛之所亲信，而握有外蒙之实权者也。彼欲得带嗉貂褂之赏，而旧例外藩王公，方得斯赏，驻库大臣三多，因欲络笼商卓特巴，乃设辞为请于朝，果得赏，商卓特巴则大喜过望，告三多曰："我极餍足，无他求矣。惟公如欲得活佛喜，必须结好于佛之内嬖，名扣肯儿者，彼之言，佛无不听从。扣常以不获黄轮车为憾，如能于十月佛生日以前，为扣请得黄车，则诸事皆可如公意矣。"三多乃以从前某项报效旧案，为扣请得黄车，扣肯儿果大喜，谓佛爷本无联俄意，亦思与北京政府亲好，惟杭达等谓清朝不可恃耳。其时杭达与二喇嘛私赴俄京，诉中国官吏诸不法事，请俄出为干涉。适武汉事起，杭达于十月十一日由俄归，抵库入谒活佛，语扣肯

儿曰，清有内乱，各处皆已独立，我蒙古本可自立为一国，佛爷
即为大皇帝，其尊无对，何为自卑为清属。于是活佛暨其左右扣
肯儿等，咸为所动。是晚有俄官到库伦办事大臣署，密告以蒙人
已独立，劝清官吏速出境。其翌晨即有外路蒙兵千余人入境，所
携皆新式俄国快枪，蒙兵所过，毁市场，逐官吏，公然宣告独立
矣（时为辛亥十月十二日）。其时统兵者为柏兔公爵，后陶什陶到
库，遂改归其统率，反对取消独立，煽动扎赉特旗攻取科布多，
皆陶之力为多。陶什陶者，东省著名胡匪头目，前数年屡犯案，
东督严捕之，乃逃入俄境。旧外务部屡与俄使交涉，索还惩办，
并由驻俄清公使，与俄外部严重交涉，始终不肯交。库伦事起，
陶乃到库报效，活佛大喜，封为公爵，充领兵将军，现与其内阁
总理海珊氏，均握有库伦政府之实权。海本内蒙古喀尔沁旗人，
向在北京那王府供差，因犯案逃避俄国。其人通习中国情形，阴
鸷有权略，既积憾于中国，乃为活佛谋叛清甚力。库伦独立后，
所有置军械、聘俄员、卖矿产、练蒙兵、招致马贼、联络蒙众，
皆出其一人之计画，现封公爵，称松彦克汗。此次活佛自立，其
怂恿之者，虽尚有图什公、达赖贝子、崔伦琪迷大喇嘛、那木萨
赖公诸人，而实以杭达王、松彦克汗及陶什陶三人为之魁。是三
人者，皆素仇视中国，而持亲俄主义者也。自去冬杭达归库后，
而亲清派之商卓特巴遂失势，活佛惟杭达〈之〉言是从。是为俄
蒙接近之第三原因。

三　俄人干涉蒙古之动机

清光绪七年（即一八八一年）之《伊犁条约》，以宣统三年七
月二十五日满期，按约如欲改订，应于满期之六个月前，预先知
照。我国以《伊犁条约》损失甚大，其中如自由贸易免税权、家

屋建筑权、土地所有权等，皆为各国条约所无，急应修改。此外俄人尚有种种逾越条约范围举动，亦应于修约时声明限制。如俄人出入边卡，往往不照条约指定路线，任便由小路入界，甚至竟不呈验路照；入界之后，又不遵行官道，所持护照，并不照例誊写汉、蒙、俄三体文字，仅执俄文票据，卡官不通俄文，无从稽查。又内地商民，前往各蒙旗贸易，尚且限定地界，而俄商则任便往来，所持俄文护照，但书前往蒙古一带字样，漫无查考。俄商之入蒙古者，既享有不纳税之权，近年以来，殷实俄商，来蒙者日多，不用从前之货物交易，概用纸币，放给蒙民，预定次年毛皮、牲畜等货，到期交货，或有短欠，则由俄领照饬地方官严追。又有奸商包揽索债字据，真伪莫辨，华官追比偶缓，则指为侵害俄商利权，要求参撤。俄领在蒙古一带者，又往往借词条约有许由台站行走之语，所有出界分巡、递送函件，并派差赴各蒙旗办事，均饬台供给驼马，肆行要索。以上各节，皆应于修约时，声明制限者也。宣统二年二月，外务部设有俄约研究处，将《伊犁条约》之应行修改及制限者，分别讨论。又派部员二人，到新疆、蒙古一带，视察陆路通商情形，其后讨论及视察，均无结果。而俄人以为中国政府，业有预备，将来提出改正条件，必难交涉。适其时俄梭巴利夫之蒙回探险队，与哥斯罗夫之蒙藏探险队，皆于宣统二年冬，竣事返国。对于俄蒙通商，皆主张应根据《伊犁条约》，益求扩张。哈尔滨俄商会，又上书该国政府，极言中国将提议改约，急应设法抵制。而其财政大臣哥弗咨孚氏，新巡阅极东而归，俄政府对于改约一事，遂决定先机制胜之策。突于宣统二年十二月十二日，提出三十五款（详后），复于三年正月十八日，提出六大款（详后），声称不全然承认，则俄国自由行动，示将决裂。盖以千钧压溃痈之势，使我屈于示威运动之下，更无提议改约之余暇。俄人之在蒙古一带，其注重实在于生计的方面，故其干涉之动机，实由于抵制修改《伊犁条约》而起，而我国在蒙古新设伊塔茶叶有限公司，附设皮革各公司，俄商大受影响，俄政府遂借口条约上俄人应有西北一带之自由贸易权，不能由中国垄断。此亦其干涉之一原由也。

四　库伦独立以前俄人对于蒙事之要求

第一次要求（即三十五款之要求）

俄人要求六款，几将宣战，此为前清最后一年劈头之大问题，至今尚悬于一般人士之脑筋。而要求六款之先，有所谓中俄交涉三十五款者，据当时某报所载，兹摘其关系于蒙古者如下：

科布多设领事问题，阿尔泰地方官拆毁俄商房屋问题，华官侵夺领事裁判权并虐待俄民问题，华官侵害俄商免税权征收皮革、鬃毛、茶叶各税，又抽收俄货厘金问题，科布多俄人居住建造问题，禁止俄商售卖土货问题，部拒俄领往返于所管地方行走驿站问题，华官不将交界人民悬案与司雅孜会办问题，东蒙开垦禁止俄商任便往来贸易问题，东蒙运出牲口重征子口税问题，华官限制牛羊出口问题，华官不准俄华人民相互结婚问题，华官设法阻碍俄商前往蒙古问题等是也（其关于新疆及东三省者概从略）。从来中外交涉，以一次照会，而要求至数十款之多者，此实为其第一次。盖俄政府对于蒙古一带方针，已决定于是年冬间，故特提出一极复杂之问题，以觇我国之态度，及应付之手段。而我政府暗于外界大势，以为俄人特汇集其历年之积案，来相纠缠耳，以是延宕，如故其毫无解决之决心，又毫无交涉决裂之预备亦如故，于是遂有翌年正月自由行动的准宣战书之大交涉。

第二次要求（即宣统三年正月十八日六款之要求）

（一）一千八百八十一年，《中俄条约》及他项条约，除交界百里外，并未限制俄政府在中俄交界贸易征税之自由，惟在两国陆路边界百里内，彼此运出物品，一概免税。

（二）俄人在中国境内，按照应有治外法权（即指领事裁判权），如遇民事诉讼，华俄人之交涉，华官须请俄员会审解决。

（三）蒙古即长城以外，暨天山南北，俄人有权自由往来居住，及贸易货物，一概无税，华人不得专利，更不得禁止或限制其贸易之自由。

（四）俄政府除已设之领事外，有权在科布多、哈密、古城，设立领事，虽此权须经中政府认可，惟现在各该城华俄商人交涉之案甚多，显然不能不实行此权。

（五）凡设有领事之处，华官应确实声明承认遵照条约，遇有华俄商人争辩之事，须与俄员会同裁判，不得设辞推诿。

（六）蒙古暨天山南北路，即伊犁、塔城、库伦、乌里雅苏台、喀什噶尔、乌鲁木齐、科布多、哈密、古城，尚有设领事之权，且于各该处及张家口，均准俄民置买土地，建造房屋。如中政府不承认以上各款，即为中国不愿遵守条约，永敦睦谊之证据，则俄政府只可自由进行，以便保有约章所享之权利云云。

综绎〔译〕该照会之内容，第一为俄界百里外自由征税问题。盖俄近年于输入华货抽收进口等税，我外部曾提出抗议。第二设置领事问题。盖照约有科布多等处，俟商务兴旺，得设置领事，俄既要求设领，又要求将科布多领事移至承化寺，其理由则以科布多办事大臣移驻承化寺，该处作为阿尔泰建治贸易总汇之处故也。第三裁判权问题。第四土地与家屋所有权问题。盖蒙古、新疆地方官，对于此项问题，多与俄领事所主张，不能一致故也。

第五自由贸易问题。盖对于伊塔茶叶某公司及某项厘捐而发。总之，俄人所断断争论者，无非条约解释问题，而我外部于正月二十二日所答覆，亦系解释约文，语气颇示让步。俄政府不满意，复要求将俄人于蒙古及关外各处贸易，毫无限制，并不纳税一节，切实声明。科布多或承化寺设领事，亦应备文声明，即速允准实行。又请将光绪七年《伊犁条约》拟改之处，互换意见以前，中政府对于此约加以切实明晰之解释，外务部覆文，于不纳税一节，争之颇力。盖照约科布多等三处，必俟商务兴旺，始允设领，而该约第十二款，伊犁等处，俄商暂免纳税，异日商务兴旺，可将免税条文注销。今俄既请求设领，则是该处商务已兴旺，而免税条文即当注销，此亦解释上当然之结果，以为提出注销免税条件，以抵制其设领之要求也。二月十三日，俄使照覆，又为准宣战的通告。彼谓约章上并无注销免税与设置领事合作一事之条文，中政府必将二者同时并提，显系无意协议，如此恐两国和好，碍难仍旧，中国若不诚实完全允诺，则俄国自由进行一节，恐属不免云云。外务部覆文，于各项均承认，而随时提议加税一节，仍不退让。二月二十二日，俄使发最后之通牒，限至华历二月二十八日为期，如届期不完全答覆，则本国应为自由之进行云云。其时黑龙江、吉林、奉天各处警电纷至，均云俄兵纷纷南下，东清铁路沿途居民，闻有俄人定期宣战之信，异常惊乱，驻外各使，亦有电到京，云欧报均云俄已决战，于是政府始大骇，限期之前一日，全部允诺，而惊天动地之俄蒙交涉，遂成一小结束。

第三次要求（反对练兵、移民等事）

是年七月五日，俄使照会，称中政府近年以来，在外蒙一带之举动，俄政府颇视于两国睦谊有危险之处，如练兵、移民各节，中政府切须注意，此举即蒙古人民，亦甚为惊疑。现有喀尔喀各盟王公及库伦喇嘛等，已四次遣人赴俄京，诉告中国官吏欺凌扰害之状，俄政府因顾念中俄两国极亲睦之邦交，故不愿出而干涉，已拒绝蒙古各代表之请，务望中国政府，将对于外蒙所行政策之真意，诚实相告云云。政府因电饬库伦办事大臣，将新政酌量缓办，而武汉之事起，库伦遂宣告独立矣。

五　库伦独立以后俄人之要求

（一）协订五款之要求

清宣统三年十一月十二日，俄使照会，称中国政府，对于外蒙之举动，俄政府已屡次劝告，现当南部有事之际，库伦活佛，竟脱离中国，宣告独立，俄政府甚愿帮助中国。所有外蒙问题，中政府如允与俄政府协订下列各款，则俄国甚愿劝告库伦活佛，仍复从前关系云云。其提出协订条款如下：

甲、中国可在外蒙古与库伦订约，声明第一不驻兵外蒙界内，第二不移民外蒙界内，第三不干涉外蒙古内政。惟中国有治理外蒙古之权，仍设办事大臣，管辖蒙人。

乙、俄国承认中国在外蒙古之主权，俄人均归办事大臣管辖。惟中俄两国关于蒙古之交涉，则仍由北京政府与圣彼得堡政府协商。

丙、中国如将来在外蒙古建设铁路，应先通知俄国，并承认俄国有建设由俄边至库伦铁路之权。

丁、中国将来在蒙古有何项改革，均应预先得俄政府同意。

戊、俄国应饬驻蒙领事等官，协助担保蒙人对于中国应尽之义务。

（二）协订三款之要求

民国元年六月，俄库使复提出中俄协商蒙古事，所要求三款：第一民国政府，不得在外蒙古驻兵；第二不得移民；第三外蒙如取销独立以后，内政应由蒙人自治，民国政府不能视外蒙为行省，干涉其自治之权。盖仍根据去年十一月五款中甲款之三项，而建筑铁路及一切改革，须得俄国同意等节，则未提及。时我阁议，则以为外蒙系中国完全领土，断无听令俄人干涉反与蒙人订约之理。若中国政府自认在外蒙不得驻兵、移民，及干涉内政，则是明明抛弃其宗主权，此后俄人益有所借口，而分我治理蒙古之权，不若置之不理，一面先着手西藏及东西蒙各处（其时西藏及东西蒙古情形亦极危急），而库伦一隅，无论俄人如何句〔勾〕结，我但不明予承认，则将来自有抗议之余地。如一时即与俄人协商，则全国舆论，必起反对，而政府先立于被攻击之地位，遂决议不与俄协商。而俄人自此以后，亦不复再提调停外蒙事矣。

（三）阻止进兵之要求

自库伦独立后，乌里雅苏台、呼伦贝尔相继独立。蒙兵攻取胪滨府，俄派西比利亚十五号队武员，带队助之。我国与俄政府屡次交涉，彼坚称严守中立，不肯承认，而一面要求我国不得由东清铁路运兵进剿呼伦，并不准于中立之东清铁路界内，有华兵与蒙兵接战之事。且宣言路界内不得容留中国官吏，限期迫令出站。及我政府特任那彦图王为乌里雅苏台将军，俄使复于八月八日，照称：探闻那将军有带兵赴任之意，又闻华军拟由新疆及黑龙〈江〉两路，东西并进，攻取库伦。如中政府确有此种举动，则俄政府亦不能严守中立，自当自由行动云云。最近伊犁、新疆援阿军队，合以阿尔泰本有之兵，共有马、炮、步队三千余人，预备进攻科布多，而俄使复要求中国不得进兵，而一面派遣俄队，陆续入洮南府界。经我政府诘问，则答以中国现方用兵东蒙，不纳俄国平和善意之劝告，故俄国不得不酌派军队，保护商民。而一面又在伊犁及新疆喀什噶尔各处，要求增设领署卫队，借口新疆屡有哗官兵变（指本年五月间喀什噶尔道袁鸿佑被乱兵戕害事）之事，经我政府再三声明，自行担任保护，请其撤退军队，均置不理。盖俄人野心，固不限于库伦一隅，而西起新疆伊犁，东至黑龙江，节节布置，无一处不争先着，一旦决裂，则东西兼进，殆操必胜之算，而犹复迟回瞻顾，如不欲战者，盖既限于列强均势之局，而又欲以外交手段，不费代价，而获相当之利益，徐待机会，再为得寸得尺之举。彼盖无一日不注视我国内部之动静，及列邦之态度为因应，而以我之毫无方针、无政策、无实力、无预备而复孤立无援于世界之上，又安往而不危哉。

六 今兹协约之发表与密约之推测

本年十月四日，俄政府派赴库专使廓索维慈，即前北京驻使要求吾六款宣告自由行动者，廓使到库后，宣言俄政府承认库伦政府有自治之权，并提出协约条件。外蒙王公，多以此约于蒙无所利，会议时均有难色，惟杭达王、图什公二人，赞成甚力。我政府得信，密嘱章嘉丹珠尔呼图克图及喇嘛沁王等，分电库伦活佛暨杭达王等，严词劝阻。而俄使在库，百计运动，卒于十月二十一日签字。十一月八日由驻京俄使，将协约四款正式发表，其约文如左：

第一条 俄国政府，为维持外蒙古现已成立之自治起见，愿极力赞助之。蒙古政府，编练常备军，暨禁止中国军队及移民入境各事，俄政府均允极力扶助。

第二条　蒙古首长及蒙古政府，为报酬俄国起见，允准俄属人民及俄国商务，照旧在蒙古领土内享用此约另设专条中所载之一切权利及特权。

蒙古政府应将他外国人在蒙古所享权利，不得优于俄国人之条件，与俄政府确实协定。

第三条　如蒙古政府，以为须与中国或他外国订约时，无论如何，其所定之约，若未经俄政府允许，不能违背或变更此次协约及专条内各件。

第四条　俄国与蒙古之友谊，以本协约签押之日，认为有绝对之效力。

此《俄蒙协约》四条之明文也，除通告中国政府外，尚将协约全文，通知欧美及日本各国。盖俄政府对于外蒙问题，已得有关系各国不反对之保证。其四条之协定，特为一种外交上形式之发表而已，固不问中国之承认与否，盖我中国于世界外交上，久已丧失其发言权矣。呜呼！

此约专条所载秘密条款，未经发表，固无从知悉。惟据吾人所推测，以为密约内所必有者，其一俄政府允代蒙古训练新式兵队并接济军械，所有练兵、购械经费，由俄国借给者，蒙古应以矿产各项抵押。其二蒙古兵官，除聘用俄国人外，不得别请他国人。其三蒙古财政部（现由亲俄派之图什公为该部部长），应聘请俄国人为最高顾问。其四设立俄蒙银行，与俄政府合办，未设立以前，暂以俄银行钞票为蒙古通行纸币。其五设立邮政，由俄国派人襄助开办。其六承认俄国建设由俄边至库伦或其他各处之铁路。其七蒙古政府，如须筹借外债，及办理各项事业，均须先与俄国商议。此外凡中俄旧有条约，所许俄人在蒙古权利，如免税权、裁判权、土地家屋所有权、设领权、自由来往贸易权等，自均在此约专条之内。近日日本《顺天时报》所传秘密条约：（一）《俄蒙协约》效力范围，遍及于长城以北一带之地，俄国极力襄助蒙古在各该地之自主独立权；（二）俄国于长城以北一带地方，对于筑路、开矿，以及开荒各事，均享有绝对优先之权云云。所称协约范围，是否属实，未敢确信，姑录之，以备一说。

七　《俄蒙协约》与日俄协商之关系

本年七月中旬，俄国与日本新定关于满蒙问题之协商，虽日俄两国政府，均未承认，而外国重要报纸，早已详细登载。故此种协商，在今日已成为公然之秘密，以其与《俄蒙协约》有密切关系。特将重要各西报所载日俄协商事，摘译如下：

维也纳之《那伊耶呼拉叶普列塞报》："在圣彼得堡所订之日俄新协商，是实行分割支那之领土也。据最确消息，南满洲及与南满接境之东蒙古归日本，其他蒙古之各部分均归俄国。（中略）近年以来，日俄关系，益加亲密，此为显著之事实。而日本在满洲及附近蒙古一带之势，已出中国之上，此亦事实之不可掩者。近日俄国已侵入中国西部之领土，以中国微弱之抵抗力，固不足排去俄国之势力，而他之方面，又将为俄所染指。今者俄日两国联合同盟，则以极乏防御力之中国，其必至丧失广大之领土，殆无疑义。"

该报又载十七日伦敦所发专电云："《太晤士》所载得有圣彼得堡确实消息，日俄协商，业已定议，桂太郎公爵俄都之行，不过加最后之一点而已。此协商内容，即俄国承认日本在南满洲有行动之自由，而俄国如有应得日本援助时，则日本对俄有应援之义务。"

《罗耶乌勒美亚报》（俄国极有信用之报）七月十七日载："日本桂公爵来俄，实带有缔结一种密约之使命。此约即以补充日俄战后之《朴兹模斯和约》，其内容实以分割满洲及蒙古为目的。日本可得以松花江为界之满洲，及托勒河为界之蒙古各地。"

《那伊耶呼拉叶普列塞报》七月二十二日又详载日俄新协商云："日俄两国新订之约，其内容业已详细探悉。自此次协商后，日俄前订《朴兹模斯和约》中所有尊重中国主权及开放门户之语，均行取销。日俄自为满洲之主人翁，自解除一切之制限，而他国人民，在满洲所有生计上之利益，均被剥夺。满洲以外之蒙古各地，亦由日俄两国，划定利益范围，惟蒙古之大部分，均归俄国（阅者注意），日本所得者，为接近南满洲之一小部分而已。日俄为预防中国之抗议，故于此约中，声明如于两国利益范围内，有一国受中国之袭击，则他一国，必以兵力援助之，使中国之抵抗，归于无效。此新协商，盖以订正日俄战争之结果，俄国抛弃南满洲，而代以蒙古大部分，日本则取得朝鲜及南满洲并蒙古东部各地。而一九零二年与日订约保全中国领土之英国，对于此约亦已默示承认之意。"

日本《外交时报》第十六卷第五号，载有贺长雄博士之说，云："日俄新协商，定于本年七月十六七日之交约中，所谓内蒙古者，指开原以北，自长栅外至宽城子间，如昌图、铁岭等地皆是。余前年从军满洲，知所谓内蒙古、外蒙古之分界，颇不明晰，将来为预防日俄冲突起见，必须确实划清境界，实为不可少之举。溯自日俄战后，已有两次协商。其第一次则明治四十年七月三十日之协商，其目的在于融洽两国战后之感情，使日本于巴黎、伦敦两度募集公债，不生障碍。此约尚未深入满蒙实地问题。其第二次则为明治四十三年七月十三日之协商，其目的在于合并朝鲜，亦未深入满蒙问题。惟此时日本欲合并朝鲜，而得俄国之默许，则日本承认俄国蒙古之自由行动权，以为报酬。此则为余之所确信，必有其事者也。近日俄在蒙古，日在南满，其经营均极有进步，适际清国革命，肃亲王依赖日本，为蒙古独立之运动，故此时日俄两国，急宜订立第三次详细之协商，以谋双方之利益，为一致之行动。此事明若观火，实无堪疑之余地。而其所以秘密不公布者，其理由有三：

（一）对于中国之关系　中国正在革命之中途，政府尚未完全成立，此时若将满蒙分割之事，实行发表，将引起中国人民激烈排外之风潮。

（二）对于满洲之关系　满洲中国官吏，如赵尔巽、张作霖诸人，颇热心于中国领土之保全，或者闻协商之事，而以兵力相抗。

（三）对于德国之关系　日本现属于三国协商之系统中（三国协商指英、俄、法），三国对于日本所为，必无异议。所最可虑者为德国，故关于满蒙之协商，秘不发表，实使德人无从借口于维持极东均势，而发生割取领土之举动。"

据以上各报所论，则此次《俄蒙协约》，实早已决定于本年七月日俄第三次协商之日，观于日本桂太郎公由俄返日后，即有法国首相游历俄京之举。当时各西报所传，均云"法国对于英、日、俄三国，极愿取一致之行动"，则俄人此举，已得法国同意，自不待言。德与俄素有历史的国交，今年七月间德俄两帝会见，虽表面仅声明两国国交之赓续，而征诸近世外交史迹，凡俄德会合，则俄人必将有事于东方。前者三国相约还辽，未几遂有胶州、旅顺之役。团匪事变，俄德相约，俄遂在满洲不撤兵。俄德协约，解释保全中国领土一语，谓满洲不在内。以上事实，皆可为德国在极东外交，向与俄国提携之证。然则俄此次在蒙古之举动，其已得德之同意，又可断言耳。

八　《俄蒙协约》与《英藏协约》之比较

俄人自一九零六年后，对于西藏，始抛弃其历来所经营。其先俄人之视西藏，犹之视满蒙与朝鲜也，常以重赂，运动达赖喇嘛及其左右。又尝遣其国人特尔遮氏，夤缘为堪布（西藏高级行政官名，每年给巨额之秘密费），联络藏人，故达赖之亲俄，实较甚于亲英。当其第一次被革时，游历库伦，曾怂恿活佛联俄，后事虽未成，而外蒙与俄人，暗中遂生密切之关系。迨一九零六年（即清光绪三十二年），英俄因种种之关系，特定关于西藏协约，于是俄遂脱离西藏之关系，亦犹之《朴兹模斯和约》以后，俄人脱离朝鲜与南满之关系。近年以来，英人在西藏之行动，有与俄在蒙古颇相类者。用特比较其相类之点如下：

西藏、蒙古与中国之关系，均无自由与外国订约之权。而清光绪三十年七月，英人突遣其边务大臣荣赫鹏以兵力胁订《印藏十条》，其大旨亦在通商利益。如原约第二条，设立亚东、江孜、噶大克三处商埠，听英国商民，任便往来贸易，如有商务兴旺之地，应再行商议，开设商埠。第三条，所有光绪十九年订立之通商章程，有不妥之处，西藏须派掌权藏官，与英国会商妥改。第四条，英货不得加税。第五条，印度边界至亚东、江孜、噶大克边界，沿途不得设立关卡。第九条，西藏土地，英国如未应允，无论何外国，一概不能有让卖租给情事。西藏一切事宜，无论何外国，皆不准干涉，无论何外国，皆不许派员或派代理人进入藏境，无论何项铁路、道路、电线、矿产，或别项利权，均不许各外国或隶各外国籍之民人享受。若允此项利权，则应将相抵之利权，一律给与英国政府享受，西藏各进款，或货物，或金银钱币等类，皆不许给与各外国或籍隶各外国之民，抵押拨兑。以上各款，其注重贸易独立权、禁止他国干涉西藏内政等，皆与俄人对待蒙古，同一手段，而其蔑视中国主权，径行直接定约，二者亦如出一辙。特藏人定约于战败之后，而蒙古则定约于独立之时，为不同耳。光绪三十二年四月，唐绍仪与英使萨道义，在北京开议改《英藏条约》为《中英条约》，而以英藏原约列入附约，即今之《中英续订藏印条约》是也。三十四年三月，复由张荫堂与英全权韦礼敦，定《中英修订藏印通商章程》十五款，于是英藏交涉问题，遂以解决。此数年间，英人对于西藏所以放弃干涉者，盖彼方吞并布丹、廓尔喀为其藩属，而布、廓皆为我朝贡之国，时政府亦颇提出抗议。英人既攫取布、廓，故于藏事，略示让步。而自蒙古问题发生后，英人复持干涉态度，本年八月，英使要求中国不得进兵西藏（已在藏地华兵均输送出境），不得干涉西藏内政，殆与俄人所要求者同。吾记蒙俄交涉所以旁及藏事者，诚以我中国今日之边患，固不仅在外蒙一方也。

九　俄蒙交涉与俄国之舆论及态度

国民俱乐部之决议　俄国国民俱乐部，以将军安德烈夫、梅罗福等为其党魁，提倡俄罗斯主义。其平日所主张，虽为一部政治家所反对，然于社会上则极有势力。此次对于蒙古问题，其决议五款如左：

一、俄国承认蒙古为独立国。

二、修正俄蒙及中俄边境，使西伯利亚与俄国间之交通，于军事安全无碍。

三、俄国与蒙古，直接改订通商条约。

四、俄国设法辅助蒙古之行政。

五、俄国于北部满洲，宜要求下列各项权利：（甲）黑龙江、乌苏里、松花江、额尔克尼河四处，不准中国及他国航运；（乙）自一千九百年至一千九百零六年，俄国在黑龙江右岸曾经占领之地方，应重行占据；（丙）中国非得俄国同意，不得在渤海湾敷设铁路向俄国国境；（丁）限制中国在北满洲之军队；（戊）不准中国在俄满交界处，建筑要塞。

倍尼逊伯爵之演说　俄伯爵倍尼逊游历蒙古回国，在圣彼得堡国民俱乐部，演说蒙古现状及解决法，录其结论如下：

"俄国今日，不可袖手旁观，当着力援助蒙古之独立，使活佛于一切行政，克如其意，无或阻碍，指导维持，责无旁贷。吾俄于蒙古北部，既握有实权，则东南部蒙古之利权，自不能不让与日本"云云。

俄国《半官报》之言论　俄国极东政策，所当取之方针如下：（一）近三十年来，中国在日俄边境之行动，实使俄国对于国境问题，不能不加变更。（二）自天山山脉至海参崴〔崴〕之界线，于俄国有重大之利害，故若以戈壁沙漠，划为日俄国界，则满洲、外蒙及新疆等地，当然归入俄国势力范围之内。（三）现在中国所发生种种问题，实俄国变更国境之绝好机会，此时如俄国欲为此事，必易着手。（四）满洲皇室既推覆，北满自易并合于俄。（五）蒙古独立，则其结果自使俄国势力，遍及于蒙地。（六）即瓜分中国之本部，亦决无害于俄国之利益，并言将来俄国当用武力，解决中国问题。

俄外部大臣沙逊纳夫之演说　沙外部在议院演说对于蒙古问题，其大旨如下：（一）外蒙喀尔喀，此次脱离中国，自行独立，俄国对此问题，颇觉为难，将断然占领之乎，抑任令华人之侵入乎？（二）就俄国利害言，惟冀近边蒙境，于军事关系上，无偶起强国，为之阻挠。故吾俄对于蒙古，惟望其保持独立，并无吞并蒙土之意，如此办法，既足以尊蒙人之权利，而仍无伤害中国之友谊，俄国之目的，仍可得达。（三）内蒙古之东部，与南满铁路相连，与日本有直接利害关系，故就地理及政治上言之，应作为满洲之一部。（四）中国与蒙古，如有协议，应由俄国参预，俄为保全喀尔喀之财政及秩序起见，应助以相当之兵力。云云。

俄国《那维乌兰密报》之言论　蒙古独立，俄国虽无正式协助，然非正式之应援，则固无时无地无之。俄国有多数在野政治家参预其事，仅费两月之功，竟代蒙人练成最新式之战斗兵队，其中可用之士，不让俄军，现方陆续抽练，以为他日编成四个中队之预备。云云。

十　《俄蒙协约》发表后我国对待之态度

对于此问题之一般舆论，具见于京外各报纸，而政府对待方针，事属秘密。惟据某某报所登载，比较的稍近于事实，姑摘录如下，以为本记之结论：

（一）所有此次俄蒙交涉事宜，专任陆征祥君办理。

（二）政府担负责任，于本问题解决以前，苟无意外之变故，则除梁总长外，各阁员一律不得辞职。

（三）要求俄政府取消所定蒙古协约。

（四）和平交涉，如不能解决，则不得已以武力从事，亦所不惜。

（五）电告各省，征求各都督之意见。

（六）电饬东三省、新疆、绥远、察哈尔、阿尔泰等处，竭力防守，一面设法劝谕活佛，一面严整军备，为双方并进之举。

总之，多数政治其行动之原动力，在乎全国之国民，而政府之能力及地位，至为薄弱，故当外交有危迫问题，其对付极为困难。盖对外情形，瞬息万变，既贵果决，又须秘密，断无征集众见、从容讨论之余暇。而果决与秘密，皆含有少数专断性质，与多数政治之合议、公开二大元相反，使上有强固信用之政府，下有国民外交之能力，则对于重大问题，尚可运行无阻，如法、美等国是也。而我中国则改革伊始，完全正式之政府，尚未成立，而遇有此种困难问题之发生，我国民宜自觉其居于政治原动力之地位，以极镇静之脑筋、强毅之精神、稳重之计画、缜密之布置而行之。以忠实诚恳之热心，勿流于浮弱寡识，为感情所驱使，发为一种无责任之行动，而益陷国事于不可收拾也。呜呼！我国民使诚知此际为我国存亡绝续之交，则岂容复有毫末之客气，存于其间哉。此困难问题之解决如何，则吾敢断言之曰："以我国民之自觉心为断。"

十一月十八日稿

《庸言》（月刊）
天津庸言报馆
1912 年 1 卷 1 期
（朱宪　整理）

俄蒙与英藏之比较

选《民主报》转译《英文报》

周传概 译

中国自建设新政府以来，悲欢之象，屡见不一见。其中最为困难者，当无过于日前之俄库私约。兹事发生后，吾英人对之，亦深为中国抱恨。中政府事前既昧于大势，无深远之眼光，为防患未然之举动，及至危机发见，始束手徬徨，吁嗟太息，其为状亦殊可怜矣。俄人乘中国基础未固，蹈隙而攻，只知利己，罔惜公论，其手段亦近于强暴矣。然中俄两国报界，每以俄库私约之成，实步武英人对于西藏之政策，因而归咎及诿过英国者，比比皆是。此诚大谬不然者也。英人之请求中政府者，不过调停中藏争端，并无丝毫干涉之意。故驻华英使劝告中国仍派代表长驻拉萨，并留少数卫兵为之保护，惟不宜率兵入藏，盖为中藏两方同谋利益起见，非不善也。至俄人之于蒙古，则不独使其脱离中国，并且据为自己之保护领土，又安见其能步武吾英平和政策哉。不宁惟是，西藏之乱，不自今日始，当千九百年达赖逃亡，即其已事。本年背叛民国，亦其好乱之性使然，绝非英人直接间接运动所至，益彰彰明矣。至以蒙古论，则百十年来，蒙人俯首臣服，绝无叛离之能，使无俄人从中煽动，曷克至此，又安可同日而论哉。

自俄〈库〉私约发生，举国视线，咸集于蒙古。《英文报》讥俄人之手段近于强暴，不若英人对于西藏之和平政策为稳健。记者深望国人勿仅图其所难，而忽其所易，备其所可畏，而遗其所疑也。

　　　　　　　　　　　　　　　　　　周传概　识

　　　　　　　　　　　　　　　　《西北杂志》（月刊）
　　　　　　　　　　　　　　　　北京西北协进会
　　　　　　　　　　　　　　　　1912 年 1 卷 2 期
　　　　　　　　　　　　　　　　（李红权　整理）

《俄蒙协约》之缔结与日本之态度

选《民立报》译《日本及日本人》

作者不详

详审该协约之内容，吾人所当特别注意者有二，即第一，协约中称蒙古之自治而不称独立，第二，止泛称蒙古而不明指其自治之区域是也。俄国对于蒙古之野心，盖非一日，其最终之目的，实在于并合，此不言而喻者。然今兹之协约，乃单称自治，独立之文字，且避而不用，吾人转不得不惊叹其恬淡无欲。俄国果若是廉洁耶？最近英国政府所发表之蓝皮书，记有本年正月十五日，俄国外务大臣萨沙诺甫氏、英国大臣勃略南氏会谈。萨氏之言曰："俄国倘或并合偌大之蒙古，其事殆同于发狂。蒙古若宣言独立，俄国当承认之。"夫谓俄国对于蒙古无领土之欲望，此无论何人不敢置信者。然则此宣言，殆表示俄现在不许云尔。夫以蒙古之地域，于〔如〕此其广大，而各汗互相割据，至今日未能统一，俄国即据而有之，恐统治上徒资劳费，自损益得丧上计之，其事同于发狂，实有于〔如〕俄外务大臣所言者。盖俄国之意以为，蒙古将来当然有被并合于蒙古〔俄国〕之运命，不如姑以放任自然为事，但先得其经济上之利益及特权可耳。于是，首先援助蒙古之自治，与蒙古开始直接之外交关系，于其附属协定书中，规定俄国特享之利益。凡根据一八八一年俄清条约而发生之各种权利及特权，为支那政府从来所不肯承认者，皆自蒙古人之手而获有之，而独立之文字，则避而不用。此盖欲巧避支那分割罪魁之恶名，于以见俄国外交之狡也。吾固言之矣，俄国对于蒙古，决非断绝领土的欲望者也，其所以出于如此恬淡无欲之态度，唯弃其名而取其实耳。俄国为分割支那者，事实上早以章章不可掩，换言之，即事实以并合，但将并合之宣言延期未布耳。如日本合并朝鲜，明目张胆而为之，偶告成功，然此为有思虑之俄国所不敢为也。其第二事，协约上对于蒙古自治区域，单称蒙古，俄国其有用意此名称耶，抑无意中用此名称耶，殊不明了。此诚非俟俄国有责任之说明，无由知其蕴奥。然今据俄国《半官报》所报，初俄国特使哥罗斯脱微谛氏与活佛政府交涉时，俄国曾限其区域上为喀尔喀，即外蒙古之一部，而活佛政府乃有并及内蒙古之希望，俄国卒断然却拒之云。该《半官报》又发表意见，揭其说于报端曰："日俄两国对于蒙古已缔结协约，有定内蒙古为日本势力范围、喀尔喀为俄国势力范围之说，果尔，则全蒙之自治当与日本交涉，由日俄两国保证之，不亦可乎？"十一月九日之伯林电报，亦称该协约仅关于蒙古之北部及西部地方，似协约中之所谓蒙古，殆仅限于外蒙古。然俄国之宣告，则极为暧昧，意谓不必止限于外蒙古，亦有希望自治者。又曩在内蒙古翻独立之旗一旦失败之王候〔侯〕中，如札萨克图王乌泰者，今尚欲依俄国之后援，希图再举其他，密寄心腹于俄国者，亦不少。彼等倘揭橥全蒙主义，与活佛联合成一大自治国，则此次《俄蒙协约》之效力当并及内蒙古。若果有第三次日俄协约之存在，我国（日本，同下〔下同〕）诚已划定势力范围于内蒙古，则我国所受之影响不可谓不甚大也。自《俄蒙协约》缔结，支那之为国，事实上已启分划之端。又自治之区域，广漠无所界限，此二事于我国将来在亚东之位置，有甚大之关系。然我国对于此问题，果应亦〔以〕如何之态度，吾人先须审察该协约所及于支那之反响究居何等也。

今此新结之《俄蒙协约》，闻以十一月八日北京俄国公使斯克罗斯机氏正式通告支那政府，然先是支那政府早已获《俄蒙协约》缔结之报，惊愕无措，自袁总统、赵总理以下各国务员及各顾问等聚议之结果，十一月七日，即已通告俄使，声〈明〉不承认协约，请将该协约破弃，俄国置之不理，外交总长梁氏乃特访俄使，力谓协约中绝无独立字样，贵国当然承认支那之领土权，与非独立国缔结协约，当属无效云云。而唐绍仪亦称，库伦之倡独立，实属共和发生以前之事。前清政府已向俄使声明，库伦为支那之领土，故今兹之协约，当然无效云云。然此固实力问题，并非理论问题也。自此事发生前，民国总理陆征祥亦屡次奔走于北京各公使之间，哀求援助。自英公使而外，略具温情之返答无一焉。国民愤慨俄国不法，激昂之余，大半主战。然国家值积衰之后，兵力单弱，万无胜算，惟绝叫死不承认协约，猛攻外交无能为而已。以是之故，梁总长遂不能保有其位。陆征祥代承其后，再处民国外交之难局。然支那官民，固未尝有何等一致之方策也。唯据传闻，总理赵秉钧十三日在参议院秘密演说之大要，其所主张，盖在依列国之力而解决之。先迫俄国取消蒙古条约，俄国如不应，则求列国政府之意见，诉诸海牙平和会议，以期最后之决定。段陆军总长亦在参议院说明，谓以今日之兵力，终不能与依俄国为后援之蒙古军相对敌，且时值严冬，于行军亦不利，解决之法，除平和手段无复他途云。参议颇谅政府之意，除一部分之过激者不计，大抵是认政府之方针。而民间大政党之国民，亦前后开大会讨议外交问题，赵总理以党员之资格出席，发表对俄意见：（一）认《俄蒙协约》为俄国、库伦间之契约，非指全蒙；（二）《俄蒙协约》万不能承认；（三）本党对内对外始终出于稳和之态度；（四）助现政度〔府〕，监督其外交上之进行。又共和党闻亦因此问题开大会讨议，想亦出于稳和的决议，与国民所议大同小异也。要之，支那官民对于俄国此次之无状愤恚达于极点，然有识者似皆洞知己国之实力，而希望和平解决。此种沉着之态度，殆支那从来所未有，亦可察见民国上下对于该问题之忧虑为何等也。

《西北杂志》（月刊）

北京西北协进会

1912 年 1 卷 2 期

（李红权　整理）

俄国承认外蒙独立之不法及其心理

作者不详

俄国承认外蒙独立之说，传自路透电，国人闻者，莫不裂眦攘臂，军界尤甚，亦足觇我国民气也。最近外交团消息，虽有尚未实行之说，然亦时间问题耳。《时事新报》斐青君，对于此事根据国际先例著论驳斥，词锋锐利而明显，其文曰：

据十月十九日圣彼得堡电，谓俄国已承认外蒙古独立。赴蒙之俄专使郭罗维慈，于接见呼图克图时，面陈俄国承认外蒙独立之决心云云。又二十一日路透北京电，亦谓俄已承认外蒙独立，似承认之说，不尽无根矣。按此次承认，远则胚胎于日俄第三次协约，近则发生于俄外相之访英。是以俄甫有承认外蒙之风闻，而日本即有拟驻三师团于南满之举（据《字林西报》电）。萨诺夫之归车将驾，而郭罗维慈之使节即来，其中蛛丝马迹，至足耐人寻味。虽然，俄之承认外蒙独立，记者实敢断言其不法也。现今国际法中，对于国家之承认问题，虽无一定之原则，然遇有离中央而谋独立者，例皆采火尔之学说，以为承认之标准。其学说维何？即第一，本国以欲恢复其主权，对于叛乱者尚为有势力战争，则此种团体不能以国家视之，苟第三国漫加承认，是为不法。第二，本国仅为主权之主张，而无势力之战争，亦未中断，特成功不可豫期，是已不足维系本国之权利，则第三国承认该叛乱团体为国家，固无妨也。试问近日我国对于外蒙果无恢复主权之望耶？科布多虽沦陷，而阿尔泰方面之兵，屯驻仍不少也。陶什陶亦尝亲赴洮南，以与我抗，乃甫一交绥，而已鸟兽散矣，从可知我国尚能为有势力之战争，则外蒙实无被承认之资格。英外相 Lord Liverpool 有言曰："西班牙与南美诸国实际战争之时，英国无承认之权。若武力争斗尚未决定，而遽与以承认，是不啻事实上对其母国为抗敌行为。"由是言之，俄国之承认外蒙独立，于理论上不法者一。试再进言夫先例，国际间之国家承认虽数见不鲜，而原属国家之一部嗣成独立者，亦复寥寥可数。一千七百七十六年，北美离英而独立；一千八百十年以后，智利、秘鲁、墨西哥及其他南美诸共和国，则离西、葡而独立；一千八百二十七年，希腊则离土耳其而独立；而比利时之独立，则在一千八百三十年；罗马尼亚、塞尔维亚之独立，则在一千八百七十八年。综以上先例观之，如希腊、比利时及罗马尼亚、塞尔维亚，其承认皆由于各国之协议。故合法与否，皆不足引为左证。可引为左证者，其惟北美合众国及南美诸国乎。按南美诸国之独立，在一千八百十年以后，至二十三年，美国始行承认，而英国之承认，又在二年以后，其所以迟回审慎者，惧有干涉他国内乱之嫌也。是以英美之承认南美诸小国，在国际法上毫无可訾议。若法国之承认美国独立，则在英美胜负未决之交，即母国尚为有势力之战争，而遽行承认，故谈国际法者，无不交口议其非。然今日俄国之承认蒙古独立，未必不借此为惟一之口实也。不知法之承认美国犹情有可原，而俄之承认蒙古，实无理由之可言也。试言其故。美之独立之缘起，则在反抗《印纸条例》，人民一再陈请免除，不获命，始铤而走险，使当时执政者稍知大体，或不致演此惨剧。若蒙古独立之原因，其曲在彼，我政府不独无特别苛税，且颁发《优待蒙古条例》，以旌异之。故法之承认美国，尚有悯其无告之心；而俄之承认蒙古，实助长其骄纵之气也。此不同者一。美之宣告独立，虽在一千七百七十六年，而与英政府开战，则在七十四年，及至法之承认（即七十八年），亦已阅五年之久，况又在沙落脱加大捷之后乎。若蒙古之反抗中朝尚不逾年，而又在败衄之后，则俄之承认，岂不可稍缓须臾乎？此不同者二。溯美国之历史，其地原多属于法，及七年战争之结果，乃尽割让于英，故后日承认美之独立，实借此以为报复之资也。若蒙古臣属我国已数百年，既无篡夺之仇，且中俄交谊素敦辑睦，乃竟破坏国际先例，而悍然不顾，果何为耶，此不同者三。由是言之，俄国之承认外蒙独立，于先例上不法者二。虽然，承认者自承认，我国不必以此而有所观望也。尝忆一千八百四十九年，匈牙利曾倡言独立，而号为共和国，美国亦竟与以承认，乃未几匈为墺〔奥〕败，至今匈仍屈于墺〔奥〕之下，则不法承认独立之力效，亦大可知矣，我国人其勉旃。

斐青君又推测俄人为此承认之心理，而推论及征蒙之不容稍缓曰：

俄人承认蒙古独立一事，记者曾于前日社论中，斥其不法矣。然俄之所以悍然出此者，亦自有故。盖俄自与日本缔结第三次协约以来，几视外蒙为囊中物。何意巴尔干半岛风云，忽起于俄顷，此非俄之所及料者也。俄以历史及地理上关系，近东方面之利害，较远东为切。而于奥又处于反对地位，近正挥其外交之手腕，以与奥相周旋，则力征经营外蒙之狡谋，自不能不为之稍缓，不观在蒙之俄兵，已引返骑兵三中队、步兵一中队乎。然俄又恐我得窥其虚实，故为此声东击西之举，始则以保护俄商为口实，今复以承认独立为牵制，其意殆欲使我知交涉困难，逡巡瞻顾，不敢大肆其征讨。而彼得于此时从容解决近东问题，及我知和平不足以奏效，不得不出于征之一途，而彼已有余力助蒙以与我相抗。故记者以为我国苟欲弃外蒙则已，如曰不然，则大举征蒙，此其时矣，切勿以有俄之承认，而有所观望也。据本报昨日北京专电："刻俄认蒙独立问题发生，外交界极为注意，闻政府抱定前策，任俄如何恫吓，断不让步。"使政府而果能有此决心也，则外蒙不足平矣。记者更略举不可稍缓之理由，以告诸执政者。自去岁大改革以还，五族一家，于蒙人固毫无歧视也。乃外蒙竟倡言独立，虐杀我汉人，占据我科城，而我政府此时尚颁布《优待蒙古条例》以抚绥之，亦可谓仁至义尽，今实忍之无可忍矣。狼子野心，知非可以理喻，况欢迎俄使，俨然以一国自居，非复前日潢池盗弄比也。若不声罪致讨，直不啻默认其所为，故于俄未承认独立之先，尚可稍示姑容；若既有此承认之风闻，则我之今日征蒙，实出于正当防卫，即俄亦不能再事阻挠也。况俄纵不法承认蒙古独立，仍有守局外中立之义务。设再缓须臾，俄竟如法之认美独立，兼结攻守同盟之约，则外交愈棘手矣。此就情理言之，不容稍缓者一。Balence of power 之言，已成外交史上过去之一名词，然在我国中之各国均势，则有不容或破者。辽东半岛，甫租于俄，而英遂占威海卫，德遂据胶州湾矣，无他，以均势。故现西藏问题，英尚以条约为言者，亦惧各国之议其后也。今俄竟甘为戎首，承认蒙古独立，自属大违背国际公法，然我国苟不能设法取消，则承认西藏独立之英使，不难复见于今日矣，而满洲方面之日本，亦必有所举动。若法，若德，斯时必不能默尔而息，各极其力之所能及以冀势力之平均，而中国危矣。为今之计，惟有乘英人对于西藏尚未改其常度时，以武力降服外蒙，俄人固知难而退，而英人亦无所借口。此就均势言之，不容稍缓者二。蒙人之智识、实力，均非我敌，以有俄为之后援，故急不易扑灭。今何幸俄以东殴〔欧〕多事，不克兼顾，即所谓承认该蒙独立，亦不过为虚声之恫喝而已，此诚千载一时。我苟使征东蒙之军，乘胜而西，再命新督以驻阿尔泰之兵，由科布多进窥库伦，另由绥远城将军张绍曾率师遥为侧应，吾知犁庭扫穴，不在远耳。设因塞外早寒，拥师不进，不独愈启外蒙玩视中朝之心，而俄人转得谓我国已成无势力战争，彼之承认蒙古独立为合于国际法之原则矣。此就现势言之，不容稍缓者三。虽然，外蒙之叛，征之既不容或缓矣，而俄之不法承认，我国民亦不可淡然视之也。据彼国国际法大家马尔定斯曾云："本国与反乱党战争之际，苟第三国遽行承认，可视为开战之理由。"由是言之，是俄已不甯隐与我宣战矣。我国民其急筹对付暴俄之法！我国民其急筹对付暴俄之法！

《独立周报》
上海独立周报社
1912 年 1 卷 6 期
（李红权　整理）

蒙事与公判

秋桐　撰

蒙事急矣。筹边者各怀一策，而要不出急烈与和平二者。列其策而讨论之，本篇未遑计及，就和平策中，有请海牙和平会公判一条，论坛颇有异议，记者于此，请得以一言进。

谈公判之有根据者，以记者所见，当推《时事新报》之斐青君。其言曰：按国际法及先例，凡国际有纷争时，一国或数国，得出为周旋及居中调停。其甚者，或出而抗议，如俄、法、德三国迫日本退还辽东半岛，英国之迫俄废弃一千八百七十八年《俄土条约》。然从未闻海牙和平会有何等干涉也。况所谓和平会，不知究何所指。将谓万国和平会乎？则此会非常设机关。第一次开会，则在一千八百九十九年，第二次则在一千九百〇七年。闻十五年将有第三次开会消息，是不能为公判也明甚。将谓海牙所常设仲裁裁判所乎？此机关本由一千八百九十九年第一次万国和平会所创设者，本以处理国际争议为目的（据该《国际纷争平和〔和平〕处理条约》第十五条），然其范围以法律问题为限，绝无公判此事之权，即让一步，该裁判所有此权限，然必经两国请求，方能过问。若但出于一方面之要求，则不生何等效力。今赵总理欲请该裁判所公判，吾不知俄亦同意否也。以如此不顾公理之暴俄，我两次抗议，尚不置答，而谓肯对于此必然败诉之事，忽亦同我向该裁判所要求公判乎？吾又以知其必不然也。

　　赵总理所拟和平三策：一令外务部再与俄使交涉，二派专使赴俄，三请海牙和平会公判。此三策者，记者以为断非不相出入之事。赵总理断非主张其一，而即排斥其二与三。电文简略，吾人骤难晓然于其论据。斐青君之论，诚有见到处，然此种国际上之常识，北京政客不必绝无所知，是其持公判说，或能对于斐青君之非难而有所解答。记者于此，亦颇欲以私见为斐青君进一解焉。

　　持公判说者，特欲蒙事以公判解决之而已。其公判所如何组织，乃第二问题。在常人理想，以海牙本设有仲裁裁判所，最易联想及之，非必以此事绝对付之海牙也。苟直得俄人同意，或由第三国之调停，因得俄人同意，公判所尽可成于中俄两国所选之代表及第三国之仲裁人，而离海牙独立，其地点或在巴黎，或在华盛顿，均无不可。即在海牙，亦可以前举之人，合其常设仲裁裁判所裁判员一二人，成一特别法廷〔庭〕，无须直接诉之常设仲裁裁判所也。且即直接诉之该裁判所，亦非能如斐青君所假定"一方面之要求"，而以为持公判说者有此理想。据一八九九年《国际纷争和平处理条约》，凡两国有争端起，该两国必先竭其和平之方法以求了处，此不得当，然后诉之友邦之调停。该友邦当于三十日之内，竭力平其争点，而相争国于此三十日内，停其交涉。此仍不得当，然后创设国际调查会，平情考其实际。此会之报告既出，曲直必大端已具，相争国或因而彼此迁就，而息其争，或更进而诉之公判，惟所自择。是公判云者，必在交涉力穷、调停无法之后，断非单骑直控俄罗斯于海牙之谓。故记者前云赵总理三策非不相出入之事，主其一而即不能主其二者也。虽然，于此有两问题为斐青君所提出者，仍不得不求解决焉：

　　（一）宜于公判者，据《海牙条约》，乃属法律问题；政治问题，果得诉之公判否？

　　（二）俄罗斯对于我之抗议，尚不置答，果能同意于公判否乎？

　　按《海牙国际纷争和平处理条约》第十六条曰："在含有法律性质（A. ordre juridique）之问题，如外交不能解决，在议国咸认公判为一最有效力、最适当之策，以处理其纷争。此在问题之关于解释，或适用国际条约者愈有然。"读此条文，有必当注意者，则彼实未尝课各国以必须公判之义务也。倘有关于法律性质之问题，或关于国际条约之问题发生，相争国不欲出于公判，则本条约不能束缚之使必出此。既遇此类问题，不能束缚之使必出此，同时即遇他类问题，不能束缚之使必不出此也。英伦国际法学者魏斯吕克曰："海牙和平条约既未包涵必须公判之义务，所以不难举一种类之案件，以为适于公判，而不定其为唯一之种类。"是何种问题当出于公判，全视相争国之意见，而不必泥于《海牙条约》。惟其然也，一九零三年之《英法条约》，遂明揭政治与法律问题之别曰："两国所认为适于公判之案件，乃其不关于相争国绝要之利益、之独立、之名誉，而又不侵及第三国之利益者。"夫国际之轨道日趋于和平，外交家理想之变迁，颇呈月异而岁不同之象。英既与法相要，不纳政治问题于公判之内，而昨年与美结约，则又适得其反。先是，美总统塔虎特鉴于各国增兵之苦，而发为世界和平之思，谓各国所有冲突，无在不可以公判了之。世界果爱和平，即其问题与国权、领土相关，亦决无不可在相当裁判所之下受其判断之理，非至万不得已，不可出于战争云云。塔氏之言出，英外相葛莱应之，遂相与缔结《英美公判条约》，以为天下倡。其结果则自后英美之间，无论何争端起，当先诉之公判，公判无效，始出于战。是约也，与《英日盟约》不相容（《英日盟约》之所规定，则两缔约国中有一国以防卫盟约上之权利，与第三国战，余一国当取同一之行动。今则日本与美战，而英美适在公判期内，英乃不能援日），而亦所不恤。此可见国际上之新潮流矣。故今日而言政治问题不能了以公判，似非无可商之余地也。

至能得俄罗斯之同意与否，则一实际问题，诚当别论。在一八九九年海牙开会时，俄罗斯代表即自草一约，首明何种题问〔问题〕始宜公判，举凡政治问题，皆在不宜之列。如关于一国之荣誉、优胜之利益、主权之行使，以及条约之废置，皆属政治问题。其解释最后一层曰："条约诚高贵，然不过一时之契约。此种契约之有效，以缔约国政治情形不变为衡。苟政治情形变，则条约亦自不得不变。大凡条约上之争点，鲜起于解释之当否，而多起于适用条约情形之有变更。惟其然也，吾人势不能以条约呈之公判法庭，而听其一以寻常法庭之解释法律之法为之。"此节也，实为俄人最得意之宣言。闻最近吾国为蒙事通牒于俄，援引《爱珲条约》为证，则倘提议以《爱珲条约》为根据，与俄人同受判于一法庭，彼将举前说以对。然俄人所作政治问题之范围，自一八九九年以来，固未尝无所变更也。海牙国际纷争和平处理之约，固为了处所谓法律问题而设。凡问题之关于一国之荣光与利益者，乃不得问者也。然在一九零四年十月，俄之波罗的舰队驶至北海，击沉英国渔舰一，死伤数人，俄人之口实，则谓英渔舰中藏有日本之鱼雷艇也。英人曰否。此事卒诉之于国际调查会，俄人偿损失焉。兹问题也，确有关于一国之荣光与其利益，而且涉及第三国之日本，苟英人败诉，日本与有耻焉。此在法不为《海牙条约》所包，而竟于无形之中为其摄去。是《海牙条约》原有涨力，且以俄罗斯之强横，亦为此涨力所驱矣。记者之举此例，非以俄舰误击事件与蒙事等其轻重，乃谓海牙不理政治问题，其说已有变迁，而俄人且曾以政治问题败诉于其下。吾国若有良外交家，乘其近东多事之便，迫之取消蒙约，否则沟通各国之意见，纳之于公判所，以了之焉，未始不可有为。至俄人肯就范围与否，自非能逆计也。蒙事之果宜于公判否，尚待细论也。若谓因此以弛其战备，尤为无意识之谈也。

《独立周报》
上海独立周报社
1912 年 1 卷 8 期
（李红权　整理）

俄国之并吞蒙古策

录《时报》欧洲通信

作者不详

蒙古独立风潮，为吾国最近外交上一大事件。此于列强均势及领土完全，至有关系，固不仅属地羁縻问题也。本社通信，屡述俄之用意。近数日来，俄报议论更多，大致约分二派：甲派主张俄不宜干涉其事，乙派主张俄宜利用此机会，占领蒙古。二者皆各有至理，俄政府则参酌其间，而趋重乙派定其政策者也。今试举两说之理由而分列之如下。

甲派说曰：从前俄有革命，各省运动离俄独立，后卒无效。蒙事必蹈此覆辙也。库伦政府，不过五日京兆，无足轻重。中国政体，无论改为共和，或仍君主立宪，其不许蒙古脱离羁绊，则必同一意见。一旦大局稍定，假以时日，彼将出其偏师，问罪蒙古，废弃活佛，有如拉朽。蒙人为数既少，又复散处沙漠，从事游牧，居无定所，论其知识，尚在混濛时代，决不审独立为何名词，万无为库伦政府之后劲。此次驱逐办事大臣三多，实为其历年压制喇嘛之反动力，伺得北京政府无暇兼顾之隙，起而复其私仇，非真有此程度也。中国内争略靖，此项办事大臣，必复原位，决非蒙人之所能抵抗。俄报有以此次北京政府特派专员赴蒙协议，遂指为中国默认蒙古独立之凭证，力攻俄政府未能乘机夺主权，反劝蒙人归附中国，诋其失策，此实大谬。须知蒙古举动及北京特派专员等事，至为寻常，于俄固已有其先例。千九百六年时，俄之各省，以中央集权过重，群起而倡独立。彼时俄政府亦曾特派专员，与各省协议。此固不得谓俄政府默认革命各省独立，亦不得谓革命各省俨然以一独立国自居也。今中国之于蒙古，何以异是？惜乎各报不察，竟谓俄政府以蒙古交还中国，是何言哉。且中国之于蒙古，原有主权，在公法上，俄不得丝毫侵损，助蒙运动脱离母国，而俄公然助之，即使事果有成，列强必指为俄干涉中国内政之实据，况未敢定乎。此事在俄外交上，固不得谓非一绝好之机会，抑知将来于政治上，困难问题，亦即百出不穷。无论中国之决不甘心，势将与俄纠缠不解，即就目前蒙古王公态度而言，安保其他日不再行反汗，仍复归藩中国。现闻已分三派。库伦宣告独立，西蒙仅求自治，东蒙忠于满清，此三派外，更有多数王公仍与北京连络。虽有上书理藩部减轻赋税等请愿，然无他项意见。总之，俄欲干涉蒙事，首当于上所举各点细心研究，不可冒昧也。

乙派说曰：蒙人要求驱逐华官、撤退防兵、禁止殖民，实为理所当然。盖本于蒙古为蒙古人之蒙古一语，中国实无干涉之余地也。俄人扶助蒙古自由，务须俾其要求各点见诸实行，利用此种机会，先将中国在蒙古之主权去尽，如土耳其之于埃及、土尼齐两地。中国既无主权，他国即不能反对。俄为蒙古近邻，不难以英对埃及、法对土尼齐之政策行之蒙古矣。近数年来，俄于蒙古商务，日有进步。使能尽去中国主权，则俄商不受限制，必能夺尽华商利益。俄既垄断全蒙之经济，从此开创银行，建筑铁路，推广电报，开采农矿，自可为所欲为。中国既无权力阻挠，他国更无理由干涉。俄可不用兵力，取蒙古入版图，固无所庸其疑虑者也。

按中国革命风潮，影响于俄之政治者至大。俄之民党，久倡西伯利亚独立，今此运动更亟。俄驻亚陆各军，多与民党通气，事机一至，全体爆烈，决非政府所能防阻。加以波斯问题未了，英俄渐有猜心。吾国大局稍定，其俄民党发难之时期乎。俄之经济，颇恃衣尔枯斯克金矿。西伯利亚独立，民党必首占衣尔枯斯克，密闻该处实俄革党之中心，一旦有事，俄之财源必竭。此最大专制国之命运终矣。窃意俄共和后，必能与我协力敌日。即使全俄共和不能即成，西伯利亚终必独立，亦足为我少纾其祸。吾国若有强健之新政府，能用釜底抽薪之法，于外交上为秘密之运动，则西北可以安枕，俄、日皆不足惧，国事方大可为。甲派所述，原有必至之势，并非俄人不识内情之谈，幸吾国人勿自馁也。

《东方杂志》（月刊）

上海商务印书馆东方杂志社

1912 年 8 卷 12 号

（李红权　整理）

外蒙古之宣布独立

高劳 撰

一 蒙古独立之原因

蒙古处中国北部，与俄接壤，为屏蔽朔方要塞。土旷人稀，矿产富厚，可因其地利，开办农林矿业，以辟利源，实中国北部之保障，藏富之府库也。

自民国成立以来，外蒙既先期宣告独立，内蒙各盟，亦复互怀观望，虽经政府设法劝抚，而迄今半载，尚无确耗，致为民国进行莫大之阻力，且恐酿成外交上之冲突，诚今日重要之问题也。然溯其原因，则由来者渐，非一朝一夕之故矣。溯自满清征服蒙古，二百余年，其所以抚循而驾驭之者，术至简陋，除以爵禄縻其酋长，武力压其人民外，别无何等之施为。若教育、若交通、若文字、风俗之同化，皆置不理，且惟师秦政愚黔故智，为治蒙惟一政策。以故蒙古与本部，画若鸿沟，内外暌隔，而所谓办事大臣、参赞大臣、定边将军者，多为疏远无术之人员（按乾、嘉以前，犹或遣重臣驻扎，嗣后则每以疏远、新进或获谴人员任之）。其驯者格于成宪，无可设施，不贤者且威福自恣，为无厌之诛求焉，蒙人之怀恶感也久矣，此一因也。近载以来，清廷对于蒙古，倡行拓殖，既无完善规则，而当事者又不得其人，以致外蒙生产，每遭攘夺，酿成仇视之心，此又一因也。蒙人信仰黄教，上自王公，下及士庶，莫不崇拜活佛，奉为教主，清廷对于活佛，虽加优礼，不过率由旧章，而俄国西比利亚土人，多奉喇嘛教者，且有布里雅特之一种俄人，时时越境瞻拜活佛，俄政府即借以施其笼络，于活佛暨各大喇嘛，既多所遗赠，表示亲睦，俄人及俄商之旅蒙者，复力结喇嘛欢心，较华吏、华人之倨傲疏慢，适得其反，以故蒙人对俄，渐形亲密，出此入彼，势有固然，此又一因也。综此三因，蒙古之脱离清廷，已为必至之事实，故革命一起，遂乘机而动，其不独立于清帝退位以后，而独立于南北未合以前，则其为反抗清廷，而非反抗民国，已可概见。迨民国成立而犹抗拒者，一则蒙人尚未识共和为何物，且有误共和为当殄灭其宗教者，以故群怀猜忌，坚主分离。二则蒙古制度，阶级素严，王公奴视夫人民，活佛擅行其威福，共和平等，实非所愿。有此二端，故民国虽宣言五族共和，而瞻彼朔北，依然帝制自为，叠经明达王公，分头劝慰，多方开导，而终未能达取消之目的，职是故也。

二　蒙古独立之真相

蒙人对于清廷，既久怀恶感，而清廷所派最后之库伦办事大臣三多，复专事压制，与活佛时相龃龉。时清廷适有敷设张库铁道及招练蒙兵之议，设立营务处，以为进行之筹备。该处横征暴敛，恣意搜括，蒙人愤不能平，蠢蠢欲动。武汉事起，消息传至库伦，十月十一日，活佛见三多，要求兵饷，并以清廷无力保护外藩，库伦拟宣告独立等词，向之商质。先是三多已料蒙人将叛，且知己之不谐于蒙也，叠电北京求解职，并请简蒙员接任，以结人心。未得报而活佛已以独立为言，且谣传有蒙兵来扑库伦之说，乃携印避往俄领事馆，嗣由恰克图取道回京。三多避匿后，库伦商市大乱，活佛即于是日宣布独立，派兵至各衙署驱逐官员，一面就库伦设立政府，国号蒙古，建元共戴，一面由盟长等出示，保护旅库商民。惟在库之各旗王公，对于独立，意见不一，有主张受俄国保护而独立者，有以独立后恐为俄国并吞，仍主张拥戴清帝者。前派以杭达亲王为首，后派以绷楚克车林为首，活佛则欲自为君主，传之子孙，乃斥绷楚而亲杭达，嗣于十一月初十日，在库伦举行正式即位典礼，张宏大之天幕，以为礼坛，即位后复赴寺院举行祈祷。其建官则分设各部，并设内阁总理，以松彦可汗任之。松彦可汗者，本东蒙某旗之台吉，通俄语，与俄夙有感情者也。活佛既纳杭达之联俄政策，又以松彦为总理，故一切措置，颇主亲俄。独立后，既派人分赴各部落游说，劝令附和。以陶什陶总理军事，遣兵侵掠内蒙，传令附近盟旗，挑选丁壮，充当兵士，聘俄员加里斯克拂为军事顾问官，向俄国购买枪炮，编练骑兵数十营，派侦探南下，探报中国举动，此皆其军事上之计画也。财政问题，则蒙地经济，本极支绌，独立后用款骤增，更难应付，乃征收商捐及牲畜税，以资补助，并有拟向俄国商借巨款，及以昌、洮一带地亩作抵，私向某国银行借款四千万元之说。又传闻以矿产向俄国先后抵借卢布三百万，目下经济，仍前拮据，已订定税章，出示征收进口出口各税矣。至其全国政令，多出松彦可汗之手，而陶什陶左右之。活佛即位，曾通电中国政府，宣告独立，并贺民国之建设。袁总统得电后，叠次劝令取消，乃活佛醉心帝制，迄未就范。近复与西藏达赖喇嘛联络，派员赴藏，拟迎达赖至库，俾唤起人民之信仰，调和蒙古之统一。惟各盟旗王公之稍明大势及旅居北京者，多不以独立为然。蒙民虽信仰黄教，对于活佛，未敢厚非，然其国家思想，大都薄弱，自经陶什陶军队蹂躏，咸怀怨望，加以库伦及买卖城华商，既遭抢劫，行旅裹足，商市萧条，蒙人生计，日就凋敝。而俄国借款，闻亦以蒙古无独立之资格，不允源源接济，故虽宣告独立，而对内对外各事，均未能积极进行。近有谓蒙古全权，操之松彦，活佛几同守府，对于独立，已有悔心，然已无取消之能力，此虽传闻之词，惟以活佛之愚暗昏庸，当亦为事理上所或有也。

三　蒙古各旗之被动

自活佛派人至各旗游说后，除喀尔喀四部，本隶外蒙外，黑龙江之呼伦、胪滨两府，外蒙西北境之乌里雅苏台、科布多，均先后响应。呼伦、胪滨者，虽黑省辖境，然固蒙民生产地也。建设府治，本非所便，且租税、拓殖诸政策，与其习惯，不无凿枘，至是得活佛之劝告，又有某国之怂恿，遂蠢然动矣。其起事也，先于新历正月底，攻占呼伦，兵士无多，半为老弱，呼伦道黄仕福，畏其声势，不战而遁，蒙人遂乘胜进逼胪滨，行文胪滨府，劝令官吏出境。知府张鹤年率兵御之，蒙兵败退，事后于击毙蒙兵尸中，检得俄国兵官尸一具，兵士尸四具。至二月初四日，蒙人复率军队重来，四面包围，闻仍有俄军为之后援。先行文劝降，声言如过午不交枪械，即开炮轰击。张守度胪府兵力，虽能为数日之防御，然援军已绝，终难支持，乃决意退避，率队回省，而胪滨府遂亦为蒙人占据矣。乌里雅苏台距库较近，故其被动亦较速，于旧历十一月间，逐去清廷之定边左副将军暨参赞大臣，宣布独立，科布多亦相继骚动，虽经土尔扈特王劝令取销，而终不果。近且枪毙贸易华人，驱逐在科官吏。至内蒙各盟旗，虽有赞成共和，意欲内附者，惟为蒙民信仰宗教所牵制，又为外蒙兵力所强迫，故多依违两可。闻有某旗派兵三千，归陶什陶训练，及哲里木盟各旗，公举阿拉华王前往库伦，与活佛联合之说，惟内

蒙与中国，感情较密，且其王公，不乏明达事理者，即有数旗携
贰，全体或未易被动也。

四　蒙古之与俄国

俄国与蒙壤地相接者，东西亘二千里，通商互市，历二百年。
轮舶未通以前，俄与中国通聘盟，皆取道蒙古，故其对于蒙古内
情，较为稔习。三十年来，则以关系密切之故，渐怀窥伺之心，
于其地之形势、风土人情，测绘调查，不遗余力。近复遣派熟悉
蒙古情形及通晓蒙古语言文字者，分布内地，联络感情，刊发蒙
文报纸，耸动观听，借宗教相同之说，优待教徒，以期笼络蒙心，
蒙人之信赖俄人也，非一日矣。独立之发端，金谓由于俄人之荧
惑，纵难尽信，要非无因。当活佛宣布独立之后，俄人即向清廷
要求撤回行政官及军队，并停止移民拓殖，又谓中国如承认俄蒙
所订条件，则俄国当力助满蒙，使仍联合。迨民国成立后，复要
求与政府缔结满蒙条约，其大致：（一）以后蒙古行政费，须向俄
国借款；（二）活佛与俄人所订条约，均作有效；（三）黑省航业，
华俄合力经营；（四）蒙古矿业，华俄合办，且其于六国借款之加
入也，先声明不得损害俄国在蒙古与北满之利益。由此观之，则
俄人对于蒙古，其关系之密切及其命意之所在，从可知矣。其国
人之舆论，多注重干涉蒙古，然亦有持反对之议者。主张干涉之
说曰：俄为蒙古近邻，近年在蒙商务，日见进步，应利用此机会，
扶助蒙古自由，俾其要求各点，见诸实行，庶几尽去中国主权，
而俄商不受限制，从此开创银行，建筑铁路，推广电报，开采农
矿，自可为所欲为也。持反对之说者，则谓蒙人知识幼稚，不审
独立为何种名词，万不能为库伦政府之后劲，此次起事，乃其历
受压制之反动力，非真有此程度也，中国现势，决不允蒙古脱离

羁绊，若俄公然助蒙，势必与俄交涉，成为政治上困难问题。况就目前蒙古各王公态度而言，又安保其他日不再行反覆，归附中国乎。某俄报则声言："蒙古昔与支那共戴满朝，故合为一国，今满朝已亡，自可独立，而此独立国者，介于两大之间，自应由两方共同保护"云云。其所以为此言者，无非表示蒙古独立，与俄之干涉，皆合于公理，以解免俄国侵掠之形迹而已。该报又竭力怂恿其政府，对于蒙古向俄延聘政治顾问及武官一节，应速为赞助，财政问题，尤宜设法供给，并责政府之犹豫失当。其国内之国民党，复发表对于满蒙之大计画，计对于满洲七项，对于蒙古者五项，内容不外侵掠及排斥两义，俄政府虽多所顾忌，不能如该报该党所言之积极进行，然亦主张干涉。自三多逃避后，即借口俄国在库伦各种交涉，无可就商，中国既失其保护外人之能力，活佛又徒以宗教愚弄人民，以致该处秩序扰乱，俄国不得不以兵力自卫，特调兵队驻扎库伦。并以派兵理由，通告各国。其外务大臣，复在议会宣言，经营外蒙，当先从铁道着手，因即向蒙人要求建筑库恰铁路。此外如借款，如遣派顾问官，其交涉若何，及事之确否，虽未深悉，然观其亟亟焉以蒙古行政向俄借款，及承认《俄蒙条约》为要求，则以上各事，当非全属乌有，且恐不止此者。至禁阻华人拓殖，则尤为俄人所注意，盖中蒙本有藩属之关系，而华人又习为勤奋，若移民之势力，一旦膨胀，俄人必遭失败也。今者，中国官吏，或逐或逃，兵队又皆窜散，其羁留蒙境者，惟被难之商人耳。俄国官商，既未离库，且又以保护为名，增进兵队，俄人排华之志愿，亦已偿矣。活佛愚昧，安知从违，则此后之利诱势迫，束缚而驰骤之者，亦惟听俄人之所为而已，俄蒙之关系，恐将愈加密切，而中蒙之间，必至增无穷之障碍也。

五　政府之对付及在京蒙古王公之举动

当库伦之独立也，清帝尚未退位，惟以本部大局，正在阽危，未遑兼顾。除调科布多办事大臣桂芳赴库伦调处，及通告俄使求其援助外，并无何等办法，即对于俄人要求各项，亦未有相当之对付。洎民国统一，库伦复来正式之通告，袁总统当覆电一通，申明共和政体，劝其承认，并及早取消独立，勿因此牵动外交，致难收拾。活佛初无覆信，嗣由其内阁松彦可汗电称，谓已与中国关系断绝，共和万难承认，独立断不取消云云。袁总统叠与在京蒙古王公商议，并派员侦探蒙地内情，知库伦独立，额尔额〔喀尔喀〕各旗，虽多附和，然非关于利害，即胁于兵威，鲜有倾心赞助者。内蒙各旗，则多主张内附，未有所惑，深维情势，恐骤加征剿，微特民国初立，力有未逮，且张皇北伐，转以坚蒙人负固之心，致启外人干涉之衅，因决计和平劝抚，徐图解散，俾免劳师远出，涂炭生灵。当经任命阿穆尔灵圭专办蒙旗事宜，派遣土尔扈特王帕勒塔赴蒙劝慰，并令在京各王公，派员前往各旗，分头开导。近复任那彦图署乌里雅苏台将军，兼理图什叶图、车臣汗两盟事务。闻各旗经叠次劝导后，见民国对于蒙人，并无歧视，颇晓然于共和宗旨之所在，且内有数旗，对于库伦，已形解体者，虽近日竞传外蒙仍多抗拒，内蒙亦依违两可，总统有拟以兵力从事之说，然尚未见的确之办法也。至外交问题，业由政府叠电驻俄外交代表，向俄政府磋商，嗣又经北京外交部与俄使交涉，闻拟订一临时条约，彼此遵守。外间谣传蒙古与俄人订条件一节，亦由外交部向各国外交团声明此项条件，民国政府，决不承认。近日俄公使又赴外交部，要求民国不在蒙古举行新政，开辟利源，亦经陆总长以此系国内行政，无劳越俎，向俄使拒绝矣。

　　蒙古王公之通达时势，不以库伦独立为然者，颇不乏人，而尤以科尔沁旗阿穆尔灵圭、额尔额〔喀尔喀〕王那彦图、土尔扈特王帕勒塔为最。自闻活佛独立，即在京集议，深恐蒙古为外人所愚，致蹈波兰覆辙，先后遣派代表，回旗劝导，复组织蒙古联合会，及蒙藏统一政治改良会，以联络感情，研究办法，共图进行。旋又与姚锡光等发起五族国民联合会，冀以化除种族，泯绝嫌猜，俾五族同享共和幸福，而蒙古联合会对于蒙古独立，尤多所斡旋，不遗余力。该王公中有主张先将蒙古改设行省，任活佛为都督，以安其心，继兴教育以启其愚，练兵队以破其势者，蒙古联合会，复将治蒙事宜，胪陈十一条，呈请总统施行。其大致：（一）嗣后各蒙古，不得以藩属待遇，应视与内地一律，中央对于蒙古行政机关，亦不用理藩、殖民、拓殖等字样。（二）各蒙古王公原有之土地，统辖治理权，一律如旧。（三）内外蒙古汗、王公、台吉世爵各位号，应予永承弗替，其在本旗所享之特权，均照旧无异。（四）唐努乌梁海五旗，阿尔泰乌梁海七旗，系属副都统及总管治理，应就原来副都统及总管承接职任之人，改为世爵。（五）蒙古各地胡图克图、喇嘛等原有之封号，概仍其旧。（六）各蒙古外交之国际交涉及边防事务，均归中央政府办理，其交涉边防，如遇关涉地方重要事件者，随时由中央政府交蒙古该地方行政机关参议允协，然后施行。（七）蒙古王公世爵俸饷，应从优支给。（八）从前在蒙古所设之官，如将军、都统、办事大臣、参赞大臣等，应一律裁撤。凡各蒙古，由中央政府另设行政机关，专以蒙古世爵人民治理，其以下职掌，五族通用。（九）察哈尔八旗，原系游牧之地，暨上都牧群、牛羊群地方，可为蒙古王公筹画生计，至已开垦设治之处，除设治照旧外，其所入租赋，亦划归筹画王公生计之用。（十）蒙人通汉文者，暨入各项学堂毕业者，均得任用内地京官文武各职。（十一）以上各条，系属大纲，此外未尽事宜，应俟国会召集，再行提议。

袁总统接收后，以此事关系重大，非其职权内所能办到，已咨交参议院决议。闻参议院以各条多所窒碍，颇难认可，故尚未经答覆也。

《东方杂志》（月刊）

上海商务印书馆东方杂志社

1912 年 9 卷 2 期

（朱宪 整理）

独立后之库伦及《俄蒙协约》

高劳　撰

库伦活佛，自旧历辛丑十月宣布独立后，忽忽岁余，吾国上而政府，下而人民，外而各蒙旗效顺之王公，莫不哑哑焉谋所以取消之策。顾以道路遥隔，威令不行，而冥顽之活佛，复恃有强邻之援助，悍然无所顾忌，鸱张跋扈，莫敢谁何。近且与俄人缔结协约，举外蒙一切权利，移而属诸俄国范围之下，自今以往，不特取消政策，益形困难，且以内国纷争，转而为国际交涉，稍或不慎，无穷之祸患，即随其后，实民国成立后最重大之问题也。兹就关于库伦独立及《俄蒙协约》之事件列如下。

甲　关于库伦独立后之事件

独立原因及其真相，本志二号已叙述之矣。数月以来，叠经中央政府暨各蒙旗王公多方劝导，活佛仍冥然罔觉，帝制自为。然亦徒拥虚尊，一切政令，多委之杭达亲王、松彦克汗、陶什陶之手，佛妻扣肯儿，复阴为杭等之内援，活佛更以失明故，事难躬亲，大权益益旁落。杭达亲王者，颇通外事，以其旗地贴邻俄境，故与俄谂，曾屡至圣彼得堡，与俄通好。辛亥秋，复因主张蒙古独立，赴俄要求援助。武汉事起，适从俄归，遂怂恿活佛宣言独立。松彦克汗，名海珊，本蒙古喀尔沁旗人，犯案奔俄，通俄语，阴狠有谋。陶什陶者，东三省著名胡匪也，东省捕之急，乃匿俄境，勇悍好战，娴兵事。三人狼狈为奸，握库伦至高之政柄。杭、松素与俄昵，故事事主张亲俄，俄人在库伦，得以节节进行，扩张权势，及此项协约成立，杭、松之力为多。陶则挟其善战之凶威，联络匪类，声势颇为赫奕，外蒙各旗之被胁而附和库伦，东蒙各地之闻风而乘间内犯，陶实致之。此外尚有图什公、崔大喇嘛、达赖贝子、那木萨赖公等，分掌要政。其外交以联俄为惟一主义，即一切内政，亦几惟俄言是从。去秋曾派员至俄，商议协约，实为廓使至库之先声。财政向极困难，独立后练兵筹饷，大抵贷诸俄人，而以路矿作抵，近已聘俄人马司哥顿为财政顾问员，并准俄国设立东亚银行，以期金融之活动。军政亦延俄兵官为教习，枪械、子弹，悉从俄国购济，并招集胡匪，编入军队。此外内务各政，多凌杂无统纪，盖蒙人本无政治上之知识，徒歆羡于皇帝之尊严，专制政府之威福，贸然独立，故虽刻意摹仿，建设各种行政机关，而究无使用此机关之能力，徒贻外人以吞并之隙，是亦不思之甚者也。

自民国南北统一后，松彦克汗以蒙古国内阁大臣名义，电达北京，布告正式独立。当由袁总统先后电致活佛，谕以蒙古地多人少，不能独立之理由，劝其克日取销，与内地联合，并拟派员前往商议。而活佛两次覆电，均以外人为辞，一则曰，业经自主，布告中外，起灭何能自由，如欲取销，请商诸邻邦，杜绝异议。再则曰，与其派员来库，徒事跋涉，莫若介绍邻使，商榷一切之为愈。即以此观，则库伦与邻邦，已有密切关系，事事受其牵掣而未由自主矣。库伦自独立以来，即派员分赴各蒙旗，竭力煽动。附近各盟，与内地关系较浅，且慑于兵威，多附和者，然大率盲从，初无一定之宗旨。科布多向有清廷所派官吏驻扎，不受煽惑，蒙人遂派兵围困，并招集胡匪合攻，至八月二十日，科城遂陷，盖守科华军，其数本少，而阿尔泰、伊犁，形势亦岌，不能多派援军，以为声助，是以困守月余而终于沦失也。蒙兵既占科城，乃进窥阿尔泰，幸该处兵力尚足，而伊、新两地，复遣兵援救，故蒙兵未能得手。库伦兵备，虽陆续添招，然训练成军，足临战阵者，寥寥无几，余均散匪游民，仓促招募以充数。其军队之支配，则库伦、科布多两处，屯驻较多，当谣传那彦图将带队莅乌里雅苏台将军任时，曾派兵至乌迎抗，其后那以他事障碍，不果行。观活佛覆总统电文，谓库伦贫弱已极，确系实情，且谓外蒙之存亡，在公之操纵，则库伦兵力之荼弱，可以见矣。

东蒙各旗，自受库煽惑，攻占呼伦。至八月而科尔沁右翼前旗札萨克郡王乌泰，复附和库伦，称兵内犯，侵截洮南府，陷据镇东县，其公文告示，有"奉大蒙国皇帝谕旨"等语，并声言须向民国索回旧有之疆界。十一月，东札鲁特旗协理官保札布，由库伦带兵，勾结东西札鲁特、科尔沁等旗，攻占热河开鲁县，并戕害西札鲁特公爵、东札鲁特福晋。由东三省、热河，先后派兵征剿，克复镇东、开鲁，进攻旗地，乌泰败窜索伦山，保札布亦势穷北窜，经此两次痛剿，内蒙各盟，乃翕然慑服。当洮南战事之后，东蒙哲里木盟齐贝子，发起该盟十旗大会，十月二十八日，开会于长春，各旗王公代表到会者十五人，政府亦派员与会，除解释共和真理，俾晓然于五族联合之利益外，复由政府提出意见，相与商榷，各王公对于此会，均形满意。今春洮南蒙王，又开联合会，提议整理内蒙自治，并拟以武力对待库伦。绥远城将军，复组织西蒙古王公会议于绥远，与会者有二盟二十二部三十四旗，其议案：（一）联合东蒙，反对库伦；（二）整顿西蒙政教，以谋统一；（三）晓谕外蒙各旗以共和真理，使向附民国，如活佛怙恶不悛，将以兵力从事云。

中央政府之对待库伦，以和平解决为宗旨，虽京外军队及团体，有主张武力者，而政府终迟徊审顾，不欲轻启战端，所持理由，约分数项：（一）民国新立，军政、财政，两不足恃；（二）蒙古虽为领土，然牵涉外交，恐开衅后外人乘机干涉；（三）蒙人不解共和真理，其独立仅少数人私意，且大都被人诱迫，并非全体反抗，若遽用兵征剿，转致挺而走险，酿成激烈之战争，具此理由，故政府行动，一意主抚。大总统既迭电库伦，一再劝谕，复商由在京之蒙古王公，分派代表，前往库伦暨外蒙各盟，宣布共和政体，陈说利害。迨《俄蒙协约》成立后，总统又致电活佛，喻以中蒙种种关系之历史，休戚相共，不可依赖外人，自贻后悔。惟活佛依俄为助，桀傲〔骜〕不驯，先后赴库劝谕之代表，有被其拘辱者，又以蒙王多反对俄约，竟将札萨克部之某亲虐王〔王虐〕待致死，并囚禁车臣汗部之某蒙王。近更致电总统，谓蒙古单独进行，非中国所得过问，并戒中国勿妄思以武力解决蒙事，其强硬口吻，与三月间之电文迥异，殆以俄约订定，自谓足与中国抗拒欤。

　　政府除劝谕库伦及反抗民国之各旗外，极意优待效顺之王公、喇嘛，以坚其内向。章嘉、甘珠尔瓦者，内蒙之呼图克图也，在东蒙宗教上之权力，不亚于外蒙之哲布尊丹巴，两呼图克图对于民国，首先赞附。政府特于十月间招令来京，优加款待，封章嘉以"宏济光明"名号，封甘珠尔瓦以"圆通善慧"名号，并封章嘉父母以爵秩。复颁命令，谓凡效忠民国，实〔翼〕赞共和之蒙古札萨克王公等，均照原有封爵，加进一位，汗、亲王等无爵可进者，封其子若孙一人，嗣后即据蒙藏事务局，暨管辖蒙旗之官吏，陆续查报，次第加封，并给阿穆尔灵圭以勋章，以示优异。前由蒙古联合会提出之待遇条件十一条，亦经参议院修正决议，除第八条应归官制任用法另议，余均略照原文（详四号《大事记》）。嗣于十月间，大总统特照该条件内第四款，改乌梁海七旗副都总管等为世爵。从前各旗向背，颇不分明，自经政府奖励，暨明达各王公开导后，内向者既坚景附之忱，观望者亦怀输诚之愿。近数月来，蒙旗之归附者，计内蒙全体外，复有新、甘两省所属四十余旗，塔尔巴哈台参赞所属三旗，阿尔泰办事长官所属三旗。其附和库伦者仅土谢图、车臣、札萨克、三音诺颜四部，及科布多参赞所属十六旗、乌梁海之七旗而已。然土谢图王于俄约成立后，电致政府，坚不承认。乌梁海七旗，亦于日前开会，其右翼五旗，不以库伦为然，拟联合全体，公请活佛取销协约，归附民国，为左翼二旗反对，不果行。科布多十六旗中之札萨克，有已受中央加进之封爵者，足见附库各旗，非尽诚心赞助，特以离内地较远，慑于库伦势力，不敢公然内附耳。

乙　关于《俄蒙协约》事件

自库伦独立后，俄蒙关系，愈形密切。六七月间，竞传俄蒙订立私约，其后又谓库伦已派员至圣彼得堡，商议约中条件，计凡六款，当时颇有指为讹传不足据者。十月间，俄国果派专使廓索维慈至库伦，于是俄人承认蒙古独立之声，喧腾中外。我政府以未得确耗，不能提出抗议，仅以"蒙古为我领土，不能与外人订立条约"之空言，文告俄使。至十一月初八日，驻京俄使，乃公然以约文送交我外务部，盖俄蒙之拟定私约，已匪朝夕，至此乃完全成立，正式通告。当廓使至库之初，宣言俄国承认库伦政府有自治之权，即提出条件，相与商议。库伦当局，除杭达亲王、图什公二人赞成外，其余王公，颇多犹豫，且有以条件太苛，表示反对者。同时北京政府，与在京蒙古王公，暨章嘉、甘珠两呼图克图，复先后致电劝阻，廓使乃百计运动，并陈说共和之不利于佛教及蒙人，杭达、图什及活佛左右，又多方怂恿，卒于十一月初三日（俄历十月二十一日）签字。

俄蒙关系，表面观之，诚密切矣。然就内容一为而揣测，内外各蒙旗姑不论，即库伦一方面，亦仅亲俄派之少数人耳。观其派员至俄商议，及俄派专使至库伦签押，可见一斑。所以不能在库提议，或在俄京订约，而必在俄先定条款，然后专使至活佛所在地换押者，恐反对者事前抗议，及事后之不承认也。夫以大纲粗具之条件，自十月初旬至十一月初三，磋商几及一月，始能成立，则其中间之不平稳也可知。此一月中，刻刻有可以破坏之隙，而卒不能破坏，是可慨也。约文如左：

蒙人全体，前因欲保存蒙地历来自有之规制，将中国兵队、官吏，逐出蒙境，举哲布尊丹巴呼图克图为蒙古王，所有旧日蒙古与中国关系，遂以断绝。现俄国政府因此情形，并因俄蒙人民友谊，及须确定俄蒙商务之秩序，特遣参议官廓索维慈为全权，与蒙古王及蒙古政府，并各蒙王委任之全权，蒙古总理大臣、万教护持主、三音诺彦汗南难苏伦，内务大臣沁苏朱克图岑达喇嘛，外务大臣兼汗号额尔德尼达亲王杭达多尔，陆军大臣额尔德尼达赖郡王贡博苏伦，度支大臣土谢图郡王札克多尔雅布，司法大臣额尔德尼郡王南穆萨来，会同议定以下各节：

第一条　俄国政府，扶助蒙古，保守现已成立之自治秩序，及蒙古编练国民军，不准中国兵队入蒙境，及以华人移植蒙古之各权利。

第二条　蒙古王及蒙古政府，准俄国属下之人及俄国商务，照旧在蒙古领土内，享用此约专条所载各权利及特种权利，其他外国人，自不能在蒙古得享权利，加多于俄国属下之人在彼得享之权利。

第三条　如蒙古政府，以为须与中国或别外国互约时，无论如何，其所定之新约，不经俄国政府允许，不能违背或变更此协约及专条内各条件。

　　第四条　此友谊协约，自签约之日实行，两方全权，将此协约俄蒙文，平行缮备两分，校对无讹，签约互换为证。

正约以外，复有附约十七条，于十二月间由俄使续送外交部：

　　俄国全权廓索维慈，与蒙古皇帝及蒙古王公承认之蒙古全权，按照十一月三日签押之《俄蒙协约》第二条，关于蒙古俄侨及俄国蒙侨之权利及特权，订结协约如下：

　　第一条　俄国臣民于蒙古内地，享有居住、往来经营商务、开设工厂，暨与华蒙人民及其他外国人，以个人、公司并公私资格经营一切事业等权利。

　　第二条　俄国臣民享有按照从来情形，进出俄蒙及其他外国出产货物时，得免课捐等项权利，即自由贸易，免除所有课捐。

　　第三条　俄国银行在蒙古各地，得有设立分行，且与个人及公司随便交易之权利。

　　第四条　俄国臣民在蒙古各地通商交易，应以现银信用行之，但蒙古王公及蒙古政府之财政总长，关于个人信用之私债，不认担任债务。

　　第五条　商务及工业等项，断不允许独占，蒙古政府对于华蒙人民，与俄国臣民，协同营生，并不阻碍。又俄国臣民经营之商工务，佣雇华蒙人民，亦不得阻碍。

　　第六条　俄国臣民，享有于蒙古都邑租买土地等项权利，并有为经营商务起见，修筑房屋、商铺、栈房等权，或为农业、牧畜起见，可得租借荒地，但拟建修蒙古寺庙之空地，不在此限。

　　第七条　俄国臣民，如经营开矿、采木、渔猎并其他营生或获有利权时，得与蒙古政府自由协定。

第八条　俄国政府，享有如认为紧要，得与蒙古政府妥商，随处开办领事署权利，蒙古政府，亦享有按照前项，沿俄蒙疆域，特派代表驻扎之权利。

第九条　俄国领事署已经开办，俄国臣民于开始商务之地方，得划界设置俄民租界，该租界由俄国领事管理一切，如俄国政府未派领事时，由该地俄商之侨居尤久者，遴选一人，监理一切。

第十条　俄国政府，为将邮件送到俄蒙疆域起见，特在蒙古内地，设立邮局，该经费由俄国政府支拨。

第十一条　俄国领事，〈为〉利用蒙古之邮局起见，得有权利，随意使用蒙古人所供给之牲口，并无须发给银钱，但此牲口以马百头、驼三十头为限。

第十二条　蒙古河川，流入俄国领土者，由俄国臣民，以俄国船舶航行无碍，俄国政府关于此种河川之保护，暨航路之发达，并船舶之碇系、灯台之设置等项，补助蒙古政府。而俄国臣民，依据第六条之权利，为设立俄国船舶之碇系场起见，得享有河岸地基之所有权，并设立埠头、栈房。

第十三条　俄国臣民，因搬运商品并牲口，使用蒙古内地河川、道路，在在享有权利，并得以俄国人费用，架设桥梁，设置渡船，对于使用此等桥梁、渡船者，征收货钱，任其自便。

第十四条　俄国臣民，旅行蒙古，因喂养牲口，保存蒙古之草地，在该草地三个月间，不拨给料金，即行使用，俟期满后，再妥定其料金。

第十五条　向来俄国臣民沿俄蒙疆域上所取得之狩猎、渔业、刈草等权利，仍旧保持。

第十六条　对于在俄国臣民与华人、蒙古人之间办理之事业，及其他订结契约之手续如左：（甲）授受财产，必须订定契约，然后请蒙古官宪暨俄国领事之承认，始有效力；（乙）授受财产，若生争执时，即付仲裁；（丙）仲裁倘无效力时，移付混合裁判，该混合裁判，设有俄国领事时，定为永久混合裁判，否则由俄国领事并蒙古王，组织临时裁判。凡开设法廷〔庭〕，无论永久与临时，如俄国臣民，由俄国领事出廷〔庭〕，如华人、蒙古人，由蒙古王出廷〔庭〕。

第十七条　本议定书，自盖印日起，即发生效力。右议定书用俄蒙两文，作成二份，互行盖印。西历一千九百十二年十一月，在库伦互行交换。

协约成立后，俄使既以正约四条，送交外务部，同时并通告于有关系各国。当俄使以约文送部时，声言俄国提议与中国商量蒙事，已经年余，中国始终不与开议，俄国在蒙古商务及各种利权甚大，不能不思所以保护之。现在活佛为外蒙古实际上之政府，故俄国不得不与之订立条约，惟措辞极慎，始终不提及蒙古独立脱离中国，深望中国对于条件中之主旨，克表同情等语。其后又谓此约乃依据一八八一年中俄条约，与蒙古更为明白之规定。所异者，与蒙人订约，而非与中国订约而已。

所谓一八八一年中俄条约，即前清光绪七年改订关于索回伊犁之条约也。该条约第十九条，载明两国从前所定条约，未经此约更改之款，应仍旧照行，故其范围不限于本约。凡咸、同以后所订各款，苟未经更改，亦得适用（咸丰以前，康熙、雍正、乾隆各代，均与俄人订有条约，但于中国权利，绝少损失）。各约之中，俄人所得利益，虽已极优，然主权固犹在我，与此次协约，性质迥然不同。俄人谓依据一八八一年条约，更为明白之规定者，欺人之语也。

　　光绪七年所订之约，载明每届十年，可以商议更改，前二届以无改订之必要，故两国均未提议。至宣统辛亥，适为改约之期，前清外部，以该约订有俄人在蒙得以自由贸易、所至免税等条，本已损失权利，而俄人近年复根据约中公文由台站递送，领事所在地给予建屋、畜牧地亩各项，任意扩张势力，逾越范围。因先期研究提议限制之办法，讵俄人先发制人，突于是年正月，向外务部要求六款，虽经外部答覆，稍示让步（要求及答覆各款，详本志八卷一号《大事记》），而俄使仍不满意，声称如不全允，当自由进行，清政府不得已，乃全部许诺。俄人犹以为未足，是年七月，复以中国在外蒙一带之举动，有碍两国睦谊为言，而尤注意于移民、练兵各节。辛亥冬库伦独立后，俄使照会清政府，谓如允订下列各款，则俄国愿助中国劝告活佛，将独立取销，其条款大致：（一）中国须与蒙古订协约：（甲）不驻兵；（乙）不移民；（丙）所有蒙古之自治，受办事大臣管辖。（二）俄国承认中国在外蒙古之主权，蒙人归办事大臣管辖，惟中俄关于蒙古之交涉，则仍由北京政府与圣彼得堡政府协商。（三）中国如在外蒙建设铁路，应先通知俄国，并承认俄国有建设由俄边至库伦铁路之权。（四）中国在外蒙，如有改革，应得俄国同意。（五）俄国饬驻蒙古领事等官，协助担保蒙人对于中国应尽之义务。时民军声势方盛，清廷迫于近患，不暇置答。民国元年六月，俄人复提出三项，要求应允：（一）不驻兵；（二）不移民；（三）外蒙取销独立，内政应由蒙人自治，民国政府，不能视外蒙为行省，干涉其自治之权。经内阁会议，暂从恝置。俄使所谓商量年余，始终不与开议者，殆即指前列两次所提之条款也。

　　当廓使到库后，纷传俄已认库独立之时，政府中有主张先行提出抗议者，外交总长梁如浩，以事未确实，延不果行。迨协约发表，梁知交涉失败，将受攻击，遂于十二日辞职，潜赴天津。总统乃任陆征祥继其任，叠开总统府会议、国务院会议、参议院会议，筹商对付之策，其议决之办法传闻不一，大略如左之数项：

一、由外务总长向驻京俄使，并由驻俄华使向俄政府，双方抗议；

一、将此事始末及不承认之理由，通告各国驻京公使暨各国政府，征求意见，并要求主持公道；

一、先从外交谈判上解决，如无效果，则以兵力为后盾；

一、拟提出海牙和平会公判；

一、驻军内蒙以防库兵内侵；

一、设法劝谕活佛，并联络不附和库伦之外蒙各盟，以免再被库伦煽惑。

是项交涉，陆总长莅任后，即与俄使克罗斯机氏先后会晤，并由法使康悌氏从中调停。两月以来，其交涉之内容，及其谈判所至之程度，事关秘密，未得真相。据各处所传消息，我政府执持之点，约分两项如下：

（甲）对于《俄蒙协约》之交涉：

一、蒙古为中国领土，无与外国缔结条约之权；

二、库伦为外蒙之一部分，不能代表全蒙，并不能代表外蒙；

三、呼图克图专掌宗教，无与外人交涉之权；

四、取消《俄蒙协约》，另订《中俄条约》。

（乙）对于中俄交涉之提议：

一、蒙古之领土权，完全属于中华民国；

二、除前清时代已有之大员三人外，民国不再添派官吏；

三、民国得屯兵若干，保护该处官吏；

四、民国为保护侨寄该处华人起见，得设置警察队若干于该处；

五、将蒙古各官有之牧场，分赠蒙古王公，以示优待之意；

六、各国人不得在蒙古驻屯各种团体，且不得移民（中华民国亦与各国相同）；

七、蒙古若未经民国许可，不得自由开垦、开矿、筑路；

八、蒙古与他国所订协约，一概作为无效，此后蒙古若未得民国政府同意，所缔之约，亦皆不能发生效力。

右列乙项，系陆总理提出于国务院会议通过者，曾否向俄使作正式之提议，殊无确耗。盖必取消蒙约，而后可开中俄交涉之谈判，否则虽或提议，亦无磋商之余地也。

至俄人之意见，则略如左之各项：

一、《俄蒙条约》，不允取消，俟《中俄条约》成立后，协约自废；

二、《中俄条约》，应以《俄蒙协约》之范围为根据；

三、承认中国对于蒙古有宗主权，而不承认领土之主权；

四、要求中国承认蒙古有自治权；

五、要求中国承认俄国在蒙古各种之特权；

六、中国在蒙古不得移民、驻兵、设官；

七、不承认民国对待蒙古，得沿用前清旧制。

两方之意见，既不相容，故谈判毫无要领，惟两国已约明目前暂不进兵而已。此次交涉，俄使之态度，殊为强硬，声言俄国已得蒙古之实权，无待中国之承认，亦无与中国改订条件之必要，并谓中国如再抗议，将来欲求如现状，亦不可得。自协约之发表也，政府既通告各国，复派员探听各国意旨之所在，然各国多持冷淡态度，无为明白之左右袒者。盖对于此事，最有关系者为英、日，英之于藏，日之于满，其进行方针，悉视俄蒙问题以为断，目前自不便有所表示，致为他日行动自由之障碍也。

全国舆论，对于此次协约，颇形愤恚〔懑〕，各省将士，多主张武力解决者，政府以国本未固，不宜轻易构兵，摇动大局，竭力从事镇静，由国务院通电各省，申明此意，并禁以团体及私人名义，借口征蒙，自由招军募饷。大总统复电各省都督，声明不能轻开战衅之理由，参议院亦主张维持政府，故日来交涉，虽未解决，而内部尚能勉为一致，不至以纷扰而贻误全局也。

库伦为外蒙土谢图汗之一部，活佛素无主持政治之权，俄人与之订约，且称为《俄蒙协约》，其名义本不正当，界限亦不完全，政府与俄人交涉之始，即提出此点，谓此协约固应消灭，然当未消灭之先，亦只能名为《俄库协约》，不能称为《俄蒙协约》。俄人则谓凡外蒙之已独立者，均包在此约之中。自此约发表后，土谢图王，即电致政府，言该部并无承认协约之举动，喀拉沁亲王贡桑纳尔布，复在蒙藏事务局招待欧美各报驻京访员，详陈活佛不能代表蒙古，赞成协约者，仅在库王公数人，其余均多反对，且活佛向无政治权，即宗教权亦仅限于喀尔喀四部等语。同时蒙古王公联合会，亦本此意，通电各国，译登外报（见七号大事记）。近总统拟开大会于北京，召集内外蒙、伊犁、科布多、青海、乌里雅苏台、察哈尔各盟长或代表，会议俄库条件之办法，且致电活佛，竭力劝谕。惟活佛并无悔心，近已遣杭达为专使，至圣彼德堡谒见俄皇，并闻拟与西藏达赖喇嘛商缔攻守同盟之条约云。

从俄人年来提出各条件，及此次与库伦所订各项观之，其欲在蒙古扩张已有之势力，增进未有之势力，蓄志已久，无论何时，终当一发。且其对于蒙人，遇事联络，极意抚循，惨淡经营，匪伊朝夕，蒙人入其彀中也久矣。以吾积弱之中国，而欲制俄人历年所蓄之阴谋，使不得逞，诚为难事。然苟因应有方，预为布置，亦未尝不可稍杀其要挟，略戢其野心，而乃置为缓图，养痈待溃，不作徙薪之计，徒为烂额之谋，政府之措施，诚无解于吾民之诟责。然吾民之不能宁心静气，深谋远虑，洞事变之起伏，权祸患之重轻，与政府处于相维相谅之地，而徒持虚憍〔矫〕客气，受感情驱使，为无责任之言，以持政府之后，亦足歉也。协约交涉，今诚不知其所止，苟多方补救，能与俄人别订新约，就前此三项之要求，磋商定议，此外权利，别无损失，亦云幸矣。然使曩日先与让步，其能免舆论攻击乎？且也，今之群相诟詈，指其为外交失败者，即前时先拒后迎之外交总长也，今之群相属望，冀其为外交转圜者，即前时几遭弹劾之内阁总理也，倏迎倏拒，忽爱忽憎，吾民亦太无定识矣。记者此言，非谓俄约之必当让步，第以国力之孱弱如此，外势之迫压如彼，千里毫厘，稍纵即逝，实无从容补救之余地。往事已矣，然目前所困难者，固不止俄约一事，日后所发现者，亦恐不止俄蒙一约，愿吾政府、吾国民加之意也。

《东方杂志》（月刊）

上海商务印书馆东方杂志社

1912 年 9 卷 8 期

（朱宪　整理）

袁总统覆库伦哲布尊丹巴书

袁世凯　撰

略云：库伦之不能脱离民国，尝为执事反覆言之。民国成立，以世凯为总统，继承前清所有土地及一切政权，执事宣布库伦独立，曾招清廷反对，故民国亦未便与蒙古一隅，有所商榷。凡不法之徒，扰乱国家者，民国政府，无不按律惩之，故得海内翕然。执事以兵蹂躏库、乌等处，恣意杀戮，惨不忍闻。而高位之员，复受执事虐待。执事之兵，焚劫居民，强淫妇女，种种行为，较之最恶之匪盗，殆犹甚焉。民国政府，亟思维持秩序，岂能任国民之遭人凌虐，而不施拯救乎。且内外藏〔蒙〕旗，除库伦附近，慑于执事兵力之各旗外，均愿归附民国，反对执事。故由蒙古来京之多数王公贵爵，及各省司令官，莫不义愤填膺，欲与执事一决雌雄。世凯雅不欲翊赞共和，涂炭生灵，故分别饬令静候中央训令，固犹冀或可达和平解决之希望也。尚希执事熟权利害，翻然悔悟，则民国当予执事以特别优待，并当推广佛教，俾五大民族共享升平之幸福。此则世凯等所朝夕期望者也。言尽于此，唯执事熟思而审处之，沥陈肺腑，静伫德音。

《国会丛报》（月刊）
上海国会丛报社
1913 年 1 期
（丁冉　整理）

对付库伦独立之决论

杨寿筬　撰

自库伦独立之恶耗飞传，识者已早知有野心国暗地唆使，活佛始敢叛我。民国一年以来，吾报界主张对付库伦一问题，舌敝唇焦；现政府以不理主义置之，无如何也。近者，《俄蒙协约》竟见诸事实，请战之声，全国一致。现政府犹受俄使之推缓手段，欲以外交解决此存亡问题。呜呼！图穷而匕首见，犹忝然曰先办外交，以自欺欺人。欲不谓现政府为亡国之政府，不可得也。以记者管蠡所及，今日对付库伦，虽不外外交与兵力二者，然记者之所谓外交与兵力，非现政府之所谓外交与兵力也。

就外交说，库伦为民国之领土，民国与库伦虽宗教、文化不同，政治、历史之关系不同，然旧为属地，吾民国应有完全之主权，不容强邻干涉库事，固至公至正之理由。既为属地之一部分，亦绝无与他国直接定约之资格。所谓《俄库协约》直不成问题者也，本不成问题之事；而暴俄妄结《俄库协约》，竟提出以直告现政府。此暴俄不守国际公法，破坏东方和平之证据，彰彰著明，已无国交可言。现政府据理拒驳，通告各国，兴师征库，亦堂堂正正之举，乃迟缓复迟缓，或主张诉诸列强，或主张要求海牙和平会解决，呜呼！此亡国不祥之言，记者诚百思而不解其故。夫二十世纪之国际政局，仍强权国活动之舞台也。强国与强国交际，本有国际法可言，盖不欲轻易诉诸武力，不能不先以国际法维持两方之和平也。若强国与弱国交际，则横压耳，强迫耳，无法庭可诉，无公理可言，即使有第三国出面干涉，亦无非为自国之利害关系，或欲染指于其间而已。即就海牙平和〔和平〕会议之历史观察，亦未尝有助弱抑强，扶植人道之事实发现，不过借此机关，略解释列强之纷争，此外固无他种作用也。况民国新造，百端待理，列强忌吾之终强也，则有限制之心，利吾之多故也，则有侵略之心。观于英之于藏，日之于满，六国银行团种种之要挟，与六国政府暗助银行团之态度，可以思列强之野心矣。今者暴俄吞库之策，已显然发现，列强正眈眈视吾民国对付之能力如何，以自决进退之方针，吾民国苟能征库拒俄，而自存欤，则满洲问题、西藏问题亦不难解决。否则，人将乘吾于危，均沾利益，惟恐稍缓，欲其力助吾国，仗义执词，反对暴俄，乌可得乎。使现政府不预备实力，徒欲诉库事于列强，列强或置之不理，或宣告中立，不愿与闻，已属微幸，若惹起日满问题、英藏问题，则现政府惹火自焚，悔将何及乎。况近日英对吾外交上之态度，固已有大可惧之现象在也。至于法使转圜，本可感可喜之事，然自始至终，与之谈判，均应以取消《俄库协约》为前提，乃有外交可言。使先议中俄协约，然后取消《俄库协约》，则是由《俄库协约》变为中俄协约，似已默认俄人有干涉库事之资格，第一着已先失败，必无良好之结果。若夫取消《俄库协约》，提议中俄协约，则仍当坚持民国为库伦主权国之说，今后政治上、军事上种种问题，暴俄仍不能过问。凡前清与暴俄所结关于蒙事条约，承认其继续有效、担保其条约上应有之权利可也，苟有一字一句及于政治问题、军事问题，吾民国外交，终谓之为失败，此现政府之不可不注意者也。

就兵力说，民国本有征库拒俄之优势，盖活佛孤立，所恃者惟一暴俄，及最少数之库匪，而暴俄革命风潮愈演愈急，内忧日迫，乃仍谋外侵，欲与我方兴之国民〔民国〕相抗，不待卜筮，胜负可预决也。惟用兵之道，天时、地利皆与战事息息相关，苟昧焉不察，无不致败。近闻有主张由各省调兵之说，囫囵政策，令人骇怪万状。盖长徙沙漠，其苦痛已非东南之军士所能忍耐，且气候寒冷，往岁夏间政府不图，直至隆冬，始有集各省健儿远征之议，时地不利，则虽有孟贲、乌获，将无由见其勇矣。夫军事作用，有战有守，以战为守，以守为战，其妙用无穷。是在为将者善窥天时，能用地利，临机应变，善谋而已。内蒙之兵、满洲之兵、回疆之兵，宜战者也，西北汉兵，宜守者也，以其适于天时，能得地利也。若夫东南之兵，则只宜作为后方援军，俟西北各军按次开发，乃令东南各军移驻其地，使其渐与气候相习，即不得已而用及此后方之军队，则天时渐和，地利渐熟，与西北各军亦渐无差异，较诸梦梦征调、驱诸异地急战之谬策，其得失不可以道里计。况冯国璋、姜桂题、张勋、倪嗣冲诸军，素以强悍善战自豪，此时，正宜效命疆场，出为前敌，以惩逆佛，张我国势，使徒见请缨之牍，不闻击楫之声，则是市井猾儿之技俩，安得忝然为方面大员，侈谈军事哉。亦徒使大总统负拥兵自卫之讥，以苦吾各省高贵之军人，耗吾国民有限之脂膏而已，吾国民岂能容此等伴食之武人乎？窃料冯、姜诸君，夙有经验，胆气自雄，必能行顾其言，为吾民国争此领土，酬大总统之知遇，慰国民属望之心，按兵不动之说，或无庸疑虑也。呜呼！内忧外患交迫而来，使现政府畏葸因循，苟且定约，将来协商结果或误吾民国，抑或冒昧言战，蹈前清甲午之故辙，转促吾民国之败亡，则各国务员终逃无可逃，避不能避，吾国民必不能为国务员恕也。顾吾甚望诸国务员，一放清醒之眼光，审视现今之国际政局，好自为之，则他日国史纪勋，当与出征将士永垂不朽。至于出备战守之健儿，本为同胞中英豪奇杰，一举手投足，皆关系于民国之存亡。既能于往岁先后愤起义兵，排倒专制政府，必能共以铁血平定叛匪，以力拒暴俄。回忆前清季世，以强弩之末，且能勉强与列国周旋，保守领土，不至再三割让。兹民国成立，使诸健儿无决心死志，恢复库伦，或不幸竟为叛虏强邻所挫折，则贻笑于清廷诸人姑不论，而当年征服外蒙诸先烈，且将含悲于地下矣。吾意诸健儿必有以迪前光而吐国民之气也。若夫一般国民，尤当为现政府及征库军之后援，盖今日五族一家，对于库伦战事，万不能视为政府专责，本身若隔岸观火，漠不关心。兹值急急备战之日，莫如组织大团，慎筹兵饷，使需用充足，不患缺乏，是为万〔第〕一步之义务，一面精练乡兵，以备征调，是为第二步之义务。如此办理，较诸急急成军，请为前驱之谋，似觉稳健，吾国民傥〔尚〕亦以为然否。

嗟嗟！政府乎，军人乎，国民乎，数百年之领地，恐由我沦亡，五大族之国旗，将被人破坏，凡有血气感愤，奚如借箸进杀敌之谋，奋臂献擒虏之捷，使虎狼强邻不敢正视。吾政府，吾军人，吾国民，其斯时乎，愿诸公奋奋奋，起起起。

《平论报》（月刊）

上海平论报馆

1913 年 1 期

（付艳云　整理）

蒙古问题

——《朝日新闻》登载

邱灏　译

第一章　蒙古之分离

第一节　分离之绝好口实

据露国新闻，诺倭乌来美耶所引证为蒙古独立之理由者，谓："蒙古未尝为支那之臣民也，当十七世纪初，内外蒙古王公与满洲皇帝同盟以伐支那，内蒙古王公于千六百三十八年，外蒙古王公于千六百八十八年，开蒙古汗选举会，均以满洲皇帝为蒙古汗。是时，满洲皇帝实承认蒙古王公之独立及其领土权，然则，蒙古者，直不过清廷之一联邦国，而非其附属国也。支那人既颠覆清廷，则蒙古与支那所结合的国家间之键钥，至此应为断绝，蒙古主张己国之权利而宣言独立，实属彼国之自由权，固不容他国之干涉，与蒙古有特别关系之露国，亦惟舍承认其独立外，而别无他道焉。"此为露国方面，一般所主倡蒙古分离之口实也。虽然，要不得为其独立之原因。何则？东部蒙古开始运动独立时，实系千八百九十六年；外蒙古宣言独立时，实系清朝退位以前。而内外蒙古人其所以胆敢开始运动独立者，皆实恃有垂涎无已、食指欲染之露西亚，为之后援也。

第二节　运动独立之原因

蒙古人之所以运动独立者，其原因内外蒙古各不相同，内蒙古盖由于经济上之原因，而外蒙古实出于宗教上之原因也。内蒙古至清廷之末叶，其自支那本部，以及满洲方面移住而来者，日见增加。日露战役之前后，支那政府奖励移民于东蒙古，凡对于移民地之施政与本部毫不示其差别，故支那人之来往于斯土者，无异水之就下，众之赴壑也。据最近所调查，其数已达于百万以上，蒙古人祖先所传来之牧场，已属不克自主，加之生计日蹙，兴安岭以东，蒙古人几成无有孑遗之势，于是乎，驱绝支那人，而以蒙古人治蒙古之运动以起。自千八百九十六年，蒙古独立大暴动勃发以来，迄无少熄，至革命乱后，乃倍形其猖獗焉。外蒙古尊信库伦之活佛哲布尊丹既久，一千六百八十八年，噶尔丹之乱，外蒙古王公均欲推戴露国，而当时活佛以为，与其戴异宗教国之露西亚，不知〔如〕奉佛教国清廷之正朔为尤善，因之，大有德于清朝，而得赋以外蒙古之教权及政权焉。迩来，外蒙古承平无事，活佛之政权已杀，其礼遇，亦年见衰薄。即从前执臣下礼之库伦办事六〔大〕臣，亦抗衡而不相下。此活佛与蒙古人之所以恨彻骨髓者也。至千九百十年，清朝废喇嘛教教主哒嚩喇嘛之位，及近时以三多为库伦办事大臣，又虐待活佛，彼等之愤懑更似太阳热之达于午圈，乃决定以子年、丑年为独立兵之举，而适有革命之乱，故遂乞援露国而宣言独立也。内外蒙古其运动独立之原因，虽各不相眸〔侔〕如此，然其结果之目的，盖实出于一致，故声息相通，互为唱和，而发生今日之问题也。

第三节　露国后援之理由

露国之为蒙古后援，其在于欲达其吞并蚕噬之欲望，已属是一般之通论，故将来或构成如斯之结果，亦殊不足为怪。虽然，露国今次之行动，似有恐于支那之经营蒙古。自今以后，不仅露人之将被驱逐，即西比利亚，亦难保不受其高压也。支那乘日露战役后露国之疲弊，锐意殖民于北满、蒙古，而欲夺回露国从前在满蒙之利权，且不以略达其目的而止，以三十二万五千劳动者之势力，露领黑沿海州之经济界，得而操纵左右之，乃又得陇望蜀，更企图以全蒙古之土地，而编入之于本部。比之成吉思汗军之蹂躏全土以来，露西亚之惊愕，殆莫可名状。试观，何伦斯克倡言，严耶路哥萨克军管区之兵备，以防支那兵之侵袭路斯克印湾；里多新闻纸绝叫，须对于第二次之蒙古袭来，应早为之备，以及露外相沙索诺夫所称，露国为蒙古不能建立强有力之国家之故，而尽力于蒙古之自治者，盖非所得已等，亦可窥见其一斑也矣。

第四节　应研究之难问题

内外蒙古既有独立之绝好口实，似〔以〕及露国之后援，似得分离支那，而立于露国后援之下，经营自治矣。然试问，极力反对蒙古自治之支那政府，能保其忍气吞声而不兴问罪之师乎？尝声明保全支那领土之列强，能视为隔岸火灾，而坐看其分离乎？在东部蒙古有特别利害之日本，能对于以蒙古为俎肉露西亚之行动，而是认之乎？夫露国究系出于如何政策，而欲经略其横亘一百三十六万方里之方域，酋长所在割据之野蛮国乎？其或仅以经略蒙古为满足其欲望乎，抑或将以此为根据地，而更张其图南之翼乎？且更问蒙古人能否长久服从于异种宗教露西亚人之宇下乎？愤怒于经济上、宗教上受支那之压迫，至欲脱而他向之蒙古人，能否保其他日不激于露国之压迫，而更惹起外交上之葛藤乎？故看来看去，蒙古问题之关系，颇为重大，其解结之不为容易，固不待智者而亦明也。

第二章　　《露蒙协约》

第一节　蒙古纠纷之落着

蒙古问题之纠纷，其落着点虽不易知，然其大概所示，则为千九百十二年十一月三日及四日，露特使哥罗斯多埃氏与库伦政府内阁诸大臣间，所缔结之《露蒙协约》是也。哥氏为前驻清公使，夙以精通蒙古事知名。其抵库之翌日，即十月五日，以该协约交付于蒙古诸大臣，虽当时曾经警告，须迅速审议，而谈判之进行，实多障碍焉。故该协约之调印，亦迁延至一月之久，其彼此主张之相悬隔，又实可概见也。

第二节　露蒙主张之悬隔

支那革命乱时，外蒙古宣言独立，露国国民党及右党之机关报，均异口同音，倡言"援蒙独立，好机毋逸"。其持露骨之论者，有谓宜趁此时机，吞并满蒙。然露外相索逊〔沙索〕诺夫在议会公言谓："与其吞并蒙古，不若以彼等之不能组织有力之国家，其为露国之利为尤愈。以土地悬隔，风俗习惯相异之蒙古全土，而使之独立，不知须经几许之劳费，且难保露国与他国间不因此而别生瓜葛也。露国之方针，唯以与露领接壤之外蒙为限，而使之营其自治，只认支那国之宗主权，不许其干涉内政"云云。上节所述之哥氏者，即代表索氏之方针，而与库伦政府交涉者也。库伦政府以承认蒙古全土离支独立为要求，即喀尔喀极为反对，要之蒙古人虽有内外之分，元系同一之人种，言语风俗，亦无有差别，故今次之从事于独立运动者，原欲合内外蒙古而组织一国也。喀尔喀人口稀少，非有与内蒙古结合，必不能成为独立国，全蒙古为同一人种，乃喀尔喀置同族之悲境于不顾，趋于利己之主义，而反对独立。故库伦政府主张，谓露国若非援助全蒙以分离支那，则吾人决不能缔结协约云。加之露使所要求之各种利权，殆欲以全蒙为其实际上之保护国，因之，内相哒喇嘛大为愤慨，谓："为露国之奴隶，与为民国之奴隶一也。为二国之奴隶，曷若为一国之奴隶乎？"露蒙主张之悬隔如此，其协约之致使迟延，亦非无因也。

第三节　露蒙利害之一致

露蒙主张虽悬隔，而该谈判之不致决裂者，有其利害一致之共通点故也。共通点维何？即驱逐蒙古劲敌支那之势力是也。露国去年之代库伦政府，对于支那提议撤退蒙古军队及官吏，并禁止支那移民者，非仅为蒙古之利益起见而已也，实露西亚切己之利耳。蒙古不借露西亚之力，固不能驱却支那在蒙之威势；然露西亚非有蒙古之为之傀儡，亦不能达其吞噬之目的，且舍此时，更无复有驱逐支那势力之好机会，此露蒙政府意见之所以一致。且蒙古亦着着退让，乃《露蒙协约》遂至于成立也。

第四节　蒙古人之不平

熟观《露蒙协约》之正文及附文，其为蒙古之利益者，惟露国政府，对于蒙古所宣言之自治，与以援助维持，及对于不许支那军队驻在、移民、侵入等，与以保证之一条而已，其他均规定露国在蒙古之利益也。露人在蒙古享受之权利，其程度实凌驾清朝时代之支那人，因之蒙古人一方面既服支那之宗主权，他方面又为露国之附庸，哒喇嘛所谓两国奴隶者，意盖指此也。于是蒙人之倡不平者，所在蜂起，蒙古兵与露兵间既互生其冲突，甚至大喇嘛又欲阴托某国之保护，曾首途库伦至于海拉尔，特以事败露而被露兵抑留已耳。今则蒙古人以驱逐支那人之势力为急务，而露国人亦忙杀于求蒙古人之欢心，因之其间不平之声，虽未至一犬百吠，一旦支那之势力斥逐后，而露国实行其协约上之权利，其揭晓之期若到，其能保数多大喇嘛之不辈出也乎？露国怀柔蓄民之妙巧，实能使蒙古人之不抱其不平，其说虽有之，然征之伯里耶多之实例，亦不足信也。露国政府为欲经略蒙藏起见，对于蒙古人同族之喇嘛教徒伯里耶多人，特执优待之方针，然以宗教、人种之不相同，不免为露人所虐待，故为露国臣民，当亦非彼等之所梦想。且露国实行协约上之权利时，其对于蒙古人所施之压力，将来殆非前支那人之比，则蒙古人之离支就露，实无异去乔木而入幽谷，前拒虎而后引狠〔狼〕也。自宗教、人种之不同一点观之，蒙古人之怨恨于露国人，较之支那人为尤甚。现代活佛，反初代活佛之意见，而痛悟依赖露国之非，为期决亦不远。愤懑支那人之压迫，而乞援于露之蒙古人，他日之必转而请师别国，盖无疑也。

第三章　露蒙之军事行动

第一节　露国之煽助

露国为欲耸动蒙古以分离于支那，故阴煽阳助，为鬼为蜮，以援其运动独立也。一方既代为训练其兵力，他方又派遣己国兵于其各要塞地，以使支那兵之在蒙古无复有用武之余地，其现象盖欲纯以兵力占领乎蒙古也。

第二节　蒙古兵之训练

当库伦伪政府宣言独立时，诺倭鸟雷〔乌来〕美耶新闻，极言露国应派遣军事教官为蒙古创立军事教育，以维持其秩序，及成就其独立之事业。当时，露国政府采用之，并倾听蒙古人之请求，使骑兵大尉华西利阿夫率下士十人，赴库伦以训练蒙兵，后蒙古特使杭达亲王入露都，谓"欲组织足堪防御之军队，而请求贷与以军事教官及新式武器等"，乃又即徇其请，而付以正式决议焉。自去年四月，至今年二月，曾经三个月新式之训练者，有六个中队，而受伯鲁弹铳之供给者，亦达一万人以上。其征集壮丁以为步骑之训练，去年虽多由于外蒙古，至近时则合内外蒙古，亦征集多数之壮丁而教以大炮、机关铳之操纵矣。闻其训练之成绩，虽未军纪整齐，要与哥萨克兵无甚霄壤云。盖蒙古人者，勇武性成，强悍素著，训练之得其法，则冲锋陷阵、拔剑先登，殆亦其所能事也。异日露国之必致悔于教猱升木者，夫岂意料外之事乎！

第三节　蒙古军之讨伐

露政府既为蒙古训练士卒，维持秩序，即同时阴助蒙人，凡支那军队之反对蒙古独立者，则使其讨伐之，驱却之。且先使其扫荡支那军队之驻屯于乌里雅苏台、科布多者，而外蒙古之支那兵不留只影。寻又击破镇东、體〔醴〕泉、开鲁东部蒙古诸县，而支那之官民，悉卷逃于本部。且达〈里〉岗崖之大捷，又擒其不服库伦政府之亚巴瓦、米里垦二王，而使内蒙古之王公，慑伏风靡。虽洮南府一役，弹药缺乏，因而败绩，而使支那之大军束手退婴，而不敢伸张其兵力于内蒙之数十里以外者，不可谓非其一大成功也。据最近之情报，蒙古兵数千集合于克什克腾，以暗窥直隶。夫克什克腾者，为直隶省北方之内蒙古地，山岳叠耸，草木弥漫，实易守而难攻，若曾经露人训练、有精锐武器之数千蒙古兵，一旦突出此要害，而从来恼杀于三百骑马贼之支那军，如不能击退，则不仅南部蒙古之丧失也，支那之北直隶不其危殆乎！

第四节 支那兵之配备

自蒙古运动独立之警报以来，支那之征蒙论，几巷议街谈，支那之出征兵，亦屡经破败，而蒙古军动取攻势，有杀到支那本部之倾向。因之，北京政府不得不竭尽全豹，而派遣多数精锐以为之备也。据支那之情报，谓汉蒙境界，凡自朝阳经赤峰、多伦诺尔、归化城以达包头城之数百里，所配布之兵数，为三万九千九百五人，火炮五十四门，机关铳四十八挺；且别派于科布多、沙拉苏一带者，步骑六千人。又据军事专门所说，谓：支那军其实数不过有该报之半而已，况于数百里长距离之地带，而配布以二万内外之兵数，其防守亦极为薄弱也。袁世凯部下，除禁卫军外，虽有为彼所爱抚之多数精兵，然本部之乱，旦夕莫测，实有难以调遣之苦衷。且前出征之禁卫军第一镇热河混成协等，有通款蒙军之虞，而又难命以进击。加之露公使公言谓：支那若出兵于外蒙古，露国政府应直否认支那对于蒙古之宗主权云。然则，北京政府亦惟有俯首慴〔帖〕耳，战战兢兢以防卫其国境而已。支那兵之被逐而退婴于国境，其影响所及于蒙古问题之解决，其为支那之不利益，实非浅鲜也。

第五节 露兵之出兵

蒙古军既据其攻势，支那兵又退婴而不敢出，则露政府亦只为蒙兵训练足矣，而无出兵之必要也。乃彼竟狠〔狼〕子野心，不惜派遣多数之大军，以占领蒙古诸要害。据支那间之情报，其兵数约四万，大炮九十门，机关铳五十四挺，然其实数大约如左：

占领地	兵力
库伦	步骑二中队、炮十五门
乌里雅苏台	骑兵一千名、机关铳十二挺
科布多附近	骑兵七百、炮八门
塔尔巴哈台	骑兵四百
伊犁（固尔札）	骑兵六百、炮八门
乌鲁木齐	骑兵四百
噶什喀尔	步骑二千五百
合计	兵数约一万、炮三十一门、机关铳十二挺

据最近之所探，闻露国犹有增兵蒙古之态度，究不知露国挟有如何之目的而出以如斯举动也。其或为压服蒙人起见，而使其怀抱不平者之威服，而故为此等之示威行动乎；抑或露国之对蒙政策渐次趋于强硬，而表示其以军事占领外蒙之先声乎？总之，露国之真目的无论如何，而外蒙古事实上，今日已纯为露国之占领地也。

第四章　露国对蒙之经营

第一节　对蒙经营之目的

自露国军事占领蒙古之一点观之，则并吞蒙古意思之表示，已炳若日星。虽然，以之为压服蕃民之一手段解释之，较为妥当也，何则？试就露国外务当局者之意见，谓"并吞蒙古，恐招不利，不如使其渐营自治，而我国好从中以图其经济发展"之言而一观之，则知其梗概矣。

第二节　从前之形势

露国虽自一八八一年之《伊犁条约》，在蒙古独占其优越之权利，然所谓经济的发展，尚属幼稚。露人于蒙古市商店之数，不过四十户，全蒙古贸易之总额，亦不满千八百万。此外如奉纳蒙古王一定金额，而于露蒙境界，从事于草木、渔猎、开垦等，亦限于伊洛河之一小部分。即其所称，为空前之绝大事业，如在车臣汗部之采金业，虽投资至百五十万卢布，亦不幸而归于失败也。夫露人之事业，乃如斯之萎靡不振者，似为蒙古之经济价值鲜少所致。虽然蒙古之中部，虽沙漠连亘，而适于耕作之土地亦广，且金、石炭等之矿物，埋藏丰富，无让于牧畜盛大之南米也。试就日露两国人所调查其全蒙古家畜之头数并价额，列举之如左：

畜类	头数	价额
羊	二一，八八〇	六五，六四〇
马	八，六八〇	一三〇，二〇〇
牛	一一，三三〇	二二六，六〇〇
骆驼	二二八	一五，二〇〇
合计	四二，一一八	四三七，六四〇

由上表观之，全蒙古家畜之总数，超过四千二百万头，其价值亦达于四亿三千七百万元，则购买力之非鲜少，实亦明也。据波扑夫氏之所调查，蒙古人一户，每年所需要之织物、皮革、铁铜器及杂货等之价额，平均为六十元六角，至果实物，则全蒙古（约五十八九万户）所需要之外国品，亦达于四千万元以上也。然蒙古贸易之输出尝倍于输入，故按其输出、输入之总额，应达于一亿二千万元。且东部蒙古比库伦以北，虽不免土地瘠弱，然自日露战争前后，大加开垦，支那移民殆达一百万人数之谱。然则露国所经营之通商及其他之事业至萎靡不振者，实非为蒙古经济

价值鲜少之故，盖由于支那人之竞争激烈，比露人立于优胜地位，及支那官宪利用其宗主权，以阻碍露国人之企业耳。

第三节　《露蒙协约》之利益

露国欲于蒙古企图其经济之发展，除驱逐支那人以亡国为之代位，而夺取其优越权利外，别无他策也。故虎口久张，而事机难待，自革命勃发之际，乃骤伸其狼臂，以援库伦政府为名，使宣言独立，且代为与支那政府交涉，而使其撤退官吏、禁止移民，即复派遣特使于库伦，以缔结《露蒙协约》，而攫获其莫大之权利，其宿望亦可谓达矣。依该协约，凡露国人得于蒙古全土贸易，而无纳税之义务，从事于矿山、森林、渔农等业，得于一切都会有购入土地、家屋、经营银行及其他事业之一切权利，且又关于河川、道路之使用，邮便局之设置，得有其特别之许可，其权利盖无异于母国人之对于殖民地也。所谓前清时代有优绝利权之支那人，岂足望其项背乎！

第四节　露人今后之经营

露国欲依《露蒙协约》，而行使其获得之权利，使无遗憾，不可不力征〔为〕经营之，如母国之对于新殖民地也。而观之露国之行为举动，实属着着如斯：以救助库伦政府财政为名，借与之以二百万卢布，而攫取其喀尔喀全部金矿之抵当权矣；更复推荐摩斯哥维清氏营〔为〕其经济顾问；旋依该氏之献策，设立蒙古银行，以支配蒙古全部之金融，监督财政之收支，而企画握其财政、经济机关之枢纽矣；又关于蒙古之交通改善，无少疏息〔忽〕。正月廿九日，在耶路库克，开露蒙通商大会议，而决议事项如下：（1）开凿自恰克图至库伦，自耶路库克市至乌里雅苏台，自耶尼塞河至科布多之三道，使得通行马车；（2）调查耶尼塞及塞峃俄两河之水路，使得航行汽船；（3）施设自谟伊苏雅耶至恰克图之铁道，使得捷于交通。以上所决议之三件，其必立见施行者，固不待言。且露国政府又议开伊尔直西河通蒙古之水道，并设哥西亚牙直至库伦之电信线，以及敷设自恰克图经库伦至张家口之蒙古横断铁道，乃徐徐延长之于渤海湾与山西太原府。此大计画之敷设案，已编入之于明年度之豫算，况露国官民又为确立露国商权起见，乘支那商人之逃回本部而编制队商，各队商附以一二十名之护卫兵，而遣其行商于蒙古各地，不仅支那商人之顾客之为所夺也，即蒙古第一贸易业之砖茶专卖权，亦为所攫取，而仅仅补给库伦政府以政费而已。凡蒙古王公前曾苦于支那之高利贷者，从而救济之，殆于其领域内有垄断而登之势。噫！蒙古商权之离支那而入于露人之手，为期盖不远矣。露国之对蒙经营，凡关于财政、金融、交通、贸易各方面，其大规模之进行，既着着如此，财化〔货〕广袤之蒙古为其完好之殖民地，夫亦转瞬间之事耳，岂不慨哉！

第五章　露支之折冲

第一节　露支主张之悬绝

露国既援助内外蒙古人之运动独立，至使其组织库伦伪政府，又复旁若无人、明目张胆以承认其自治，并代该政府提出三条有关己国利益之难问题于支那政府，不问支那政府之有无抗议，更进而缔结《露蒙协约》，使蒙古之为其保护国者。支那政府之惊愕愤懑已达极点，惟支那政府虽亦宣言该条约之无效，露国不但不知何等之反省，且根本于该条约之旨趣，而从事于对蒙经营毫无遗力焉。其后虽因支那政府之要求，与法国政府之调停，对于变更《露蒙协约》为《露支协约》有表同意，尚提出其难条件如左：

1. 露国承认支那之对于蒙古之宗主权；
2. 支那应承认蒙之自主；
3. 支那不得驻兵于蒙古；
4. 支那不得在蒙古开垦及移民；
5. 支那不得派遣官吏于蒙古。

当时支那政府对于该提案，以为系露国从来所主张，凡一切要求之条件，到底不能同意，乃以左记之对案答覆之：

1. 支那于蒙古有完全之领土权；
2. 清朝时代所规定以外之官吏不派遣于蒙古；
3. 清朝时代所规定以上之兵士不驻屯于蒙古；
4. 不反蒙古人之意思而移民开垦。

露国政府亦以该对案，为置现在之蒙古，与前清时代之蒙古为同一之地位，除承认支那在蒙古之宗主权外，凡一切对案，以不能同意为答覆焉。露支两国主张之悬绝，表面上既属如斯，故龃龉之下，继以龃龉，遂至妥协之途，无有发见之一日也。

第二节　支那之作战

露国煽动哲布尊丹巴，使创立库伦政府。当时喀尔喀四部王公，低〔均〕以实力不足听其命令，而冒认之为蒙古之主权者，故露国乃得豪恣而缔结《露蒙协的〔约〕》焉。露国自己亦知该约之在国际法上为无效，乃不惜东鳞西爪、左支右抹，希达其无已之欲望，故亦并民国之所主张毫不为耳。其高视阔步、旁若无人，固列强之所共愤也，然彼表面上虽装着强硬，而亦实内有悔心，定见其早晚之必让步也。而民国政府所怀抱之作战计画，亦以俟大借款成立，列国利害关系错杂之后，徐开谈判，为民国缔结有利之条约云。

第三节　露国之应战

　　蒙古激于支那政府之压迫，而设立独立政府，与民国政府之推倒满清，宣言独立，实异辙同轨。而露政府亦因于既成之事实，不得不承认其自治，唯顾虑于支那之必不甘心，而特以承认其宗主权，为粉饰邻交之具而已。露国与蒙古间所缔结之协约，实完全生有其效力，非关系于支那之承认与否也。且露国政府以该协约支那若承认之则已；不承认之则并支那之宗主权亦必取消。露国在蒙古所有之优越权利，固为天下所公认，而基于《露蒙协约》所扶殖之利权，夫孰得而非之乎。民国政府俟大借款成立后，再开谈判，我露国惟有从事于经营蒙古，伸张其势力而已。此露国所持之应战态度也。

第四节　列强之向背

　　露支两国既各用其得意之外交手段，其胜负固非易测，虽然，此际之得执以窥其胜负，而为该问题之关键者，其为列强之向背乎。去年十月，英人济伦氏曰："清朝之灭亡，凡外藩及非汉民族之连锁关系已断。夫外藩者，乃清朝之属，非支那之属也。际清朝之退位，而复其旧态，实其自然之潮流，虽即时不分割于有特别关系之诸外国，遇必要之时期，而置于诸国保护之下，乃必至之势也。"该氏所论，虽未尽适合，然必能得世界多数国之赞同，已不容疑也。况露国之言动，极为屹〔崛〕强，已有似一步不容假借、稍让之态，且更愤于支那之反抗协约而妨碍其大借款之成立，至一再不止，因之买外交团之反感，虽为不少，而亦毫不介意。而列强亦慨以支那为不能保有其蒙古，而默认露国之有其特殊之利害。若露国于不即合并蒙古之范围内，而承认支那之宗主权，即关于支那领土保全之大义，亦不至太为蹂躏，故列强对于露国之提案，可保其无有异议也矣。列强之态度，既若如斯，则露支谈判之结局，亦不难逆睹也。

第五节　结局：支那让步

列强对于露国之提案，若无异议，而支那极力反抗，不忍气吞声，则影响于承认问题，实非浅鲜也。露国与英国既同以支那如不承认其提案，即不承认乎民国，而列强亦以共同一致，为承认民国之步趋，而有其内约。故就此点观之，支那即不欲让步于露国，亦运命所牵，无可奈何也。况乎露支两国相互之主张，表面上虽似非常隔绝，而露国既宣言承认支那之宗主权，支那亦声明不反蒙古人之意思，而移民开垦，则关于该协约之重要点，亦可谓意见略有一致矣。夫支那对于西藏问题，既泄其容承英国提案之内意，苟露国能效英国以改订其提案，使出于温和，则露支谈判可告终局也。夫露国亦何惜而不改订提案，稍示其名义上之让步，而缔其有利之条约乎。特以支那现下关于蒙古问题，类皆强硬论制胜，大总统之选举期，又属逼迫，而狡狯之袁世凯因受舆论之反对，大总统之当选，恐属有耶、无耶之中，因之谈判之进行，殊非易易，则条约之缔结，不免遥遥无期也。

第六章　蒙古之境界及处分

露支间之交涉，得依支那之让步，而有解决之一日，因之《露蒙协约》亦有承认之希望，而蒙古问题，于此可告终局焉。虽然，其尤有应须研究之一难问题者，则蒙古之境界及处分是也。

第一节　蒙古自治之范围

按《露蒙协约》，露国政府承认蒙古自治，而未明示其区域，因之惹动世人之疑惑亦不少。据露人之通说，谓：以蒙古王公之旗地，及蒙古古人之住居地为其范围；而一般世人以为于承认蒙古以外，凡东三省之东清、南满两铁道以西，及直隶、山西两省之口外一带，与夫青海、新疆一部之大地域，亦包含之。若然，则惹起外交上之大纷争，殆有不可收拾者。干练如素〔沙〕索诺夫，决不至有如斯之轻举也，其外交演说有曰："支那因革命动乱，而有蒙古之分离，然所谓蒙古者，实不过其北方一部之喀尔喀已也。内蒙古之一部既被编入于支那本部及满洲，而接近于南满洲铁道之部分，又与日本有特殊之关系焉。内蒙古不仅地理上与外蒙古悬隔，且人情风俗，亦甚不相同，使其立于同一政治之下而合并之，固有不能无已。露国政府唯有确守其对于喀尔喀之自治与以援助之方针而已。"就该氏之演说观之，则露政府只以喀尔喀为蒙古之自治范围，固亦明矣。然露特使哥娄斯铁前氏当缔结协约时，不用喀尔喀之文字，而用蒙古二字者，抑何为乎。盖亦因于达喇嘛始所言明，谓蒙古诸大臣，非得有内外蒙古自治之承认，决不能缔结协约之故，而不得已为此等之专断耳。蒙古之特使杭达亲王入露都时，曾放言，除青海、阿拉善外，其他之蒙古各〔都〕部，皆应编入于自治之范围，后以露国以科布多、喀尔喀为其自治之范围，而内蒙古之编入未经承认，乃于出都之际，欷歔不平，而抚躬自叹焉。要之，露政府之豫定，只以喀尔喀为其自治之范围。嗣因蒙古特使所主张之强硬，而科布多之编入，始经许可，因之蒙古自治之范围，乃限定于外蒙古之主要部分喀尔喀及科布多焉。虽为此问题之故，露蒙间发生种种之葛藤，至于招外交上之纷扰，已可保无虞矣。

第二节 自治范围外之蒙古

以蒙古之自治范围为限于喀尔喀、科布多，则露国对于其余之蒙古部分，应不有其奢望也。虽然，露国第一之蒙古通波仔多那夫，其论露国对蒙政策有曰："露国者，决非有冀于蒙古之自治也，所冀者，为欲得自固尔札（伊犁城）经科布多、喀尔喀至巴尔喀（黑龙江省）全地方之独立缓冲地带而已"云。然则露国者，若恐于支那之勃兴，而欲亚细亚之安固，固非出此政策不可也。然巴尔喀既为黑龙江之一部，而固尔札亦以异人种居多之故，皆难编入之于蒙古之自治范围内。因之，露国又不得不别讲其方法，而以置此等地方于己国保护之下为专务；加之露国之雄心实无有餍饫，除接近南满洲铁道东部蒙古之一部外，凡内蒙古阿拉善口外一带，及青海西部，支那犹欲主张其特殊之权利而不已，彼盖以为此等地方其与外蒙古赋有同［以］等之特权者，实根于千八八一年之《伊犁条约》也。故去年九月六日，露政府对于支那突然通牒该条约十年间之继续，其深谋远虑，惟欲将来于蒙古自治之范围外，更呈其活动耳。然则自治范围外之蒙古，其亦与范围内之蒙古，同有其运命者，盖可以预卜也。

第三节　今后之问题

露国如至以自治范围内之蒙古为保护国，而对于自治范围外之蒙古，实行其《伊犁条约》之特权，则今后对于蒙古，当不生其意外之问题也。虽然，库伦政府诸大臣，实欲贯彻其连合内外蒙古以建设一独立国之原来目的。且任该政府之建设有力之陶什陶与海森，系为东部蒙古之出身。而陶什陶之部下及胜福等，又因不愿牺牲全蒙自治主义，于东部蒙古与支那军，奋战不已。亲露派之首领杭达亲王，亦声明内蒙古应为加入，纵为是之故，而至与支那决战，亦在所不辞云。然则露国即用如何手段以掣肘之，而连合内外蒙古之战斗，到底所不能免也。此战斗如不能免，则其战斗之中心地点，究为何在乎？其必在于与日本有特殊关系之南满洲铁道附近一带，盖无疑矣。若然，则国际问题之波动，亦属难保耳。又关于蒙古之境界，露支两国之意见绝相悬隔，在支那政府，谓："不论蒙古人之住居地与否，即令蒙古王公之旗地，苟支那本部之行政所施及之地方，悉属为本部"云。而在露国人，若举认定为蒙古之新疆口外一带，东部蒙古之大部分，而被编入之于本部，则露国发展其势力于蒙古之自治范围外，即两国间之葛藤，必渐次丛生，而难于解决者，固亦彰明较著也。然则蒙古将来难免此种难问题之续出勃发者，夫岂杞忧也乎。

第四节　日本政府之态度

关于蒙古今后必续出勃发之难问题，虽必如棼然之难治，然亦大势所趋，定有其自然之归着点也。要其结果，露国必得遂其圆满有利之解决，而大发展于蒙古。然日本以于东部蒙古一部有特殊利权，露国此际所要求于蒙古之权利，其牵及于东部蒙古，不但支那人所逆料，而亦一般外国人之所豫睹。日本政府虽以日支关系与露支关系，远异其趣，而基于既定之外交方针，不步露政府之后尘，决不对于支那为何等之要求，今姑不必深论。然于东部蒙古，应讲其发展经济之方法，以确保日本之利权者，实为日本政府之重大责务也。

《国民杂志》（月刊）

日本东京国民杂志编辑处

1913 年 2、3 期

（李红权　整理）

蒙事之外论一束

裴 撰

英国《孟鸠斯达加顿报》，近来关于强俄对民国之举动，异常愤激，著为论说，谓俄国乘民国财政困难，发难以压迫之，且以此与孟禄哥之例比较。其言曰："古今来政治上以金力压迫贫弱之国，有公然者，有公私混然者。法国之对于孟禄哥，乃属第一例。盖孟禄哥王，由法国政府，借用巨金，因此遂受干涉。观于中国，则纯系由私人之银行团，以金钱借与中国。故以正当顺序言之，乃借主与中国之交涉已耳，借主若以利息与担保二者为满意，即可签字订约，否则破约可也。此于借款订约之上，仅为通常手续而已。然事实则反是，各国政府，竟援助国民，以求特别之权利也。"

伦敦《泰晤士报》谓"中国借款，不但须使各国得满足之担保条件，对于中国政府，以所得外债，建设铁道之事，亦须至当尽善，使各国得以安心。顾欲得各国之欢心，则以政府之助力为最要"云云。《孟鸠斯达加顿报》，对于此论，则谓斯为最要之事。且近将使私人之银行团，于满足条件之下，订约契约，固也。然各国主要之目的，则另有在，盖均相竞争以谋亡国之利也。又曰："自一月以来，俄国骤然变为悭酷之债主，现正欲啖中华民国之肉而甘心者也。"

此事伯林之《福基歇遮宗新闻》，亦剀切言之，谓："俄国以满洲抵当权之存在为理由，竟有挟迫中国领土之意者，袁世凯想亦知之。俄国所据为口实者，则以曩者团匪之乱，满洲政府，所担任之赔款，延滞未付。首相哥罗爱夫，明于中国现状，颇有宽容之意。然俄国贵族党，方欲举事绝东，以雪前年之耻。哥氏竟为彼辈所掣肘，不得自由。”又言：“推俄国贵族党之意，则殆欲借六国银行团之力，以倾覆中华民国，恢复旧政也。”末谓法国为俄国同盟国，故将援助之，以压迫袁氏也。

至于压迫民国政府之口实如何，则俄国之《诺爱务来弥耶官报》，言之详矣。大约谓：“中国人之利住〔往〕于蒙古者，年增月益，此俄国不能轻易看过之事实也。蒙古现已非与各国无利害关系之中立地。袁世凯所欲借援外债，以建筑铁道者，其一即由蒙古以接近俄国之境，故俄国政府，现方增加彼地驻扎之军队，以求自卫。”英国报纸，类多非之。盖谓：“借款担保问题，与政治问题，不可混而论之。”然法国报纸之论调，则迥然不同，就其所论据而隐括言之，若曰：法国政府，乃欲压迫圣彼得堡政府，使关于巴尔干事，与法同一步武。故于俄国贵族党对中国之意，不得不援助之。而俄国首相哥罗爱夫，且冒有隐身巴尔干事里面，以计画东方事件之嫌疑者也。此不特法国路塔姆及的把诸新闻之言如此，即伦敦《泰晤士报》之议论，亦渐向于斯。然伯林诸报，则揣摩俄国之意，深恶而痛击之不遗余力矣。

蒙古自古为嚣然于欧西两大陆之国，数百年间，于世界历史，绝无影响。自中国革命以后，蒙事渐次变为东洋问题之焦点，至其将来何如，则英国伦敦《泰晤士报》，论之如下：

　　蒙古现已非中国领土，此决非过言。盖由去年十一日〔月〕，俄国与中国所订之议定书观之，自较然矣。至其内容，则谓蒙古有须与中国及他国订结条件者，此言蒙古之自治，中国之宗主权，自此告终矣。俄国将援助蒙古，以防中国兵队及中国商民之侵入。故中国于此戈壁沙漠之地，振兴农业之政策，当截然自止。如此，则谓亚洲大陆，已建一新邦，亦可。然熟思之，此乃复旧，并非翻新。盖与巴尔干半岛诸国，驱逐土耳其人于亚细亚，此与恢复欧人旧邦之事，同出一辙。土耳其政变之结果，竟与巴尔干半岛诸邦以崛起之机。而中国革命，亦以促成蒙古偌大领土之独立者也。

顾中国革命，何以映诸蒙人之眼光，则蒙人自身，以为自此以往，将屈服更甚于往时。因此遂背中国而通款于俄，欲以独立事业，仰援俄国。俄国怡然徇蒙古之请，亦有二因：一系近来中国之蒙古政策，渐入排俄主义，而俄国政策，每形棘手；一系深恐中国于蒙古占有权力，则将来将由此邦，以压迫俄国西伯利亚。以是二因，俄国力之所能及者，则务使中国不得殖民于蒙古。蒙古原有编成土兵之计画，此于俄国毫不为害，即使编成土兵，而有与俄对敌之意，然决不能有所作为，斯固然矣。此其事殆与美国土人对于美国，毫无痛痒相关之事同也。

至于英国近来，将出何态度，则无论如何，决不逸出现所发表之手段以外。今日果将进而举事与否，亦未尝豫计及之。

然俄国以事关于己国利益者甚大，故着着进行，以图怀柔蒙古。据前所述之议定书，则俄国固与蒙古以特惠，而蒙人依赖俄国之心亦挚。往者俄帝接见蒙使，言听计从，此与蒙古本来之希望相副者也。何则？蒙古对于中国，已无同情，现唯希望得俄国之欢心故也。

《论衡》（周刊）

北京论衡杂志社

1913 年 3 期

（李倩　整理）

蒙古略记

叶大匡　撰

第一章　沿革

蒙古至元代始盛，蒙古之名，亦自有元以后始。旧说谓：契丹建国，号曰“辽”，译言“镔铁”，即《尔雅》“白金美者，谓之镣也”。女真抗辽，名其国曰“金”，元代抗金，名其国曰“蒙古”，或谓蒙古初为忙古部，越在大漠北，至后五代时，始通中夏。或又谓“蒙古”本“蒙辅”之转音，亦部落名。其实唐时已有“蒙古索”，又号“蒙兀”之部落，若仅一部落，而能扩充繁衍，至散布于漠之南北，恐未必然。盖事游牧而无宫室，逐水草以居处者，颇似洪蒙太古穴居野处之风，因省文而称为“蒙古”，所以白人称我华人为“蒙古种族”，亦谓“洪蒙太古时，即已有之种族也”。

蒙古，始为汉之匈奴，分左右贤王，一居东方以接濊貊，一居西方以接氐、羌，而单于庭直代、云中攘之，遂还漠北。至后汉，而为南单于、北单于，再变为东胡、西胡，三变为柔然，为东西奚，四变为东突厥、西突厥，五变为内回纥、外回纥，上下数千年，离合绝续，皆以大漠为诸部之纲维。其扩入版图，列为郡县者，推唐初荡平突厥之地，置定襄、云中等郡，领于单于二都护，一时称为极盛。而控御不久，辽金置上京、中京、西京诸道，仅域于东西奚，而未及河朔。惟元起漠北，奄有西夏，于漠南置大宁、上郡、兴和、大同等路，于漠北置和林行中书省，以至西域、青海，皆分建诸王、驸马，为古今戎索之一变。明之中叶，元裔由漠北入漠南，根柯盘固、支条蔓衍。前清就地分封，不易其名称风俗，是为今之内外蒙古。

第二章　幅员之宽广及其区分

内外蒙古，区域辽阔，为中国全国国境西北屏障，其幅员实大于腹地南北各行省，皆无不分旗置翼，设扎萨克以统驭之。《蒙古志》谓其地形纵狭横广，南尽北纬三十七度，当甘肃省宁夏府中卫县西南之黄河北岸，北尽北纬五十二度十分，当贝克穆河之北源，南北相距十五度十分。西尽西经三十度二十九分，当斋桑湖之东部，东尽东经十度三十一分，当嫩江会合呼兰河之点，东西相距四十一度。南界直隶、山西、陕西、甘肃四省，北界俄属西比里亚，西界甘肃、新疆，东界满洲，面积约一千四百八十四万一千七百方里，青海尚在其外。青海南尽北纬三十三度，北尽北纬三十七度，东尽西经十四度二十九分，西尽西经二十八度二十九分，南北距四度，东西距十四度。又面积约一百十八万方里，统计应有面积一千四百八十四万一千八百一十八〔万〕方里。因沙漠横亘、画分南北，故称漠南、漠北。居漠北者，则为外蒙古；居漠南者，则为内蒙古也。

内蒙古之分盟　漠南诸部共六盟：曰哲里木、曰卓索图、曰昭乌达、曰锡林郭勒，俗称东四盟，又曰乌兰察布、曰伊克昭，俗称西二盟。此外尚有察哈尔蒙古，归化城土默特蒙古，俗称西土默特，皆隶于将军、都统，如满洲八旗，置官管理，故不设盟，亦不置扎萨克，此为内蒙古。

外蒙古之分盟　漠北诸部共十一盟：曰汗阿林、曰齐齐尔里克、曰喀鲁伦巴尔和屯、曰扎克必拉色钦毕都哩雅诺尔，为喀尔喀四盟。曰赛音济雅哈图，自为一盟，曰乌纳恩素珠克图，南路曰巴启色特启勒图，中路曰乌讷恩素珠克图，北路为土尔扈特五盟，曰青色特启勒图，自为一盟。此外尚有阿拉善额鲁特蒙古、青海额鲁特蒙古、额济纳旧土尔扈特蒙古、哈弼察克新私〔和〕硕特蒙古，皆不设盟，此为外蒙古。

内蒙古分部分旗　内蒙古六盟计二十四部，四十九旗。哲里木盟四部十旗：曰科尔沁部左右翼中前后六旗，曰扎赉部一旗，曰杜尔伯特部一旗，曰郭尔罗斯部前后二旗。卓索图盟二部五旗：曰喀喇沁部左右翼中三旗，曰土默特部左右翼二旗，左翼附锡呼图库伦喇嘛牧地，不置旗。昭乌达盟八部十一旗：曰敖汉部一旗，曰奈曼部一旗，曰巴林部左右翼二旗，曰扎鲁特部左右翼二旗，曰阿噜科尔沁一旗，曰翁牛特部左右翼二旗，曰克什克腾部一旗，曰喀尔喀左翼，亦为一部一旗。锡林郭勒盟五部十旗：曰乌珠穆沁部左右翼二旗，曰浩齐特部左右翼二旗，曰苏尼特部左右翼二旗，曰阿巴噶部左右翼二旗，曰阿巴哈纳尔部左右翼二旗。乌兰察布盟四部六旗：曰四子部落部一旗，曰茂明安部一旗，曰乌喇特部中前后三旗，曰喀尔喀左翼亦为一部一旗。伊克昭盟一部七旗：曰鄂尔多斯部左右翼中前后并右翼前末七旗。如察哈尔八旗、西土默特八旗已附入满洲，不在此内蒙四十九旗之列。

外蒙古分部分旗　外蒙古十一盟，及不设盟者计十九部一百四十九旗。汗阿林盟一部，曰土谢图汗部二十旗，齐齐尔里克盟一部，曰赛音诺颜部二十四旗，喀鲁伦巴尔和屯盟一部，曰车臣汗部二十三旗，扎克必拉色钦毕都哩雅诺尔盟一部，曰扎萨克图汗部十九旗，赛音济雅哈图盟一部，曰杜尔伯特部左翼十一旗，右

翼三旗，附辉特下前、下后二旗，凡十有六旗，乌讷恩索〔素〕
珠克图盟南路一部，曰珠勒都斯旧土尔扈特部四旗，巴启色特启
勒图盟一部，曰珠勒都斯中路和硕特部三旗，乌讷恩素珠克图盟
北路一部，曰和硕克萨里旧土尔扈特部三旗，乌讷恩素珠克图盟
东路一部，曰库尔喀喇乌苏旧土尔扈特部二旗，乌讷恩素珠克图
盟西路一部，曰晶河旧土尔扈特部一旗，青色特启勒图盟一部，
曰布勒罕河新土尔扈特部二旗。此外不设盟之阿拉善额鲁特蒙古，
自为一部一旗，青海额鲁特蒙古五部：曰青海和硕特部二十一旗，
曰青海绰罗斯部二旗，曰青海土尔扈特部四旗，曰青海辉特部一
旗，曰青海喀尔喀部一旗，凡二十有九旗。又额济纳旧土尔扈特
蒙古、哈弼察克新和硕特蒙古，皆自为一部各一旗。

　　（未完）①

《西北杂志》（月刊）
北京西北协进会
1913 年 4 期
（丁冉　整理）

---

　　①　经核查，此篇无续文。——整理者注

调查蒙古东路报告及意见书

杨家昶　撰

民国元年十二月，家昶奉湘督特委赴蒙调查之命，遵即首途，其经过地方，凡关于风土人情、地理形势、物产、政治、军队等项，分类挨次，悉具图说。惟自多伦诺尔起，沿张家口以至多伦，里程仅五百左右，户口稍密，地多开垦，现大连现农林部已设有垦牧公司，且邻近内地，一切情形，无记载之必要，故略之。又三月十九日，逆库兵犯内蒙，前途梗阻，遂使昶等赴库之目的不达，深为愤恨。今就所履各地调查情形，揭而出之，以供研究蒙事者之资料焉（路线及镇市诸图俱略）。

多伦诺尔

多伦为蒙古与内地交通重要之处。地势平坦，有三点河绕其西北，河之西有喇嘛庙，故又称曰喇嘛庙。人户悉在三点河以东。

土质　黄泥兼沙。

河流　三点河自大连地来，亘其西北，东流与滦河汇。

街市面积　南北四里许，东西二里许。

田地　钱粮地三千三百六十余顷，系各王公府地。共分二十一排（排即村之义，排有长，管理和解一切小故），租地三千余顷，系克什克腾旗公地，分四十六排。

物产　小麦、荞、莞豆、粟等，年可共出九十万石。羊毛十六七万斤，羊皮十万余张，牛皮二万余张，马皮二万余张。

户口　商户九百，住户一万九千，全境计十万四千余口。

各种机关　副都统署（将迁经棚）一、协统署一、多伦厅一、分司一、警务局一、邮局一、税局二（年度税额待考）。

警务区划及警兵　共分四区。本街为一区，小河子（营之南）为二区，跌断沟为三区，二号（近大连地）为四区。第一区有步巡五十名，马巡三十名，但马巡不归警务局管辖。后三区仅有马巡二十名。

商务状况　布匹年销四千余匹，磁器、盐、糖等年可各销二千余金，均自饶阳、南口、北京、天津输入。

驻扎兵数　新招马兵一团（计五百人），宣化练军后左营一营（计百二十人），分驻张家口以至沙岭河沿途。

井　在本城者十一口。

庙　九所。

跌断沟

由多伦东北行八十五里至跌断沟。地势平坦，广漠无涯，倾斜处间有土山起伏。

土质　黄泥兼沙。

荒地　十之八。

物产　小麦、莜麦、荞。

户口　客店一。

驻扎兵数　练军一哨。

井　一。

赵古墩

由跌断沟东北行五十里至赵古墩。其地为多伦与克什克腾旗交界处。东南有赵古墩河，水深三四尺，常年不涸。河以北归察哈尔管，北归克什克腾旗管①，词讼案件仍归多伦审理。墩之西北七百余里有盐井，日日涌出，结晶甚厚，其销场全在内蒙一带。

土质　青泥兼沙。

荒地　十之七。

物产　麦、莜麦、粟，狐、狼、皮羊〔羊皮〕可出百余张。榆树百余株，松树可植。

户口　客店一，住户二。

驻扎兵数　练军一哨。

沙坝

由赵古墩东北行四十里至沙坝。地势低下，土山环绕。自此东行四百余里，有地名哈达者，产烟叶，其富商，清时土商以火酒、烟叶、麻油等输出蒙古，以牲畜、皮张等输入内地，自库倡乱，商务中止。

土质　青泥兼沙。

荒地　十之七。

物产　小麦、荞、莜麦、莞豆、麻油。松树数十株，画树遍山，均自生。

户口　客店一，住户三。

驻扎兵数　练军一哨。

井　一。

胡罗贝诺

由沙坝向东北行三十里至五眼井。地势从此渐高，约出地平三

---

① 原文如此，似应为"南归克什克腾旗管"。——整理者注

十米达以上，又二十五里至胡罗贝诺。由其东北行，地势渐渐低下，其西七里许有水洞，四时不竭，北流与沙岭河汇。

土质　黄泥兼沙。

荒地　十之七。

物产　麦、莜麦、莞豆、荞，年可共出四五百石。榆树数十株，大者径五六寸。画树遍地，均自生。

户口　客店一，住户三。

驻扎兵数　练军一哨。

井　一。

沙岭河

由胡罗贝诺东北行四十里至沙岭河。地势峻险，两山壁立，成一谷道，长里许，为军事上之要塞，行旅往来必经其道。出谷口，地势平坦，沙岭河直亘其东北部。

土质　黄泥兼沙。

河流　沙岭河有二源：一出胡罗贝诺，一出围场，东北流经黄家营子折而东流，经桥头入于小滦河。

荒地　十之七。

物产　麦、莜麦、荞。松树数十株，榆树成林，画树遍地，均自生。

户口　住户五，客店一。

驻扎兵数　淮军二棚。

弓沟

由沙岭河东北行三十里至弓沟，地形狭小，道路崎岖，两山耸起，逼成一沟。冬季无水，行旅往来其上，夏季水深数尺，行旅自东绕道山后而行，亦军事上重要地也。

土质　青泥兼沙。

河流　弓沟西北流，经小克头与什里木河汇。

荒地　十之七。

物产　麦、莜麦。松树数十株，大者径六七寸，榆柳丛生。

户口　客店一，住户二。

驻扎兵数　淮军一棚。

小克头

由弓沟东北行四十五里至小克头，地形狭长，环以土山。小克头河直贯其西南，河以南，土山起伏，北则地势平坦，人户居焉。

土质　青泥兼沙。

河流　小克头河源出弓沟，流经黄家营子、经棚等处，与什里木河汇。

荒地　十之七。

物产　麦、莜麦、粟、麻油。榆树数十株，细柳丛生。

户口　住户二，客店一。

黄家营子

由小克头东北行二十里至黄家营子，地势平坦。有什里木河亘其东北部，冬季结冰，行旅往来其上，冰解时，须从河之南岸绕道而行。

土质　黄泥兼沙。

河流　详上。

物产　麦、莜麦、荞、粟。松树数十株，大者径六七寸，榆树百余株，均自生。

户口　客店一，住户十。

驻扎兵数　淮军一棚。

打麻苏营子

由黄家营子东北行三十里至打麻苏营子，地势平坦。什里木河贯其东北，河以北悉属荒土，人户傍南岸而居。

土质　黄泥兼沙。

河流　什里木河西流与经棚河汇，又东流入于林西。

荒地　十之六。

物产　麦、莜麦。榆树百余株，大者径尺许，细柳遍地，均自生。

户口　客店一，住户八。

经棚

由打麻苏营子东北行三十里至经棚，地〈势〉平坦。经棚河亘其东北。市场悉在河之西南，人户稠密，商务繁盛，洵内蒙之重镇也。

土质　黄泥兼沙。

河流　经棚河源出西沟，东流塘上与什木匣河汇。

境界　东抵土城子，南抵赵古墩，河西抵大王庙、西沙湾等处，北抵什木匣。

全境面积　南北二百里许，东西五百里许。

物产　麦、莜麦、莞豆、粟等，本街年可共出六万余石。羊毛六七万斤，羊皮约三万张，牛皮四百余张，兽皮万余张，鹿茸〔茸〕最佳。

户口　商户四百余，住户九千，全境共计五万二千余口。

交通　东通赤峰、热河，北通乌珠穆沁，西通大王庙、正蓝旗，南通多伦。

各种机关　白岔分司一、统领署一、警务局一、邮局一、税局一（年度税额待考）、蒙盐公司一、模范小学堂二。

警务区划　共分五区：本街为八区，沙坝为五区，土城子为七区，什巴尔台为九区，高家营子为六区。警兵本街十名。

商务状况　以库伦为销货场，输出物品专为麦、莜麦、麻油、火酒、烟叶等。交易无现金，实物交换，其牲畜皮张，输入内地，悉散销于多伦、张家口等处。布匹年可销二千匹左右，磁器、盐、糖等年可各销千余金。

兵额　淮军计三营一哨。分驻土城子、刘家营子、什巴尔台共一营，西沟、大王庙共一营，本街一营。

井　十三口。

庙　四所。

塘上

由经棚东北行四十五里至塘上。此地为克什克腾旗总管所居，其扎萨公则在塘南二十里许。有什木匣河亘其东南，河之两岸悉属广漠平原。

土质　黄泥兼沙。

河流　什木匣河东流，经刘家营子及林西，与沙里木沦〔伦〕河汇。

荒地　十之六。

物产　麦、荞、莜、莞豆。

户口　十余户。

庙　一。

刘家营子

由塘上东北行四十里至刘家营子。地势平坦，什木匣河亘其北部。街市长里许，位于河之南岸。

土质　黄泥兼沙。

河流　详上。

荒地　十之六。

物产　麦、莜麦、荞、粟等，年可出五百石上下。

交通机关　邮局一。

户口　商户五十，住户四十。

驻扎兵数　淮军后路马队一营，计百二十人。

井　五。

林西县

由刘家营子东北行三十里至林西。此地为巴林王所赠与，光绪三十年始设县治，土地所有权及管辖权，以察干木沦〔伦〕河为界，河以东归巴林，西归林西，地势平坦，广漠无涯。四围间有土山起伏。

土质　青泥兼沙。

河流　全境大河悉在东、南二部。东曰察干木沦〔伦〕河，水深丈许，四季不涸，色甚清，帆船可通，东南流与辽河汇，所纳境内巨川诸水，西部有沙巴尔台川、琥珀沟，东部有乌弥图川、琥珀蛇川，均东流入于此河。南曰沙里木伦河，水甚浅，舟楫不便。东流与察干木伦河汇，所纳境内巨川诸水，南部有英桃沟、巴彦察干沟，东南部有白音坂沟，均南流入于此河。中部城之南有甲苏台河，其源为英合川、木什匣河、玻璃沟诸水合而成，甲苏台河亦东流与察干木沦〔伦〕河汇。

境界　东抵察干木沦〔伦〕河，西抵克什克腾旗，南抵沙里木沦〔伦〕河，北抵乌珠穆沁旗。

荒地　放十之七，垦十之四，放荒细则附述于下：

上地五百七十三顷七十四亩，每顷价银七十两，租银三两，二年收租。中地千三百三十三顷五十一亩，每顷价银五十两，租银二两，三年收租。下地二千七百八十三顷八亩，每顷价银三十两，租银一两五钱，三年收租。下下地千一百二十八顷七十四亩，每顷价银二十两，租银一两，五年收租。上山荒地三百五十三顷七十六亩，每顷价银十六两，租银六钱，五年收租。下山荒地千七百零九顷五十三亩，每顷价银十二两，租银四钱，五年收租。沙山荒地二百三十三顷零六亩，每顷价银十二两，租银二钱，五年收租。

物产　以粟、小麦为大宗，荞麦、莜麦次之，杂豆、高粮〔粱〕均少种。其生产额每年可共出六百石上下，仅能供本地之用。

各种机关　县署一、垦务局一、邮局一。

警务　共分十区。尚未设立局所，但有巡兵十名。

户口　八百六十九户，三千一百六十二口，均系赤峰、热河等处移民。

驻扎兵数　热河陆军步兵八排、马兵二排、炮兵一排。

井　十余口。

香台地

由刘家营子北行七十里至香台地。沿途地势平坦，户如晨星，大好平原听其天荒，殊可惜也！

土质　黄泥兼沙。

荒地　十之九。

物产　麦、莜麦，细柳遍地，皆自生。

户口　一。

什巴尔台

由香台地北行七十里至什巴尔台。此地去西乌珠穆沁二百四十里，地势平坦，荒芜满目。

土质　黄泥兼沙。

荒地　十之八。

物产　麦、莜麦，细柳遍〈地〉，皆自生。

户口　二。

驻扎兵数　淮军一哨。

西沟

由经棚西行四十里至西沟，又名水头。其东北部全属沙洲，且被水冲；西南部多成熟地，有黑水滩河亘其东南。

土质　黄泥兼沙。

河流　黑水滩源出经棚，西流与锡林河汇。

荒地　十之五。

物产　麦、莜麦、粟，磨〔蘑〕菇最佳，为口北之冠，南部有自生榆树数十株。

户口　住户七。

驻扎兵数　淮军两哨。

井　一。

太太府

由西沟西行六十里至太太府。此处系克什克腾旗扎萨公之太太住趾〔址〕，故名。满目荒原，悉属草地，无有一耕种者，一切食物悉仰给于经棚。有住户一，蒙古包四（蒙人以毡为室，其形圆，故名）。

　　调查至此，库兵即抵大王庙，离此百二十里，前途梗阻，进行可危，遂南归焉。

　　据上所列，其土地之荒芜、人口之稀少、民智之愚陋、政治之疏放，可见其一般矣。然当此帝国主义膨涨时代，各国殖民竞争之潮流，为江河出水，低则趋之，大敌当前，虚则乘之，何可自荒其土地、自愚其人民、自疏其政略，开门而揖盗者乎？吾国对于蒙古自前清以来纯持羁縻政策，地不加垦，民不加多智，不加长治，不加善木，腐虫生，致有今日。嗟乎！蒙古与内地之关系如一家，然蒙古其藩篱也，未有藩篱撤而家能保无虞者。设蒙古一失，西藏随之，满洲又随之，中央本部又焉可保乎？日来奋时之士上书筹边数见不鲜，其规画鸿猷，率以改省、移民为不二法门。窃以为国家进化之顺序，由部落时代而后进乎法治时代，法治之运用以土地、人民两方为要件。就事实上论之，蒙古土地之要件虽具，而户口之稀少，寥如晨星，改建行省，有治者而无被治者，其不可遽行者一也。或有主张改省与移民并行者，此在经济发达之国或者力所能及，吾国财政现正困绌，捕鼠罗雀尚虞不给，乌有其余以谋？此其不可遽行者二也。又况土地广漠，人民素狃旧习，一旦改省，纷扰必多，而强俄又逼处其间，在在需兵力以为防范，方今内地军饷尚费踌躇，讵暇及此，其不可遽行者三也。总之，事实问题皆经济问题，中央经济既无担任之力，蒙古地方复无经济可言。就此两点以观其经营着手之方法，宜先从经济根本上进行，而后改革，政治区划，乃能收效顺易。经济之根本何，生产是也，欲谋蒙古之生产，则移民为第一义，而改建行省乃第二时期之办法。此事实上所不可逾越之程限也。试就移民与对于土地所有者及开垦之方法而申论之，蒙古之气候，自乌珠穆沁以北，七月肃霜，种植不宜，多伦以北乌珠穆沁以南地方千余里，气候虽寒，尚堪种植，统计已垦之土地，不过十之三四，未垦者十之五六，荒地既广，移民需多，若仅移热河、赤峰、绥远、归化诸边地之民，不敷分布，中部地方有恒产者恒念故土，且北地冱寒，人多视为畏途，则惟有仿照俄人对于西伯利亚之办法，请大总统饬各省都督、民政长，将无业游民及死刑以外罪犯，概行移徙，其利有五：

一、中部地方游民减少，安宁秩序，不致扰害。

二、坐费者减少，个人经济不形困难。

三、可变顽莠为善良，无业者有业。

四、蒙地尽垦，可使国库收入增加。

五、人口充实，可免他人觊觎。

移民利益如此，而对于土地所有者之关系，又不可无道以处之。蒙古土地虽云荒芜，而所有权实操之地主，移民开垦对于地主或收买之或贷租之，一视乎移民费用之多寡以为衡。如移民费用多，则采收买法，国家直接管理，对于移民负付劳银之义务；移民费用少，则采贷租法，任人民分垦，国家对于地主负纳租之义务。依学理上之研究，国家经营土地，大率取贷租法而不取收买法，第贷租法如前云移民系无业游民及死刑以外犯罪者，何遽有此资本金以为工食、农具、租金之用，故必国家经营，竭力补助，俟数年后，移民力渐能支，始可适用此法。至开垦着手，其要有四：

一、将荒地划分若干区。

二、每区测定若干亩，应移民若干，确定其住所。

三、每区设垦务局一所，管理开垦费用及一切事宜。

四、每区或亩规定劳银或补助费若干，随时支给。

如上所述则开垦费用有确定之计算，局员无饱蚀之弊，移民得其劳银或补助费，亦不致困于财力，而工作勤惰局员又时时监督之，则收效必易。大概办法粗具于是，至奖励、保护、卫生诸事，亦切要而不可缓之图。考各国奖励之法，规定年限免除其纳税及兵役义务，使暂轻其负担而专其心力也。我国于此二者之外，更宜斟其勤惰给以奖金，使人人自奋，保护、卫生诸法种类甚多，如施医院、宿泊所、排水工事、掘井工事等，皆移民地所必须设备者也。又军队为保卫人民之武器，蒙地尤为切要。如库兵胁迫、盗贼充斥，非有多数军队绝不足以保内蒙之安宁，其驻扎法仍宜仿现在蒙地或三五十里驻一二哨之法，其兵士即由练军或淮军内提充可也。他如报馆、学校之类，为开民智进文明之引线，尤宜次第举办，若徒事羁縻，以权取，以术驭，吾恐长此以往，将为朝鲜之续，尚何有改省之一日乎？谨就调查所及，用抒管见，以备采择，是否有当，乞垂察焉。

《西北杂志》（月刊）

北京西北协进会

1913 年 5 期

（朱宪　整理）

内外蒙古之势力圈

[日] 大庭景秋　撰　　赵正平　译

此篇系去年七月廿日，日人大庭景秋之撰，载《外交时报》，其时《俄库协约》尚未发表，然其谓俄人野心所在，不止库伦一隅，将进而囊括西蒙古及新疆一带广大地域。对于日人以东蒙古为饵等处，有足令我人警省者，故补译之。

日俄两国间第三次协约成矣，关于内外蒙古新划定之两国势力圈何如，我人谨述其研究与所见。

俄人弁尼格逊伯者，自前年四月至本年二月（即去年）二十个月间，驻在蒙古各地之人也。于四月廿五日，演说于全俄国民俱乐部，其论蒙古之现状及其解决法，有足注意者，兹述其结论之意如左：

> 今也俄国不可不弃袖手旁观之位置，以援助蒙古王国之建设，如铁道、电信网之构成，军队之编成，以至一切行政，均必须进而指导，使其行动如意。（中略）俄国为保有北蒙古之持〔特〕种利权计，不得不割让东南蒙古之优越权于日本，此我人所不可不承认也。

按蒙古者，谁之蒙古乎？乃曰保有，乃曰割让，我人读之，悲愤何如。

所谓全俄国民俱乐部者，由俄国号称东方派之安特来意夫将军等所发起，标榜全俄罗斯主义者也。对于弁尼格逊伯之演说，决议对付蒙古之政策如左：

（一）蒙古之全从支那离出独立，宜承认而批准之。

（二）西伯利亚与欧俄间之交通，为保军事上之安全，修正俄蒙国境，且确定支那、蒙古国境。

（三）俄国直接与蒙古订通商条约。

（四）关于蒙古政治，俄人概行相助。

（五）如俄国不能并合北满洲，则宜要求左开权利：

（甲）额尔古纳河、黑龙江、松花江、乌苏里河，不许支那及外国之航业。

（乙）自一九〇〇年至一九〇六年，俄国占而复还之黑龙江右岸一带地域内，应复由俄国占领之。

（丙）支那非经俄国同意，不得建造自勃海湾头起至俄国国境之铁路。

（丁）限制北满洲之支那驻兵数。

（戊）满洲与俄国国界上，支那不得设立要塞。

以上决议，不啻俄国对外硬派之宣言，现在对于满蒙问题主张之大体者也。夫如弁尼格逊伯，俄国政治家中，素抱蒙古侵略主义，其于目下之大势，尚公然承认东南蒙古（我人解释为内蒙古之东南部分），不能不以优越权许日本，则我人对之如何。

（注）文中我人系著者语。

全俄国民俱乐部决议之翌日，即四月廿六日，俄国下院，续有俄外务大臣萨逊诺夫之大演说，其演说之次序，先叙各方面之外交关系，遂入蒙古问题。首喝〔揭〕破谓蒙古问题，有详细研究之要，次说俄蒙现势及关系，洋洋数千言，今分晰其要项如次：

（一）内蒙古之东都〔部〕地方，关联于南满洲铁路，故此部分与日本之利害关系成立。而以此部分之地理上、行政上之关系，列强目为满洲之一部也无疑。

（二）喀尔喀（外蒙古北部一带地方即唱独立之部分）与支那本部，全然分立时，使俄国陷于困难之位置，即俄国断然占领之乎，抑辞退之而任支那本部之侵入乎，两者甚难是也。（按此系外交家之饰词。）

（三）为我国利益计，只期接境之蒙古，无强大之军事的国家树立是也。达此目的，不必并合喀尔喀，只须一方尊重蒙古人之利益，维持其自治独立，一方不损俄国对中国交谊，可矣。

（四）故俄国现于蒙古问题，欲确立一定方针，而固守不变之，如左：

（甲）中国本部与蒙古之协议，须俄国之参豫。

（乙）俄国对于喀尔喀，自财政以至维持国内秩序之兵力起，以及一切自治行政，均与以援助。

萨逊诺夫之言，可谓伪而辨，然质言之，则拥据喀尔喀一带地方，以对抗中国本部之政策也。欲行此政策，故举内蒙古之东部地方，承认为日本之势力圈耳。观其次，政府反对党首领米留谷夫之演说中，有萨逊诺夫君，论俄日势力圈之分割，转及南满洲及内蒙古之事云云，可知也。

然则俄国拟设定之自国势力圈，单不过北部蒙古乎，曰否。以我人观之，俄人意想中之势力圈，实包有：（一）外蒙古一带；（二）内蒙古西部；（三）新疆；（四）乌梁海等地方，而俄人欲得此广大势力圈，对于日本所承认之势力圈，世人多就南满洲及内蒙古言，以我人观之，其所谓内蒙古者，不过以大兴安岭为界之以东地方，质言之，即自南满洲铁道一带地方，至大兴安岭东麓之内蒙古东部地方是也。若假定内蒙古全境，属于日本势力圈，则如戈壁〔壁〕沙漠之东南半部，亦为内蒙古，此地为俄国多年希望之蒙古铁道预定地之南半，决不肯属于日本势力圈也。故以我人所见，俄人所承认为日本势力圈之内蒙者，只内蒙古之东南部分，即俄以大兴安岭以西，直至伊犁、喀什喀〔噶〕尔之广长地域，入其势力圈，而以大兴安岭以东，承认为我之势力圈也。此非吾人无据之悬揣也，请举二三事以实之。

我人诚观俄人乘蒙古变乱之机，取如何之行动乎，则六月十五日，俄政府机关报曾漏其消息矣，其言曰：

> 蒙古之独立，虽不获我俄国公然之赞成，然实际则已赞助之矣。即俄国之若干无名政治家，参与于彼等规画者不少也。经济者，在独立国家所必需不可阙也。彼等求之，俄人供之，以造蒙古陆军之根柢。现下蒙古最优之军队，即我俄国一私人教育之者，为时仅及二月，已造成蒙古最初之战斗部队。此部队之优胜处，间有不亚于俄国非正规军队者。彼等毫无凭借，八星期间，又创设蒙古最先之哥萨克队，目下又新设四连，着手教育，为将来蒙古陆军之干部云云。

不独此也，俄国更有时梦想乌梁海地方之当然并合者，六月十五日之某俄报，论乌梁海地方如次，言曰：

> 目下有乌梁海地方居民之代表者，驻在库伦，请愿合并乌梁海地方于北蒙古，迄今犹未解决。夫就地理状态，就地方居民关系及支那旧约上论，乌梁海久宜偏〔编〕入于俄国领土内。（中略）乌梁海依然乌梁海也（断不隶属于蒙古之意），将来不久必成为我俄国之一州者，自然之趋势也。政府纵不努力，我俄国农民，已早向该地殖民，从来未惹起困难之外交问题，而卒能征服该地方，故人民经营之事业告竣之日，即外交官活动之时也。

然实际上，乌梁海为从来中俄两国间之国境确定问题，以萨彦岭为界乎，抑以唐努鄂拉岭为界乎，纠缠约〔纷〕争，迄未解决。至在喀尔喀以外之外蒙古及新疆境内，俄人近时活动，有大可注意者，六月中旬以保护俄国领事馆及俄商为名，派兵士三百人之一支队，进入喀什噶尔，其事为俄政府所正式照会。又俄国阿尔泰铁路建筑局，现在设置临时事务所于多木斯克，至河川结冰期前，将移本局于诺尼哥拉伊夫斯克，该路建筑工程，定本年七月十四日开工云。

　　桂太郎外游，其于内外蒙之势力圈如何，此正面之问题也。虽然俄之有志于外蒙古及新疆也，将北自后贝加尔南下（即向蒙古），西自西部土耳其斯坦东侵（即向新疆）者，已非近数年事，实前世纪之问题也。如乌梁海境界之协定，亦远在千七百二十年时代，顾我之欲张势力圈于内蒙古，我国及我国人，果有何等之实力实权，及有经营之根基于该地方乎？俄欲达其百年大计，投我以饵，默认大兴安岭以东地为我势力圈，在我其能默尔甘心乎？我人不能无疑。

《大陆国报》（月刊）

北京大陆国报社

1913 年 1 卷 1 期

（丁冉　整理）

外蒙古与俄国（四月廿一《朝日新闻》）

外蒙古特使归自俄京外蒙古
已纯成为俄国之保护国矣

希渊 译

闻前被特派俄国之外蒙古外务大臣等，已于十四日由俄京安抵库伦矣。外务大臣为土谢图汗出身之热心亲俄主义者可汗衔尔德尼亲王杭多达尔济，彼等盖与喇嘛五名、随员十三名以一月十日抵俄都，与俄之总理、度支、陆军、外务诸大臣会见，并参列罗摩诺夫家三百年纪念庆典，受其优遇，在俄几勾留两月之久，而于本月七日始就归途者也。

彼等此次赴俄之目的，一为对于俄国之助蒙古独立表示谢意，二为使俄蒙之关系日趋深厚，而求俄国之承认，此诚不待论者。据该特使自告俄国记者之言，谓彼等之使命，在于：

第一，对于俄国援助独立之谢礼；

第二，求俄国派遣陆军教官，供给武器，为军事上之援助；

第三，求承认蒙古之境域中，如全科布多、呼伦贝尔、锡林郭尔（此等尚未归服哈尔哈者）亦包括在内，又伊犁亦终当合并于蒙古；

第四，请再确认蒙古之独立；

第五，求承认俄蒙互驻公使；

第六，拟速筑库伦、恰克图间之铁道与贸易路，并建设以乌里雅苏台等为目的地之大路，以及架设全蒙之电线等，求俄国之协力；

第七，乞俄国设立蒙古银行并派遣财务顾问等云云。

俄国当局者对于第三之国境问题，第四之独立承认问题，第五之公使交换问题等，仅略为酬应数语以敷衍之，而不径应其希望，其用意至为深远，盖俄国不以蒙古与独立国等视，表面上所装之态度，似仍认其在支那主权之下，而事实上实视为己之保护国，观其对于军事上及经济上之援助，欣然承诺，益足证其明〔明其〕意而有余矣。

蒙古决非甘立于支那主权之下者，亦决非能举独立之实者，要其结果必被保护于俄国，此观于去年四月之独立，全依俄国之后援而成，与夫去年十一月三日在库伦所调印之《俄蒙协约》正文，亦可察知一二矣：

第一条　俄罗斯帝国政府，对于蒙古所宣言之自治制，助其维持，且对于蒙古有"不许支那军队及移民入蒙领而保有自国军等"之权利，行其保护。

第二条　蒙古之治者及蒙古政府，对于俄国臣民及俄国贸易，一如旧例，承认其在家〔蒙〕古领内占有附带条约（次日调印）所列托之权利及特权，其结果蒙古对于他国臣民，当不予以俄国臣民以上之权利。

第三条　纵令蒙古政府有与支那或他国缔结特别条约之必要，如未经俄国政府之承认，无论如何，不得因新条约而侵害或变更本《俄蒙协约》及附带条约之定款。

第四条　本协约自调印之日发生效力。

况与二百万罗布借款同时缔结之所谓《俄蒙密约》三十二条中，尤有如左列之重要事项乎：

第九条　俄国允应蒙古五百万元之借款，以蒙古之领土全部为抵当。

第十二条　俄国皇帝占有蒙古之君主权。

第二十二条　俄国关于蒙古之借款，不惟有独占之权，并有财政监督之权。

第二十七条　蒙古政府不得割让土地于他国。

第二十八条　俄国约定蒙人之权利，蒙人对于俄国有绝对服从之义务。

第二十九条　俄国得自由开掘蒙古之矿产，蒙古不得加以干涉。

第三十条　全蒙古军队，归俄国之训练及指挥。

第三十一条　蒙古政府每年纳酬劳金十二万元于俄国。

第三十二条　他国如有侵犯蒙境之事，俄国有派兵保护蒙古之义务。

不宁惟是，俄国今已使大尉华奢力甫及其助手，训练一种骑兵，足为蒙古正规军之基本者，并承诺再派遣佐官四名、尉官十五名、下士四十三名为教官，他如铁道之敷设，道路之修筑，矿山之采掘等，均已着着进步。闻俄国于蒙古使节所自语各项之外，又复有：

一、蒙古军队由俄人指挥，军队之布置，亦不许蒙古之干涉。

一、以全蒙之土地为借款之抵当。

两条件，及"乌梁海一带之土地，割让于俄国，以为保护蒙古独立之报酬"之要求。又俄国外务大臣萨沙诺甫，作成《蒙古保护国案》，已经俄帝之裁可，闻其内容，系：

一、置统监于库伦，其待遇与本国各部大臣同；

二、统监府内置财政、教育、实业、司法四司；

三、各司司长有与驻外领事同一之权；

四、统监于库伦政府会会议，有特别之发言权；

　　五、统监代表俄帝，有绝对之统治权；

　　六、库伦政府关于人材之登用，应与统监协议；

　　七、统监任期六年，但得继续；

　　八、统监关于库伦之施设，应纯遵俄国之法律。

　　而英、俄两国间，又有关于西藏于〔与〕蒙古之密约，闻含有左列之条项：

　　第一条　俄国承认西藏全部为英国之势力范围，英国承认俄国在外蒙古有完全自由行动之权。

　　第二条　关于西藏问题，如英国与支那惹起纷争时，俄国应援助英国，反抗支那。

　　第三条　英国欲采掘全西藏所有之矿山时，俄国以全力助之，俄国欲延长西比利亚铁道达于库伦，或敷设其他支总〔线〕时，英国以全力助之。

　　第四条　支那如有敷设蒙藏铁道之计画时，英、俄两国应协力妨害之，使支那不得伸其势力于蒙藏。

　　第五条　若第三国有欲侵略蒙藏者，英、俄两国协力抗拒之。

　　或谓此种消息传自支那，未可尽信，然以此与实际之经营相对照，则有足令人首肯而有余师者矣。要而言之，无论其表面之口实与对外的辩解何如，不能不断谓蒙古已纯成为俄国之保护国也。吾人于此观我国（日本）对于支那之革命，其政策之全归失败，良引为憾事，同时又不能不深表同情于民国人之愤慨无已也，民国人感亲日之急，岂无故哉？唯不知我国（日本）当局者之手腕，果足使民国与俄〔我〕国两国民满足否耳。

《国民》（月刊）

国民党上海交通部

1913 年 1 卷 1 期

（丁冉　整理）

中俄库事交涉详纪

本报主任天复 撰

一 去岁交涉进行之大概

最近中俄外蒙古交涉之起，因俄、库直接订约之背理也，而实源于俄人怂恿外蒙独立时，殆政府不之察耳。自去岁十一月八日，驻京俄使以俄蒙密约通告我外交部，政府接俄使通告，始相顾震骇，不知所措。外交长梁如浩以舆论指摘，潜走天津，梁氏直误国之徒矣。梁氏既走，政府乃以陆征祥氏继外交长任。自陆氏受任后，即以私人名义，致电俄外相，请其让步，并访驻京俄使，表示中国不承认俄库协约之意。第一次会晤俄使，请其取消俄库私约，而俄使则要求中国承认，是为中俄交涉之开端。陆外交〈长〉第二次会晤俄使，俄使以蒙古权利，俄人业已到手，实际上无中国承认之必要，且为友谊起见，不妨请示本国政府，开始交涉为言，态度极形崛〔倔〕强。至十一月二十六日，始开正式会议于外交部，俄使受该国政府训令，谓俄国当认中国对于库伦有宗主权，中国亦当认蒙古之自治权云。陆外交长力辟其说，并请改订中俄协约，俄使不允，未得端倪而罢。又俄使以中国舆论主战，诿为无意平和之证，要求先解决退兵问题，遂为第二次之会议。谓〔议〕定中国在科布多方面之兵，退至阿尔泰，俄国在库之兵退至俄蒙边境。夫我在蒙为主，而俄为客，俄以兵侵入，既属和平交涉，则俄兵理应撤退，而我则固无退兵之理也。政府竟贸然许之，不可谓非失败矣。后俄毫不守约，仍叠次进兵，是不啻我退而彼进矣，是尤失败之甚者也。自此次会议后，俄使始终主张中国须承认历次提出之三条件，请求回答。十二月一号，总统府开秘密会议，赵总理、陆总长、段总长、周总长等均列席，议决仍以"不损主权，不失领土"为宗旨，与俄国和平交涉。六号，陆总长亲赴俄使馆，提出四条，内容异常秘密，其大旨如下：（一）中国对于蒙古之关系，一如前清之旧（按即于库伦、乌里雅苏台、科布多三处各设办〈事〉大臣一人是也）；（二）中国政府不驻兵于蒙古；（三）中国政府不在蒙古殖民开垦；（四）中国政府不别遣派官吏，而俄国于不设官、不驻兵、不开垦、不移民外，加入俄国承认中国对于蒙古有宗主权，及中国承认蒙古自主之二条，共六条，要求返答，谈判遂仍无结果而散。俄使送一通牒于外交部，中间历举其在蒙古应得之权利，如通商、航行、渔业、林业、畜牧、矿山等等，惟闻未及铁路耳。自初六后，俄使因南方及京、津间有抵制俄币风潮，曾两至外交部质问。十一号五时，俄使与陆总长会议于外交部，是为第三次之会议。俄使得其本国政府训令，对于中国所开"治理蒙古，一如前清之旧"一条，绝端否认，谓系蔑视俄政府之要求，更望中国三思。十七日，俄使赴外交部，请求回答，陆总长以政府尚未议定答之，不得要领而散。二十一日，俄使又至外交部求答覆，陆总长以中国政府极愿援照一千八百八十一年《中俄通商条约》订约为辞，俄使不允，且言俄国止允令库伦承认中国为上国云。时外交团喧传库伦已派杭达亲王为谢恩使，于二十二日出发，乘西伯利亚铁路赴圣彼得堡，谒见俄皇。陆总长即以此诘问俄使，谓目下中国政府，极望和平解决中俄间纷争，今交涉尚未就绪，而蒙使已派赴俄都，恐此局愈难了结，宜暂止蒙使之行。俄使以此事非本使力所能为答，又不得要领。二十二日，陆总长拟定办法三条，通告俄使：（一）一千八百八十一年商约，中俄两国各派员，会同修改，该约内条件有妨碍民国利益者，民国得以删改，再各派全权委员审查缔结；（二）库伦首领可派代表来京，或就内蒙适中之地点，与中国所派之员，协商库伦所求优待条件，但两方均不许带兵，并公推喇嘛一名，为临时主席；（三）商务及拓殖上利益，归入商约另议。凡俄国所要求各条，带政治性质者，应先分清中俄、中蒙之关系。此件送去后，［法］俄使且有答覆，其大略如下：（一）一八八一年之中俄条约，从前协定时，曾载明十年修改一次，去岁本届修改之期，中国并未提议，是修改期已过，现无提出修改之必要；（二）库伦独立，即与中国断绝关系，已可证明非为中国领土；（三）拟在蒙古适中地点召集会议，决定蒙人意向，惟地点须由俄蒙两国政府共同指定，至会章须缮俄蒙文各一份，送呈俄蒙政府核允。自此条件提出后，我政府预备复行抗议。时届岁末，驻京各使照会外部，于新年内停议中俄交涉，由调停〈国〉规定办法六则，如下：（一）中俄两国于休假期内停议库事；（二）停议期内，两国对于库伦不得有若何之举动；（三）驻扎库伦之两国军队，应严守宿营地；（四）对于第三条有一国违约者，应由调停国公判；（五）调停国关于中俄交涉，得随时视察；（六）休假期满，继续开议时，应先知照调停国。而中俄交涉，乃于新年停议矣。此去岁北京中俄交涉谈判经过之大略也。

二　库俄密约之驳覆

中俄谈判久未解决，报章所传，东鳞西爪，微特国民眩然莫名其妙，即报界身任编辑，寝馈于新闻事业者，亦复头昏目瞀，纠缠不清。人亦有言，"国民者，外交之后盾也"，今日外交困难，莫如俄库事件。若不察其事实之经过，个中之真相，以资共同之研究，而徒事狂嚣，宁复有裨。溯自《俄蒙协约》发表以来，约文中本言另有密约，参议院曾质问政府，陆氏则谓指该约附则而言，此外不闻有密约。然附则所载实非秘密事件，识者疑焉。迨去年十二月廿一日路透电，始发现密约十七条，于时中外益骇，陆总长乃逐条驳辩，照会俄使，此去年腊月底事也。兹先就密约暨陆氏所驳原文对照列左，以诏国民之留心此事者：

（密约）第一条　俄国国民照往日所得利益，可以在全蒙境内，自由居住、旅行、通商、制造，并可与华、蒙并他国之人或个大〔人〕或团体合办公私各事。

（驳文）第一条　许俄人在蒙设立工厂。

（密约）第二条　俄国国民，随时均可自由输运华、俄、蒙古及他国货物，所有厘税，尽行豁免。

（驳文）第二条　课捐一项，无论何国均须完纳。

（密约）第三条　俄国银行，可于全蒙开设分号，及与个人或公司实行贸易。

（驳文）第三条　设立银行，不得含有政治性质。

（密约）第四条　俄人可用现款或债券营业，惟私人之债券，蒙古管理国库之王公，不负责任。

（驳文）第四条　俄人借债与蒙，不得以土地为抵押。

（密约）第五条　工商专利，不能允准，惟蒙古王公不可阻止华蒙之人与俄人合办，及阻止彼等受雇于俄国工商事业之中。

（驳文）第五条　准华、俄、蒙人合立工厂。

（密约）第六条　俄国国民，可于全蒙城镇各处，租借、购买土地及工商营业、盖造建筑，并可租借荒地，以备开垦，惟牧地及宗教禁地，不在此项。

（驳文）第六条 俄人租借荒地，不得为永久的。

（密约）第七条 俄国国民，尽可自向蒙古政府请求矿、林、水利各种营业。

（驳文）第七条 俄人开矿须经中政府认可。

（密约）第八条 俄国政府，商准蒙古政府之后，可在蒙古各处随时添设领事，蒙古政府亦有同等利益，在俄国边界添设领事。

（驳文）第八条 除库伦外，不得设立领事。

（密约）第九条 凡有俄国领事之区，及经商之地，俄人商业，全归该管领事或年资老练之俄商照料办理。

（驳文）第九条 俄国委任领事，非得中政府认可，不得行其职务。

（密约）第十条 俄国可于全蒙设立邮政，与俄国政府联络。

（驳文）第十条 俄人不得在库设邮局。

（密约）第十一条 俄国领事，可以利用蒙古邮局，不出津贴，惟若使蒙人每月用马过一百匹，或骆驼过三十头者，不在此例。

（驳文）第十一条 俄领事署应用牲口，按价交给。

（密约）第十二条 凡蒙古江河，流入俄界者，或其支派，均准俄民行使俄船。俄国政府协助蒙古政府，将此项江河，加意保护改良，或立灯船，或添浮锚，以便行船。俄民可照第六款所得利益，在河岸领取地皮，为停船建栈之用。

（驳文）第十二条 蒙古河川流入俄土者，应作为两国国际河流。

（密约）第十三条 俄民以便利输运动物牲口之故，可用蒙古水旱路途，并可自筹经费，添修桥梁渡艇，准其征收桥梁渡艇各费。

（驳文）第十三条　俄人为便利起见，设立桥梁，蒙民无纳税之必要。

（密约）第十四条　俄民可在牧地游牧三个月，不征地价，过限则准收价。

（驳文）第十四条　俄人至蒙地，所用牲口，应纳全价。

（密约）第十五条　凡此约签字以前，俄民在蒙界已得渔猎、樵采种种利益，均用〔由〕蒙古政府承认。

（驳文）第十五条　从前俄人应有之狩猎、渔业、刈草等权，仍照向章。

（密约）第十六条　凡俄、蒙、中三国之人买卖受契据等事，皆须缮写，呈请蒙古长官约〈同〉俄国领事认准施行，如有疑难案件，再由俄蒙政府派人调停，或由俄蒙会审，俄领管理俄民，蒙王管理华、蒙之人。

（驳文）第十六条　俄人与蒙人订立契约，均须呈报中政府立案。

（密约）第十七条　此约由签字日起，实行有效，用俄蒙文缮写签字盖印后，在库伦交换。时蒙国二年季秋之月二十四日，即西历一千九百十二年十一月三号。

（驳文）第十七条　此照会以三星期为准。

陆氏提出驳文后，本月初始据俄使照会答覆承认者，只四条，其余均绝端反对：

（一）许俄人在蒙设立工厂（驳文第一条）。

（一）准华、俄、蒙人合立工厂（驳文第五条）。

（一）蒙古河川流入俄土者，应作为两国国际河流（驳文第十二条）。

（一）从前俄人应有之狩猎、渔业、刈草等权，仍照向章（驳文第十五条）。

综观右述，凡密约所载实已包括全蒙，而我所驳拒者，仅在缩小其范围，限制其权利，为补救主权之标的。其间之通融者，盖已不少，讵意狡诈之俄使，于我所容许者则承认，如驳文第一、第五等条。是于彼所不受损害者，则亦承认，如驳文第十二、第十五等条是。外此有不便于彼而足以受我限制者，则绝对否认焉。呜呼！此非可以口舌争矣。

三　新年中之中俄交涉

中俄交涉，自年前俄使与陆总长商议照例停议之后，直至本年〔月〕四号，陆总长拜访各国公使时，就便至俄国公使馆，探问俄使病状，当即询及中俄谈判，究属何日可以开议，俄使答以日内当有通知，当晚俄使照会外交部，订于五号会晤，六号开正式谈判。六号，外交陆总长与俄使续开谈判之先，特面谒总统，讨论交涉之机宜。总统当向陆总长曰："临时政府期间，转瞬即届，此问题若不得良好结果，实无以对我国民。此次与俄使交涉，其最重要之数端，不可不注意。一、俄国因近东及内乱问题紧急，颇愿和平解决，惟其交涉手段必不肯骤然退步，我国正可坚持主张，勿急退让，俾日后两方退步时，不至大损权利。一、各国公使既热心居中调停，若所调停之中，宜无丧主权，自当听从，勿拂各使之盛意。一、俄国宗旨，实欲得蒙古商务上之大利益，可分别轻重，酌量准驳，惟关于政治上一切主权，万不可丝毫放弃。一、俄政府在外蒙各地增兵，并强占要地，强开矿产，种种违约，务严重诘问，令其明白答覆"云。陆总统〔长〕面请大总统外交机宜后，于六日与俄使开正式谈判。俄使以病不能莅会，乃遣其使馆参赞格拉卫氏代表俄使至外交部，与陆总长重行开议。俄参赞云："俄国政府对于中国提出之六项条件，已有训令，不能表示赞同，因中国所提条件，对于俄国政府之真意，未能体会。缘俄国对于蒙古全系欲扶助其自治，并无思攫为领土之意思，今欲取消已订之俄蒙协约，万难办到，且俄国并极望中政府，共同扶助蒙古之自治。至于外间所传，中政府欲认俄蒙协约为俄库协约，此层亦万不能承认。因'俄蒙'二字系包括已经独立之蒙古而言，并不止库伦一隅，今为邦交计，为友谊计，唯希望中政府将俄国原提出之四项条件，从速承认，不必节节枝枝别提条件，希图商榷云。"陆总长当问："以贵国政府意见既属如此，则将来中国对蒙古之统治权，究竟如何？"俄参赞云："中国对蒙之统治权，将来在中俄条约字面上，或有磋商之余地，至实际上，实难望对蒙统治权之存在。"俄参赞又提及张家口及恰克图邮电诸事，谓："依据中俄邮便条约，张家口至买卖城、恰克图一带，应准俄国由陆路通行邮便，东清铁路则由俄国代中国政府递送邮件。兹闻西北各口大军云集，交通梗塞，请中国政府允准俄国派兵保护张家口以北之俄国邮电各局。"陆总长当时略有驳辩，亦未得如何结果而散。总之，中俄交涉，务为延宕，不至失败相寻不止也。蒙古伪政府所派之答谢专使，已经赴俄，俟其到俄京之后，俄蒙又生出何等之关系，此时亦殊难预知。虽俄使一方面坚持俄蒙私约中之各项条件，要求中国承认，此事关系主权甚大，中国政府万无遽然承认之理，而交涉前途，亦因之横生顿挫。况俄使并会〔曾〕提出铁路、练兵两种条件，所关尤巨，我政府更不得不格外慎重，诚恐办理不善，起国民之反抗，更与中俄之邦交有碍也。然不即决绝，亦非策之善者耳。七日，俄使以是日为俄国冬至节，照例休息，谈判亦停止一日，以此照会外交部，无如何也。

驻京俄国公使克金斯机氏，照会外交部，要求修改《恰克图条约》，略谓："中俄前订《恰克图条约》，现已期满，例应修正，兹将敝国拟定修改事件，照请查覆：（一）中俄两国各派勘查界务大员，从新划分界限，树立卡伦；（二）中俄交界地点，俄国除派守兵护界外，并添设炮台；（三）俄在中国领土内之租界得驻护卫兵队；（四）俄在境内设局征收华商货税，中国不得援以为例；（五）前项税则，由俄国规定时，俄人得以加重华货税率；（六）中国所有界内路矿、邮电，俄人有自由开采及敷设权。"闻陆总长以俄人所定各条，直将权利一网打尽，已按条拒驳，照覆俄使矣。

中俄外蒙退兵问题，交涉已经一月，因俄使坚持过甚，故尚无头绪。陆总长转请法公使康悌氏再三催问，始得俄使答覆，称俄国进驻蒙古军队，已非一朝一夕，中国从未过问，是为默认，今当此严冬积雪之时，请撤兵队，实难遵行。俄国为顾重邦交起见，但嗣后不再进兵蒙古，中国亦须同一遵守云云。背约狡赖，措辞崛〔倔〕强，呜呼！可恶极矣。

四　谈判进行之继续

中俄交涉，于一月六日，曾一次正式会议。当时俄公使提出新条件五条，由参赞格拉卫氏面交陆总长。陆总长于十、十一两日在总统府秘密会议，讨论答覆之主旨，已议定答覆大纲如下：（原案）中国政府承认蒙古之自主权。（答略）中国政府对于蒙古，得有统治权，惟关于蒙古宗教事宜，应承认蒙民之自主。原案于政教两项，混而为一，碍难承认。（原案）中国政府不派驻兵于蒙古。（答略）派兵驻蒙，原为保护蒙民起见，亦中央政府对于蒙古行使统治权之一部分，此后各该蒙旗，如有自卫能力，则中央可酌缓添派驻兵。惟俄兵之进驻蒙地者，当即悉数撤退。原案须改为中国非遇必不得已时，不增派驻兵，惟关于蒙古自行练兵事宜，中国政府当完全节制。（原案）中国于蒙古，断不移民。（答略）此条应改为中国对于各盟旗，无认为移民之必要时，不再移民。（原案）中国政府于蒙古内政，断不可干涉。（答略）中国对于蒙古政治之改革，当然有完全之主权。原案应改为中国政府于蒙古内政，如认为无抵触中央法令之处，不如〔加〕干涉。（原案）中国政府承认库俄协约。（答略）库俄协约，为俄政府与哲布尊丹巴私人之订结，全蒙均不承认，中央断无承认之理，应由俄政府覆按前此中俄西北各条约，逐条讨论。此次俄政府之是否违约，提出确实证据，再行筹议。闻此项大纲决定之后，拟于一二日内由外部正式照会俄使，俄政府如仍不以为然，应由该使于三星期内答覆，如逾期未覆，即作为默认。十二日，陆总长正拟往晤俄使，忽按〔接〕该使照会，称十四日为该国新年，例停办公，约展至十六日始能开议。彼时两方已各预备条件，并请调停国预先讨论。（甲）中国提出条件：（一）取消库俄私约；（二）修改《中俄条约》；（三）请速答前次驳覆之十七条；（四）请撤驻蒙俄兵。（乙）俄国提出条件：（一）修改俄蒙协约；（二）改订《伊犁条约》；（三）许俄人在蒙权利；（四）请遵守第一次照会；（五）请赔偿上年革命时损失；（六）停发道胜银行中国本年红利。惟以上条件已于十六日在外交部开正式谈判，其谈判之内容，乃系陆总长提出驳覆之条件，分数种如下：（一）修改一千八百八十一年中俄条约；（二）取消库俄协约；（三）答覆俄国要求各种条件，并促俄使答覆中国提出条件；（四）凡俄国以前在蒙各种侵害主权之处，均须完全取消；（五）俄国此次须承认实行撤回库伦军队；（六）凡关于中国丧失主权各条件，一律拒绝驳覆。当有〔由〕我政府承认俄国在蒙之权利数种，然仍无如何结果。至二十一日，俄使始将关于中俄交涉之答覆文，送外交部，对于政府所提条件不加可否，惟云"俄国扶助蒙古自治，纯系维持商务保护俄侨，若中国用兵，俄人不得不谋自卫。贵国不承认蒙古自治条件，俄国原不勉强，蒙古不认中国主权，贵政府无庸向俄国过问"云云。其措词之游移如此。惟俄使既一味延宕，陆甚疑讶，爰密倩旧识之某参赞，微探其意，俄使云"余事事须禀命政府，不能擅自做主，莫如请中国派一全权专使，赴圣彼得堡交涉，较为直接了当"云。外交部得此消息，以为俄、库问题，俄国始终持强硬态度，几无磋商之余地，现已准将该国显背公法之六大条件，即开正式交涉，提出质问：（一）蔑弃一千八百八十一年《伊犁条约》，理由安在；（二）何故私移恰克图界碑；（三）何故擅在黑龙江、松花江私运军火；（四）何故在呼伦贝尔城修造炮台；（五）公然帮助库逆内犯，是何意见；（六）擅自进兵唐弩〔努〕乌梁海有何借口。以上种种破坏和平，违背公法情形，该国若仍无正当答覆，则是曲全在彼，拟即一并提交海牙和平会，付诸公判。闻俄使仍不答覆，仅命其参赞谒陆总长，敷衍数语而已。

中俄库事交涉，两方面争持，至今未得要领，各公使知其然也。于是于移交海牙平和会开议之请，中政府以东亚和平之关系，不愿兵戎相见，是以深愿早日解决，在华在荷，均无不可，盖公理自在人心，友邦必有定评也。而俄使自知理屈，既不愿在华开议，复不愿移交平和会，其顽梗强辩，无有出其右者。所持理〈由〉：（一）俄、库现已结为条约国，中国对于库伦，已无干预权，今既要求修改协约，已非分内之事。本国前已允诺其正式开议，当然应在俄京。（一）库伦距俄京最近，开议最称适宜。（一）库使杭达亲王，仍在圣彼得堡，开议即可得便与会。（一）既在俄京开议协约交涉，其他一切中俄小交涉，仍可在贵国北京开议，不致搁置。（一）荷兰既非关系国，尤非调停国，此项交涉，无移往荷京开议之必要云云。其狡展如是，陆外交长得此消息，已覆书抗拒，其理由如下：（一）库伦乃中华民国领土，俄国与缔结私约，民国完全否认，此项交涉，当然在北京开议；（二）各调停国现一致主张在北京开议，碍难中途变更；（三）此项交涉条件，在北京已经正式开议两次，贵俄使曾表同意，何以将第三次开议之时，出此意外要求，按诸法理，决难办到云云。因开议地点之争执，遂致延宕重大外交，俄人之狡，路人皆见矣。

五　交涉之停顿

中俄关于库事之交涉，迄今数月，尚无解决之望。陆外交部〈长〉昨具照会致俄使，探其内容：（一）要求定期开第四次谈判；（二）请其电致该国政府，撤回新增驻哈尔滨军队；（三）答覆俄国要求延长东清铁路侧线至宽城子问题之从缓理由。终未得其明白答覆，并屡照会俄使，将提出各条件与之磋商。彼对于无大关系之条，则允承认，其对于稍关重要之点，则始之以驳辩，继之以延宕，终之以含糊答覆，探其用意，实不欲平和了结。惟现因该国在库之布置尚未十分完备，故暂延搁，以待时机。陆总长特电驻俄刘代表，向俄政府诘问，其对库之意见，是否欲和平解决，并拟于日内特访俄使，探其主见，而定进行方法。当外交总长会晤俄国公使之时，谈及俄库私约交涉，俄使要求中国将俄库附约十七条，全行承认。如能承认，则库伦为中国完全领土，如不承认，则库伦如何举动，中国不必干预云云。旋又重申所持意义，云"如中国政府，能迁就承认十七条附约，则俄国即可与中国缔结新约，否则俄人惟有践行库俄条约，此后即不能责我俄国横生枝节"云云。所言仍异常强硬。陆总长当谓库伦乃中华领土，无订约之权，岂能承认为有效云云。无结果而散。陆总长以中俄交涉谈判，俄使故作隐约之辞，外交手腕愈形诡密，其不欲解决此项交涉者，必有机心暗伏于内，诚恐愈再延期，更生他故，遂具质问书照会俄使，限三星期答覆。其质问理由大略如下：（一）中俄交涉，限于何日为解决时期，须具理由答覆；（二）中俄交涉初议时，即议定停止增兵，贵国近在中国境内，任意增兵，不独违法，更且侵权，请具理由答覆。至各处增兵地点，另有调查表一纸附后；（三）中俄交涉，如贵国故意推延，则库逆系为中国属土，主国有征讨之主权，贵国不得无意识之干涉等语。俄使接得照会后，即密电俄政府，惟举动益形诡密，最后乃得俄使之答覆，仍语多含糊，略云："贵总长诘问延宕原因，前以未接政府命令不便开议，继因本使有疾耽延，所询何日交涉一节，已转告政府办理。至增兵一事，在库伦、恰克图、哈尔滨、伊犁、疏勒、吐鲁番、乌鲁木齐、塔尔巴哈台等处，均系敝国租借地，有自由进兵之权，至瑷珲、满洲里、齐齐哈尔等处，因俄商甚多，特与日本商定派兵保护，贵国无干涉之理。至珲春、海拉尔，或因匪乱，或因兵变，敝国为保障生命起见，权宜行事。贵国如以主国讨从国之例，征伐库伦，虽云合法，不知库已声明脱离贵国，岂能强制执行。"云云。此二月下旬中俄交涉经过之大略也。

六　政府之态度

大总统因临时政府期限甚为迫促，然交涉事项关系最巨，一切重要案件，均未解决，故饬秘书厅转饬外交部，各项案件，确查送府阅看。兹悉该部检出英、俄两国交涉案件三十有七件，当经陆总长分别签定十有一件，于十七日送呈总统府，请大总统察核。大总统阅毕，即与陆总长密议甚久，均主张即日交涉，不可迟延。陆总长即照会两国公使从严交涉矣。

库逆私与俄政府订约十七条，内中损㪣中国主权甚大，陆总长屡次要求修改，俄使始终未允，仍持前议：中政府须先认可此十七条件，俄政府始认库伦系中华领土，而再订中俄商约诸问题，始有磋商之余地。陆总长以俄使态度如此，恐难转圜，惟是否应先行认可十七条件，及先确定库伦为华土后，再认可十七条件之处，是为研究之问题。决拟将库俄十七条件、俄使迭次来文，及各处对于库俄问题所来函电、条陈，一并送呈总统府，请大总统召集简任以上文武各官，在府开特别大会议。将来再将议略，连前函电、条陈一并咨交参议院，提议折衷办法。一面由陆总长再与俄使磋商，如该院一时不能解决，即移交正式国会提议。惟此案关系重要，咨交参议院后，该院须列入每日议事日程首端，作为紧要议案，凡开会即须首先提议。并闻陆子兴更拟将库俄十七条件，即日由公报宣布，俾国人皆知真相，共谋对付之策。

　　十六号，政团联合会代表刘朝望君，晋谒外交陆总长，询问近日磋商俄库条约情形。陆总长答谓：俄人要求中国将俄库附约十七条全行承认，如能承认，则认库伦为中国完全领土。查十七条中损伤利权之处甚多，现已一面交国务院会议，一面仍与俄使磋商，已三星期，俄使仍无确实答覆。俄使口气极其强硬，意谓如能承认十七条，则结中俄新约，否则惟有仍践行库俄条约，以后无怪我另生枝节云云。陆总长当答谓：库伦乃中华领土，无订约之权，岂能承认为有效？俄使云：库伦乃自治团体，与英属加拿大同，加拿大向有对外订约之权，请援此例。窥陆总长语意，似以十七条库约如不承认，惟再延宕磋商，亦难望有美满结果。并云：前任俄使时，清政府令修改中俄商约，即拟将各种疑难问题，趁此解决，不意革命事起，遂作罢论。临时政府成立以来，又以为言，而国务员多反对者，复行中止，致有今日之变，不禁慨然云云。此陆外交长对刘君关于中俄交涉之一席谈话也，可略见政府对于中俄交涉之态度。而陆总长于外交手腕之薄弱，亦可窥知一二。夫此次交涉主脑，专为取消俄库私约十七条而起，使竟以俄使态度强硬，即承认私约，则前兹交涉定必多事。且私约一承认，外交即不复我有，尚何中俄新约之足订。即订中俄新约，亦无救于外蒙之亡矣。此吾人不赞成陆外长交〔交长〕于此多所游移，致外交失败无已也。

《民国汇报》（半月刊）

上海民国汇报事务所

1913 年 1 卷 1-4 期

（朱宪　整理）

暴俄侵略痛史

作者不详

暴俄侵略外蒙，非一朝一夕之故矣。自煽惑库伦独立，私订密约后，暴俄直视外蒙如囊中物，自由行动，无所不至。其从前侵略历史，或有专书容俟补述。今就最近情形约略纪之，遗漏在所不免，当待将来之改正也。

欲述暴俄侵略之进行，请先明俄政府对库之政策。最近俄外相沙色诺夫在俄廷建议，谓库约一事，中国政府持之甚坚，不稍退让，而各省人民，尤为激昂，全蒙又极力反抗俄国对华、对蒙之方针，自应更张，否则一经决裂，俄于两蒙一切权利，终难保全。据最近大势觇之，对于中国方针有四，对于蒙古目的有五焉。

（甲）对于中国之方针：

（一）前与中国所提出之种种条件，稍为变更。

（二）与中国政府之谈判，稍为退让。

（三）中国财政困难达于极点，宜垄断其一切财源，破坏大借款，催索庚子赔款。

（四）俄国与中国边境有关系者，均宜速急进行。

（乙）对于蒙古之目的：

（一）俄蒙协约之条件，暂缓实行。

（二）资助库伦政府军备、财政。

（三）游说内外蒙各盟盟长。

（四）招募内外蒙胡匪、马贼。

（五）创设机关报于蒙古之通都大邑，以鼓惑蒙民。

俄皇深韪其议，即决实行此策，现方有进无已。其二大政策征诸事实，无验不爽。而关于"破坏大借款，催索庚子赔款"一条，尤显而易见者也。

库伦之独立，本由于俄人之极力怂恿，此尽人之所知也，故俄人对于哲布尊丹巴，屡施种种笼络之手段。库伦宣告独立后，俄人首先承认，然初无正式之通牒，近则俄政府竟为正式之承认，派员至库，颁给国书。逆库政府接收国书后，亦派员赴俄申谢俄皇，因是俄政府于内务省特设立蒙古助理局，与库伦答谢专使议定蒙古一切事务，均备文报明俄国该局，并内蒙爵赏事宜，亦规定在内，与我主权盖甚有关系。而公然设局助理，诚可谓目无中国人矣。

俄于库伦，日以笼络人心为事，现特分给各伪官宝星。计总理南邢苏伦二等宝星，内务沁苏乌克图三等宝星，外务杭达多各〔尔〕济二等宝星，陆军贡博苏克伦三等宝星，司法南穆尔萨赖三等宝星，财政绰克斯诺尔布三等宝星。其他如松彦光汗、陶什陶、二喇嘛、苏子武等，除给宝星外，尚有照俄国国籍法特例，准许与俄人受同等权利之说，俄人恃以笼络库伦之术盖狡已。俄政府又以蒙人愚昧，正可利用蛊惑，以坚其服从。且因蒙民大多数反对伪约，于俄国在蒙古之利益，前途必生障碍，俄政府乃饬廓索维慈与库伦伪政府商议，将蒙人附于俄国之利益处，与蒙人附于民国之障碍处，编辑蒙文白话告示，遍地张贴，蛊惑蒙民。且云：春融日暖，民国必来征库，以恐吓蒙民，而使其离叛。俄人诡术真百出不穷矣。

赛尔乌苏，地居张家口至库伦之中心点，为我国征库军必由之要道，现在库伦政府与俄人商议合力防守之法，已由俄国派出绿牌队俄兵五百余名，并带机关枪、炮驻扎该处各要隘。查由张家口至赛尔乌〈苏〉计程约一千二百余里，由赛至库伦约八百四十余里，由赛至乌里雅苏台则有一大路可通，不速设法抵御，将来用兵时，有莫大之阻碍。不知陆军、参谋两部有如何对待之策也。

恰克图为俄蒙交通孔道，故俄专意思欲修筑铁路，俄政府竟拟擅自修筑，不复问吾国之承认与否也。俄现派成兵及工匠数千名，驻扎该地，探勘路线，其所拟定路线如下：（一）由露亚陈斯至乌里雅苏台；（二）由耶尼至恰克图；（三）由葛尔郭至乌梁海；（四）由米奴至索秋。并由俄交通大臣鲁贺罗氏与陆军大臣色哥撒里氏，会派高级军官二员，驻扎买卖城，监督一切云。呜乎！使俄之铁道计划告成，则外蒙尤非我有，我政府对于外蒙军事、铁道之筹备果何如耶？俄现拟于库伦设立俄国银行，已在进行。缘建议设立该银行者，先本为各国资本家，极力运动呼鲁克图与蒙古政府之允许，俄国商界，得此消息，异常惊恐。意该银行将为专利贸易，是蒙古之利源，皆入于各国之手，乃派代表陈说于俄属伊尔库次克商务总会，恳请极力速行办〔设〕法，冀使阻止开设银行。嗣即在伊尔库次克开会议，而以该省总督主席，所提出振兴俄蒙贸易议案中有建议修筑铁道，开通官路，创设电报，开办银行、邮政、学堂等。恰克图亦将开会议，如伊尔库次克之事件。观此则俄人谋扩允势力、垄断利权，无所不至矣。

俄国政府以外蒙事务，务期消息敏捷，方无碍于进行，拟于圣彼得堡至库伦设立无线电报，名曰圣库无线电报，专报告外蒙之情形。闻已由交通大臣鲁贺萝〔罗〕夫氏特派专员赶速筹办矣。呜呼！坐视他人之着着进行，布置周密，而吾则何如哉。

一　暴俄之进兵

二　实权之移置

三　探险队之深心

四　铁道政策之侵略

一

俄人已由西、北两路实行进兵。一由西伯利亚铁路运来红牌兵三十一瓦罐车，军装二十九瓦罐车，哥萨克马队三十瓦罐车，已经派定分扎各处紧要关隘，此进兵西边之军情也。一由哈尔滨开来兵车三十一辆，约兵三千余人，并有大宗军火运至呼图克图，此俄进兵北边之军情也。而巴〔已〕出克鲁山驻扎俄兵，至今并未退出，且较前增加马队五百之多，并闻库伦哲布尊丹前派贝勒博克苏诺尔布，往圣彼得堡要求俄政府派兵辅助。俄政府派斐诺若夫氏率步兵六大队、骑兵四中队、炮兵三中队入蒙，分布车鲁台、哈达图、塔勒图等处驻扎，可知暴俄实力之日充，而亦不欲库逆之求也。

俄人之窃窥科布多，匪伊朝夕矣。近日着着进行，与经营库伦，同一计画，并使蒙人卿某招集蒙匪七千余人，为科布多保卫队，由俄兵官操练之，并由俄国运到十余箱枪弹，交卿某支用。又派蒙匪侵夺新疆北境一带，该处居民盖不胜其扰也。

二

自俄库协约发后，俄人对库进行一日千里，今对于库伦，几与实行占领无异，设有军事、警察等，并发布特别命令四条：（一）

库垣人民不经军司令许可，不得携带枪械；（二）外国人民到库垣旅行者，须由军司令发给旅行证；（三）库垣人民之生命财产，由军司令特别保护；（四）审判、诉讼事宜，由军司令执行裁判，但不得为二次之上诉。库伦人见此，不知尚能觉其附俄之迷梦否也。

俄在蒙古着着进行，大有反客为主之势。有一部分蒙民，悟及于此，乃组织一拒俄团，以自为保护。不意驻库俄领及廓使，乃借口库伦内乱，责活佛不能禁压，严词恫吓。而俄政府密议谓：宜乘此库伦内乱纷扰之际，借口特派总监驻库，阳以保护镇压库伦为名，阴以模仿日监朝鲜之制，议决后派陆军大臣克里笃维为库伦总监，前驻华公使廓索维慈，为库伦外交全权。是不啻韩国统监之第二也。

三

俄国皇家地学协会，上年曾组织探险蒙古队，入蒙古各地调查一切。迨返国后，颇受俄政府之优待，现该队总司令格苏罗斯氏，又复重行组织，易名探查北京队，于一月五号特开大会，决定进行办法十六条，呈请俄政府，已经批准，定于月十二号，由圣彼得堡出发。闻其行程分为两队，第一队自柴里阿宾斯克出后贝加尔铁道，入恰克图，经张家口，以达北京。第二队自莫斯科经撒马拉俄冷布尔，至西米巴拉青斯克，通入蒙古，南过张家口入北京。并闻所有队员，均系各科专门学生，此行必于俄对民国政策极有关系也。

四

俄人于恰克图建筑铁路一节，早有成议，本报前期已详志之，惟无衅可乘，未敢发端。本月中旬，俄人竟由俄工商部派代表赴库，调查恰克图铁路建筑事宜。据该处商家估计，谓此路需款二十五兆卢布，而工商部代表，以为二十兆卢布，即已敷用，现正派人重行详细查勘，俟有眉目，决将该路交由商办，或政府自办。不意此议尚未见诸实施，而一月十五日俄皇召集首相等会议，复有莫斯科直达我北京铁路之问题发生。当时赞成是说者，为首相柯剌可鄂氏等，以此路虽无特别利益，然终不失为经济上之政策。反对是说者，为外相诺夫氏，以为此路不但不利于俄人，且与中国以入蒙之导线，中俄一旦有衅，中国可由此路赴俄，而交通大臣〈鲁〉贺罗夫氏，则谓此路一成，俄在亚洲之国有铁路与私有铁路，必起冲突，盖此路线以莫斯科为起点，由此迤东至西木毕斯克，顺阿尔泰山南，迤过恰克图，与西伯利亚铁路为南北平行线，铁路告成，东西往来者，必舍西伯利亚之铁路，而西伯利亚铁路之利，将为其所夺云云，两派各执一词。闻俄皇仍须召集二次会议，俟决定后，即向中国政府请求，择期开议此事。同日俄交通大臣鲁贺罗夫氏，拟由西伯利亚铁路分筑四支路，一达库伦；一达科布多；一达阿尔泰；一达乌里雅苏台，以为伸入外蒙之枢纽，已于日前由圣彼得堡派出测绘师、工程师约五百余名，前往从事。似此着着进行，以铁道政策侵略，外蒙领土，恐非我有矣。

五

《俄蒙协约》发表，俄人在外蒙于政治关系上，派兵遣使，固行动自由，即经济关系上，亦复力谋扩张其势力，政府力有不及处，则继以商力，此各国谋我之通例，而俄人且以用之于外蒙也。俄人在外蒙经济界上之行动，一曰开设银行之筹备，俄国陆续借款于库伦者，约有三十五万七千三百芦〔卢〕布之多，俄资本家遂乘其空乏为设立银行之筹备，特派代表赴伊尔库次克商务会，请其极力维持。由该会提出振兴俄蒙贸易案，一俟表决，即采定库城迤西之二里半滩地方，开办交易，本报前期已记其涯略。今在库俄官与库伪政府下一命令，禁止兑用华币，查出作废。并闻俄人将收集大宗华币，来华兑现，以施其垄断外蒙金融之手段，而我则宜先为防备矣，此其一也。二曰俄蒙股份公司之创设。外蒙向无俄蒙商人合组公司，以故俄商以地位关系，时被驱斥，俄商患之。自协约、附约成立后，俄商知有机可乘，遂倡设俄蒙股份公司，其资本由俄蒙商人各出其半，蒙商附和之公司条例，业已订定，惟事关交涉，俄商郑重其事，将该项条例呈由俄政府核定，已由俄内阁通过许可矣，此其二也。三曰莫斯科货物出口公司之发展。莫斯科货物出口公司者，俄最大之出口公司也，资本丰厚，逐年派人赴外蒙一带，调查该处俄蒙商情，归而报告一切，故于蒙古商务洞悉无遗。曾由其发起组织外蒙商团，出有商报，以外蒙为其研究目的物。去岁该出口公司派人调查之结果，谓于库伦有设分公司之必要，以期东西〔应〕商务振起，于去岁抄该分公司业经成立。俄货之至库伦者，络绎不绝矣，此其三也。四曰远东货物出口公会之经营。远东货物出口公会，由伊尔库次克（俄西比利亚最大城市）商界组成，其会址即在伊尔库次〈克〉城内。现经该会全体会员开会讨论，谓欲在外蒙巩固商务基础，非由伊尔库次克商界代〈表〉组织合股公司不可。时有俄亚银行代表在座，主张将合股公司代办机关，设伊尔库次克，则各商可径向莫斯科各工厂定购货物，运以东来，转运入蒙古境内销售，实乃莫大之便利，以伊尔库次克与西比利亚铁道相接近故也。全体会员多赞成其说，切实准备矣，此其四也。

六

政府对于蒙边之手腕，日形退步。交涉也、征讨也、抚驭也，聚讼盈廷〔庭〕，毫无定见，俄则与时俱进，张牙舞爪，刻不容缓。闻俄库私约，已于一月十六日送交海牙会要求承认。闻其理由，则以俄国经营库伦，煞费苦心，故库伦应归俄属，而于地理、国势、商业各方面，并〔并〕未违法，历述我政府抛弃固有之权利，虐待该地之蒙民，倘俄国再行抛弃，恐为天演淘汰。当时美、法、德、比、荷各驻会会员，均不谓然，表示反对之意，斯亦多〔可〕见其不知量耳，然其野心犹未戢也。科布多近又增兵人团，大有久据之势。侨居该地革〔华〕民，大变苛虐，满望政府援救，充耳不闻，故自裁之事，屡见不鲜。复于安西州一带，运输大批军火，接济哲布尊丹，助其内犯。

暴俄外交部决议每十日输送俄民五百名，分往唐属苏特苏伦古尔胡呼卡伦、土属乌尔鲁克卡伦、倭伦托诺扪汗、车属昆古尔成丹特等处，经商、开矿，以垄断蒙古利权。然则我国移民实边之问题，实行容可缓耶。

七

自《俄蒙协约》成立，附约继续宣布，俄人朝野上下皆视蒙古为属土，为研究之目的物，日前俄京货物出口总公司大开会议，讨论蒙古商务事件，以定进行方针。到会者不下数百人，署名《财政新闻》记者及《工商报》财政编辑主任，博士伯郭列波夫亦到会。旋举结尼索夫为会长。开会后会员窝斯特罗泰等提出议案，读其文可知俄人对蒙古之野心为何如也。文如下：

　　蒙古西北部为我俄人势力范围者久矣，不可不知所以利用之。该部有广大牧畜场，在世界上为牧畜最富之邦。前据本会会员索伯列夫及伯郭列波夫两博士，以及墨斯科俄商之游历蒙古者报告，谓蒙古全部中最富之区，为喀尔喀、科布多、乌里雅苏台及巴尔根四处。该四处有角牲畜年达十兆头，马五兆以至七兆匹，羊二十兆头，骆驼二十二万五千头，共计三千七百七十二万五千头，值三百八十七兆卢布。然则蒙古商务之销路为何如耶，若蒙古之需要外国货物者，值达四十兆卢布，内中制造品二十兆卢布，皮货八兆卢布，铁三兆卢布。据此次新商约规定，此等货皆将由俄商供给之。然则我俄人之获利又何如耶，自蒙古宣布独立以后，吾俄人在蒙古大放光明，惟近日稍有少数之蒙古行政官仇视我俄人，思缩减我俄人行动。至东蒙古王公，则又皆冀俄人之援助，所惜者，吾人所持政策之不固定耳。巴尔嘎初趋向中国方面，今已加入库伦团体，如我俄政府承认此事，则我税关当可移于海拉尔，以固我国在东蒙古市场之货力。又科布多与乌里雅苏台皆为所必争之地，吾等不欲承认该二地置于蒙古之外。吾国访员以该地商人之名义，请求货物出口公司，要求政府派哥萨克兵往他境，甚望政府之有以应之也。至我俄欲发达在蒙古经济势力为政治后援，则下列各种办法，有朝夕不可缓之势者也。办法如下：

　　（一）蒙古各种税则之改良。

　　（二）取消乌梁海物产税，而改良卫生防疫方法。

　　（三）十月二十一号与蒙古所订条约，吾人享有发达蒙吉〔古〕邮政之权，宜请求邮政局扩充电线与俄国中心相联络，废去中国电报生，而代以俄人。

　　（四）在乌里雅苏台、科布多、库伦建记〔设〕邮局代理兑汇事宜，以便寄款。又库伦政府已请求俄政府设立蒙古国家银行，吾人宜速为预备。

（五）宜鼓动工商组织、株式会社〔会〕、公司等于蒙古。

（六）发达蒙古交易，在俄蒙边界建筑路线。

（七）令工商会社于适当地方设立商会，以便讨论重要商务问题。

此俄人在蒙古方面所注意也，至南北满洲，彼尚不遑计及。然为彼所注重者，尚有中亚细亚西部，如土耳其斯坦、喀什嘎尔，今喀什嘎尔已成独立，政治上极为扰乱。其地有俄属回教之制造场，与俄国之政法、经济关系颇为重要。观于此，则俄国对于蒙古非惟有政治特别关系，即商权亦必实力扩充，政治、商业双方并进，外蒙讵我有耶。

八

恰克图筑铁路一层，犹复进行不已。路线系由西比利亚干线分支南出，以恰克图为终点。惟该路以西比利亚干线何路为其始点，则成一争论问题。盖可为该路之始点者，其地有二：（一）梅索克站，（一）土〔上〕乌金斯克站。由梅索克路直而近，惟多经过荒凉之地，由上乌金斯克路曲而远，然多经过繁盛之区，主张者遂纷纷不一。其时墨〔莫〕斯科货物出口公司曾开会讨论，俄京货物出口公司亦派代表与会，时有俄铁路专家怕葛达诺夫，为〔谓〕自西比〔伯〕利亚至哈〔恰〕克图铁路建筑，实为不可缓之举。路线问题，商界初多主张梅索克，继经统〔详〕实调查，则又转而主张上乌金斯克。盖取道梅索克，则沿途皆荒山寂境，百里无人，何利之可云。若上乌金斯克则素为俄蒙商务之中心点，其所经过者系人烟稠密之区，多产粮食，随时可运至蒙古求售，固不惟俄货已也。取道虽较梅索克远一百五十里，其得失仍足相偿，故哈〔恰〕克图铁路与其取道梅索克，毋宁取道责〔上〕乌金斯克，推俄人恰克图铁路之筹议，意在联络西比〔伯〕利亚与库伦，先筑自西比〔伯〕利亚干线至恰克图一段，后筑自恰克图至库伦一段，彼此动工同时并进，恐不一二年全路告成，不惟蒙古商务大受影响，即军事上，亦将生莫大之关系也。

九

库伦伪陆军部所属军马，统共四万五千三百有奇，共计大小五十余营。而暴俄于外蒙一带，则节节增兵，计驻库伦俄军十三队，恰克图九队，其余统计三十余队。近日由西伯利亚运输库伦一带俄兵，源源不绝，大有以兵力压制库逆之势。而逆佛犹冥然罔觉，不独恬不介意，且对于暴俄增兵，深表欢迎，恐将来必演出喧宾夺主之惨剧。而乌苏里雅苏台俄国领事瓦尔切尔，近调哥萨克马兵一团，携带机关炮二架，过山炮六尊，星夜入乌。翌日该领事又出通告八条，晓谕蒙民；（一）本领事调兵来乌，原为保护蒙民起见，勿容疑惧。（二）将来可将乌里雅苏台另改名目。（三）俄人有自由住居权，以便与尔蒙人感情和洽，杜绝俄蒙冲突。（四）蒙民一律悬挂俄国国旗，本领事当平等待遇，竭力保护。（五）乌里雅苏台内金矿殊多，我俄出力开采，多分利与尔蒙民。（六）本领事以便利交通起见，凡俄国货物减价出售，如有抵制者，以武力对待。（七）自此俄蒙一体，许尔俄蒙人民结婚自由。（八）蒙人办理一切事宜，如有乏款之处，我俄当仗义相助，不拘多寡。恩威并济，瓦尔切尔之手段亦奇矣。

十

电现俄政府提出优待蒙王公四条：（一）入俄籍之蒙王公，由俄皇加敕与俄亲王、世爵一体待遇。（二）曾受俄赐予二等宝星以上者，得比照俄世爵给予年金三分之一。（三）信仰基督教者，得充俄各署顾问职。（四）因私债困难，欲借俄款偿还者，得减轻利息。又优待蒙人民六条：（一）蒙人民得自由入俄籍，不加限制。（二）入籍后，得被选为俄议院议员。（三）信仰基督教及学习俄语言者，得免持〔特〕别税课。（四）从事俄军役者，有罪得赦免两次。（五）得与俄人结婚。（六）一年内领有俄保护照，认为入俄籍，得世守其不动。云云。抚驭利用，无所不至矣。

《民国汇报》（半月刊）

上海民国汇报事务所

1913 年 1 卷 1—3 期

（朱宪　整理）

告外交总长

一月六日载《湖北群报》

作者不详

俄库私约发表以后，梁如浩无力补救，弃职而去，陆总长不辞艰巨，再长外交，据理驳诘，使狡俄不能掩其违约之迹，已有取消俄库私约，另订中俄条约之耗，外交方略，颇称得手。吾人对于陆氏，固无所用其訾议，独是中俄条约，无缔结必要之理由，即为取消俄库私约，而缔结亦当以我为主体，而使狡俄立于被动之地位，要求条件独我可以提出，断不能任俄人反客为主。至俄使克罗法斯基氏所称"不设官、不驻兵、不屯垦"之三项，直视我无统治蒙古之主权，与俄库私约无异，此我国绝对不能承认者也。

虽然，俄之外形，虽甚强硬，其内容实无支持能力，不过欲借此以缓我征库之师，而维持其欧俄之现状，以故迁延多日，不欲与我开正式之谈判。据欧报所载，胥谓俄政府欲将蒙古问题与巴尔干问题同时解决，其意从可知矣。盖俄自败于日本以后，元气已耗，近虽渐次恢复，而国内革党到处隐伏，屡思大举，防判〔范〕内乱，兵力犹嫌不足。今春革党发生，各地响应，而实以军队为原动力，故其兵力虽有数百师团之多（据最近调查，俄国战时可出兵二百数十万人），不能尽为所用。加以近东之风云日紧，俄、奥有宣战之说，以奥敌俄，固觉不支，然德、意二国以利害相关之故，势不能不起而臂助，一旦干戈相见，兵连祸结，是可逆料。姑无论暴俄后此之胜败若何，要其内忧外患，相逼而来，断无力以侵我蒙古，则显而易见者也。陆氏既慨然担此仔肩，当知此次中俄交涉之胜败，为我五大民族生死存亡之所系，其拒驳俄使之要求，固吾人所表同意，然日复一日，迄无交涉之效果，事实上，固俄使之有意支吾，方略上，陆氏究未免入其圈套。似此延搁岁月，岂真待俄、奥战事解决之后而后决议耶，此记者所以不能不为陆氏进一忠告也。

夫办理外交之要点，在手段之敏捷，眼光之宏远。眼光宏远，而后把握有定；手段敏捷，而后政策易施。长于外交者，内察本国之情势，外审他国之现状，刚柔相济，伸缩自如，故常能得圆满之结果，而不致失败。俾斯麦、加富耳之徒，皆利用此技以强其国者也。今俄国之现状，为何如乎？内则革党纷乘，外则奥国牵掣，固天授我以利用之机。况我国民气异常愤激，敌忾同仇，大有灭此朝食之概，热诚奋兴，又足为政府之后劲，因而用之，未尝不可以一战。若徒虚与委蛇，久不解决，则俄奥战争之后，胜则兵锋方锐，图蒙愈亟，败则黑海之势力全消，将注全力以经营远东，而为取偿之计，蹉跎复蹉跎，其交涉不更难着手耶？吾人所望于陆氏者，亟宜乘狡俄当此内忧外患之时，提出抗议，如其就我范围和平解决，固为上策。如其故意延玩，强硬犹昔，则可宣告决裂，绝止谈判，以征逆讨叛之名义出师征库，兼程并进，直捣虏庭。俄人若暗助干涉，即可与之宣战，以我方新之气，敌彼首尾不能兼顾之俄，未见必不能以取胜。法使康堆氏所谓"中政府举兵征库，则俄库私约取消如无形者"，诚根本之论也。陆氏而能解此，似不必慑于外强中干之俄人，而以我国兵力之弱，鳃鳃过虑。不然，不于武装中求和平，而徒仰人之鼻息，以期和平之效，吾恐和平终不可得，且将断送喀尔喀回〔四〕部于斯拉夫民族之宇下矣。藩篱既撤，奥堂即虚，禹域之祸，宁有涯乎？勉旃陆氏，慎勿中狡俄之诡谋，而负吾国民之望。

《民国汇报》（半月刊）
上海民国汇报事务所
1913 年 1 卷 1 期
（朱宪　整理）

库伦谋叛真相

作者不详

库伦谋叛独立，今已历时年余。而逆佛等犹夜郎自大，悍然不畏，盖恃俄人为后援，而不虞死期之将至也。且库伦独立，实主持于库伦少数人，若二达喇嘛、杭达亲王、陶什陶、松彦光汗之流，或传兹数人之反抗民国，而为之主动者，实库伦之菩萨。库伦之所谓菩萨者，本附近蒙民之女，尝以贫故，鬻身于倡家为口肯（口肯为译音，即蒙古妓女之称），及稍长，貌艳佚而性机灵，故甚知名于库伦，大贾豪商趋之若骛〔鹜〕，菩萨乃日益豪侈，承颜慕色者，望之若天魔也。二达喇嘛，时方为哲布尊丹巴之管家大臣，一见心倾，于是菩萨之声价，乃如天半之朱霞，而杭达亲王者，乃亦降贵胄之尊，与相款曲。二达喇嘛衔之，而无如何，于是设法进于哲布尊丹巴，以间其好。蒙俗敬礼活佛，出于中诚，因此崇拜真妃，尊为菩萨。菩萨既以媚术玩弄活佛于股掌，仍阴念二达喇嘛之旧好，密与为欢，二达喇嘛遂兼擅内外之宠，权势益张。然杭达亲王固未忘情于菩萨也，适哲布尊丹巴侦知两人之奸，欲尽力痛惩，以泄其怒，杭达亲王乃邀陶什陶力为解围，以市恩于菩萨，遂乘二达喇嘛驱逐出宫之隙，再续前欢。菩萨又深知陶什陶之才，亦与交欢，互为勾结。自此二达喇嘛与杭达亲王及陶什陶，皆受菩萨之指挥，联成一气。哲布尊丹〈巴〉外制于三人，内慑于菩萨，遂甘为之傀儡，而一切听其所为。彼三人敢独断独行，大肆其反对民国之野心者，实菩萨之力，亦库伦叛逆史中之逸话也。

俄、库既订密约，又得俄国承认，逆佛哲布尊丹〈巴〉僭号"日光皇帝"，组织伪内阁，南那苏伦为总理，沁苏乌克图为内务，杭达多尔济为外务，贡博苏克伦为陆军，南穆尔萨赖为司法，绰克斯诺尔布为财政，陶什陶为练兵大臣，纷纷扰扰，甘蹈亡韩覆辙，真可笑也。

杭达多尔济与二喇嘛等，时在俄领事署会议，就中尤以二喇嘛往来为最密，大致系军事问题。盖因近来逆佛有取消独立之意，但为杭达多尔济及二喇嘛所把持，故俄领即利用此二人，以钳制逆佛，诚毒计也。

库伦因民国政府，派遣慰问员招抚内蒙各旗，诚怒各旗投顺民国，减薄库伦势力，现亦派辅国公策林多尔济、头等台吉达木丹根毕沙、三等台吉色呼宁、多罗贝勒阿尔达萨噶拉、固山贝子棍布苏伦、头等台吉那旺什克尔，分赴内蒙各旗宣慰，以资联络。又特办印刷局，发行蒙文官报，鼓吹联俄利益，挑拨蒙汉恶感，冀蛊惑内外蒙未附该逆各旗。该报由俄人津贴巨资，故设法销售各旗，不遗余力。外又由俄人创办蒙文机关报数家，惟奉、吉、黑都督及察哈尔、热河都统、绥远城将军，与巳〔已〕反正各旗王公，均严行饬属查禁销毁，并拟派员讲演五族共和真相，库逆蛊惑之技，其无所施矣。

俄使廓索维慈又教逆佛收服内蒙之法，代画三策：（一）分派军队向察哈尔、绥远、热河及新疆、青海等处，随意掳掠，遇中国大队兵至，避勿迎敌，以图牵制；（二）多招马贼匪徒，劫掠各盟，使不能安生，自然来库归附；（三）多派间谍到各处散布谣言，谓大兵将至，使其惊恐避匿，牲畜藏于谷中者，设法损害之云云。库伦得廓氏为谋主，诚大患也。

逆库所用军械，皆参差不一，锈腐不堪。即陶什陶部下亲兵所用自来德枪，不过二三百名，贝尔军长部下所用自来德枪，与近日由俄购来之各机关枪炮队，亦不满五百名，其余皆不及我内地防营齐整，诚能早一鼓直下，又何至使其引狼入室耶。

近半年来，蒙地各盟，外迫于库伦游骑之侵凌，内迫于本处蒙匪之骚扰，风声鹤唳，时刻惊心。请救于中国，既不能恃之以为固，反顾本旗之力，又几无以自存。无可如何，乃合各盟王公、台吉、总管等人，特开联合会，议决于每一王旗立一公所，名曰和硕处噶啦。其宗旨在联合各旗互相援救，其办法在谋本旗之自卫，布置一切进行，凡一和硕处噶啦募设卫兵三百名，为侦探、差遣、通信之用。成立以来，颇具形式，似较从前散慢〔漫〕之蒙旗，稍有进步，特不知其真意所在，究注重外向耶，抑注重内向也。

察哈尔牛羊群总管卓特巴扎普，于上年八月间自告奋勇，往剿达里岗崖丹〔之〕变，因寡不敌众，身受重伤，被库兵所擒。卓特巴扎普自被擒之后，伪政府哲布尊丹巴，因同系蒙人，亲到狱中，多方安慰，促其归向。而卓特巴扎普深明大义，知共和之幸福，坚不归向。日前锡林果勒盟长阿巴噶王之子由库伦返回，言及伊父阿巴噶王被库伦掳去，与卓特巴扎普押在两处，卓特巴扎普，刻下枪伤已痊，可保无虞矣。

库伦自去年独立后，财政本甚形竭蹶，组织伪廷时，全赖借俄国数百万罗布，力〔方〕可支持。至阳历十月时，市上几无现银，全以纸币流行。惟工商界甚不信用，因之军界亦反对发给此种纸币以为军饷，故于十二月二十三夜，大行哗变。当时活佛与高〈级〉军官数十名，行街安慰，并宣布无论如何，二十六日必全行发给现银，盖恃杭达亲王赴俄所借之六百万罗布，必指日可到也。不意届期杳无音信，于是兵士纷纷质问伪度支大臣，限以三钟内答，及至其时，伪度支大臣已逃去，百索不得，遂于二十六日夜复变。焚抢东西两街，活佛派俄兵弹压无效，后由廓索维慈氏出示，许以正月内必全行补发，始各归营。伪廷见俄款之难借，而正月间全行补发现银之约已至，拟将建筑伪都之议，暂作罢论。以前此借到建伪都之三百万罗布，移作军饷，以济眉前之急，而免军队有三次哗变。然蒙人自二次兵变后受害甚深，故无不怀内向之心矣。

库伦近时俨然若一小都城，活佛卫兵约六千余名，炮兵千余名，常巡逻各方面，晨夕操练，有意气冲天之概。且令其部下呼图克图分饬各盟，凡遇投降者，立与优奖，并加重用。其所聘用军事参谋多系俄人，陶什陶恐于自己势力有碍，因之与活佛意见不合，大有决裂之势，故陶什陶带兵威迫东苏尼特五盟旗，使其降伏，其先锋则已侵领西苏尼特。盖陶什陶此举，欲得东苏尼特后，以为自己根据地。彼先在库伦为伪军政大臣时，即与伪外务大臣杭达亲王，意见大相水火，无日不两相反抗，遂致屡起冲突，故愤然离库，自率部下之蒙兵五千余人，随处掠夺，各小盟长既无与之对抗之势力，遂亦遇事屈伏。陶遂抢夺奸淫，无恶不作。其侵略乌里雅苏台某盟时，惨虐达于极点，蒙民不胜痛恨，遂飞檄于同盟部落，呼应云集，四方齐起，数面夹击，陶遂遭其痛击，不得已逃遁，而蒙民等追击益烈，陶什陶之左腿遂为流弹所贯，因得部下所助，未为捕虏。此陶什陶死亡之说所由起也。

库伦之独立，恃有俄国为之后盾，其所以能联络俄人者，以有留学俄国之学生为之介绍也。杭达多尔济亲王者，在俄国留学生之一也，其人机灵精悍，在俄国某学校时，其同学有俄国某亲王□与杭达极相得，杭达尤以力与交欢，加以某亲王亦明佛理，又有宗教之关系，因此两人之交益固。蒙俄结合之初，皆杭达与某亲王密商，至八九垂成，始辅之以陶什陶与俄使廓罗〔索〕维慈，而协约乃缔，故杭达与俄之感情尤切也。后杭达又延聘俄员某某二人，为活佛之参议，以冀合力进行扩张蒙之势力，其谋可谓狡矣。噫！库伦乃有杭达多尔济其人者，杭达不死，蒙难未已也。

又叛库伪总理内阁南那苏伦，系亲俄派之最有势力，而又最狡猾者。自任总理以来，与伪陆军贡博苏伦、伪司法南穆〈尔〉萨顿〔赖〕，内务次长海珊等狼狈为奸，虽刚愎如杭达多尔济，强悍如陶什陶，亦为彼利用。凡亲俄皆以此数人为中坚。现因叛库内有非亲俄一派，见暴俄外患内忧相逼而来，恐不暇保护，思欲乘机内附，以为立功民国推翻内阁之计，为伪总理所侦知，大为仇恨，谓此辈不达时务，且宣言非芟除此派，库伦不能独立云。以是伪内阁暗潮日益剧烈，亲俄派势力渐增，其非亲俄派难与抗衡，遂纷纷提出辞职书，伪廷几有解散之势。殆所谓"多行不义必自毙"乎。

蒙军在库伦者，计有五千余人，现拟围攻唐努乌梁海，因人数稀少，特加入俄兵，以厚声势。讵意行至翁和尔诺胡地方，蒙军与俄兵大起冲突，杀伤甚多。当经那将军派兵至翁痛剿，并获军械，活佛急遣人招三音诺颜部助战，应者寥寥也。

库伦自俄库军队交哄后，暴俄处理此事，显分厚薄，甚属不平，以致因疑生惧，种种狼狈情形，不堪言状。至其最重之点，则有二端：（一）库伦一带，现多属斯拉夫族人，势力大盛，有喧宾夺主之势，以致叛库对于此事，遂生极大恶感，深疑俄之扶助独立，系假作慈悲；（一）近知民国征讨计划，已经决定，而附近各盟旗一致反对，若民国大兵一到，即形束手待毙，有此种种险象，故日前纷纷扰扰，莫能自主。惟一般少数之亲俄派，尚在强硬坐镇，自欺欺人，而嚣张于覆巢之上，悠游于鼎沸之中。其至恶至愚之状态，诚有令人不可思议者矣。

库伦逆佛，因军费支绌，与南那苏伦及杭达多尔济商议，借用俄款，以冀筹备一切。兹已签约者：（一）以呼伦属境之兴安岭等处地方作抵，借俄债四千万两，以为筑路、练兵之用；（一）以海拉尔之盐税及盐池抵押三百万元，专为修筑营垒之用。以上两约，已于上年十二月二十日签字，并已交付现银一半云。

〈杭〉达多尔济及沁苏乌克图向俄借款，因争权利致启冲突。沁遂与陶什陶暗中煽惑军队起事，致杀伤俄民多人，当由廓尔〔索〕维慈及黎由但领事，向活佛要求赔偿十万元之生命金，活佛对于此事，既畏俄人之势力，复恨内阁之风潮，曾谕杭、沁料理。二人置之不问，遂致风潮更烈矣。（未完）①

库伦叛逆真相

（一）逆佛之穷蹙；（二）伪书之荒谬；（三）政体之磋议；（四）经济之窘迫；（五）杭达之赴俄；（六）内犯之准备；（七）乌泰、陶什陶之猖獗；（八）逆佛之卑劣；（九）杭陶两逆借款之抵押品；（十）库、逆之内犯；（十一）蒙匪断绝我交通；（十二）河拉善之夤缘；（十三）文告之荒谬。

（一）近来逆佛哲布尊丹〈巴〉之态度，益形悖谬，每日除办事外，惟监视工匠铸造铜佛，高会置酒，一切政治概不过问。政权统入杭达亲王掌握，现该亲王赴俄，暂由岑达喇嘛代理。前经俄使劝其赴俄朝觐，逆佛特召集伪政府大臣会议，议论纷纷，莫衷一是，惟逆佛主张颇坚，刻正预备赴俄。但俄国近来大不满意于逆佛，盖因俄国政府有文致逆佛，令其将喀尔喀四部八十余旗，人畜、地亩、财产总数，开列清册，即日送往俄国，逆佛未允之

---

① 从《民国汇报》1卷2期起，题目改为《库伦叛逆真相》。——整理者注

故也。

逆佛大为蒙民所不容，因该处杂税太多，横征暴敛，居民不堪其扰。一月十四日九时，逆佛在寝室憩息时，忽有枪弹自窗中入，适中墙壁，距逆佛左耳仅半寸许，惜乎未中。闻此事与二喇嘛有关系，故近日逆佛，益严自防卫矣。

（二）逆佛哲布尊丹巴，前曾致书袁大总统，措辞荒谬，达于极点。略云："余与阁下同为前清臣民，只以政治不良，遂致各谋建国，君主汉族，余主蒙古，事最平允。以时期言之，则余之建国，尚在民国成立以前，正望彼此提携，共敦睦谊。乃闻阁下以五族共和为名，坚欲取消蒙古独立，近且将以兵力从事。殊不思共和之成，出于公众愿意，必人人同有此心，自相和合，方为名实相副，岂有以兵力强迫他人共和之理。且蒙古与中国宗教、语言、文字、风俗一切不同，本难合为一国，汉、唐、宋、明极盛之世，亦不能阻止蒙古之独立。阁下并非清室之子孙，安能谓清朝领土，皆在继承权利之内。至谓蒙古独立，中国即不能自存，此言尤为无理。蒙汉各自立国，存亡强弱，全视各人之自为，有何不能分立之理。阁下对于本国各省尚未完全统一，乃欲劝令蒙古取消独立，岂非迂谈。为今之计，惟有彼此修好，订立通商条约，结为友邦。余以慈悲为心，不惮苦口相劝，若必欲以兵力后〔从〕事，则蒙古虽弱，亦尚有背城一战之勇，成败利钝，余自凭轼观之。"末署"蒙古帝国大皇帝"，词特狡诡。并派遣宣慰使十余名，赴各盟煽惑。其宣慰使策林多济公木丹报沙头等台吉，吉色呼宁二等台吉，阿贝勒棍贞子那旺针克尔头带台吉等，随携伪谕一道，大致谓"上年革党颠覆满政府，建设共和，不分种族，其实不过汉人笼络手段。朕洞悉此情，统率全蒙，首倡独立，招兵储粮，已及半载，一切行政，均已就绪，财帛已向俄国借得，足以抵御华兵。内外蒙盟本属一家，朕不忍坐视侵略，特派宣慰员分赴各旗，劝令一律同心协力，以与中央抗，愿各旗王公共图之，朕有厚望焉"等语，内〔同〕室操戈，妄自称大，此种虚词，内外蒙贤王公，必不为之所惑耳。

（三）逆佛自谋叛后，内部纷扰益甚。近忽夜郎自大，拟定为立宪君主国，订定根本法规，明领土之范围，照会中政府，划清中蒙境界，以兴安岭及郭尔〈罗〉斯旗南境，为东与南之界，以便施行统治权。惟喇嘛等创设政教分离，皇帝可以永袭，教主应由公举。现逆佛不敢自专，派伪内阁承宣员利克呢贝子赴俄商议，大权旁落，何苦乃尔。

（四）库伦逆佛以谋独立之故，招军购械，用费浩繁。向虽仰给于俄人，然每借一款，必须有一项之抵押品，借款甚难。故逆酋胜福在呼伦贝尔、满洲里等处，招兵三千，饷糈缺乏，至将察汉欧拉煤矿租与义国，以二十年为限，听凭义人自行开采，押得洋六十万元，聊顾目前。而杭达多尔济，又由圣彼得堡寄来俄币一百五十万，活佛以五十万私与二喇嘛，被南那苏伦知悉，大起冲突，几至用武，经俄参谋官调停，始得无事。惟内阁中亲俄派居多数，恐难免再有变动也。

（五）杭达多尔济者，逆佛倚为柱石者也。现为库伦伪政府专使，已于一月十一号抵俄京，即由俄外相沙色诺夫带领引见俄皇，并递有活佛要求俄皇之条件如下：（一）请俄皇履行第一次协约；（二）请修改第二次协约之俄人雇用牲〔牲〕口免费；（三）请准杭达为驻俄代表；（四）请速提出承认库伦独立书于海牙会；（五）请禁止华兵入库；（六）请协助西藏独立；（七）请暂借俄币一百万。俄政府尚未答覆，而其待遇杭达伪使，等于列国使臣，通电各国要求承认为驻俄大臣，并请驻俄外交团加入坐次。各外交使以库伦未得各国承认，不能发生效力，已严词拒斥。惟杭达多尔济因对于俄国所议条件，并无全权之资格，故多被岑达喇嘛掣肘，已电请辞职。经逆佛慰留，并授以全权伪钦使之名，问〔闻〕杭达已供职照常，并订立新约五条：（一）俄国介绍蒙古于海牙平和会；（二）俄国在圣彼得堡建立喇嘛庙，蒙古派遣喇嘛留住；（三）俄国赠各蒙古王公等特别勋章；（四）所有蒙古王公、喇嘛赴俄，铁路概不取资；（五）活佛转生时，须由俄国遣派专使参列礼式。闻其余重要问题，已告完竣，顷由俄皇亲拟介绍书一封，令杭达即赴英伦晋谒英皇。盖杭逆此行，有四大原因：（一）拟以唐努山三旗之矿产，商借英债五千万镑；（一）请英国承认伪政府，为各国之倡；（一）协谋西藏事宜；（一）破坏中国财政事宜。果尔，杭达之志亦为不小，而我国外患，将无穷期也。

（六）杭使抵俄后，已与俄议定合兵南犯之策。拟分三路进攻：（一）由库伦直攻叨林、乌德，径至张家口；（一）由车臣汗东犯洮南、辽源、锦州一带；（一）由札〈萨〉克图汗西犯乌兰察布、伊克昭二盟。一月十三日，又由库伦派出蒙匪百有余人，取道三音诺颜右翼末旗属沙喇果勒地方，进犯秦、陇，刻已屯于额尔德尼。其内犯之根据地，已决定以东四盟属浩齐特右翼某旗矣。夫中俄交涉，迄未睹效果，对于逆库之或征或抚，亦未略示政策，仍是欢欣鼓舞，粉饰太平。今逆库称兵南犯，疆界可危，不知政府又何以防御之也。呜呼！

呼伦贝尔蒙酋，近惑逆佛之谋叛，亦蠢蠢思动，现催请俄兵官四人、俄兵二百名，保护该地，所需饷项皆在呼伦贝尔筹办。并在江省至呼伦贝尔各要道分筑炮垒，恐吓各旗，令捐款以作催请俄兵及预备防务经费。又聘请〈会〉蒙文逆党多人，往各处演说，煽惑愚蒙，其奸诈亦云甚矣。

（七）乌泰现有侦探队五十余人，在阿尔巴噶城及架尔集台地方，欲联络查尔里军队。并由俄借款招集旧部羽翼，并有胡匪共五千余人，由车臣汗霍罗呼都克进犯东蒙，希图报复，业抵匪们

呼都克等地方。而陶什陶久有蒙王之思想，刻勒兵阴图哲布尊丹
〈巴〉，亦与乌泰联合，并许予行政、军政各权，闻乌泰已允率众
归附矣。陶什陶招兵二月有余，已得二千三四百人，类多东蒙胡
匪，枪械多不完备，急待俄国接济，且无饷项，亦待俄国借款。
一俟借款一到，即拟分兵南下。闻陶所规定之去路，第一为洮南，
第二为海拉尔，第三为大赉岗，第四为多伦厅，第五为开鲁一带，
第六为归化。并遍派密使至各旗勾结，以备春间大举南侵。各蒙
颇有阴受其命者。项克什腾梁地方之鱼泡子，向有山东民人在彼
居住，以打鱼为生者，约数百户。其人皆狡悍轻剽，习于为恶，
陶什陶昔在东蒙作马贼时，与此辈感情甚洽，有富贵无相忘之约。
今以南侵在即，乃派心腹人员，前往该处，招此数百人至库伦，
行将与以快枪，兼请俄员教练，编为游奕之军，以冲夺东四盟及
奉天边界，往来袭击，使我奔命不遑，冀遂其乘虚直捣之计。盖
自是而北地风沙恐无宁日矣。

　　自陶什陶招集胡匪，以张军势，东蒙一带，凡枭狡之材，无不
麇集库伦，以求一逞。因此胡匪头目，稍稍知名于侪辈者，皆脱
颖而出，谟灵阿亦此中之一也。日来又有数队，合计将及千人，
为陶所招往库伦者。陶乃商之活佛，于此数队，每月暂给九元之
饷，而拨前清廷办事大臣三多所新建之营房，给该队居此，以为
暂时食住之计。一面派聘俄员，勤加训练，待其稍娴步伐，再与
以枪枝、马匹，编制成军。现虽未定办法，然颇能以军法部勒，
下令该队，无事不准出营房一步，故与蒙民颇为相安，竟未滋事，
亦见陶什陶之能军也。得臣不死，忧固未艾，诸公衮衮，其亦稍
回神虑一谋对待之方乎。

　　（八）逆佛之在库，名位虽尊，实则大权已落暴俄之手。伪府
中顾问多员，大半斯拉夫族，稍有举动，则无不立受□制。伪参
事厅者，俄人所设也，中有蒙人数名，半系傀儡，凡提出之案，

由俄人认可始能交议，库人只有参议权，而无表决权。见俄之军官，必得四指礼，而俄人仅答一指礼，较英人之对于印人，大为轻视。杭达多尔济在俄曾有请俄人互派专使之议，其外相萨色〔沙〕诺夫，阳示允许之空言，阴图胁迫之意旨，盖其视外蒙与属土无异。议设总监，不允交互专使，列诸对待之国也，然又不敢拂库佛意，于是以无关痛痒之言答之。

〈（九）〉杭逆借款一层，多方胁迫，须全蒙土地作为抵押品，向后有款交付。殊不知巴尔干政局扰攘，迄无解决之日，该国中央国库匮乏，借款逆佛之说，殆梦呓也。而陶什陶亦以所招胡匪马贼，饷源支绌，勒捐各旗，已十室九空。曾向俄国在库新设之雅斯克琴银行筹商借款一千万卢布，该行以杭逆之大借款正在磋商，此项借款，非有特别抵押品、适宜之条件，不能开议。但杭、陶两逆，势如冰炭，姑无论其不能成立，纵成立之后，未必能接济陶什陶，是亦我国征库之大好机合〔会〕也。惟杭伪使不厌烦渎，已将全蒙邮电、路矿抵借俄币五百万罗卜〔布〕，刻已签字分期交纳矣。

（十）库佛现已决意图南，分达里岗崖、绥远、张家口三路进攻，大言不惭，并谕陶什陶派军二千，犯内蒙东四西二盟。八日出发，计分八队，锡林果〈勒〉五百，哲里木四百，昭乌达三百，卓索图三百，乌兰察布三百，伊克昭二百，以为蚕食之计。一面旋以收抚之法，计分四期：第一期派员分往六盟劝说举行独立，合力抵御中华；第二期派员干涉六盟全旗事务，不认原任扎萨克有盟长之资格；第三期声明内蒙叛离蒙古政府，得举兵征讨；第四期由俄政府出场，请中政府严守中立，对于蒙古政府征内蒙，不得干预。

（十一）近日里〔黑〕省泰来地方电线，屡为蒙匪偷割，闻系库逆暗中所派，人数颇多。并令陶什陶部兵分股横断谤〔滂〕江要道，折断该处电线，使绥远、张家口信息障隔，其［促］库偏〔伦〕至赛尔乌苏，及乌里雅苏台至赛尔乌苏两［两］道台站，为库逆暗派游骑千余名截堵，中国商旅殊形困苦，即将来实行征库，皆将有膜隔〔隔膜〕之虞矣。

（十二）哲布尊丹巴僭号以后，陶什陶与杭达诸人，各派心腹到处招徕各旗蒙官，因而赴库请款者，实繁有徒。其中盖有两意焉：一则挟枭狡之心，欲乘机以图一逞；一则热心富贵，存补缺升官之希望，既不能得志于中国政府，乃往库伦投效，施其运动之能力，冀得不次之升，以故存此意以去者，尤居多数也。阿拉善额鲁特王属有扎尔济啦者，于独立后即至库伦，自托于杭达亲王，求其拔擢。而杭达王亲［亲王］因陶什陶兵权日盛，亦欲稍张军威，用固其势力，亦招集马贼、胡匪千余人，编成一先锋队，即令扎尔济啦统带之，于是扎尔济啦之目的以达。然不知其用意所在，将欲乘机一逞，以恃其枭桀之才乎，抑但注意于得缺升官，而图富贵也。

（十三）近来多伦喀胡林、买卖城一带，均有逆佛告示，自称皇帝。内容系声明蒙古已与中华民国脱离关系，华人来蒙，一律作为外人看待，全蒙人民归喀治理云云。其大悖谬者，则其第三次致袁大总统书，略谓："我国均前清之臣民也，因其政治之不良，各乘时立国，各主其民，非互相攘夺也。君为汉族主，吾为蒙族主，本极公允，况吾立国在君立国之先，岂有仇视理由。惟阁下深信无识者五族共和一言道，自处于洪炉之上耳。细绎'共和'二字之字义，必要相和合者，乃足以副其实，未闻以兵力相迫，而能成共和者也。汉蒙本非一族，言语、文字均不相同，君非前清子孙，又非其同姓，何得强言谓于理应承受其领土。若以兵力强盛，即能并人之国，则以拿破仑之强，尚且不能善其后，阁下讵不知之耶。阁下附和黎元洪杀张、方以来，南省人士之感情，君谅必自知，南方尚且如此，况朔漠之绝域耶。鄙人素以慈悲为怀，敬劝阁下深思远虑，以言语相同之蒙族归吾国，以文字相同之汉族归贵国，立约通商，各修内政，使两国人民长享太平之福，似为上策。若欲吾取消独立，仍属中国，此腐儒之迂谈，请复勿再言。近闻各报纸及南方人士之议论，均谓俄库协约关系中国之灭亡，殊属不然。汉明时代姑不论，近数百年中，未闻中国无蒙古不立国，即前清君临中国之际，亦未尝先行并合蒙藏，而今忽谓俄库协约系中国灭亡，非以武装解决不可，实足以骇人听闻。阁下阅历已深，岂不深明理势，倘果以兵戎相见，酿生灵之涂炭，则非仅一方面受损，而胜败利钝，非人之所能逆料，请君三复思之。泐此，敬请大安。并乞赐覆。蒙古皇帝顿首。"

　　观其口吻，俨居天子之尊，而列我于对等之国矣。

《民国汇报》（半月刊）

上海民国汇报事务所

1913 年 1 卷 1—3 期

（朱宪　整理）

库伦伪内阁之人物观

一月七日载北京《大自由报》

作者不详

库伦伪内阁之各部大臣，据隅负固，背叛祖国，不惜开门揖盗，与俄人接不法之条约，是应声罪致讨者也，尚何人物之足观哉。虽然，国家欲张挞伐之天讨，不能不调查其伪内阁之人物，是否有自立能力把握者也。兹略将其各部大臣及次官，分别评论，谅亦读者所乐闻也。

查库伦伪内阁总理大臣，第一次为土谢图汗王，毙于黑死病。第二次为枉萨删，曾与今袁总统通款，被嫌疑革职。今之总理大臣三音诺颜汗南那苏伦，其第三次者也。就职于去年七月十九日，此盖由于蒙古诸王侯，主张以土著之汗，为蒙古内阁之首长，故得践是职，年龄约二十八，年少气锐。其为人也，才识无所长短，唯富于果断力，故不惜身为祸首，毅然叛祖背宗。而不自主论者，谓其谦恭持己，颇注意于收揽人心，惜其人经验毫无，素养、威严太弛，不足虑也。

内务大臣达喇嘛沁苏朱克图岑，年龄三十五，相传为各部大臣中之最有声誉者也。其人意志坚强，精力绝伦，时人均以亲俄派目之，实则此人素抱国民主义，最喜文明设施之风，毫无固陋之习，故不免为守旧派所疵议者也。其次官海森，年约五十，非库伦人也。其人生于东蒙古卓素〔索〕图，后至喀喇沁。二十年前曾为此地之匪首，数年来，蒙人屡与我守备兵开战，彼曾率其部下与官军战于喀喇沁，其后官宪捕拿过急，逃匿于哈尔滨俄国陆军大佐伯托罗夫氏（驻在恰克图武官）之宅，此次活佛授与王爵。彼盖表面以国民主义自命，极力主张兴蒙排汉主义，实则俄人之奸细者也。

陆军大臣额尔德尼达赖郡王贡博苏伦，年约二十，车臣汗旗之出身者也。彼固对于军事上一毫无知识、毫无经验之人也。且有酷好华丽之癖，终日闲游，不亲军务，其得志也，纯赖亲俄主义之力，部下有克贝塞（土谢图汗人）、完尼克（车臣汗人）、阿拉瓦阿坤（坡宛色利姆司克旗出身）之三次官，方以类聚，物以群分，大半皆受俄人之利用，其军事权，不过坐拥虚名耳。

财务大臣杜塞尔杜王绰克土杜尔嘈布，土谢图汗旗之出身者也，年约四十五，器宇轩昂〔昂〕，颇有阔达之态度。但其人素无理财之知识，以当财政之局，鲜能适任。其部下有哈尔达尔（车臣汗旗人）、杜寻索贡（土谢图汗旗出身）之二次官。省内设税关总局，以斯士泰管理事务。

司法大臣那尔迭尼王南穆萨赖，土谢图汗之旗出身者也，年约四十，人极精悍。彼尝为东清铁道会社之蒙文机关新闻记者，其所主张，一方面则倡极端排斥中国之说，一方面则主纯全亲俄主义之论。其次官则有贝子桑萨拉列儿土斯（土谢图汗人）、贝子贡普日巴（乌里雅苏台办理事务）之二人。

外务大臣可汗衔〈额〉尔德尼亲王杭达多尔济，土谢图汗人也，年约三十五，亦亲俄主义者也。有达〈赖〉喇嘛、已府喇嘛他姆清苦斯伦之二次官。

总之，以上诸人物，约有十分之九，为亲俄主义者流，空负国务大臣之名，而不解政务为何事。俄人利用之，以为蒙奸，组织伪内阁，使其表面脱离中国宗主权之范围，里面则附属于俄国保护之下，实则政权悉操之于俄人之手。其施政仍墨守旧制，毫无刷新之可观。要皆俄人之傀儡，民国之国贼者也。

《民国汇报》（半月刊）

上海民国汇报事务所

1913 年 1 卷 1 期

（朱宪　整理）

蒙旗效顺一斑

作者不详

绥远当去岁干戈扰攘之时，土匪乘机窃发，居民被害者约居十之八九，迨见地方颇能维持秩序，则远扬他方，不敢存留，市面已复旧观。惟对于库伦叛逆，颇有种种疾恶之观念也。

绥远城各地人民，深知共和之大义，此次库逆独立，咸谓其外虽横强，中实蠢愚，只要天气稍暖，民国大兵一到，当即自取死亡，不足深虑。所患者，民国正式国会为期不远，一般重要人物分心他事，致将对付方针，更形冷淡。倘暴俄乘此时机，一切布置妥善，则噬脐无及，贻害实非浅鲜，故特召集西盟会议，一则为联络各盟感情，二则为磋商抵制库逆之计。总理吕均、招待员蔡汇东，会议前后，连日与各蒙王宴谈，颇称欢洽。其外尚有未到者，仅伊克昭盟一旗，实因路途过远，为期甚迫，不足深怪。余则均已相继偕来，其一种欢跃情形，有溢于言表，不可形容者也。

绥远会议，已将政府交议各案议决。其案如下：（一）取消各旗独立案。查此次独立，仅三音诺颜部及扎萨克图部，除规定办法派员宣慰外，再由本会派浩济特旗长包隆托济勒等，分赶〔赴〕各旗，说明共和原理。（一）巩固内蒙各旗案。内蒙归顺，并未反抗，除按照上年长春会议办法，应请政府外加派军队，前往保护。（一）筹边政策案。请工商、农林两部，速行殖边政策及开垦等事。当会议后，由各蒙王暨各重要人物，互相讨论对付库伦之事，金谓暴俄之凶狡已极，和平了结，万难可靠，然当此严寒天气，民国虽有各种征讨计画，一时尚难见诸实行。暴俄外既开衅乎奥邦，内亦见逼于革党，然目前祸端均尚未十分发作，而关于库事之如何解决，颇为同人等一大疑难问题，若不急事预防，倘一旦俄、库选兵南下，凡我各盟，适当其冲，彼时受害之情形，何堪言状。故现在军事之如何整顿，器械之如何筹备，饷项之如何维持，关隘之如何防守，急宜规画周详，布置完善，方不至临事仓皇云。故绥远会议，颇得完美结果也。

俄库私约，为库伦一隅所为，赞成共和者多不承认。乌兰察布盟长四子新王等，亦曾电中央不认此约，语极中肯，略云："共和告成，五族一家，同享太平之福，实我蒙人之幸。惟闻库伦与俄国定有条约，殊深骇怪。查库伦仅外蒙一隅，本不足代表全蒙，哲布尊丹巴又系教主，更不能干预政权，竟敢背叛祖国，私与外人立约，殊属冒昧。本盟万无承认自取灭亡之理，请外交部速与俄人交涉取消协约。"云云。该盟可谓能识大体矣。

图什叶图亲王本为库伦之盟长，袁总统因关于取销蒙古独立事宜，令该王于年前十二月中晋京，磋商对蒙办法。兹因库伦蛊惑黄喇嘛，率领蒙匪在洮南一带扰乱，该王以醴泉与洮相联，恐受滋扰，故急由京回旗，以便预防一切。到奉时谒见张都督，磋商派兵驻防进剿各办法，今已起□回旗，张督并派兵二营随往护送，即以驻扎该旗矣。

此次逆库谋叛，内蒙并未与闻，各王公亦均倾心内向，洮南东蒙第一次会议情形，已志本报前期。兹闻各王公定于下月更开第二次会议，决意合同民国反对库伦，取消其独立，整理内蒙制度，使政教实行分离。并一面联合外蒙不附库伦之各盟旗，而为群策群力之抵御，可知蒙人多深明大义矣。

　　西蒙对于民国共和，极表欢迎。各盟长于日前齐集绥远城，开特别会议，各旗王公到者九人，所议各情，约分四端：（一）实行赞助共和。（甲）各蒙地皆悬国旗；（乙）凡约法上所规定之法律，及大总统命令各条均应遵行；（丙）由各盟长及各旗王公、贝子，联名致电大总统及国务院，决不承认俄库私约；（丁）由各盟各旗联名致库逆，劝其反正。（二）提倡劝农主义，筹画蒙人生计。（三）以后凡关于各蒙行政事宜，得由将军与各盟长、各蒙王公商酌进行。（四）由各蒙电请大总统派兵保护各蒙地方。其他凡关于西蒙一切要政，亦将继续讨论，详细议决。内蒙前途，定能收良好之结果矣。

　　西蒙〔盟〕大会，由张将军绍曾在绥远域〔城〕召集举行，并邀乌、伊两盟王公与会，已志本报前期。该会已于去腊底开议，其结果已表决，内蒙一致赞成共和，条件如下：

　　（一）实行赞助共和　　（甲）悬挂国旗。（乙）选出议员。参议院议员，由到绥王公组织选举会选举之，众议院议员由到绥王公按照选举人资格先行造册，即由各该旗饬知选举人，开选举会定二人作为初选人，赶令来绥组织选举会复选之。（丙）大总统命令，及其公布国会议决之法律应遵从之。（丁）西盟地方一切兴革事件，凡与蒙地有裨益者，得由将军随时设法商令各王公办理。（戊）参议院议决之《蒙古待遇条〈例〉》，均应遵照办理。

　　（二）不承认《俄库协约》　　（甲）由会议王公等全体，以不承认理由电呈大总统、国务院、参议院、蒙藏事务局，并请饬外交部通知列国。（乙）全体以不承认理由通告各省都督及各团。（丙）行文库伦及内外蒙各盟，告以协约不能承认之理由，并劝告库伦取消独立。

　　（三）请兵保护西盟要地　　（甲）由西盟王公按照目前内外形势，呈请将军酌定于各要地派兵驻扎，以便实行保护。（乙）为保护各旗驻扎各要地之军队，如无民房可居，其住宿包舍，由蒙古人暂时设法供给。（丙）派出之军队一切军需，由将军支给。

（四）筹画蒙民生计　（甲）西盟地内外林矿各种实业，请将军派员踏勘开办，以图西盟之发展。惟以不碍游牧及寺庙、坟茔为主。（乙）各旗所辖境内可耕之地，除应留为牧畜及寺庙、坟茔等处外，由将军、督办派员查明，商令各旗报垦，以期农业发达而厚蒙生。（丙）以后各旗报垦办法，请将军、督办妥为规定，扫除垦务积年敝政。（丁）开办蒙地实业，先尽蒙民劳力者招用，俾裕衣食。

（五）振兴蒙人教育　（甲）于绥城设立蒙古王公学校一所，由各旗选择能汉语者选入肄业，授以汉文、普通科学及农工初学，毕业后，或回旗办事，或更入内地高等专门学校，造成专材，以备办理国家大事。（乙）公立学校经费由各旗分任，筹出所有教育办法，将军代为筹画规定。（丙）各旗在本旗设汉文、汉语学校，以便从速发展蒙旗文化。夫如是，则前嫌悉泯，畛域和融，无复遗憾矣。

二月七号，内外蒙赞成共和各王公，在阿拉善地方开大会议，其议决之条件如下：（一）开设蒙古报章，使蒙人晓知对外对内一切事情。（二）设立汉蒙和协会，以为联络两方之感情。（三）蒙人应遵守中华民国律例。（四）内外蒙应均悬挂五色国旗，要求各国承认民国五族统一。（五）凡内外蒙人民，均有国家责任，宜固边御。（六）内外蒙所有要塞，均请中央政府拨兵把守。（七）内外蒙所有出入款项，均应有预算决算，每月报告中央政府一次。（八）内外蒙均不得私自借外债。（九）内外蒙遇有改良事情，应呈请大总统宣布，然后施行。（十）内外蒙所用一切军火，应呈请陆军部，由军事都统、将军转给，不得私自铸造及私行携带。（十一）凡内外蒙如有人犯以上各规者，均呈请都统及将军以军法裁判。

蒙藏事务局闻青海察罕活佛、东苏呢特旗喇果活佛、札木喀尔格根浩〔活〕佛堪布呼毕勒罕及东西苏呢特两旗王公，带同臣从三百余名，随从驼马二百，抵张家口，当由该局派蒙藏招待所管理员张文、招待员彭清嘉两员，前往张家口迎接。该王公、喇嘛中，惟西苏呢特王一人，年仅十一，不便远行，故淹留张家口，由协理台吉盘迪特穆尔及梅楞章京桑都克三员代表，带同随员二十名，与三活佛等由察哈尔都统派员护送，于一月三十日晚自张家口晋京，联车入蒙藏招待所，京中喇嘛庙特派人员到站迎接。张管理员到京后，即赴蒙藏事务局，报告活佛等晋京情形，由蒙藏局告知总统府。闻活佛等定于日内谒见袁总统，以表赞成民国之诚意。按察罕活佛，俗号白佛爷，系青海四蒙王之一，驻锡该地一带，清名隆隆，蒙古人民极尊崇之，于西蒙各部最有势力。喇果活佛本驻锡京师嵩祝寺，因品学兼备，蒙民无不归依，声望甚著。前由苏呢特王恳请移锡该蒙旗，传教觉民，故赴该旗淹留良久。此次特乘机晋京，暂驻蒙藏招待局〔所〕，定于日内移居嵩祝寺。堪布呼毕勒罕，以前并未受封，此次特升呼图克图，所以旌其忠也。此次蒙藏招待所系于菊儿胡同僦屋开办，一切设备已渐完善，其招待员等待客殷勤，侨寓之蒙古王公、喇嘛等，均极悦服，若忘其为异乡之客也者。

乌兰察布蒙旗宣慰使王传炯，报告政府蒙藏情形颇详，录之于左：

> 正月初五日晚抵张家口，晤姚宣抚使，筹商抚慰蒙旗办法，预备进行。初六日传炯前派往锡林郭勒前站，特派江洪杰、周大钧由多伦诺尔折回。据称该处蒙民固不识何谓民国，即一般汉族商民，亦未必尽能得五族市〔共〕和之要领，俄库乱耗，风声所播，人心时有惊惶，市面秩序，虽赖有军警维

持，但俄蒙奸人仍自暗行窥探，往来不绝。初八日早由张家口乘大车赴阳高，随行华服西人一名，行箧上有俄字名，其为俄人无疑。暗令车司往询，知其谙华语，向之接谈，则又漫作不知，再为盘诘，颜色突变，言语更复支离。抵阳高，派弁尾之至隆和栈，栈主谓："该西人自称系丹麦人之来阳传教者。"复觅土人侦之，则谓系张家口之羊毛俄商。该俄人言语前后不符，如此举动，又多诡秘，传炯本拟强行检查其行李箱箧，惟以权限所在，未敢擅专。及再派弁尾侦，则已远去矣。按以上情形拟就办法三则：（甲）应请交通部转饬张绥铁路局，于张家口、阳高二站，设立检查所二所，检查来往行旅，遇有形迹可疑者，更当格外注意，或即立时拘拿。如斯则虽有奸宄，亦无所施其计矣。盖设立检查所于各重要车站，为中外铁路通例，并非特别办法。徒以张绥全路未成，遂致阙如耳。（乙）燕、晋、秦、甘、新各省边境驻重兵之冲要地点如赤峰、多伦诺尔、张家口、归化、绥远、萨拉齐、保德、平罗、凉州、甘州、肃州、镇西以及乌鲁木齐等处，应请陆军部转知各将军、都统、司令及各军队长官，于管辖境内分段戒严。敌人窥我军情，最为兵家所忌，夫戒严令既下，则有裨于抚镇者，厥有五端。（一）预防敌探窥我虚实。（二）各军队纪律如有疏忽，易于维持。（三）颁戒严令，出入必凭口号，宵小混迹，不难立时辨认。（四）商旅辐辏之区，得以军队严行盘诘，敌我始难混淆。（五）颁戒严令，则各该管地段之起居时刻，先由军队长官规定之，可免人民之虚受惊恐。（丙）应请国务院饬各边省行政长官，饬该管各警署切实调查天主、耶稣教堂，以及教民、商旅之实数，以免奸人混迹。并据金彭来函，称库匪现以油角尖庙为储粮根据，已有之粮约十余万石，而内蒙各地尚有陆续运往该处者，络绎不绝。且谓又有枪械子弹数十万，储存该处云（按以上情形，应请就近派干练兵弁数名，潜赴油角尖庙切实侦察，如果储粮属实，即行设法焚毁。惟库油角尖庙系外蒙地，多伦诺尔北去约千余里，截以大完〔漠〕，颇难措手，若纵火焚毁，事轻易举，实为完善）。十四日抵归化，商人自库事发生以来，口北一带商人大受影响。凡向与库伦之往来者，现已一律断绝，居库者，则身命财产均已不保矣。货物至库，库人苛税征之，物值百元，税亦百元，物值千元，税亦千元，其意盖欲与民国断绝关系，以及一切交通也。惟运粮往库，利可倍蓰，盖彼军食全赖于我也（按以上情形，应请国务院速电毗连蒙古边省行政长官，严禁商人贩运杂粮赴库，并戒商人勿运往货物，以免受其鱼肉）。

锡林郭勒各盟旗土匪，勾结库匪大肆掳掠，该地人民有朝不保暮之势（按以上情形，应请迅速转咨察哈尔都统，就近拨兵前往锡盟，竭力保护倾向民国之蒙民，如有匪徒，即行痛剿）。

（一）库匪乌泰，统兵径犯锡林郭勒，陶什陶拟率队来扰归远。闻陶现正大行招募，每招一营辄遣之南下云（按以上情形，应请陆军部通饬驻扎毗连蒙境各冲要军队，严加儆备，以便迎击匪人）。

（一）乌兰察布盟旗各王公，均已连日晤谈，彼此颇形融洽。十七日，各王公以及来乌一切官长，全体开会欢迎，传炯当即演说共和大义，并大总统抚慰蒙人德意，约历三钟之久，全体赞成。窃揣该盟似无异志，惟该盟既已倾向民国，不无要求政府请妥加保护，免受库逆扰害云耳（按以责〔上〕情形，应请大总统传电嘉奖该盟各王公，而资鼓励）。

以上各情由报告政府后，大总统已分别轻重，熟权利害，交国务会议矣。

　　伊克昭盟长杭锦旗贝子阿尔宾巴雅尔，于客岁六月即接有库逆哲布尊丹巴联合书，置未答。九月又驿报公文一件，已改用伪印、伪年号矣。其公文计八条。第一条云，已备有机关枪三千枝，饷款五百万卢布。第二条，《俄库协约》已成，枪械饷糈，均由俄国接济。第七条，进兵阴山要隘，以截归远救援。其三、四、五、六、八条，则言地势之关系、独立之机会，皆怂恿之辞也。该盟长接此公文，蠢蠢欲动，而望云享慰间遽至，告以民国共和，劝之赞同，不惟不听，且出其狡诈手段，率请望慰间先赴鄂托克、乌审二旗，盖二旗土匪聚众，与盟长交通断绝已久，故以此相难也。幸望慰间不避艰险，即日兼程驰往，土匪抗拒入境至于械斗，遂擒获匪首八人，匪卒百余人，枪械百余枝，马匹三十余头，均交该盟长及鄂旗札萨克会同惩办。该盟长始慄慄〔栗栗〕危惧，决弃逆佛，正式承认共和云云。

《民国汇报》（半月刊）

上海民国汇报事务所

1913 年 1 卷 1—3 期

（朱宪　整理）

论东蒙郭尔罗斯后旗之可危

上海《民立报》

作者不详

　　比闻库逆已决计导俄兵大举内犯，一由热河窥京师，一由归绥扰晋边，一由科布多寇新疆，一由郭尔罗斯后旗攻吉、黑（见十三日该报要电栏），四路出师，东西并急，殆欲使我备多而力分耳。然以记者谫见度之，俄与我尚未有决裂明文，未必遽贸然出于大举。而热河、归绥、科布多三路，皆程途窎远，中隔绝漠，行师转饷，俱极困难，俄若不为大举扫荡中原之计，决不肯轻易出此，斥无穷之劳费，仅攫有限之报酬。故以吾策之，此三路者，殆皆多方误我之谋，以虚声为恫喝者耳。最可危者，其惟郭尔罗斯后旗一路乎？俄人以哈尔滨为经营满洲之根据地，而郭尔罗斯后旗之与哈尔滨相隔止一水耳。哲里木盟十旗，其王公、台吉之亲俄者，以此旗为最笃，盖由于壤地之接近。当晚清时代，外交上已有无数之葛缪〔缪葛〕，而蒙旗政治之昏乱，内讧之剧烈，亦未有更加于该旗者，俄兵一临，直倒戈以归降焉耳，库逆果导俄入犯，此路殆所必经之地矣。试追纪该旗与俄人交通往事，愿吾政府、吾国民一审图之。

　　初该旗札萨克镇国公甘尔玛萨第者，性行昏暴，不能抚其众，所属六十台吉赴京控诉。光绪八年遂夺其札萨克，而以台吉巴雅斯古郎代之，蒙人所谓署公者也。巴雅斯旋卒，子勒苏陆〔隆〕、孙布彦超克先后继立。布彦超克幼，台吉丹必札萨森为协理。布彦超克失欢于其母，丹必札以母之疾公而袒己也，益专横不可制，布彦超克不能堪，常出居哈尔滨，昵就俄人，以图自固。既而三喇嘛之债案起，以内讧始，以外交终，历二十余年而始结。初六十以〔台〕吉之合从以攻甘尔玛也，其讼费皆假诸敖汉喇嘛色丹等三人，为数达十余万。巴雅斯既署印，当任偿债责，色丹等索之亟，乃给以借据，许俟放荒时偿清本息。然蒙旗王公，例不得私自放荒，故迟迟未举。迨二十九年，东清铁道两旁荒地，设局开放，勒苏隆乃令色丹等，丈放莲花泡、老虎井等七十井荒地。事觉，黑龙江将军出示禁阻。会三道冈地方，适有俄游历员被戕事，勒苏隆后令色丹等居间调停，并给以空白印文，俾得随时应用。色丹等既不得志于放荒，则谋变计，乃填缮印文，以七十井荒地转租俄商火磨公司，而讼事遂变为交涉矣。色丹之罪，固不容诛，然非有空白印文，色丹虽狡，何所挟持与俄商交涉？然则罪魁祸首，又实为勒苏隆尸之。此案之议结也，由沿江铁路两行局荒价，抵还所放荒地，计分四段：一沿嫩江，一铁路迤西，一铁路两旁，一铁路旁碱地。先后经道员周冕、朱小濂等丈放清厘。事竣，乃奏设肇州厅通判，及肇东经历，以治其地。而俄商所执之印文，则始终未克索还也。蒙旗放荒之案，以此案为最久，而所关系亦至巨，虽暂时平息无事，然自此案结后，旗下台壮，其衔怨于布彦超克者亦甚，党派之分，公私之见，各执一词，无由相胜，则各自求昵于俄，以为他时报复之计，俄人乃两受而利用之。此辈方窃虑不得俄人欢心，则益竭其媚外之伎俩，以相倾轧，而俄人益得制其短长。郭尔罗斯分前后两旗，前旗札萨克辅国公齐默特，今为哲盟盟长，颇交欢于日本，而日人亦曲意以牢笼之，独对于后旗则漠然不与闻毫发事，让俄人之据为禁脔。盖两国协商之局已经默定于先，势力之范围，既已划分，固有交让而无相

犯。吾故曰：库逆果导俄以窥吉、黑，则郭尔罗斯后旗，固势所
必取也。吾政府，任筹边之责者，其盍谋未雨绸缪之计画也？

《民国汇报》（半月刊）

上海民国汇报事务所

1913 年 1 卷 2 期

（朱宪　整理）

说库伦

一月三十一日载上海《民立报》

作者不详

库伦逆佛，自倡独立以来，几一载矣，自结私约以来，亦数月矣。前此业经立年号曰"共戴"，继此又建国曰"大蒙"。近且一面宣告蒙古中兴，一面要求列强承认，狐鸣窃位，居然天子之尊，而不知其虎皮羊质也；沐猴而冠，竟尔夜郎自大，而不知其狐假虎也。饮鸩疗渴，漏脯止饥，言念韩皇，已事可鉴，而逆佛固蠢如鹿豕，方自以为计之得也。独怪我政府对于库伦，至今犹欲倚赖调停，若真以蒙地险恶，不便深入，国库空虚，未宜远征，为库佛所逆料也者。请就逆佛之心理推测之，以为库伦可以足恃者二；乃更就库伦之历史之地理决定之，而觉库伦殊不足恃者有四。著之于篇，要以醒库佛之痴梦，起政府之决心，为目的云尔。

（甲）逆佛心理上以为可恃者　库伦一名乌尔戞，译即城圈之义，土人崇拜之，尊为圣城，固俨然外蒙之都会也。而活佛所居之寺，尤壮丽魁伟，除前藏之布达剌（达赖坐床所）及后藏之札什伦布外（班禅坐床所），更无与匹俦者。若多伦诺尔之大喇嘛庙，旧所云容僧徒〔徒〕五百人者，以彼较此，渺乎小瞠乎后已。库佛于是侈然自大，其视己也，不啻五城十二楼之仙人也，其视各蒙古也，不啻九幽十八狱之饿鬼也。然在满清时代，虽握宗教上之实权，而尚未操政治上之全权也。今合宗教、政治为一，自立为国，彼意以为，从此王公、台吉生杀废置，惟所欲为，与前古欧洲之罗马教皇，其势力殆相颃颉矣。此其以为可恃者一。

（乙）逆佛对于外交上以为可恃者　库伦本汗阿林盟中旗牧地，北界俄之萨拜喀勒省，且买卖城与库伦邻近，恰克图又与买卖城邻近，皆为通俄之大道。彼其心固以为与俄密迩，仗厥声援，进固无难乞假其军粮，退亦不难逃入其国境。即有不幸，而白彦虎之成例，可以一援也。此其以为可恃者又一。

虽然井蛙自大，难敌汉业之中兴，璧马可贪，终为晋人之外府。以上二端，夫亦可恃，而究不可恃也，而况此外，更有大不可恃者。

（甲）历史上之不可恃一　金未〔末〕王罕始建牙于汗山（即汗阿林），继建牙于花山（蒙语号策策山），其地皆在库伦附近，而卒也为成吉〈思〉汗所败而亡。库伦地险之不足恃，在前史已有明征。又况逆佛反抗共和，叛附强敌，以贫弱妖僧，窃非常之帝号，兵不强，饷不裕，名不正，言不顺乎。吾见其烟消灰灭，在弹指间也。

（乙）历史上之不可恃二　先世之喇嘛，以西藏之达赖，为得黄教。初祖宗喀巴之嫡传，晚出之喇嘛，以内蒙之章佳为受清世康、雍、乾三朝之优礼。哲布尊丹〈巴〉之在宗教界，名位不及达赖，而宠遇又不逮章佳，乃尚欲骋其魔力，牢络全蒙，支拒中国，以一蚁溃穴，以螳臂当车，多见其不自量耳。

（丙）地理上之不可恃一　外蒙四盟中，三音诺颜为汉匈奴、唐突厥、回纥诸国之王庭，为蒙古成吉思〈汗〉、窝阔台、古余克、蒙哥四朝之都域〔城〕。此盟山川最为雄丽，而东路车臣汗，则汉匈奴左贤王、魏晋时鲜卑左地也。西路札萨克图王，则汉匈奴右贤王、魏晋时鲜卑右地也。独土谢图寂寞无称，矧库伦又仅属土谢图之一隅壤土哉。此逆佛所以派员分赴各处煽惑勾通也。

乌戛之区，古无兴国，赤奎之水，更迫强俄，而逆佛方视为王气所钟之乐土焉，是则可悯可笑者也。

（丁）地理上之不可恃二　设险守国，首赖城池，乃一言乎城，库伦虽有城，然实木栅耳，不足以言金城也。再言乎池，库伦虽濒于图剌河，然该河不过挟哈尔阿哈河、霍达森河、鄂尔坤河诸小水，向东北与色楞格河会，蹄涔涓滴汇为经流，不足以言巨川也。又其首尾均不在库伦境，考图剌河源出车臣界之布尔罕哈勒登山，其流通入俄之贝加尔湖，在库伦地者，止中一段耳，更不足以言重险也。水哉，水哉，岂投鞭不足断流，木婴不可渡军哉。

如右所述，已足见逆佛之踞库伦，可恃者仅，而不可恃者夥矣。不惟是也，陶什陶之思篡〔篡〕夺也，乃至于迁西库下戒严令，则库忧方大也，虚无党之将革命也，乃至于撤回远东戌〔戍〕守兵队，则俄乱未已也。一旦内难发，外援绝，库亡无日矣。吾故而备论之，劝中国国民勿自馁，劝库伦逆佛勿自骄。

《民国汇报》（半月刊）
上海民国汇报事务所
1913 年 1 卷 2 期
（朱宪　整理）

中俄交涉地点争论

——哈尔滨《新东陲报》

作者不详

俄库私约交涉，谈判至于今日，俄人无理取闹，不仅不就我范围，且屡施种种之苛求，甚矣其无道也。据近来各报所载消息，中俄交涉有移归俄京办理之说，其事之果否，吾人固难逆断，然其为出于俄人之要求，是必无疑也。既出于俄人之要求，则其事殊可研究焉。夫外交之道，不外和战二端，言和以理，论战以力。中俄交涉，今尚言和也，言和固当以理争也。俄人一意蛮横，本无理可与言，然既曰和平解决，中国不能因其无理，而不与言理矣。中俄交涉地点，俄人始尝创议，就外蒙适中地点，为会议之所，使哲布尊丹亦遣使与议，中国未允所请，此议遂寝。盖外蒙为中国领土，俄库问题既属中俄两国交涉，安有舍国中都会为会议之地点，而就议于叛乱之外藩者，是固不待交涉之结果，而中国以〔已〕先就俄人之范围矣。然此犹以外蒙为会议地点也，今也且将以俄京为会议地点，其利害较诸以外蒙为会议地点，尤有不可同日语者，且就理而论，更有不可不争者。记者请言其可争之端。

一曰国体之关系　俄人唆唆库伦独立，使我之外藩，无端离叛祖国，其违反公理，不仅为中国舆论所痛诋，即各国使者亦莫直其所为。交涉问题既发生，理当俄人就议于中国，盖库伦非独立国，无订约之资格。即既私订协约之后，不得中国承认，不能发生效力，取销则取销耳，本无交涉之可言。特中国为顾念邦交计，与俄人和平办理，已属退让一步，俄人于此不反躬自省，而犹欲中国就议于俄京，中国于天下宁有是理耶？夫就议于俄京，即不待双方会议，中国已先反主为客，认直为曲，更何有交涉之地步。在北京会议，尚且不能还我主权，退而就俄京会议，其结果不言可知，故中国断不能就议于俄京也。设一旦中国而侵夺西伯利亚，俄人出而交涉，中国欲就议于北京，俄人其能允我乎？吾知必不允也。何者？俄人对于库伦交涉，尚欲以彼都为会议地点，若一旦有西伯利亚交涉，安肯就议于北京？既俄人于西伯利亚交涉，不能就议于北京，中国于库伦交涉，其有就议于俄京之理乎？中俄为同有自主权之国，中国岂能稍生歧异，此在国体上不可不与力争也。且也，俄人既要求移于俄京交涉，在俄国方面之利益，必有异于在北京交涉者。俄人机诈百出，中国而允其请，不啻自蹈陷阱之中，国体之损失，断断然矣。

一曰时机之关系　曩者俄政府于库伦交涉，不尝授机宜于驻京俄使，而使彼以延宕手段对付中国乎？故连月以来，交涉之会议，俄使若即若离，以实行俄政府之政策。推原其故，无非欲先巩固在库伦之势力，然后与中国强硬交涉，中国不得不就其范围。且一方面又欲俟近东问题先行解决，乃以全力对付中国。今在北京交涉，已决定本月六日，为最后之谈判，虽因事未能如期开议，然前既规定时日，后虽延缓，相去当亦不远。此次谈判告终后，俄人苟依然持强硬态度者，各国将咸退出调停地位，中国亦当实行征库，是俄人之延宕政策，在北京势不能继续实行，于是创移归俄京办理之说，其间必费种种手续，可缓延时日。其术至工，其心至险，不费一兵，不折一矢，而库伦终归其掌握。狡哉俄人，移归俄京办理库伦交涉之说，中国在时机一端，又不可不力争也。

一曰手续之关系　驻俄公使刘人镜，巽懦庸暗，绝无外交之才力。在俄库协约披露之初，刘人镜即电告政府，妄称俄库条约，仅属外蒙自治问题，与中国绝无关碍，被政府申斥于前矣。其后政府委彼与俄政府直接交涉，亦未得丝毫之效果，是又偾事于后矣。今若以此交涉，移归俄京办理，刘人镜既不足胜交涉之任，中国势必别遣全权代表。代表之得人与否，固一至难问题，然犹可谨慎选择也。其最困难者，则在手续上之关系。夫代表对于交涉，虽操有全权，而犹每有不得不商诸中央政府者。夫外交之情形，瞬息万变，恒有问答之间即须定夺者，若一与中央政府商榷，则电传往还，势必多费转折，交涉将失败于无形。此在手续上之关系，又不可不力争此交涉之地点也。抑记者更有进言者，俄人对付中国无恶不作，明知库伦交涉之曲在彼而直在我，设谈判不能取胜，或将为劫盟之举，以强力迫我代表承认损失主权之条件，若在俄京交涉，此亦不可不防也。故记者就各方面观之，库伦交涉万无移归俄京办理之理。若果移归俄京办理，不如中国即在北京承认俄国要求条件之为愈也。既中国不欲承认俄国要求条件，则万不能移归俄京办理。移归俄京办理，与夫不承认俄国要求条件，势有不能并行者矣。

《民国汇报》（半月刊）
上海民国汇报事务所
1913 年 1 卷 3 期
（朱宪　整理）

蒙人反抗库伦独立之义愤

本报记者求仁　撰

库伦问题，势将实行战事。大总统已累次派员赴蒙宣慰，全蒙各王公，均为所动，倾心内向者甚多。逆佛之独立，乃逼迫库伦一偶〔隅〕之蒙民，强迫承认，其余各盟旗均多反对。目前洮南府各蒙王公大臣会议，讨论取消库伦独立问题，均以逆佛哲布尊丹不明大义，倒行逆施，干〔甘〕受外人之凌虐，中央屡次劝导，至死执迷，不但为民国之叛逆，实为全蒙之公敌，凡系蒙人均得同声讨罪，以救危局。当时议定讨逆种种办法，各王公联名电致中央，请求协助，电文系各王公宣布逆佛之罪状，会合中央所派军队合力征剿。各办法如下：（一）逆佛未得全蒙之认可擅自独立，盘据库伦，残杀无道，勒索人民，干〔甘〕为外人之奴隶，其罪昭张，全蒙人民，公同取消逆佛宗教特权。（二）邀集全蒙合兵攻库讨逆。（三）求谋勇敢之士，刺杀逆佛及一般亲俄领袖、伪内阁之人。（四）逆佛私与俄人订结密约，未得人民之认可，全蒙决不承认。（五）各王公担任军饷，组织讨逆军队，附属中央征库军，会合往剿云。

又伊克昭盟盟长扎萨克觐〔郡〕王，与乌盟王公等会议，公同议决，拟一面联合各盟电致库伦伪政府，力劝哲布尊丹巴取销独立伪号，同享共和幸福，一面呈请外交部，将各盟联合情形，及不认《库伦协约》之公意，通告各国，评论是非，使俄人反省，收其野心，以保和平大局。该盟谓可〔谓〕深明大义矣。

各蒙旗以抵抗库伦，惧焕〔涣〕散，势分则不能收合力之效，乃由各王公发起蒙古联合进行会，于二月十一号在京满族同进会事务所，开正式成立大会。首由临时主席恩华报告开会宗旨，次贡王演说，及总统代表梁士诒、总理代表但焘、陆军总长代表宋邦翰、蒙藏局副总裁代表马为珑、蒙古办事处李参赞廷玉、会员叶显扬、讷谟图、章嘉佛、金永昌相继演说。毕，遂选举理事长、理事、评议长、评议员等，遵该会会章第十条，选举理事，以得票最多者为理事长。那王当选为理事长，贡王、阿王均当选为理事。又该会会章第十条内称，选举评议员，以得票最多者为评议长。讷谟图当选为评议长，张文、德贝勒、金永昌、恩华、叶显扬、乐山卓王、鄂公、张树桐、阿贝勒均当选为评议员，遂奏乐闭会。附讷谟图演说词节录之下："（上略）夫今日之已往，为本会筹备之期，而今而后，则为进行之期。筹备之期，为本会对内组织之时代，进行之期，为对外效忠之时代。组织时代已过去，固无论矣，效忠时代在将来，于是愿与诸君子共研究之。我蒙古承专制之下，三百年于兹矣，万有之事业，无所谓之进步。以权力论，则乏自治上之能力，以政治论，则少政治上之智识之经验，若以实业论，不过拘泥古俗，牢守旧制，断不存改良之思想，以谋利益之万一，以教育论，举目求一略通文字者，百分之一二耳。呜呼，岂可不为之痛哭流涕哉。故本会之会纲内载，一为保存蒙古权利，二为发展蒙古政治，三为促进蒙古教育，四为振兴蒙古实业。由此观之，可称按病下药。然时贵先后，事有缓急，诸君子不欲保蒙则已，苟欲令我蒙古延一瞬之命脉，放一线之光明，非由教育着手不可。教育者，万事之母，我蒙古欲保存权利，当设法政学校欲〔以〕造就之。以〔欲〕振兴实业，尤当设关于实业上之学校、工厂传习所，以培养之、陶冶之。要而言之，本会欲进行，当以教育为前提，庶几乎我蒙古或可有获优胜之一日，然乎否乎，惟听〔研〕

言者自择之"云云。明达大体，不可谓蒙古无人也。

昭乌达盟巴林右旗旗长扎噶尔，以活佛抗反，决议征讨，将台吉等条陈，呈请黑省都督转达中央。（一）头等台吉辅国公衔古松利布呈，与杭达素识，情愿赴库陈说利害，劝其取消独立。（二）本旗拟招防兵四百名，平时在旗保卫，战时预备往讨，饷缺请由中央酌发。（三）拟设汉蒙小学校两处，等〔经〕费由本旗筹画，请教育部派员教授云。各蒙类此者甚多。

总统因蒙古各王公年班到京，正可借以筹商蒙务，特令蒙藏局总裁贡桑氏，集各蒙旗在京王公，于八号在嵩祝寺开特别会议，筹商蒙古军政、财政种种问题。陆军、财政两部，亦派员与会，是日到者，盖甚众云。

长春征蒙会议，于二十号成立，东三省均派有代表，各盟会员到者，如哲里木盟科尔沁旗辅国公多尔济，多罗贝勒何〔阿〕勒坦瓦齐尔、昭乌达盟奈曼旗札萨克多罗郡王苏珠克图、札鲁特旗镇国公勒玛札布、锡林郭勒盟浩齐特旗多罗郡王桑达克多尔济、阿巴噶旗辅国公布彦托克托呼、乌兰察布盟乌喇特旗固山贝子托果瓦等。其西二盟因道远未到，非有他意也。

至西蒙亦有联合会之设，于正月二十日成立。系由伊犁李辅黄、冯特民等为发起人，以察哈尔札鲁特暨旧土尔戹〔扈〕特两该〔旗〕人众组织。该会专以尊崇黄教，翊赞共和为宗旨，举土尔戹〔扈〕特汗为会长，各盟旗喇嘛、官长，均极赞成。现交推举干练蒙员，携带章程，分赴科布多、新土尔戹〔扈〕特各部落，演说联络。前此各盟部落本属一家，得喇嘛、盟长实力联合，于是赞助者日益加多矣。

《民国汇报》（半月刊）

上海民国汇报事务所

1913 年 1 卷 4 期

（朱宪　整理）

库伦谋叛记

本报主任天复　撰

夜长梦多之库伦

库伦现状极为困难，自与俄订约后，已与中国之经济关系断绝，各盟王公多不满意。其尤恨之处，俄外部又不肯承认外蒙完全独立，若俄竟与中国谈判，取消俄蒙条约，是俄不能不以蒙为之牺牲。蒙请俄派大使驻库，并欲俄允接待库伦驻使，俄皆有所犹豫。议俄库铁道，亦未能即行解决。在蒙一班舆情，又以华商迁徙，于其生计诸多不便，俄商并不能起代华商，遂至百物腾贵。即以茶论，现已较前贵至三倍，其他皆可类推。最近复有贝加尔省附近哥萨克人，擅与蒙人挑衅，彼此相斗甚恶，俄蒙感情，远不如前矣。

伪廷近来时起风潮，实因活佛派、亲俄派意见不洽之故。逆佛前此所聘之外交、财政、军事各顾问，均系俄人，在逆佛之用心，无非欲借是以为联俄之计。岂知该顾问等，遇事掣肘，逆佛无如之何，兼之俄人醉酒滋事无日无之，且有因醉后持枪击人者，近来伪政府颇有反对之趋势，行将酿成排俄风潮也。

伪廷人才异常缺乏，其庸中佼佼者，惟杭达多尔济及陶什陶等。若其伪财政大臣，为土谢图汗出身，年四十五岁，美风姿，而不解经济为何物。伪司法大臣年四十岁，亦土谢图汗出身。伪外务大臣亦如是，曾充俄使委员，纯系亲佛派，其政府之组织依旧故样，毫无振作之精神。近来活佛亦因库伦难于独立，不得不依附俄国为生活耳。俄政府现对于伪使杭达续订条约，有一条系由蒙古割让乌梁海一带，以为答谢等情，哲布尊丹巴及各蒙王公均不愿，杭达亦未敢签押。而俄人必欲达此目的，兹正逼迫杭达与哲布尊丹巴甚急，大有强迫必行之意，此可见库俄冲突之〈一〉斑也。

闻哲布尊丹巴，曾电袁总统，略云"来电劝慰，本应倾向民国，奈此次库俄协约，实非本喇嘛主动，纯系由俄人种种威迫，不得不尔。如大总统能使俄人先自取消协约，本喇嘛必当极力赞助共和"云云。然则活佛岂有悔心欤。

活佛于阴历正月一日，邀集三音诺颜、土谢图、车臣汗各蒙古王公、台台〔吉〕，在库伦会议建国大纲，约有三项：（一）南那苏伦主张君主，均赞成；（二）政教分立，君主承袭，教主公认，两不相涉；（三）与俄结约以来，每多挟制，须派专员与俄立一附约，分权办法。观此则活佛虽苦暴俄，而皇帝迷梦终未觉醒，且自尊自大，议定国号，以示夸耀。前本议定曰"大蒙古"，嗣见附近各盟旗纷纷反对，不惟名实不符，且于要求各国承认一端，大有妨碍。近忽妙想天开，拟即改国号，曰"日光菩提"，以取求神保护之意。识者莫不谓昔日梁武帝当兵临城下，而惟日事诵经，借求退敌。该佛真不愧为第二梁武帝矣。

丧权失利借俄债

逆佛自独立以来，大借俄债，所有练兵购械等事，均取给于俄人，俄政府亦恣其所欲，以为钓饵之计。现在俄人向逆佛追偿借款，逆佛无款可筹，已将喀尔喀全部抵押于俄，如将来借款不能如期偿还，则该部之人民生命财产、权利即尽为俄人所有矣。

逆佛哲布尊丹巴，以财政奇窘、军粮缺乏，库军大有溃散之势，特与俄使廓索维慈商议维持办法。已得廓氏介绍，与俄亚银行暂借四十万卢布，行息八厘，以西库伦银矿作抵押物，四号签字交款。现逆佛特派心腹喇嘛数十人，假作行商，持金三十万，密赴奉、吉、黑三省购军粮，其余十万卢布，为发放陶什陶部下军队饷银之用云。

杭达多尔济之使俄

外蒙所派专使到圣彼得堡，俄政府正式接待，馆之于大客寓中。全专使团共十六人，杭达亲王为之领袖，而副之以奚林丹定亲王，余皆随员及仆从也。杭达自称为呼图克图钦命之外部大臣，且为成吉思汗嫡派子孙。彼与俄有旧交，千九百十一年曾到俄京，即与俄相密谋，嗣是常为俄谍。此次俄蒙条约，纯为彼所主持，故俄尤亲信之。闻俄领事西斯马活夫，亦在专使团中，盖俄外部派以照料，颇有权力。俄外部沙索洛夫曾亲接见杭达密谈，导之谒见俄皇，优加殊礼。蒙人贡献极多，如名马、鞍鞯、金佛之类，并遍赠俄之当道。杭达奉使大意，在求俄助蒙古完全独立，并答谢俄之承认其治自〔自治〕也。此次杭达专使赴俄京圣彼得堡，其自述蒙古有最要条件向俄政府要求，并希望即行允可者：（一）即将来中国若加兵蒙古，俄国万不可作壁上观，而不为之一援手；（二）蒙古为预备战事，计不得不招募民兵，从事训练，快〔快〕利枪械、教练军官，在在均望俄政府为之接济。且科布多以及沿蒙古边境各处，俄万不可不注意防范。此外各重要问题，已与俄外交大臣萨沙诺夫①磋商

① 似即上文的"沙索洛夫"。——整理者注

就绪者，即独立承认、分划蒙界、全权代表互派等问题是。至杭达要求蒙古得特派驻使于森〔圣〕彼得堡，俄外部答言，此即尚觉太早，但亦不甚拒绝。嗣谓蒙可派一代表〈于〉俄京，与俄政府随时直接交涉，俄亦当派一外交代表于库伦，惟暂不付以全权及公使名称耳。

杭达〈多〉尔济要求各件已得答覆，俄帝提出回答之条件有三：（一）蒙军各分队之指挥官长均用俄国人，布置军队不准蒙人干涉；（二）以全蒙土地为俄借款之抵押；（三）割据乌梁海一带土地，为保护蒙古独立之报酬。

以上各条，闻杭达〈多〉尔济已承认前二条，其第三条，因未奉到活佛命令，尚未置答。然库逆慑于积威，不敢不一一承认，俄人野心愈炽，着着进行，其势非将蒙古全权让与不止。闻又向库使提出五大条件，节录大略如左：（一）准俄官充任库伦外交大臣，以免交涉睽阂；（二）准俄官充任库伦陆军大臣，以便军事统一；（三）准撤〔撤〕换库廷非亲俄派之员，以除意外危险；（四）准俄人指定土地及矿产作抵押，以昭债权信用；（五）准俄银行发放兵饷，以期核实经费。又传俄又有十大要挟条件者，与上述者大致相同。将其不同条件复录如下：（一）蒙古矿产归俄国开采，以供军需；（二）设统监于库伦，与蒙古王公大臣平权，且与外国驻库领事平行；（三）蒙古各部均设俄人顾问一二人；（四）驱逐旅蒙华侨；（五）外蒙王公须由俄国认可后，方准与哲布尊丹〈巴〉接洽；（六）速将蒙古各旗人口、物产等详查报告，以便设法整顿。杭达及要求俄政府代为布置库伦外蒙及科布多合并问题，如俄人代为布置妥协，即允许以外蒙各矿专卖权以为酬报。杭达又向俄外〈交〉部提出请愿，以中国今春必派大兵实行征讨，俄国得代为派兵抵御。凡蒙古应需军械炮火，均得由俄国供给，并以喀尔喀所属各处五金矿产作押，借俄款二百万卢布，作为改革新政，抵制民国之用，惟须由俄人实行监督，并指定矿区四十处，允许俄人自由开采。蒙俄两国得互派遣公使，俄皇已召集阁议，决照杭达请愿辨〔办〕理。杭达所借之俄款，以矿产作押，条约业已签字。杭达已电致库伦，赶速建筑俄国使馆，其驻库专使，俄皇早已派定郭〔廓〕索维慈，其允助杭逆军火，业已陆续运往矣。

杭达以外蒙备战兵士只有六千五百名，恐民国以兵力进攻外蒙，请俄政府按照俄库协约，极力干涉。俄初因内乱日甚，各地兵队调遣不易，不欲实力相助，后以外蒙多方要求始允。观此，外蒙之状态，已实不能支持，杭达盖欲将外蒙甘赠外人也。又杭达多尔济列席俄政府对于库伦曾开军事会议，要求俄陆军参谋长池里斯克，完全担任库伦军事教育十年，所有蒙兵概归俄人教练，刻已许之。由陆军部派定下级军官六十名，分担骑兵、步兵、炮兵之教育，已乘西伯利亚火车先抵哈尔滨，再由内蒙开往库伦，此盖明为军事教授，暗助逆佛战斗力也。噫！库伦休矣。

按杭达〈多〉尔济之使俄，一方面为感谕〔谢〕俄国援助蒙古之独立，其实际则别有用意。盖此次俄人承认蒙古独立，不过扩张自国在蒙古之利权，并未与蒙古以实际独立之资助。且其所承认之独立区域，不过喀尔喀一部而已，内蒙古及东蒙古全未言及。故此行力求俄国政府保护蒙古族，不徧〔偏〕于喀尔喀一部，承认内外蒙古之独立，向世界宣言。且库伦自伪政府成立以来，政府军费之支出浩繁，以蒙古刻下经济之状态，实罗掘无从，是以欲求俄国政府与以财政上充分之援助也。

库逆南犯之布置

伪政府以得俄助，决计内犯，连次开秘密会议，均系关于计画内犯方法。兹探其决定办法如左：（一）派陶什陶率精兵五千人，为南犯之先锋队；（二）派兵扼守中国入库各要道，并乘机内侵；（三）派军队占乌得、漭江各处之电局，以滞中国之消息；（四）逆佛已下令大修驿站，将库伦以南至张家口之二百余台站，改为军用台站；（五）派人赴各处收买粮食，择设粮台。将附和库伦各旗之新练军队，大加操练，编成内犯联军。库伦伪政府又召集各王公及俄顾问大开会议，表决收服内蒙问题。兹探其议决者，计分五期如左：（第一期）派员分往六盟劝说举行独立，合力抵御中华；（第二期）派员管理六盟全旗事务，不认原任扎萨克有盟长之资格；（第三期）声明内蒙叛离蒙古政府得举兵征讨；（第四期）由俄政府出场后，请中政府严守中立，对于蒙古政府征讨内蒙不得干预；（第五期）征服内蒙，即将内外蒙字样取消，统名蒙古，直隶于蒙古政府。并决计密派军队，先赴内蒙东四盟、西二盟，侵犯各旗，其分配派兵数目如下：（一）锡林果勒盟，派一队五百人；（二）哲里木盟，派一队〔人〕四百人；（三）昭乌达盟，派一队三百人；（四）卓索图盟，派一队三百人；（五）乌兰察布盟，派一队三百人；（六）伊克昭盟，派一队三百人。活佛之野心，盖欲形席卷全蒙也。

　　库伦南犯〔关〕，分兵为四路：一路沿科布〈多〉、阿尔泰以犯新疆；一路由东蒙廓尔罗斯，以犯吉、黑；一路向绥远、归化以犯晋省；一路向热河以冲北京。计四路中，以吉黑、热河两路为主队，各有蒙兵三万，又有俄国兵若干，其余二路共万余人。于派往各路之库兵内，均混入俄兵三分之一，以为暗助蒙兵胜利之计。吉、黑一路以陶什陶领之，陶摽〔慓〕悍绝伦，库伦之敢于举兵南犯，实恃陶之力。并逆佛封陶为西郭尔罗斯王，令其带兵驻扎郭旗附近一带，预备攻取吉、黑两省，是真北边一大患已〔矣〕。

日库果订私约乎

报载库伦伪政府内务大臣大喇嘛亲赴哈尔滨，与滨江厅之驻哈尔滨日领事缔结《日蒙通商私约》，俟俄国许可，即能发生效力。条约如下：（一）日蒙为敦睦邦交起见，特订通商条约；（二）两方均得派遣领事；（三）通商口岸，蒙古依照与藏所订约中指明之河流，日本以朝鲜之鱼润河为口岸；（四）日人犯罪归日本治理，蒙民欺害日人者同；（五）日本输入库伦之物品，概不纳税，库伦货物输入日本纳值百抽五之税率；（六）库伦不能以佛教输入日本（闻此项草案系苏子武手笔）。按日本未承认库伦独立，似无遽订私约之理，而此项约文多不伦不类，似未可信。一说大喇嘛此次到哈尔滨，表面上虽系与日本议订通商协约，其内容则别有用意。盖大喇嘛为活佛之股肱，在库伦最负重望，为宣言独立当时之总理大臣。其所主张者，在蒙古全族之不羁独立，对于俄国在蒙古野心，颇示反对之气势，俄人深嫉恶之，力请活佛放逐。然因活佛之信任厚，仅使彼辞总理大臣，面〔而〕就内务大臣之任。其到哈之用，务在联合内蒙各部成为完全之大蒙古国。一方不欲全倚赖俄国保护，以致有独立之名，而无独立之实，欲与日本通声气，倚为声援。其来哈也，系彼单独与逆佛秘密筹议，盖逆佛近日亦渐恶俄人之专权，特被制于亲俄派，而不能自主耳。（未完）①

《民国汇报》（半月刊）

上海民国汇报事务所

1913 年 1 卷 4 期

（朱宪　整理）

---

①　本刊只发行至 1 卷 4 期，故无续文。——整理者注

暴俄侵吞外蒙古之政策

天复　撰

暴俄抱侵吞外蒙古之野心，盖已久矣。其侵吞外蒙政策已著实效者，为煽惑外蒙助库伦独立，以叛民国。今侵吞外蒙政策，尤日进不已，俄内阁秘密会议及御前会议议定向蒙古南下三策，顺序进行，务期达至完全目的而止。

其第一策，即并合乌梁海地方，由俄领沿尼色州南下，又由东方之恰克图，向库伦南下，两处并通，为向蒙古南进策之第一〔着〕步。

其第二策，即由库伦经乌里雅苏台、利〔科〕布多而亘于色米帕拉秦斯苦之队商路，划定一线，为第一次施设线，定纯势力范围于此处，添置领事馆、驻屯军队、完备道路、邮政、电报及银行等事业。

其第三策，即在于噶什噶尔之设施，噶什噶尔之西境邻于安德涧，与俄领土耳机斯坦联接，为俄蒙之接触地，又为缓冲地。若至南下第二策就绪之日，即以噶什噶尔为侵入上之起点。由东方之乌鲁木齐联于哈密，由哈密与库伦联络，划为第二次设施〔施设〕线。于是俄国之纯势力范围，可扩大至新疆地方，外蒙古经营之事业，至此始告定〔完〕成。此暴俄侵吞外蒙政策之概略也。若分析言之，则有武力侵吞政策与商业侵吞政策之别。

俄政府对于外蒙军事之筹备，日益周密，其已进行者：（一）大购军火运入外蒙；（二）节节驻兵于外蒙要隘防守；（三）派员赴东三省招募马贼；（四）在库设有军司令部一处。军司令部曾发出特别命令四件如下：（一）凡库伦人民无论商民、住户，未经库司令部之许可，概不准私藏枪械及一切禁物。（二）凡外人到库旅行者，非请由军司令部发给旅行证，不得于各处自由行动。（三）库伦人民之生命财产，一经激〔彻〕底清查注册后，均由军司令部加意保护。（四）库伦人民凡有诉讼案件，无论刑事民事，均由军司令部执行裁判，各王公概不得出面干预云云。其增兵外蒙者，日有报告，难稽实数，大约不下数万人。而我军留外蒙者，则极单弱，不足与敌。此暴俄武力侵吞政策之见诸事实者也。

俄议院已将修筑哈〔恰〕克图议案通过，现已派员同工程师勘查，拟定由上乌金斯克修筑，以便为蒙古通商之中心点。并预算西伯利亚路线，延长至库伦，调查办法，以增进俄国在蒙市面之权力。日前莫斯科各商行，因路线问题，特开会议，有梅素瓦商人等，与上乌金斯克商人争执路线，互起冲突。时有伯葛达诺夫出面排解，声言当以抵制中国货物，发达蒙古商务为前提，经众赞成，争执始息。遂将议决各事呈报俄京政府矣。

俄国自煽动库伦独立以来，为独占外蒙贸易之计，将库伦、科布多、漠北各地所有汉商之营业者，悉行驱逐，而代之以俄商。且设备交通、输运各项机关，以便俄商之营业。迩来外蒙与中原内地之贸易，殆归断绝，而其与俄国之贺〔贸〕易，则日见兴旺。现年漠北各市场之输入品，殆皆俄货，而至于中国货，则不过由关内各地秘密输入粮米而已。又喀尔喀全部金矿，近经库伦伪政府押给俄国，借用二百万罗布，俄国因此获得五十年采矿之权利，现已派专门技师，前往喀尔喀地方，测勘矿山十二处，

可见俄在外蒙经济上势力之发展矣。此暴俄商业侵吞政策之见诸
事实者也。

《民国汇报》（半月刊）
上海民国汇报事务所
1913 年 1 卷 4 期
（朱宪　整理）

论今日非武力不足以振国威

谭邦翰　撰

自俄库私约发见以来，我国人民，莫不发指眦裂，振臂奋怒，征库之声，咻然一致，而政府犹坚持镇定之态，欲以和平解决，不肯骤示决裂者，岂故与舆情相悖乎，盖以国家当改革之始，军旅未整，库帑未充，一旦从事征讨，其困惫可以逆料，难免丧权误国之羞，不妨稍缓其机，俟势力厚集，则一举而不虞复蹶。此所为不能不取羁縻〔縻〕之策，以为维系全局之谋也。今暴俄之毒焰益张，逆房之冥顽愈极，若复坐视因循，则盗贼之窥伺夫侧者，将欺其主人之弱，而实行其肤箧探囊之手段，我国人民忍无可忍，我政府诸公审慎周详，筹画已熟，至是亦不能不俯顺舆情，决然施其膺惩。是今日征库之议，实出于上下一心，万众一志，而不容或已之举，顾犹有溺于稳健之见，而疑边衅之不宜轻启者，是未识时机之至，而为之过虑者也。

夫我国古代闭关自守，不知海外之复有世界，人民习于孤立，无国家之观念，各谋自私，而无同仇敌忾之勇，故一遇外族侵陵，辄至败衄莫状，且自庚子大创之后，自大之心，一变而为畏葸不振之气。方兹国体变更，国民之视听，焕然忽改其旧，智谋之士，本其素所怀抱，一旦得呼吸于自由空气之中，莫不发愤自兴，思欲有建立，政府苟利用之，使国民之注射尽集于外侮，一湔其展转床第〔第〕之陋习，而诱启其雄飞世界之远志，则征库之举，关系国家前途，实有莫大之影响。孟子曰，无敌国外患者国恒亡，故强邻之窥伺，非国家之患，但视我国民所以应付之道何如也。方今国民心理如病热狂，若误服收敛，则邪火内攻，转成癫痫，虽扁鹊不能为矣。况伏莽之未尽，兵变之时虞，党见之倾轧，间散之材，争欲致用，皆足为国内之病也哉。兵法有曰，置之死地而后生，处之危地而后存，今使国民内讧之私，而移之对外，则各存危惧之念，共谋赴救之方，而释怨弭争于无形，故争库之举，又为今日消除内忧之良策。时乎时乎，一逝不可返，愿我谋国诸公，勿复徘徊观望，决然行之而无所用其疑忌也。

难者曰：库伦蕞尔一小部落耳，隶属中国已久，无政治之修，无甲兵之缮，其敢为悖逆而与民国抗衡者，恃暴俄嗾使其后也，不然，一旅之师，足以犁庭扫穴而定其乱，今举全国之众，名曰征库，实则与暴俄搦战，设不能胜，则库伦非复我有，其他属地亦将效尤而显示叛离，瓜分之祸，可立而待，是安可妄动，而不筹万全之策哉？

应之曰：俄之欲吞噬我蒙库也，磨牙张瓜〔爪〕以伺之也久矣。前清之季，屡思搏攫而未能骤发，今乘我国体变更，不暇周视，遂利用一冥顽不灵之活佛，为发难之傀儡，其用心之诡谲，显然可见。今明与库订结私约，则俄之势力范围，固已包举外蒙，夫投良肉于饿狼之口而望其吐弃，此世所必无之事，故政府虽与严重交涉，其必不肯甘心退让又可预断，于是而要求海牙平和会之仲裁焉，而依德、法、美、日三〔四〕国之调停焉，展转稽延，终不能得一圆满良好之结果，徒令彼狡点〔黠〕凶暴之斯拉夫人，利用此稽延之岁月，而益事扩张，俟其经营既熟，俯拾而去，谁复能强夺于彼掌握之中哉。夫库伦，中国领土权之所有也，以领土权之所有，外人乃无故而加侵犯，其侮我孰有过于此者，今不急起直追，而欲以口舌自遁，是犹群盗入室，劫财将去，主人乃从容喻以道义，吾恐徒为群盗所笑而已。且领土判〔叛〕离，而母国不敢过问，是示弱也，示弱则损威，损威则外侮内忧，相继骈臻，虽欲不亡，岂可得哉。今以惧俄而不敢征库，是弃库也，库弃则满、蒙、回、藏之地，皆为列强逐鹿之场矣，是瓜分之祸，我自召之，与战而不胜，其实等也。矧今日固有可战之机，尚不至于不胜，则何惧一战而必束手以坐待自毙耶。夫战而亡与不战而〔之〕亡一也，犹不如一战之为美，幸而胜焉，则国威可振，富强之基，自此始矣，故曰征库之举，不容或已者也。

况俄内则革命风潮之旁薄，外则巴尔干问题之决裂，此皆天与我以可胜之机也，语曰天与弗取，反受其咎，为今之计，宜速与奥缔盟，使奥攻其右，而我掣其左，俄方自顾不暇，奚暇谋人，失今不为，令俄以羁縻之术，阻我急进，而先致力于奥，幸而奥胜，以彼斯拉夫倔强剽悍，至死不改之性质，岂遂废然自缉，而不复作桑榆之想乎，不幸而奥败，则俄持其新胜之锐，转而向我，我虽欲战，其困惫当十倍今日，故今日之战，犹曲突徙薪之劳也，俟时易势移，别虽尝胆卧薪，庸有济于事哉。况当此民气正盛之时，置而不用，必俟其疲馁衰懈，而后仓卒呼集，是非极惑，必不出此也。

难者又曰：今中国困于财乏甚矣，一旦用兵，旷日持久，军备之费，饷糈之需，不知所自出，设不能济，将奈之何？

应之曰：此止今日所以踌躇而未能进行者也。虽然，事已至此，即欲不战，岂能自全，二月卖薪〔新〕丝，五月籴〔粜〕新谷，宁不知剜肉医疮，益彼损此之害，然而燃眉之急，无暇他顾，所赖我国民切同舟之谊，节衣减食，努力输将，以共纾国难耳。况我国民爱国心之挚，虽毁家竭藏，必有乐为之者，当武汉举义，南北激战之时，东南各省，输财佐军者众矣，岂其人独不爱其财哉，义与势之所激，虽悭者不敢自私，视平居无事之秋，征一粟，榷一钱，而抗拒不纳者，时势不同，而又无以为之激劝也，夫堂奥被焚，弱者堕高楼而不闻伤，虎狼在侧，怯者超溪涧而不虞陷，何也？其势使然耳。故以中国之大，人民之众，患不在贫而患在弱，弱亦不足患，患民气之不能振作而已，民气既盛，则暗呜〔喑呜〕叱咤，富强之基立致，奚用多为此顾虑也哉。

嗟乎，今中国正多事之秋矣，日本窥我南满，英乱我西藏，与俄之扰我外蒙，若出一辙，今日、英之势，犹蓄而未尽发者，视俄与我相持何如耳？使俄无退缩之势，则日、英必同时并进，其他诸国，亦必纷至沓来，而我本部诸省，亦不可复靖。欲解此危，必先振我国威，欲振我国威，舍武力实无从着手，欲张武力，必自俄始，杀一盗则群盗自窜，惩一恶则诸恶敛迹，愿我国民其共起而图。

《西北杂志》（月刊）

北京西北协进会

1913 年 1 卷 4 期

（李红权　整理）

漠北侠团

——介绍马杰征库说帖

黄成垆　陆震昀　合稿

库伦风云，关系全蒙之存亡，夫人而知之矣。库伦不保，西北半壁随之陷没，则全国之沦亡，可立而待，亦夫人而知之矣。思起而救济者，固不乏人，而研求保存之方者，迄无成效。近日国家对付之政策，虽曰兵力、曰外交，然二者之施为，断非空言所能办到，且处今日之时局，对于蒙古，又断不可取消极主义，现在俄人大势所趋，西方阻于列强，东方梗于日本，俄人势力之膨胀，不能发泄，俨如人之痈疽，药薰散敷，虽能使瘿瘤不能发生，然养患日深，必于药力不到之处而溃裂焉，我之蒙古，即世界药力所不及者也。东西列强严整以待，而俄人之毒不得逞，是以并力向蒙，大有"不斩楼兰誓不休"之概，故我退让一步，则彼逼紧一步，我不薄人，人必薄我，势力所迫，决无对峙之理。政府虽持以镇静，但外人猛进，一日千里，有急不能待者，现在协约之成，已在眉睫，为虺成蛇，摧挫良难，欲筹对付之方，而有种种之困，饷糈难筹，财政耗竭，交通不便，武器不完，欲咄嗟之立办，而势实有不能。不得已思为退让之计，以为保存内蒙，而后徐图规取外蒙，故张家口设宣慰，热河改行省，绥远驻重兵，专注重内蒙，以为防边之计画。窃以为此种防边，乃古之防边，非今日之防边也。古者汉之匈奴，唐之突厥，宋之辽夏，明之小王子等，远不出内蒙之北边，近只在大同、雁门、宣化一带，皆是今日未叛离之内蒙古境域，故古之设防在长城附近，今日边患在大漠之北，而防御之策，宜施之大漠之南，以今所防，距边患且千余里，一旦有警，将何以收指背〔臂〕之效？况沙碛连天，亦称险障，此次库伦独立，所以不能波及内蒙者，此沙漠隔绝之效也。设使俄人利用库伦得此险障，则一驰千里，而中国边患之深，不在内外蒙古而在萧墙之内也。此失策于边防者一也。

俄人对付库伦，纯用全力，此世界大势迫而出此也。俄人因无海权不能占势力于世界，故不惜巨资而修西伯利亚铁路以期鸱张，于东方铁道告成，东方大局为之一变，不幸酿成日俄战役，而俄挫，满洲势力，遂为日本夺，而欧西自巴尔干战事以来，更无俄人插足之余地，是以俄人不从事于蒙古，则势力无可伸张。列强严加杜绝俄人出海，惧斯拉夫族攫得海权，将为患于世界也。然俄人为患于世界，中国之害犹是间接，俄人取得蒙古，则中国之害乃为直受。况各国对俄库之事，纯取静观之态度，安知不俟俄人得库，借口利益均沾，而为瓜分之入步乎？为中国者，处此时际，真是悲观。宜如何并力声嘶以救亡国？乃有谓蒙古无统治之必要，视之如瓯脱土者，殊不知蒙古亡，则内地边省，必至风云猝乘，而瓜分之祸即在目前矣。此失计于库伦者二也。

近日谈征蒙者，对于征库之难点，一曰道途寥远也；二曰交通隔阂也；三曰地势险阻也；四曰兵备不充也；五曰外国干涉也；六曰财政困穷也。有此六种之困难，故发生修路、设邮、募捐之三政策，且无论其能达到目的与否，断非一二日所能办到。况修路、设邮则俄人及土人必来干涉，募捐集款，则内地人民之负担已不可支，俄国自大彼得以侵略主义为国策，其图蒙之心志早已发生在百年之前，故对库伦所施之煽惑、要结手段，如立报馆、设黄教学堂、旅行优待，以及西伯利亚铁路之建设，何者非取蒙之要图，彼之成绩，系造因于百年之前，故有今日之果。而我对于蒙古本无好因，而今日方谋造因，便亟欲食果，所谓临渴掘井，岂能有济于实事，又或为补苴之谋画，而意见复多，筑室道谋，徒延时日，事之未兴而蒙古游骑已至长城之下矣，缓急之效岂不昭然若揭哉！然则处今日之时局，对蒙之事不亦綦难乎哉？曰不难也，难于专责成政府也。内政纷歧，党争剧烈，将卒骄惰，经济艰难，此时而专责政府，亦不谅政府之苦衷矣。故成垿自去年三次游蒙，蒙赵总理委以侦察蒙情之役，历蒙数月，就耳目之所及，心得之所蓄，外觇大势，内睹国情，几经研究，因于蒙古万无可挽回之中，而思以补救之法，庶内不损国家一财一兵，外得收残毁库伦之实效，三策不用，六难可捐，盛则国家享其福，不胜则国家不受其祸，因敬将心得备陈于后，以备采择焉。

　　成垿去年游蒙，得与该地胡匪巨目盛德、韩老四、许老、刘长胜、杨春林等接洽，见其虽是匪人，其中侠义之士甚多。自从俄人暴虐，受其惨毒，痛无国家之保护，慨然亦兴爱国之思焉，只因自知为中国所绝弃，是以无从投效耳。成垿复怂以种族之关系，国家之概念，世界之大势，进化之生存，以及今日共和之幸福，铲除前朝之弊政，彼等闻之亦知，手舞足蹈，慷慨泣下，有愿为国死之心，而又恨报效之无从也。成垿因创设漠北侠团，以安集之，好为异日之措置。该匪与库伦声息相通，如能乘此时机以术招来，许之以利，奖之以功，由国家有肝胆义勇多谋之士，为之联络，如恰克图、库伦之间，即假胡匪名目，为游击之兵，兼以习熟其山川形势，为军事侦探之准备，夫与匪无别，则不启俄人之疑忌，而惹其干涉。与匪联络，以资熟悉且与内地声息相通，出入山川之间，以扰库伦之安宁，使彼疲于奔命，以杀其南犯之势，如此则国家既无转饷之劳，对于库伦亦足收残毁之效，北地经此扰攘，可以减却边忧，而国家乘此机会，正好秣马厉兵，指日北伐。如成效昭著，则国家利用以征库，如不得手，国家坐伺时机，亦不蒙何种之损害，似计之万全者也。此条陈，取库之策一也。

　　昔屈巫以一偏辆适匈〔晋〕、吴，而楚国之忧深，班超以三十六人适西域，而匈奴之臂断，若能利用胡匪扰库伦，亦屈巫、班超之业也。况库伦既属一隅之地，有山川可恃之险，又有胡匪之可结，则难易之相去，又非屈巫、班超身入绝域，悬寄孤军之可比。据成堷现在调查胡匪情形，蒙地胡匪，多东三省、直隶、山东人，犯罪亡命，以西伯利亚为逋逃薮，既无营业，仍事劫夺，恃库、恰山川之险，以为出没之区，隐身于贩货种田，行踪诡秘，无从捕治。蒙人受其扰攘，俄人受其劫夺，俄人以鞭长莫及，不能剿抚，陶克陶在库又不谙其地利，兼恐南方用兵，而匪为心腹之患，因招降匪党徐凤楼等二百余人至库，以绝后顾之忧，而来降之匪，又视库伦为金银世界，乘隙好肆劫夺，而陶所以不利剿而利抚者，则亦有故。陶之奔命于东蒙、直隶、三省一带，四面受兵，不得宁处，故防御之计，疲劳而益工。今也至库伦为将军，养尊处优，以偿前苦，因骄生泰、气渐因循，兼有内部暗争，陶又恋其爵禄，又因库、恰之间，地势险于东蒙十倍，首尾难兼，故羁縻胡匪以为相安之计，陶本个中人，其间利弊，岂有不洞晓者。据来函所云：降库之匪约不及全数之半，应招者徐凤楼等二百人，未受招者约四百五十人，有械者三百人，均未曾降库，其叵测之意可知，通计匪数约在千人以上，应招者与未应招者，声息相通，互为间谍，如能结纳得手，再联络已降之匪，使为内应，彼则利其金钱，我则利其时会，库伦之破可期，南方之兵可至，南北来〔夹〕攻，库之首尾相失，已足以制库伦之死命矣。库伦既制，全蒙帖然功成之后，厚以赏赉，锡以爵封，胡匪虽匪，信用颇佳，苟使诚服，至死不变，此胡匪之深可信用。有如此者，匪为我用，夷必自扰，夷之自扰，我之利也，既不惹国际之嫌，又断绝国家之害，胜则国家受其福，不胜则国家不受其害，此条陈胡匪可用又一也。二端得手，三利可图。

一、戕杀蒙古之重要人物。此次库伦独立，不过杭达多尔济数人为主动力耳，结交俄人，罗致爪牙，袭专制之故技，以压制其人民，假活佛之名义，以鱼肉夫蒙众，规画南犯，反对共和，皆数人主之，而蒙民不过如牛马，供驱策而已。国家派人既假胡匪名义，则可拼以重赂，购通胡匪，或用毒炮，或用炸弹，伏于库伦以图狙击其重要人物，果能制死数人，则首领既亡，胁从自散。况库伦所谓人物，不过存蒙杰出，皆是身家性命之辈，果获狙击，既残其羽翼，且寒其心胆，则彼亦必怵而知惧，此于减杀库伦之势，不无小补者一也。

二、焚毁库伦全城。全蒙独立而所恃以为中心者库伦耳，全蒙之精华萃焉，全蒙之机关人物聚焉。查库伦街市甚狭，房舍毗连，家家牧畜，多蓄积草，因风纵火，延烧至便，人匪相乘，杀掳兼施，则全蒙之财产、牲畜、商业、金融以及各种行政机关，各项重要人物，必大受损害，同归浩劫，全蒙之根本自必摇动。且该处距外国房舍二里半，远近决无殃及致启交涉之患，是损失一库，所失至少收得全蒙，其利至多，此于减杀库伦之势，不无小补者二也。

三、抵制库伦南下。伐宋救郑，本为分其势，晋人通矣，所以益楚忧，欲杀其猖獗之威，必先贻以后顾之患。库匪南来，实为恫吓内地以取得内蒙，所以破坏中国之屏藩，则南下无阻，好肆其寇边之志也。思维制敌之策画，莫妙掣肘之施，为今假胡匪名义，扰害库伦，兵来则混迹农商，深山、古穴足可为巢，兵去则试马持枪，乘机掠夺，以充帑项，使库之人坐不安席，疲于奔命，我逸彼劳，则兵力有所不及，势力有所不至者，譬如心腹之疾，膏肓之患，攻之不可，达之不及，内忧既炽，则图外之心或亦少杀矣。国家于此时机，厉兵秣马待时而动，蒙古之力既分，蒙古之势自杀，而俄人亦无从诪张其间，此于减杀蒙古之势，不无小补者三也。有此三端，又生二事。

一、政府宜授意于所派之人，并予立案，以重事权之责成。此项人员，虽仗义行侠，亦须得政府委任，方能联络一气，政府厚与奖励，以示信用。至枪械一项，系属禁物，运用不便，兹匪中有名辛老者，盛德等之同伙，在俄之伊尔库次克省为商，专贩军火以接济俄之虚无党，亦著名之匪目也，可与之联络，以为购办军火之用。如此则对军需一方面又收莫大之益。

二、政府可于此时，即委任其人，为将来军事侦探，以为用兵之先导。语云："知己知彼，百战百胜。"今日军事注重侦探所由来也。日本胜俄，即利用胡匪侦探而信赏之，每毙俄探一名，即以该探所有之物，概行充赏，其值约在五百元以上，故日本成功，借匪之力甚多。近日西北军务因侦探未能敏活，故进行甚缓。库、恰地势极险，非熟于侦探，于进兵更属不易，此时之游击，即用兵时之侦探，老马识途，则于战守防御，进攻退守，裨益尤大，二者如获实行，于政府之益更较大。

以上数端，系就成垿三次游蒙查看情形所得，用陈管蠡之愚，以备刍荛之献。成垿亦国民一分子，又系筹边学校毕业生，生于奉天，习知蒙俗，慕终军请缨之志，有定远绝域之心，虎头燕颔岂为封侯，马革鸥夷愿为健者。内觇国家之时局，在在疚心；外睹外患之频仍，每每指发。以全力待库，则国家之时会维艰，不以全力待库，则库亡而中国亦不保。是以数年苴蒙，少有心得，不惮庸愚，妄陈末议，如有可采择者，则匪中巨目如盛德等，皆能由成垿代为介绍，窃以为此举，外交不受干涉，内政不受牵动，即以其人还制其人，成则国家受其福，不成则国家不受其祸，食芹之献，敢敬贡于大人先生之侧，进而教之，或于库伦之事，不无小补也。已并附库、恰详细地图一帙①，一并呈教。

中华民国二年七月

《国民杂志》（月刊）
日本东京国民杂志编辑处
1913 年 1 卷 5 期
（朱宪　整理）

---

① 底本未载此图。——整理者注

蒙古王公对于中俄蒙约之主张

联合会致众议院第二书

作者不详

自中俄协约问题经国务院报告众议院后，蒙古王公联合会特开紧急会议，曾将议决办法开具说帖，送交众议院。嗣复致函该院审查会，言之极为迫切。原函略谓：自闻中俄协约提交贵院，敝会即开会会议。金以事关蒙旗利害，未忍默尔，因以本会名义，发表意见，函告贵院。兹更有一言祈转告全院诸君。窃以蒙人受库伦独立之害，民业凋残，商务阻塞，匪徒充斥，随处骚然。外蒙固受切肤之痛，内蒙亦遭波及之灾，库伦一日不取消独立，则各盟旗一日不能安枕。蒙人心理，无有不盼望早日解决者。乃闻此次协约到院，在院诸君，颇有异言，此实敝会所不解。所订条约。有损权利，敝会亦岂不知。然人生世上，必先有身家性命，而后乃有权利之可言。蒙人因翊赞共和，倾心内向，不肯附和库伦独立，是以一年以来，受尽种种痛苦，若此时已与俄人有订定协约之机会，可以取销独立矣，又为贵院所否决，致协约不成。取销独立无望，则内外蒙旗之痛苦依然也，且恐有十倍百倍于前日者，是身家性命且不保，尚何权利之可言。且又何必不附和库伦随之独立，又何必翊赞共和，倾心内向耶。蒙人脑筋单简，甚或以他族为可亲，以民国为不可恃，则祸患之大，又非可意料及之者，故敝会不能不为最后之忠告云。

《庸言》（月刊）
天津庸言报馆
1913 年 1 卷 14 期
（李红权　整理）

蒙古今昔之盛衰

梅村　撰

山河两界，内地蜩螗，风雨横来，外蒙荆棘。梅村蛰居斗室，痛时局之日非，慨外交之失败，而全国近日舆论，均纷呶于宋案、借款、改组内阁诸问题，独于中国有密切关系之藩属之外蒙，不肯濡墨拈毫一表示其近况，以触发吾国人保全领土之观念，如日昨奉、吉、黑三督联电中央，极力反对蒙约也。如逆佛信用升允，反抗暴俄，前此御前会议之筹措对俄方策，悉为驻库总监电达俄政府也。如乘我中国新旧交替、南北不和之际，实地占据，将西伯利亚之贫民，强迫迁徙，实行殖民政策也。故月余以来，俄人分布于外蒙一带，监守住民，增加赋税，调查户口，设立裁判，种种强暴行动，不可罄述。记者念此，不禁气为之塞，色为之变，掷笔狂叫，绕室疾走，以警告吾国民曰："今日外蒙危矣，内蒙将波及震动矣，中国北部之屏藩撤矣，斯拉夫民族之并吞东亚策日咄咄逼人来矣。"抚今思昔，往事重提，伤心人殊不尽盛衰之感也。

蒙古本游牧种族，其先殖于西伯利亚之贝加尔湖畔。在虞曰朔方、幽都，在夏曰獯鬻，在周曰猃狁。嬴秦而后，在汉曰匈奴，在魏晋曰鲜卑，在唐曰突厥、回纥，在南宋后曰蒙古。历代名称，极不一致。方其势力极盛时也，挽弓牧马，称雄大漠。始皇之雄才大略，而特筑长城以为界。汉高之大风猛士，而特遣公主以求和。秋气深而马肥，飞沙黄而月黑，往来踪迹，渺乎其不可测度。
洎乎成吉思汗崛起斡难河，又慓悍武猛，富于战斗力。挟其铁骑
之众，纵横欧亚，如飘风，如骤雨，兵力几震荡一世。舍日本及
阿剌比亚半岛外，几全据亚西亚洲而有之。并侵入欧洲中部，致
捏迷思人（今德意志等国）闻风荷担而去。其一种独立不羁之气
概，骁勇善战之性质，对于四围亚洲之民族，直立于至高无上之
地位，讵非极一时之盛者哉。

　　满清入关，奄有中夏。惧蒙旗之骄横也，鉴朔漠之多故也，思
有以羁縻而笼络之。于是特盛声色之观，园囿之美，歌舞之乐，
召集倡乱敢死之王公、台吉，荟萃京师，使之目眩神迷，乐而忘
返，日沉醉于燕蓟，奔走于前后，不欲还其穷庐毳幕以练兵治民，
所谓此间乐不思蜀，柔肌脆骨，非复能以雄武抗叛，而满清遂不
用一兵，不折一矢，得以统一蒙古，群相纳贡称藩。至对于全部
人民，则又迷之以宗教，惑之以经典，历日积月，浸润灌溉，而
蒙古族猛鸷之性，遂不觉渐次销灭，归于无何有之乡，永远不为
中国患。及至今日，更局蹐退步，一蹶不能自振，徒以迷信蓐食、
怠惰不洁等习，使近世探险家据为口实，而求如满清初叶之精兵
劲卒，足为朔方屏障者，实不可再见。物必先腐，虫始生之；国
必先弱，敌始乘之。俄罗斯遂逞其长驾远驱之威，恃其居高临下
之势，乘机迅攫，设计进取，借通商以窥其虚实，流罪犯以实其
土地。而又恐中国之干涉也，假托换约，潜移界石，影射疆土，
杀夺人畜，或用刚狠之手段，而骤起鲸吞，或用阴险之方法，而
徐图蚕食，致我数百年之神州赤县，遍布其黑鹫之旗帜。此种警
耗，此种幻象，实足令吾人心惊魄动，惕然于瓜分之惨祸而泣不
可仰也。

　　抑吾闻之，当汉武之世，卫青、霍去病绝塞远征，勒燕然之
石，登单于之台，匈奴既不得志于东，乃卷土西行，以奠其新邑

里海之东，以及窝瓦流域之国，如亚剌及如各斯，未尝不奋力自卫，而终不能挫匈人方张之气。既至多瑙之平原，遂流连而不忍去，其逐水草而居之习俗，一变而为耕田凿井之风，即今之欧洲匈牙利是也。考其国内之麦迦种人，说者谓皆昔日可汗之云礽。其战胜之威，东被中国，西被希腊，东有马迁、孟坚，西有多理曼为之传记。顾我黄种，诚足自豪。迨至择居既定，沐浴欧西之文教，久而同化。至今觇国者，观其内治外交之策，工艺农商之事，而不敢轻量其国。昔之扬天汉之声威，夸中朝之文物者，又不禁对之而自恧。此又于记者论蒙古今昔盛衰之余，弥增无限惆怅者耳。

《独立周报》

上海独立周报社

1913 年 2 卷 18、19 期合刊

（李红权　整理）

《俄蒙协约》原文

作者不详

《俄蒙协约》，以及其《附约》十七条，业经照登本志。惟尔时条文，大半根据路透电某英文报仓皇翻译，误漏殊多。兹据各日报接彼得堡通信，详述《俄蒙协约》事件，谓该协约系在俄京《帝国公报》公布，于去岁十二月八号，由俄外部移交司法部，并称于俄历十月二十四号，即阳历十一月三号，俄全权代表廓尔维慈，与蒙古全权代表哲布尊丹呼图克图及蒙古王公，订结《协约》及《附约》，两方当日签约云云。旋司法部于十二月三日转移俄上议院，遂成正式宣布。《协约》开端，即言蒙古与中国历来关系，永行断绝。俄蒙代表，因敦两国素来睦谊，以及彼此通商，不得不详行规定办法起见，特订约如下云云。并将俄京《帝国公报》所公布之《俄蒙协约》全文，重译登布，措词命意，较符原文。兹复登列如下：

第一条　俄帝国政府，赞助蒙古维持该境内向行自治秩序，并编练蒙古陆军事宜，凡蒙古抵御中国军队入境及华侨迁殖时，俄帝国政府亦行扶助。

第二条　蒙古君主，及蒙古政府，其待遇在该境内之俄国人民，以及关于该人民等经商事件，均应准与通常及特别权利，由该人民等享受。其通常及特别权利，另行订明于本约之附约内。惟蒙古政府无论如何，不得以较待遇俄国人民加优之权利，给与他国之在蒙古境内人民。

第三条　蒙古政府，以故与中国或他一国订特别条约时，如未经俄帝国政府许可，其条文概不得与本约各条及本约之附约各条规定相抵触，或擅行更改。

第四条　本项敦好协约，自两方签约之日起，有实行效力。

上四条，《协约》之详文也。其《附约》共十七条，数与各报所载相符，专订关于俄国人民之在蒙古，以及蒙古人民之在俄国，所应享通常及特别权利，各规定条文如下：

第一条　凡俄国人民在蒙古境内，照向例有自由居住、迁徙及经营各种商工业或他项业务之权，又俄国人民与各项人以及公司、社会，无论该人民及各项公司、社会等之为公或私人资格，并无论其系俄系蒙系华或其余他国，皆可订结各种契约合同，以行贸易。

第二条　俄国人民在蒙古境内，照向例，无论何时，其输入或输出俄、蒙、华及他各国所产制各项农工货品，得享有免缴入口出口税之权。又贩卖上述各项农工货品于蒙古内地，俄国人民，概无庸缴纳税费以及各种捐课。

惟为本条例外，凡俄、华商人合营商业，以及俄人民代他国商人出名贩卖商品者，本条规定，概不适用。

第三条　俄国各贸易银行，有在蒙古设立分行之权。又该银行等得在蒙古境内，与各项社会、公司或各私人，订结关于款项或他项业务契约。

第四条　俄国人民，在蒙古境内售买货品，可以现金或物物交换法行之，并可订结各项信用契约。惟关于个人信用之私债，蒙古王公及蒙古财政机关对之，概不负担保责任。

第五条　蒙古官署，不得阻止蒙、华人等之与俄国人民订结各项商务契约，或应俄国人民雇用及服务于由俄国人民所经营之商工营业机关等行动，惟不得以各种工商专利，给与公私公司、会社或个人。其公司等在本约订结以前，蒙古政府给与专利特权者，得继续享受，至原定期限为止。

第六条 俄国人民，在蒙古境内，得于各处城市、都邑，租赁地基，或购归己有。惟此项地基，只准充筑建工场、商厂、住房、铺栈以及堆房等用项，不得贩卖图利。又俄国人民，得租赁荒地以营农业。其租赁按照蒙古现行律，凡圣地以及牧场，概在律外。

第七条 俄国人民，享有与蒙古政府订结开采矿产、经营林渔等业合同之权。

第八条 俄帝国政府，因相度情形，遇各处应设立俄领事时，得商允蒙古政府，在该处设立。即蒙古政府，欲在沿俄国各边境，派驻该政府代表，经两方同意，视为必要时，亦得即行派驻。

第九条 凡驻有俄国领事各处，以及虽未驻有领事而俄国商务较为发达者，由俄领事与蒙古政府磋商，划地设置租界，以便俄国人民居住，及充布置各种营业之用。该租界遇设有俄领事处，由该领事管理一切，其未设有领事处，则由该处俄国商会侨居最久之一人管理。

第十条 俄国人民，经商允蒙古政府后，得在蒙古境内设立邮局，以便于蒙境各处相互间，以及该各处与沿俄边境各处，运送信件、商品，邮局经费，概由俄国人民负担。又如遇站房以〈及〉各种房屋之堪充邮局用项，而为蒙古所有者，可由俄国人民照本附约第六条规定，租赁或购买。

第十一条 俄国领事遇需要时，得利用蒙古驿站，递送公牍文件，及他各种公件，概不缴费。惟以每月费用，用马不过一百匹，驼不过三十匹为限。由驿站所递各公件，由蒙古政府颁粘号标，以示标别。遇俄领事或其他俄官署人员，以私件由蒙古驿站递送者，概须纳费。又俄国人民，经商允蒙古政府，照所定价格纳费，亦可利用蒙古驿站。

第十二条 俄国人民，可在由蒙古流入俄境各河川以及其旁流，航行商船，与沿岸蒙古人民贸易。蒙古政府欲改良航业，俄国政府当以种种方法，补助蒙古。蒙古许俄国人民，以在沿岸各处得租赁装卸码头及货物、木材堆栈等权，其租赁按本约第六条规定办理。

第十三条 俄国人民，得利用蒙古境内水陆桥梁，以搬运商品、牲口等，如商允蒙古政府，俄国人民，并得在蒙古境内筑建桥梁，设置渡船，其经费由俄国人民负担。惟遇蒙古人民利用此项桥梁渡船时，得征收较高赁钱，以自补救。

第十四条 俄国人民，在蒙古境内，因喂养或休息牲口，得自由屯驻。惟遇屯驻时期较久者，由蒙古政府照拨草场，以便售卖牲口。其屯期逾三月时，蒙古政府得征收料金。

第十五条 沿俄边境俄国人民，照向例得在蒙古边境草场牧畜及渔猎等。

第十六条 俄国人民、公司，与蒙古及中国人民间订结契约，或口说，或笔书，均可以订结契约者之同意，得以该项契约，呈由地方官署签证为凭。如该地方官署以为不能即行签证者，须由该地方官署，即时通知俄领事，互行讨究，以免争执。凡关于不动产契约者，必须呈由蒙古官署以及俄领事签证。其关于开采矿产等契约，必呈由蒙古政府签证。又凡以契约起争执时，无论该项契约之系口说或笔书，争执两造，可呈明俄、蒙二国裁判所判决。如仍未能判决，即移交俄蒙混合裁判所，重行审判。混合裁判所，或永久或暂时均可。永久混合裁判所，设于俄领事驻扎地，以俄领事或其代表及一与该领事官级相等之蒙古官员组织之。暂时混合裁判所，设于未驻有领事地，以领事代表及争执案发生地蒙古地方官组织之。裁判所审判时，得延请法庭顾问，以俄、蒙二国人充之。所有判决案，其曲在俄国人民，受罚者由俄领事执行惩罚；其曲在蒙古中国人民者，由蒙古王公执行惩罚。

　　第十七条　本附约自签押之日始，有实行效力。

《东方杂志》（月刊）

上海商务印书馆东方杂志社

1913 年 9 卷 10 号

（李红权　整理）

俄人在蒙古之势力

译《远东评论》

钱智修　译

俄国政府之决议，从育克尼乌丁斯克（在西伯利亚铁路中间拜喀勤〔勒〕湖之东）建筑铁路至恰克图，与其连接该路于库伦也，实引起蒙人之注意，而为蒙古独立之导火线。无论提出于中国国会之《中俄条约》结果何如，而现在之蒙古，实为俄人之保护国，其与活佛缔结之协约，已确定在蒙古之最高权力，中国从前所享之统治权，盖已陵夷殆尽矣。俄人之诱惑蒙古酋长，已经年累月，而深得其欢心，中国之革命，正彼辈所深思渴想，以为脱离中国亲附北邻之机会也。

俄国商人之住居、经商于育克尼乌丁斯克、恰克图及库伦者，其要求铁路之连接也，为时甚久。当时曾将路线两条测量，其一拟从伊尔库次克接至恰克图，其一则从育克尼乌丁斯克直接恰克图，俄国军官对于该线之建筑，颇主反对。其反对之理由，一因建筑该路，必须在特兰士拜喀里亚增兵，顾时机犹未成熟；一因必张库铁路（从张家口至库伦）先行开工，而后能在北方有所运动。然此固前数年事。至蒙古现今之政变起，俄军官对于西伯利亚铁路分设南线之疑虑，亦除去矣。

张库铁路之建筑与否，当以商人及关心张家口与库伦富源之开拓者，要求与否为准。数年前，中国曾拟建筑军用铁路，今则此等理由，亦已消灭。蒙古拓殖公司，以喀喇亲王为总裁，尝拟从张家口至恰克图建一铁路，又在黄河之上流设立汽船公司，与张绥铁路（从张家口至绥远城）相辅而行，以连贯保德城及宁夏。该公司之股本，在百万两以上，然仍未将此等计画实行也。

　　使张家口至库伦有一铁路以连接之，则现在归化城之路线实不足与之相竞，其建筑之工程既易，而敷设支路至西边及乌里雅苏台等处，亦甚为便利。一八九七年，中国曾将该线测量，据嘉美森君（Mr. C. D. Jameson）之报告，谓沿电线建筑，路程较短，价值亦较廉，自杭纳巴以上，地势颇不平，顾自此以下，则工程上毫无难处。且谓以张库铁路横贯蒙古，即从纯全之经济方面论之，亦必占胜利而不可稍缓也。

　　欲知蒙古之现状，则其脱离中国之原因，不可不略一述及。俄人关于蒙古问题，对待中国之态度何如，且勿具论，而前清时代，中国待遇蒙古之苛酷，则必当公认。尤以三多任蒙古办事大臣时为最烈，扰累其人民，亵渎其宗教，又捕圣山之马匹，以为中国军队之用，总之，则以蒙人为劣等民族而已。此种特别权利，与库伦地方中国人之蔑视蒙人，为留心蒙事者所共见。店铺之商人，常以虚礼晋接蒙人，实则欺之若婴儿，顾俄人则与之较为亲昵，待遇之亦较善。除以蒙人为仆隶或牧圉外，无其他之交涉也。

　　当三多任办事大臣时，中国人之意，盖欲在库伦练成劲旅，当时曾将联队之编制，预行计算。以军官六十五人，分造营舍，并招募蒙兵，以抵御俄人之侵蚀。其预算计画，谓于一九一一年之末，在库伦屯兵二千，后更增至一万，又于科布多、塔里巴加齐①等处，酌量屯兵。其时库伦曾筑成驻兵二千之营舍，顾并未驻兵，而一九一一年八月革命即起，虽中国名义上之统治权，亦尽行丧

---

　　①　似应为"塔尔巴哈台"。——整理者注

失矣。

中国之军事行动，俄人暨蒙人，均极注意。当一九一一年时，亚洲俄罗斯之边境，所谈者均为与中国开战之事。驻扎该处之俄国军官，均怵惕于中国之勃兴，提议军队之建设，铁路之延长，其时俄兵之分驻于伊尔库次克、育克尼乌丁斯克、恰克图、赤塔三〔四〕处者，约有十三万至十五万人。益以增设西伯利亚铁路复线之狂热，与其在中亚俄罗斯边界之进行，故自中国人视之，亦早知蒙古地方中俄战争之不可避。俄人屡以中国不殖民蒙地、不招募蒙兵、不干涉蒙古行政三事，要求与中国订约，愈使中国人恍然其故。考俄人所以有此等要求者，其理由至为单简，即清政府欲在蒙古之东建设行省，且通知俄国，满洲附近之地，为中国之省份者，不能如一八八一年之条约，自由贸易，而须照他省一律抽税而已。

据一八八一年八月十九日圣彼得堡签字之《中俄条约》，俄国人民准在中国蒙古地方贸易，照旧不纳税，其蒙古各处及各盟，设官与未设官之处，均准贸易，亦照旧不纳税。并准俄民在伊犁、塔尔巴哈台、疏勒、乌鲁木齐及关外之天山两路各城贸易。其附设于该约之《陆路通商章程》，并定两国边界百里之内，准中俄两国人民自由贸易，均不纳税。累年以来，条约之利益，日有进步，故俄商之投资获利者甚多，而俄国政府，因库伦办事大臣之整顿军备，与北京政府之不答覆其要求，故亟欲扩张以保护其人民，盖非一朝一夕之故矣。

清政府之不能与俄国政府提议协商，实为蒙古独立之主因。据一八八一年之条约，每十年后，两国均可提议修改，而中国则直至一九一一年，始提出取消自由贸易地之动议。其提议书送至俄国政府，即在圣彼得堡开始谈判，谈判之结果，由俄国提出一抵制之提议，其时在一九一一年十月二十五日，顾中国则既不图进行之计画，亦不答覆俄国之提议，虽俄人屡次强迫，亦置之不顾，此则大可异耳。

一九一二年八月，为中国革命后之一年，俄国以废止自由贸易地之通牒，致送中国，顾蒙古即于其时选立君主，宣布独立，特派专使至圣彼得堡，并与前北京俄国公使廓罗斯脱佛士（M. Korostevetz）商议，以完成与俄缔约之意旨。其赴俄专使，以杭达亲王为首，即受三多之窘辱，幸而得逸者。俄国政府，以军队欢迎之，极示尊重之意，并助以军需，承认其独立。一九一二年十一月三日，廓罗斯脱佛士遂与杭达亲王，署名于《俄库条约》。俄人所想望之权利，且为要求于中国时之始愿所不及者，均由此而得，而蒙人亦得俄人之助，以维持其独立焉。

蒙古独立之君主为活佛，实居喇嘛之第三级，最尊者为达赖喇嘛，次为台吉喇嘛，均居于西藏。活佛之生年，与清光绪帝同，照喇嘛之教规及惯例，不得娶妻生子，活佛独违反之。其智虑极蹇浅，体质又弱，几至失明，或谓自活佛在库伦建庙祈神以后，其目光颇有进步。外国人之造访活佛者甚多，前北京英使馆中文书记康白尔君（Mr. C. W. Compbell），曾于一九〇二年至库伦，与活佛相识，感情极佳，闻宣布独立后，曾欲聘为顾问。活佛之为人，自奉极奢，俄商之以新奇器物见售者，均利市三倍，其库伦之洋房中，凡近世发明物，如德律风、摩托车等，无不备也。

此最新之皇帝，蒙古人称为婆吉佗可汗（即大皇帝），其对于狂惑之信徒，势力颇大。又以富有金钱，故虽在北京，亦颇足令人注意。其实际上不过为四盟中之皇帝，即组成喀尔喀之东二盟与西二盟是也。然就现在观之，则西二盟之态度，亦甚不明了，杭达亲王返库伦后，常派遣密使，以引诱其他蒙古人，归附活佛。闻巴尔吉地方，已受其诱惑，巴尔吉之首府为海拉〈尔〉，其面积甚广。又闻乌尔托人，亦承认活佛之权力，与喀尔喀合并，西伦霍旗，亦加入联盟，盖活佛之势力，已延至兴安岭，与俄人在北满之势力范围接近矣。

蒙古人惧中国兵之侵入，遂汲汲编练军队，以谋抵御，其教练及军需，大得俄人之助。自宣布独立以来，俄国军官之在库伦者，不下四十五人，均担任授与西洋之教育，各处兵士，均积极预备，以谋保其独立。来福枪极多，其售价尤廉，俄国之旧巴唐来福枪，不过每枝售三罗布。在二月间，即有兵士四千六百人，从库伦派出，向东南进行，循北路以进逼张家口，至五月间，已在张家口南之三十哩驻扎，现在蒙兵与中国兵，尚无剧烈之战争。北京官吏，尤虑蒙兵战胜，则内蒙或将与外蒙联合，故颇不愿战事之实现，实则蒙兵一胜，则四盟之蒙古人，犹未知其不属于中国者，亦必从而惊醒，此尤中国之不利也。

二月初旬，袁总统曾大宴蒙人于北京，其列席者约百二十人，颇多重要人物，当由总统向各来宾解释蒙古与中国关系之变迁，以为待遇蒙古之方法，决不与前清相同，而从蒙古人之言论观之，使中国人之计画，为蒙古所知，《俄库协约》，亦不至于签字，乃蒙古人之状况，方待改良，自治权利，方将授与，其与中国之他种人，方得受同等之待遇，而俄国已干涉而阻止之，此则蒙古之大不幸耳。

现在之中国，于《俄库协约》，犹未承认，惟俄国方强迫中国将《中俄条约》，由国会批准。据该约之内容，则《俄库协约》，已大半承认矣。然蒙古人中，亦有深悔其举动之孟浪，致为俄人所卖者。四盟中之蒙古人，回心向内者颇多，如乌泰之率领八百人归中国，即其一例也。即在库伦，亦知此事之关系甚大，五月中旬之会议，颇现怵惕之状，据该会之意，谓使承认俄国之主权，则蒙古必沦入重渊，使承认中国之主权，则中国亦必企图压制，故其决议，在取中立之态度，而于蒙古之利益无害时，维持俄国之友谊。其内务大臣及大喇嘛，在会议中宣言，谓彼等已脱去一种之轭〔扼〕制，然决不可陷入他种之轭〔扼〕制，而当竭各种方法，以完成其独立。夫独立云者，非俄人所许与于蒙古而愿为之协助者乎？活佛对于此项问题，尤有明言愤怨之概，其主席于国务会议也，谓国务员等当于琐碎之问题，互相争辩，使俄国代表，不得满意而去，其时新任库伦俄领事米禄君（M. Miller），方携带俄皇之礼物，前赴库伦也。

　　现今最有趣味之问题，即何谓蒙古是也。俄人于条约中，曾列蒙古字样，然圣彼得堡《半官报》，则谓该约以外蒙为限。据地理言之，蒙古之北面，以脱兰斯倍克哈、伊尔库次克、叶尼塞、多木斯克诸省为界，西面以索米普拉丁斯克省为界，南面以新疆、甘肃、陕西为界，东面以满洲为界，东西广一千五百英里，南北长八百五十英里，全部分内蒙古及外蒙古。内外蒙古，复分为九大部，又有其他小部落，以蒙古之小王公主之，其坐落疆域，盖蒙古人及游历家所能详者。蒙古与中国真正之分界，颇难指定，惟中国人之殖民地，与蒙古人之部落，则颇易辨别，凡耕种之地既尽，则中国人之殖民地，亦以此为限，以蒙古人不从事耕种也。蒙古人为游牧种族，于畜牧兽类，最擅胜场，尤能为或种之运输事业，人多居水草肥美之地，其地点随畜牧而变更。从比较上言之，则城市固少，而村乡且绝无仅有，其重要城市，为库伦、乌里雅苏台、科布多、库尔特嘉、恰克图、塔尔巴哈台，然塔尔巴哈台之所以重要，不过在军事一方面也。

　　自库伦向西，经过乌里雅苏台、科布多、札克资恰克，以至极边之一路，实际上殆已为俄人所占领，按照条约，俄国于通商之地，有设立领事之权利，而于设立领事之地，即有派遣领事卫队之权利，此项权利，盖已从库伦迤西，扩充至札克资恰克矣。自此以南，更经过伊犁、疏勒，以至乌鲁木齐。乌鲁木齐，即新疆之省城，是尤关系之至重者矣。

　　自库伦东向以至巴尔吉一路，亦为俄人所占领，其北方有俄国卫队一万人，恰克图更有大队兵士驻扎，俄国与蒙古，实以该城为分界。从前曾有中国兵二百五十人驻于南面，俄国兵六千人驻于北面，而俄国兵之驻于育〔尔〕克尼乌丁斯克者，复有十七万五千人，距离至近，其调遣亦甚易也。

　　据《俄蒙协约》，俄国有协助蒙古之义务，而中国征蒙之空谈，复足引起征俄之联想。然中国之一方面，则其事颇非易易，即就派兵至库而论，其渡戈壁沙漠，已须二十八日之路程，粮饷、军械，均须搬运。而自库伦以至俄国边境，则七月〔日〕可达，色楞格河中，除冬日外，均可通行汽船，装载从西伯利亚铁路而来之军队，自育克尼乌丁斯克至恰克图，不久且有铁路连接之，如时机紧急，尤能于一月间筑成轻便铁路，盖中国人方筹议出师，而俄国人可立派雄师二三万，直赴库伦焉。

　　中国人于征蒙之不便，盖已见及，凡俄国及蒙古之电报，以为中国将进兵蒙古者，均加以辩正，即张家口防蒙之军队，亦渐次撤回，可知其无征蒙之决心矣。

《东方杂志》（月刊）

上海商务印书馆东方杂志社

1913 年 10 卷 3 期

（李红权　整理）

蒙古之现状

[日] 旭　演讲

　　此为日本参谋本部旭主计官察视蒙古情况归国而后，在其立宪同志会演讲者，先就内外蒙古之地势、人种、人情、风俗、军事、宗教及其他略论之，并详论外蒙古之各种状态，其要旨如左。

　　东蒙古之地　蒙古之内，与日本关系不浅者，即东部蒙古。指自库伦起，迄于松花江，划一直线，在东方一带之地即是。最近所谓东部蒙古，其范围更狭，指东经百六十度以东之地，即其地积约二万方里，概属平坦，缺地理的变化，惟有兴安岭之一脉，自西南直走西北而已。

　　东蒙之产业　蒙古之地，地质本极肥沃，各种耕作，极有望之场所也。就中东部蒙古尤为有望，但蒙古人概以牧畜为业，以是东蒙在经济上之势力，人口虽有四百万，而谷物仅有千四百万石，马百三十万头，牛百五十万头，羊四百三十万头。其中内蒙人仅四十万人而已，余皆汉人之移住者。

　　东蒙之行政组织　东蒙之行政组织，纯属军政，而对于蒙古各王之地，以有移住汉人，其组织遂极复杂。此外于中央监督机关、地方派遣机关外，更设蒙古王之自治机关。

　　蒙古之财政　所谓蒙古之财政，不过一蒙古王之财政而已，以故其收入支出，皆极少数。虽为外蒙第一王族达赖哈罗王，其岁人亦不出五十万圆，其小者年收仅不过一万圆而已，皆为该王公财产上之收益。其中亦有征自租税者，且自北京政府给二千两乃至四千两之俸禄。王号为世袭而传之子孙，各王族之内，东部王族，比之西部较为富裕。

外蒙之军事组织　外蒙军事，大略为屯兵式，当时布军政，采举国皆兵主义，以佐领为单位，置十长于其间，一长自骑兵十、步兵二十而成，一佐领兵数有百八十七人。以佐领之集合谓之旗，一旗之内，多者五十佐领，少不过五佐领而已。东蒙古全体之佐领数，九百七十八。其丁壮共十八万一千余。男子达于十八岁，必负服兵役之义务，一户必出壮丁一人之责务。贫弱之蒙古王，平时既不能养如斯多数之兵，则常时使于各地分置屯田。另备二三百骑之卫兵，武器极不一律，有连发枪，有单发枪。王购入兵器，要得北京政府之许可。蒙古兵于服从心、勇气、忍耐各点，殆与日人等，其本质实胜于华兵数倍。惟文野之程度异，以现状观之，两者殆不能同日语也。

配置于蒙古之俄兵　现俄国配置于蒙古全体之兵数，则库伦有三十大队，恰克图与乌里雅苏台各有二大队，科布多有一大队（各步、骑、炮、工）外，塔尔巴哈台有骑兵四百，乌鲁木齐有骑兵四百，伊犁有骑兵六百，喀什噶尔有骑兵二千五百，以为各商业及其他之保护。

交通机关　往昔蒙古之交通机关，有各王入贡北京之公道（长公路），与连络地方、派遣吏员之驿路。前者依各地方而异，至各王族入贡道路，则各有一定。此等道路，皆以北京为中心而筑造之者。且此外各地，有所谓参诣道路。近时因铁路之开通，此等道路之交通，有一大变革，或由东清铁路，或由南满铁路而达北京。今公道、驿路，大部分已归废灭，交通之关系，为之一变矣。

　　铁路计画之现状　　在蒙古方面各种计画之中，如锦爱线，如爱珲线皆是，而新法线近时亦有日兴之说。更据一部之所述，则此外又有自郑家屯迄于洮南府之郑洮轻便铁路，及俄国多年所希望之库张铁路，与以谟伊索堡市为起点之库哈铁路，亦有既着手一部之说。满洲里至库伦间，有依俄人之手而运转自动车之计画。凡此种种，一日〔旦〕完成，必至极黑暗之蒙古交通，另开新面目。

　　产业状态　　从前蒙古之地，不许辟为农场。清之中叶，汉人之移住者一时称盛，大抵皆从事于开垦。其究也，蒙古人之畜牧，渐为压迫，蒙人因是而有次第退守之势焉。近时东蒙一部，乃至见有二百三十余万町（十亩为段，十段为町）之开垦地，共计蒙古二万方里之内，大概言之，应见有一千万町之加工地。至耕作之种类，殆与满洲同，以大豆为主，高粱、黍等次之。满洲之大豆，一段为八斗，较现在蒙古，则仅有六斗之收获，前途约可确增三千万石。

　　牧畜之种类　　牧畜虽为蒙古人之本业，而在东蒙，因渐次四方之压迫，而日就衰颓。家畜之重者，为马、牛、羊，至骆驼，亦稍有饲育之者。凡一户，牛约十二三头，马亦如之，羊四五十头。蒙古人之常食者为牛乳，大部分所饲育者，亦多乳牛也。骆驼为搬运货物之用，富豪或王族始饲育之。

　　矿产　　蒙古之矿产，全不明晰，惟知有大宝物埋于地中而已。东蒙全部之内，科尔沁地方，曾有专门家一次踏查其地，其余全未调查，但就其显于地上者言之，则散见于其各地之池沼。有天然曹达，远望之如雪，现一岁采取百万贯（每贯约一千两）。又其天然盐之结晶，暴露于各地之池沼者甚显。且科尔沁地方所到之处，皆见有煤矿之质，学者类能言之也。金银矿亦有若干，因交通及其他各种之关系，悉放任之，岂不可惜。

工业　至工业，则可谓全无之者。但在移住蒙古之汉人，非无少许之手工，此盖与满洲地方无异。举其产出之工业原料，则约得野兽皮十万枚、牛马皮三万枚、羊皮二十万枚。

商业　在蒙古无所谓街市，因而所谓商业者，全在行商人之手取物之交换之道而已。在一部开拓地方，非无街市商贾，多自北京、天津、长春地方而去之行商人，占有其全部之商权。至近时始有俄人南下，自是而后，西北部乃全然移于俄人之势力圈内。俄国对于蒙古之经济势力，其发展有可惊者。国人之于蒙古贸易，极为有望，此正可一熟虑之也。

《东方杂志》（月刊）

上海商务印书馆东方杂志社

1913 年 10 卷 4 期

（丁冉　整理）

中俄关于蒙事协商之成立

高劳　撰

中俄两国关于蒙事之交涉，业已两年，俄库订结私约以来，亦将一载，长外交者三易其人，先后磋商三十余次，约稿凡十余易，至近日始为具体之解决，仅商定大纲五条，另件四条。凡两国在外蒙之利益，及现势发生之新问题，与夫外蒙自治区域之界限，均应另行商订，他日不知又当费几许唇舌，几许时日，始能完全解决，且能否不别生枝节，亦难预定。嗟乎！能力不足之国，其不能不隐忍屈伏于强权之下也，固如此夫！兹举其经过之事实如下。

俄库私约发生，陆总长与俄人开始谈判，其大致已详本志九卷八号。其时大借款尚未成立，俄人恐借款政策，或有变更，于蒙事不无间接之影响，故观望徘徊，交涉每多延宕，迨借款成立，谈判乃稍稍接近。然以两方意见，距离太远，又复中止，至五月中旬，始商定六款，其大致：（一）俄国承认外蒙为中国领土之一部分，于外蒙向有之利益，照常尊重。（二）中国承认外蒙之地方自治，并允许外蒙为自卫及维持治安计，可编练军警，并认除蒙民外，一律禁止移住于外蒙境内。（三）俄除领事卫队外，允不派兵前往外蒙，并不移民。又除领事署职员外，不派他种官吏。（四）中国允以和平办法，施用其权于外蒙，俄国允使外蒙承认在中国所属部内向设之地方官吏，仍行设置。（五）中国因俄国调停，和平解决，承认《俄蒙条约》十七款规定〈之〉俄国商业权利。（六）以后俄国如与外蒙之外交及国际事宜有改订时，必须由中俄两国直接商议，并经中政府之允许。六款提出后，外交陆总长即偕国务总理，至两院征求意见，拟得两院议长许可，即与订定。两议长则要求将全案提出，开会决议。遂于五月底先提交全文于众议院，经院叠开秘密会，决议修改协约条文，作为建议案，该案当时并未宣布，未知其详，其要点略如下述：（一）中国在外蒙行政机关，一如前清。（二）俄国只准设一领事、一商务随员，领事馆卫兵，不得过五百人。（三）俄人只准居于条约上通商地点。（四）外人不得在外蒙购地。（五）中国暂得在外蒙驻兵一镇。（六）外蒙不得练一镇以上之军队。当六款之提出也，俄人态度甚为强硬，初仅限一星期答覆，嗣以两院要求全案提议，乃由陆总长商延答覆期限。继复以众院建议案提向俄使磋商，俄人毅然拒绝，并间接表示决裂之意。时蒙古王公联合会，先已两次致函两院，陈述俄约亟宜成立之理由，至是复函致两院，谓如再否决，则蒙人生命财产，必将不保，惟有与民国脱离关系，全体一律回牧，以作保全土地、权利之计画等语。众院因受各方之刺激，复于七月八日开秘密会，就前提六款，重行决议，以二百三十票之同意，对于百八十二票之否决，将六款通过，方继续提出参院间，而俄使忽于十四日声称接该国训令，以我国会既不承认前提之六款，彼亦取消前议，改提新条件四条：（一）除内蒙古外，中国认蒙古自治及其相联权利。（二）俄认中国为蒙古上国及其相联权利。（三）中国听俄调处，照本约及一九一二年十月二十一日《俄蒙协约》之本旨，与外蒙政府订立对待往来办法。（四）关于中俄两国利益在蒙古新局面发生事件，由中俄两政府日后商议。政府接此条件后，仍拟就前提六款，俟参院通过后，与俄继续磋商。而参议院则为以〔以为〕此乃俄人恫吓之词，政府不宜过于迁就，初以六款付审查，旋于十六日会议否决。政府一方面拟援约法二十三条送院覆议，一方面照覆俄使，略谓此项交涉，业经众院通过，俟交参院覆议表决，即可双方签字，续提四条，敝国不能承认，即贵国亦无反汗前言之理云云。时值赣宁事起，政府既对内不遑，参院亦不复常川开会，事遂中搁，其后陆总长以交涉困难，决意辞职，由孙宝琦继长外交。适战乱粗平，遂与俄使继续磋议，以前提六款，俄既声明取消，后提四条，我又万难承认，于是审度时势，另开条件，于九月间与俄交涉。讵俄使于开议后，态度益形强硬，提议各款，较前更酷，且其中有蒙古国字样，交涉因而停顿。正式政府成立，俄人态度稍变，我政府亦以此项交涉，若再延缓，不特中蒙兵祸，愈接愈厉，且内蒙各部，亦将涣离，因复与俄使委屈磋商，至十月二十四日，大致就绪，十一月五日，签字互换，并订于二十二日双方宣布，其内容如下：

（甲）声明文件

关于中俄两国对待外蒙古之关系，业经大俄帝国政府提出大纲，以为根据，并经大中华民国政府认可，兹两国政府商订如下：

（一）俄国承认中国在外蒙古之宗主权。

（二）中国承认外蒙古之自治权。

（三）中国承认外蒙古人享有自行办理自治外蒙古之内政，并整理本境一切工商事宜之专权，中国允许不干涉以上各节，是以不将兵队派驻外蒙古及安置文武官员，且不办殖民之举，惟中国可任命大员偕同应用属员暨护卫队驻扎库伦。此外中国政府，亦可酌派专员驻扎外蒙古地方，保护中国人民利益，但地点应按照本文件第五款商订。俄国一方面，担任除各领事署护卫队外，不于外蒙古驻扎兵队，不干涉此境之各项内政，并不在该境有殖民之举动。

（四）中国声明承受俄国调处，按照以上各款大纲，以及一九一二年十月二十一日《俄蒙商务专条》，明定中国与外蒙古之关系。

（五）凡关于俄国及中国在外蒙古之利益，暨各该处因现势发生之各问题，均应另行商订。

双方奉有本国政府委任签押盖印以昭信守。缮具二份。立于北京。大中华民国二年十一月五日即西历一九十三年十一月五日。

（乙）声明文件

大中华民国外交总长孙：为照会事，照得本日签定关于外蒙古问题之声明文件，本总长奉有本国委任，以政府名义，向贵公使声明各款如下：

（一）俄国承认外蒙古土地为中国领土之一部分。

（二）凡关于外蒙古政治、土地交涉事宜，中国政府允与俄国政府协商，外蒙古亦得参与其事。

（三）正文第五款所载随后商订事宜，当由三方面酌定地点，派委代表接洽。

（四）外蒙古自治区域，应以前清驻扎库伦办事大臣、乌里雅苏台将军及科布多参赞大臣所管辖之境为限。惟现在因无蒙古详细地图，而该各处行政区域，又未划清界限，是以确定外蒙古疆域及科布多、阿尔泰划界之处，应按照声明文件第五款所载，日后商定。

以上四款，相应照请贵公使查照。须至照会者。右照会大俄帝国钦命驻华全权公使库。大中华民国二年十一月五日。

（丙）声明文件

大俄帝国钦命驻华全权公使库：为照会事，照得本日签定关于外蒙古问题之声明文件，本公使奉有本国委任，以政府名义，向贵总长声明各款如下（以下所列四款与外交部致俄使照会文同，不赘录）。

以上四款，相应照请贵总长查照。须至照会者。右照会大中华民国外交总长孙。大俄国一千九百十三年十月廿三日。

就声明文件各条观之，吾国所丧实多，此固迫于时势之无可如何，不能专为当局者咎。然观二十二日国务院通电，谓此文件之中，如外蒙为中国领土，中国派大员驻扎库伦，并派专员分驻各地，及外蒙政治、土地之交涉，由中国与俄协商，保持领土，即所以维系主权。至承认外蒙之自治权，本系上年八月公布《蒙古待遇条件》第二款所许，现在俄国亦担任于外蒙不驻扎军队，不干涉内政，并不在该地殖民。例以续提四条之条款，挽救已属不鲜云云。一若此次交涉，固非常胜利者，此与以一牛易五羊，一牛之失则隐而不言，五羊之得则视为劳绩者何异？至指外蒙交涉与俄协商，谓为维系主权，又以承认外蒙自治，谓本系待遇蒙古条件第二项所许（原文各蒙古王公原有之管辖治理权一律照旧，与声明文件所云自治不同），亦属不类。而乃强为解释，掩耳盗铃，其亦太无谓矣。此次所订文件，实仅为大致之解决，一切困难，尚在将来。如第五条所载事项，范围至为广漠，且就文义而论，似不仅以目前为限，则后日随事随时，均有可以发生交涉之隙。况两国协商，外蒙亦得参与，增一方之意见，即多一重之困难，而外蒙又比昵于俄者，其足为交涉之障碍，更无待论。若夫自治区域之划定，亦一极难解决之问题，内外蒙界限，吾国人夙鲜研究，俄人则十数年来，游历调查，无地不入，某地可兴商务，某地蕴有富源，了如指掌，他日会议，必以其注重各地，提作自治范围，而蒙人之欢迎自治，助俄张目，又必在意计之中。不特中俄及外蒙间将发生无穷之争执，即外蒙内蒙之界限，恐亦多所纠葛，不知当局者又将何术以挽救于其后也。

《东方杂志》（月刊）

上海商务印书馆东方杂志社

1913 年 10 卷 6 期

（李红权　整理）

外蒙自治始末记

作者不详

　　蒙古，元室之苗裔也。明太祖平定中国，驱元于北方，然亦未能悉剪而有之，故元之子孙，踞朔漠南北，各自成国，定首长，戴家族制度，行自治，直至明末，未能统一，合全土为一丸，南下以谋朱明，然终未忘敌视明室之心也。清太祖创基于满洲，先入蒙古，蒙古各酋长，惟以亡明为志，遂多归附太祖，并力攻明。明室之亡，蒙古各酋长之力居多，满清乃悉以其从前领土，封诸酋长。其封爵之制，与清之宗室同，分亲王、郡王、贝勒、贝子、公（镇国、辅国公）五等，且世袭之。王公子弟，予以台吉之号，凡四等。台吉以外，有称为塔布囊者，与亲王以下之王公同义，如土默特左翼及喀喇沁三旗，皆称为塔布囊。外蒙无塔布囊而有汗，汗之权匹于亲王，或犹过之。有所谓达尔汉者，则以军功而获之爵位也，惟其阶级，颇不一定。如某旗亲王以下之全部皆有之，某旗但有台吉而无亲王与贝勒，凡此诸王公、台吉，受封于其祖先之国土，虽有受理藩部、将军、都统或大臣等监督控制之名，然就事实观之，殆各居其家长之地位，而行专断之政治者也。其行政区域，大别为二：曰内蒙古；曰外蒙古。

　　一、内蒙古　内蒙古以部落之小者为旗，合旗而为部，更合部而为盟。其次第如左：

　　（一）哲里木盟

科尔沁部……六旗

札赉特部……一旗

杜尔伯特部……一旗

郭尔罗斯部……二旗

（二）卓索图盟

喀尔喇部……三旗

土默特部……二旗

（三）昭乌达盟

敖汉部……一旗

奈曼部……二旗

巴林部……二旗

札鲁特部……二旗

阿鲁特科尔沁部……一旗

翁牛特部……一旗

克什克〈腾〉部……一旗

喀尔喀左翼……一旗

（四）锡林郭〈勒〉盟

乌珠穆沁部……二旗

浩齐特部……二旗

苏尼特部……二旗

阿巴噶部……二旗

阿巴哈纳尔部……二旗

（五）乌兰察布盟

四子部落……一旗

茂明安部……一旗

乌喇特部……三旗

喀尔喀右翼……一旗

（六）伊克昭旗〔盟〕

旧鄂尔多斯旗〔部〕……计一部七旗

二、外蒙古　外蒙古于盟之外，更有种族的区划，即如喀尔喀、杜尔伯特、杜〔土〕尔扈特、和硕特等是。族下有盟，盟下有部，部下有旗，则与内蒙古同。

（甲）喀尔喀

（一）汗阿林盟……土谢图汗部……二十旗

（二）齐齐尔里克盟……三因诺颜部……廿二旗

额奥特部……十一旗

（三）克鲁伦巴尔和地盟……车臣汗部……廿三旗

（四）札克毕拉包钦毕都尔诺尔部……札萨克图汗部……十八旗

辉特部……一旗

（乙）杜尔伯特

（一）赛图济雅哈图左翼盟……杜尔伯特部……十旗

辉特部……一旗

（二）赛图济雅哈图右翼盟……杜尔伯特部三旗

辉特部……一旗

（丙）土尔扈特

（一）南乌纳恩素珠克图盟……土尔扈特……四旗

（二）北同上　　　　　　　同……三旗

（三）东同上　　　　　　　同……二旗

（四）西同上　　　　　　　同……一旗

（五）青塞特奇勒图盟　　　同……二旗

（丁）和硕特

巴尔塞特奇勒图盟……和硕特……三旗

蒙古诸部，皆仍其故封各遂其生。而清室则惟于京内设理藩部，于蒙古设驻扎官，以为控御之地而已。理藩部制，可以不论，至于驻扎官，则内蒙有热河都统、有察哈尔都统、有绥远城将军；外蒙有乌里雅苏台将军、有科布多参赞大臣、有库伦办事大臣，名称不同，职务亦异。在外蒙古，不但为内政之统治及监督，凡外交、边防等军事之重大权限皆有之，对俄交涉，尤库伦办事大臣之专责也。至在内蒙古，则专当管下之行政及监督之任，惟内政上有与其地邻近之督抚、司道，往复交涉之权而已。盖内蒙内附，为日既久，其地理上之地位，亦与中国本部直省相接近，满汉人之移住者，逐日渐多，与中国本部关系甚密，故驻扎官之权，不如外蒙之重大，而使地方督抚或政府，自掌其外交及军政，别有重大事件，则派遣钦差为之处理。此前清与蒙古之关系之大略也。

泊清政不纲，威信渐替，于是外蒙各部，渐启骄心，而阳鼓而阴煽之者，实为俄人。俄蒙犬牙交错，由萨彦岭、兴安岭，可直达俄境。清雍正五年，始与俄人在恰克图定界约十一条，乾隆三十三年又订《恰克图互市条约》十三条，嗣以俄人两纳我叛，两罢互市之约，至五十七年，重修旧好，复定《恰克图约》五条。同治三年，定《西北界约》十条，八年，互换《科布多界约》三条，九年，定《乌里雅苏台界约》二条，每一订约，辄失地无算。盖我本无精密之地图，当事者又轻视其地，非特不知失地，即知之亦以为无足轻重也。及光绪时，俄人且屡次背约，政府惮于无实力，束手听之而已。方我之与英议藏约也（光绪三十二年事，详见本报《西藏交涉始末记》），驻英俄使屡向英外部有所诘责，盖其时英俄之志，同在西藏，力亦维均，最后乃申明俄国无论如何，终以不干预藏事为政策，但或为势所迫，须在别处另筹对待之方。其所谓不预藏事，即明明以西藏让英也，其所谓别处，殆即指蒙古也。自是，而英则致力于藏，俄则致力于蒙，今之西藏问题、蒙古问题，皆导源于此矣。

辛亥之秋，武汉起义，天下骚然。库伦活佛，居为奇货，俄人又唆使之，以为汉蒙同受治于满清，今满清之共同王朝既覆，则蒙古亦有任意选择政体之权，于是外蒙宣布独立，而活佛亦居然称尊于库伦。十一月，俄使遂向我要求五款，其所以援助库伦之心，始大白于天下：

（一）中国政府，须认俄人自库伦至俄边境，有建筑铁路权。

（二）中〈国〉政府须与蒙古订约，声明下列数项：

甲　中国不得在外蒙古驻兵。

乙　不得在外蒙殖民。

丙　蒙人自治受办事大臣管辖。

（三）中国所有治蒙主权改隶办事大臣，中俄交涉仍由两政府协商。

（四）俄饬领事官协助担保蒙人对于中国应尽之义务。

（五）中国在蒙，如有改革，须先与俄国商酌。

前清外务部，以上列五节，均属无理要求，无磋商余地，搁置不理。民国成立，继续前政，一面添派妥人，劝导库伦活佛，令自取消独立，归附民国，一面筹画进兵蒙古，函电交驰，恩威并用。惟时俄人亦有汲汲以武力干涉之势，蒙人顽梗，执迷不悟，卒拒我而昵俄，屡向俄国求财政上之保护。壬子四月下旬，竟以恰克图、库伦间铁道敷设权为担保，借俄款百万卢布，由俄亚银行任其交涉。聘俄国将校为军事教官，编成新式军队，以俄人任指导教育之责，购小铳一千挺，弹药一万发。许俄有茶之专卖权，设立俄蒙银行于库伦，发行纸币。至六月中旬，库伦受俄国训练之蒙古骑兵，已历八星期而毕业，创设蒙古第一哥萨中队，成绩颇佳，马术卓越，尤为先天妙技，即其射击之术，较之后贝加尔之俄国哥萨克，亦毫无逊色。更着手训练新设四中队，为蒙古陆军之主干。先是乌梁海地方之人民代表者，于六月初旬，谒库伦政府，愿将乌梁海地方归并于北〔外〕蒙古，库伦政府以此商诸俄国，俄政府未尝明答，俄国之舆论，痛责外务当局者之优柔寡断，主张乌梁海当然化为俄领之一州。未几而俄遂嗾使库伦政府，用马贼头目雄飞、东蒙之陶什陶，为外蒙军统领，借彼之势，威胁东蒙，盖俄人目的所在，固不仅区区外蒙已也。七月上旬，俄兵十三名，以游历为名至洮南，其他亚尔个夫之俄国人，随中国人二名至洮南，作商业上之观察。更在月亮泡、大赉厅之间，测量洮儿河之水势深浅，始去。下旬，俄国步骑兵一百二十名，护卫文官、技师等十数名，经海拉尔入东蒙古，携种种之机械，以蒙古兵二十名为向导，调查地理、物产，测量土地，渐窥内蒙，已露端倪。八月二十日，札萨克图王宣告独立，驱逐中国兵，占领洮南府附近，此举实非偶然。盖自五月上旬，已受库伦活佛之劝诱，准备一切，及八月下旬，蒙军遂占领科布多城，逐我官吏，俄国将我办事大臣及官吏三十六名，驻屯兵二百〇八名，普通中国人四百三十二名，计六百七十七名，于十二月中旬，从铁路送还满洲，是亦俄国官宪阳示好意于中国，而阴排中国官民之计也。自是以后，蒙古王公及土人之嗜好，渐向俄国，尊重俄货，贸易因之大盛，不仅商业上也，农工业亦然。王公大抵购买机器，佣聘俄人，着手制造乳产物，又研究家畜之种类，改良养畜法。九月上旬，库伦喇嘛及亲善之王公一派，与他王公争权，大起内讧，互相倾轧，俄人乘此机会，知大功告成之期已近，突以前驻京公使廓尔维慈，至库伦会商《俄蒙协约》。至十一月三日，而《俄蒙协约》及其所附带之《俄蒙商约》遂成，录之如左：

俄蒙协约

　　第一条　俄国政府，竭力维持蒙古之自治，且参与蒙古常备军之编制，禁制〔止〕中国军队及移民入于蒙疆。

第二条　蒙古政府为酬报俄国之助力起见，关于俄人通商事宜，别订商约，许以特权。凡俄国人在蒙古所享有权利以上之优越权，不许蒙古政府再与他国人。

第三条　蒙古政府对于中华民国或他国之条约，凡与本协约及商约有抵触者，不得缔结。非经俄国政府之承认，不得变更本协约。

第四条　俄国与蒙古之友谊，因协约之签押，生绝对的效力。

俄蒙商约

第一条　俄国臣民在蒙古，不论何地，有自由旅行、居住、营商业、设工场及与个人或公司暨移居蒙古之中国人或他国人订立契约之权利。

第二条　俄国臣民有将俄国、蒙古、中国及他国之商品物产，无税输入蒙古及输出之权利。

第三条　俄国银行设支店于蒙古各地，有与个人及公司经营银行事务之权利。

第四条　俄国〈臣〉民得因物品交换，或以现金，或凭信用而从事于贸易，但蒙古王及蒙古财政大臣，对于个人之信用，不负责任。

第五条　蒙古官宪，许蒙古人、中国人与俄国人共营商工业，或使从事于俄国所经营之商业、工业，但不许有商工业之独占权。

第六条　俄国臣民在蒙古各都市，有土地之买卖及其所有权、使用权，又有设工业、置仓库、借入土地经营农牧之权利，但教会用地不在此例。

第七条　俄国臣民关于矿业、林业、渔业及商工业，得与蒙古政府自由订约。

第八条　俄国政府得与蒙古政府协商，于蒙古要地设领事馆，蒙古政府亦得派遣代表，驻俄国境内。

第九条　俄国设有领事或经营实业之处，协定贸易租借地，在俄国领事监督之下，经营商工业或居住。若无领事之所，由久居该地之俄商，任监督之责。

第十条　蒙古内地一带设邮政局，经俄国人之监督，递送邮件，其经费由俄国担任之。

第十一条　俄国使用蒙古邮政局，一概免费。但蒙古人每月供给马匹之数，不得过百头，骆驼之数，不得过三十头，且须付相当之资费。

第十二条　凡蒙古流入俄境之大河及其支流，俄国臣民得以其所有船舶自由航行。凡该河之保护，航路之改修，浮标及灯台之设置，俄国政府援助蒙古政府。俄国臣民得基于第六条，在河岸筑码头，设立货栈。

第十三条　俄国臣民搬运人畜货物，得在蒙古境内河流及道路，自设桥梁，自置渡船，凡利用此等桥梁及渡船者，得酌量向其课税。

第十四条　蒙古境内之牧场，俄国臣民输送畜类，经过其地，有使用之权，且免费三个月，逾期始给相当之租费。

第十五条　俄国人民，在其国境附近所有渔业及干草业之特权，依然保留。

第十六条　关于俄国人、蒙古人及中国人通商规定：

（甲）凡财产之让与，必提出契约书于蒙古官宪及俄国领事。

（乙）如有纷争，则付仲裁裁判，仍不能决，则付诸俄国领事驻在地永久的相互裁判，或俄国领事及蒙古王所组织之临时相互裁判。

（丙）审理之时，俄国领事代表俄国臣民之利害，蒙古王代表蒙古人民或中国人民之利害。

第十七条　本密约从签印日起为有效。

本密约用俄蒙两国文字书写，并署名签押于其上。蒙古纪元二年秋最终之月二十四日（十一月三日）在库伦交换。

由是观之，俄人心目中，早无中国，其对蒙古与保护国同，束缚其自卫权，与对外的自主权。复垄断土地、通商、殖产、兴业、交通、财政等一切利权，名虽援助蒙古独立，直取蒙古为俄之领土耳。我政府蒙蒙，不察外情，忽闻《俄蒙协约》，不异青天霹雳，于是不俟俄国之通知，十一月七日，直向俄国公使通告，谓库伦活佛与第三国所订条约，不论形式如何，一概无效。是月八日，俄公使即以该协约四条通告，国论沸腾，梁外交总长因此辞职，陆征祥起而代之。民间之排俄热，日益激昂，征蒙之声，充溢各省，或大声疾呼，提倡征蒙讨俄之论，或以死国团、讨蒙团、征蒙敢死队等名义，组织爱国团体。各都督中，有电禀中央政府，督促武力解决者，有自请征蒙者，商界有排斥俄货之举，各界有募捐军饷之事，舆论之趋向，纷纷扰扰，颇极一时之盛，未几烟消冰释矣。惟十一月十三日，政府又曾抗议于俄国公使，宣言俄蒙间之协约，在国际公法上无效。蒙古自明末以还，为我藩属，故我国对于此事，断难坐视，然我国民之举动，不过一哄之性质，无实力以为后盾，犹剧场之背景画，人人知其虚无缥缈，非实有其境也。俄人知我究竟，安能反省？十一月十七日，遂悍然以下文答我：

一、俄国缔结《俄蒙协约》，不遑——俟民国政府之承认。

二、俄国鉴于蒙古有独立之事实，为保护俄人起见，与库伦政府缔结通商条约。

三、关于俄国既得之权利及其境界之变更，当由俄蒙双方协定，不容中华民国置喙。

四、俄国承认蒙古之自治，同时承认民国之宗主权。

试将此四项细味之，其外交辞令，似乎不得要领，却足窥知俄国外交之机微。夫蒙古明明为我藩屏之一，而彼与之私定条约，且谓不遑一一通知民国政府，此即俄国之厚颜政策，一面承认民国之宗主权，一面保有既得之权利，境界之变更，唯俄蒙间协定，其矛盾实属可笑。然彼恒利用不得要领之交涉，一再延宕，蹉跎岁月，而于实利经营，着着进步，根深蒂固，成为事实，遂使民国政府，虽欲拒绝而不可得，此亦俄国之特别政策也。民国政府自知不敌，乃于十一月十九日，复提出屈让决议如次：

一、蒙古之领土权，依然属于民国。

二、民国将来不向蒙古增派官吏及移民。

三、为保护官吏起见，从前已派兵员若干，照常驻屯。

四、为保护现住民国移民起见，设若干之警察队。

五、非经民国之许可，不得在蒙古采掘矿山、敷设铁路暨开垦荒地等事。

六、蒙古境内清朝时代之官有牧场，一律开放，许蒙古王公自由使用。

七、蒙古与他国之条约，非经民国政府之承认，作为无效。

右条件，在我已退让至于极点，弱国与强国之交涉，原无足怪，乃俄人复悍然不顾，贪得无厌，其心目中，谓我国之抗议，无半文之价值，我国之舆论，更不值一笑。故仍顽守其主张，但称《俄蒙协约》，如欲改为中俄协约，亦无不可。然俄国承认中国在蒙古之宗主权，当有承认之代价，于是要求下文三条件，迫民国政府之承认：

一、民国政府不得置官宪于蒙古。

二、民国政府在蒙古不得有军事上之施设。

三、民国政府对于蒙古停止殖民，中国人从此不准移居蒙古。

民国政府，对于以上之提议，于十二月六日之正式会见，外交总长向俄公使大让步，提出答案，仅保留宗主权如左：

一、承认民国在蒙古之完全领土权。

二、民国除前清所存官吏以外，决不增派。

三、民国按照前清所定驻蒙兵数，决不增加。

四、殖民不反于蒙人之意志。

后俄公使于十二月十一日会见外交总长，交出俄政府训令，民国实权，全在排斥之列。其要旨略谓俄国政府，除认民国在蒙古之宗主权外，民国之提示条件，不能承认。

于是中俄之交涉，得一小结束，中国地位，大为失败。俄国一面含糊承认民国之宗主权，一面就《俄蒙协约》之范围，别结中俄协约以敷衍我政府，一面从经济上出以强硬之手段，欲吞没道胜银行华股，又以我国人有抵制俄货之举，欲使民国政府负其责任，庚子赔款不允延期，要其居心均不外难我而已。

自《俄蒙密约》缔结后，俄于外蒙之势力，乃日益加进。十一月上旬，我国派兵二队，由古城向乌里雅苏台进发，此事与俄蒙间之商业，颇有关系。俄国则竟派遣二支队至库伦，其一支队更向乌里雅苏台前进。俄国铁路当事者，行至库伦，会见伪首相，关于恰克图、库伦铁路之敷设，详行商议。此铁路为横断蒙古干线之一部，由西伯利亚铁路分出，沿官路延长，达张家口，联络京张铁路，测俄人之野心，将以此由我北方，制我本部。十一月中旬，俄国领事及蒙古大臣等，行蒙古骑炮兵第一旅团之观兵式，视察印刷工场，均由俄人指导组织。蒙古已练成骑兵一联队，炮兵一旅团，而观兵式在蒙古军事上之发展，将以暗示于民国。印刷工场之设，盖俄人对于蒙古人出版、言论、通信之实权，为垄断之前提也。不直〔止〕此也，俄在蒙古，决计驱逐中国官宪之势力，十一月十八日，将买卖城及库伦之电报局，由我国人之手攫去，移归蒙人自办。蒙人颛愚无识，则大以俄国为德，派遣谢恩使，今年一月十一日抵俄都，二十三日谒见俄皇，关于蒙古独立之承认，特表感谢之意。此行伪外务大臣以次凡七名，极蒙俄皇室优遇，当时俄都各报，利用此机会，牵引蒙使无责任之言，以为口实，捏称蒙古独立，出于蒙民之真意，俄国不过应蒙古诸王公之要求，承认其独立，盖欲诬蒙古之独立为自动，而居俄国于被动之地位。然公理究未可泯，众目岂能尽掩。综合当时欧洲诸电以观之，蒙古使节与俄国参谋总长会见时，虑今春融冰期至，民国必举兵北伐，进科布多及喀尔喀，蒙人未足与抗，乃乞俄国援助。又为练成蒙古军起见，就将校之招聘，兵费之供给，其他借款等项，周密商议，俄蒙当局之间，协商成立，已有端倪，凡此诸事，历历可数，无从掩饰。于是俄蒙亲交益密，而中俄交涉，乃愈形棘手矣。

方陆总长之与俄使开议也，政府议以要求先行取消《俄蒙协约》为第一步，次由我提议条款改俄蒙约为中俄约为第二步，次就俄人提议之条款而裁抑之，以成中俄协约为第三步。至若十七条之商务专条，则拟摘取其与条约不相背者，而由我许之，以收主权。陆总长依此步骤，逐层进行，而俄意坚决于第一、第二不肯就我范围，不得已许其由彼开送条款。其所开交四款列下：

为解除将来蒙古上国之中国，与俄国对于蒙古问题之误会，并确实蒙古之自治基础，兹提出条件如下：

一、中国担任对于蒙古历史上及种族上之行政制度，毫不更动。承认蒙古人民在其领土内，自有防御及保护治安之特权，得有军备及警察之组织。不许外人在境内有殖民之行政，中国人民亦在其内。

二、俄国担任尊重蒙古领土之完全，除领署卫兵外，若不先行知照中国政府，不为遣派军队。

三、中国愿欲蒙古恢复内〔原〕状，宣告允许俄国调处，以便规定中蒙交际及领土范围事宜，并蒙古自治发生之权利。

四、俄国人民及商务，在蒙古享受权利，当列本约之附件内（即十月二十一号，俄蒙同意所订附则之各条款）。

以上稿件内，应注意之点有四：一浑言蒙古，包及全蒙；二遣派军队，隐有自由行动之意；三殖民一节，我禁彼弛；四禁我用兵，而不担任蒙古取消独立，比之辛亥十一月五款，扩张之大，无可比拟。因思回复辛亥十一月五款之议，俄人以景过情迁，坚不承认。我乃一面就彼开送条件，逐条磋磨，一面筹派妥员，驰赴库伦，说令取消独立。其时姚锡光方为口北宣抚使，何宗莲方为察哈尔都统，曾派施存诚至库接洽。据其报告，谓库伦除杭达亲王外，自哲布丹尊以下，已由该处某公，联络一体，赞成共和，其密商及调查事件，有可得而志者：（一）须加封活佛名号，虚张名目，嘉许赞成共和，其汗、王公、台吉、札萨克及此次有功之人，皆须进阶封赏。（一）蒙古借俄国之大款，系二百万卢布，除就中扣回蒙古前买之军械价款外，仅找俄羌帖四十万罗布，共合华银一百五十万两上下，原订合同系二十年分还，其余零款，不在其内，数亦无多，请由民国担负。（一）在库某公，再四谆谆说活佛及其众尚书、侍郎，无非注意利途，前亦许出五十二万两，由民国长官到库成议，如数交付，然临时运动，尚须预备，请加赏银五十万两来库，以济要需，切勿惜此小费。此时并须加送礼物，黄紫蟒袍、朝珠、好花翎、库缎、真珠、哈达、黑貂皮褂等件。（一）活佛、汗、王公等暗中议定，拟求民国派陆征祥赴库，一则可以信服俄国钦使，二可以信服外蒙等众。（一）民国长官到库时，库伦某某等，自有对待俄国之人，不虑俄国作难。（一）某某等之兵丁，现已暗中串通妥协，归顺民国，倘两方面于要求上有不能和平结束时，即由伊等兵力，将民国长官护送回口，再定日指地开仗，不待南兵到库，伊等首先反对库伦，报效民国。（一）民国长官到库，如始终不能议结，则在库之某某等，随同民国长官来京，承认共和，或听采用，或由口回旗。（一）民国长官赴库，宜着上将服色，以昭信用。（一）民国派员赴库时，须派在京某某等随同前往。（一）张、绥宜联络一气，以为赴北长官之后援。（一）民国大员，务须速派到此，以防俄国派妥总监到库，更加一层为难，且须防升允勾串俄国及他党主谋之人，多生枝节，最好能尽五月二十日以前到库。（一）呼伦贝尔十七旗五十佐领胜福独立，刻将库伦收服后，某公拟即设法将伊独立取消。（一）库俄密约，欧俄外交官，前与民国宣布时，即有增改，某公密抄蒙文底稿一份，交给带来，以备呈送查核。（一）速饬中国在口邮局，所有内地一切报纸，不准寄库，此外在口商号寄信，不准言及国事（以上均系与库伦某公密商事件）。（一）阴历二月十四日，活佛法旨交总理衙门，札兵部行文五路蒙兵，无庸前进，以待此次民国回覆。（一）杭达亲王赴俄，请得统监一员，名密拉尔，于五月二十日，即阴历四月十五日以前到库。（一）杭达亲王赴俄真情，除答谢及游历外，拟议之事有三：一议俄、英、蒙三国在库开设银行；一议蒙库铁路；一议金银矿务。该王于临行时，要求全权名义，活佛并未允许（以上系秘密调查事件）。而所谓某公者，则亦自要求赏给亲王府第、封地及养赡银两者，则似当时苟有廉明公正之员，驰往会商，库事不难速了。然政府终不敢得罪强俄，俄之外交官，移步换形，亦不如我之易与。计自开议以来，俄政府前后易稿四次，在我驳回而另提议之稿，亦多至五六次，阅时七月，会晤二十余次，始商定《中俄协约》六款，附件十七条。即本年五六月间，喧传一时之《中俄密约》也。

（甲）《中俄协约》六款之原文

中俄两国为免除蒙古现状所能发生之误会起见，协定条件如下：

（一）俄国承认蒙古为中国领土完全之一部，兹特担任于此领土关系之继续，不谋间断。又此领土关系上生出之中国历来所有之种种权利，俄国并担任尊崇。

（二）中国担任不更动外蒙古历来所有地方自治制度，并因外蒙古之蒙古人，在其境内有防御及维持治安之责，故许其有组织军备及警察之专有权，并许其有拒绝非蒙古籍人，在其境内殖民之权。

（三）俄国一方面，担任除领署卫队外，不派兵至外蒙古，并担任不将外蒙古之土地，举办殖民。又除条约所许之领署外，不在彼设置他项官员，代表俄国。

（四）中国愿用平和解决法，施用其权于蒙古，兹声明由俄国调处。照上列各条之本旨，定立中国对待外蒙古办法之大纲，并使该处中央长官，自认有中国所属部内向有之地方官吏性质。

（五）中国政府，因重视俄国政府之调处，故允在外蒙古地方，将下开之商务利益，给于俄民（加入十七条条文）。

（六）以后俄国，如与外蒙古官吏协定关于改动该处制度之国际条件，必须经中俄两国直接商议，并经中国政府之许可，方得有效。

（乙）附件十七条之原文（此种附件，即《俄蒙协约》之专款，其原文与外报所传，间有出入，故两存之）

（总纲取消）大俄帝国政府委任之议约全权参议官（俄国三等文职官衔名称）廓索维慈，与蒙古主及执政各蒙王委任之议约全权蒙古总理大臣，万教护持主三音诺颜汗南那苏伦、内务大臣沁苏朱克图亲王喇嘛策凌赤蔑得、外务大臣兼汗号额尔德尼达沁亲王杭达多尔济、陆军大臣额尔德足〔尼〕达赖郡王贡博苏伦、度支大臣土谢图郡王札克都尔札布、司法大臣额尔德尼郡王那木萨赍等，现因本日签定协约之第二条所规定，复行议定以下各条，条内所载，有为俄人在蒙古业经享用之利权及特权，并载蒙人在俄国享用之利权及特权。

第一条　俄国属下人等，照旧享有利权，在所有蒙古各地，自由居住移动，并经理商务制作及其他各事项，且得与各个人、各货行及俄国、蒙古、中俄〔国〕暨其他各国之公私处所，往来协定，办理各事。

第二条　俄国属下人等，并得照旧享有利权，无论何时，将俄国、蒙古、中国暨其他各国出产制作各货，运出运入，免纳出入口各税，并自由贸易。无论何项税课捐，概免交纳。惟中俄合办营业及（此七字俄允删去）俄国属下人等，伪称他人之货为己货时，不得援用此条。

第三条　俄国银行，有权在蒙古开设分行，代各个人、各处所、公司、会社，办理各种款目事项。

第四条　俄国属下人等，可用现钱买卖货物，或互换货物，并可商明赊欠。惟蒙古各王旗及蒙古官帑，不能担负私人债款。

第五条　蒙古官吏，不得阻止蒙人、华人向俄国属下人等往来约定办理各种商业，并不得阻止其为俄人或俄人开设商务制作各处所服役。蒙古域内，无论何种公私公司、会社或各处所个人，皆不得有商务制作专卖权。其有于未定此约之前，已得蒙古（政府）地方官免〔允〕许，而有此种专卖权者，于定限未满以前，仍可保存其权利。

第六条 俄国属下人等，得有利权，在蒙古所有地内各城镇、各蒙旗约定期限〔期〕，租赁地段，或购买地段，建造商务制作局厂，或修筑房屋、铺户、货栈，并租用闲地，开垦耕种，此种地段，或买或租，以为上开各项之用，自不得以之作谋利之举（新名词谓为投机事业，似指买而转卖而言）。此项地段，要须按照蒙古各地现有规例，与蒙古（政府）地方官，妥商拨给。其教务牧场与地段，不在此例。

第七条 俄国属下人等，可与蒙古（政府）地方官协商，关于享用矿产、森林、渔业及其他各事项。

第八条 俄国政府，有权与蒙古（政府）地方官协商，向须设领事之处，设派领事（蒙古政府至蒙古政府代表数语，俄允删去）。蒙古政府，亦可于帝国沿界各地，须行协商派设蒙古政府代表之处，派遣蒙古政府代表。

第九条 凡有俄国领事之处及有关俄国商务之地，均可由俄国领事与蒙古（政府）地方官协商，设立贸易圈，以便俄国属下人等营业居住之用，专归领事管辖，无领事之处，则专归俄国各商务公司、会社之领袖管辖。

第十条 俄国属下人等，仍可保存其利权，得以自行出款于蒙古各地及自蒙古各地至俄国边界各地，设立邮政，以便运送邮件货物，此事与蒙（政府）地方官协商办理。如须在各地设立邮站，以及别项需用房屋，均须遵照此约第六条所定章程办理。

第十一条 俄国驻蒙古各领事，如须转递公件，遣派信差，以及别项公事需用之时，可用蒙古台站。惟一月所用，马匹不过百只，骆驼不过三十只，可勿给费。俄国领事及办理公事人员，亦可由蒙古台站行走，价给费用。俄国属下办理私事之人，亦有享用蒙古台站之权，惟此项人等应偿费用，须与蒙古（政府）地方官商定。

第十二条　凡自蒙古域内，须至俄国境内各河及此诸河所受之河流，均准俄国属下之人，乘用自有商船往来航行，与沿岸居民贸易。俄国政府，当帮助蒙古（政府）地方官整理各河航路，设置各项需用标识等事。蒙古官吏，当遵照此约第六条所定章程，于此各河沿岸，拨给停船需用地段，以为建筑码头、货栈，以及预备柴木之用。

第十三条　俄国属下人等于运送货物，驱送牲只，有权由水陆各路行走，并可商允蒙古官吏，由俄人自行出款建筑桥梁、渡口，且准其向经过桥梁、渡口之人，索取费用。

第十四条　俄人牲只，于行路之时，可得停息喂养。如过〔遇〕停留多日之时，地方官并须于牲只经过路径及有关牲只买卖地点，拨给足用地段，以作牧场。如用牧场超过三月之久，即须偿费。

第十五条　俄国沿界居民，向在蒙古割草、渔猎，业经相沿成习，嗣后仍照旧办理，不得稍有变更。

第十六条　俄国属下人等，及其所开处所，与蒙人、华人往来约定办理之事，可用口定，或立字据，其立约之人，可将所立契约，送至地方官呈验，如地方官见呈验契约有窒碍之处，当从速通知俄国领事官，与领事会商，将所出误会，公同判决。今应特行定明，凡有关于不动产事件，务将成立约据，送往蒙古该管官吏及俄国领事处呈验批准。如享用天然财赋（案此指矿产、林业等事而言）之契约，必须经蒙古（政府）地方官批准方可。如遇争议之时，无论因口定之事，或立有字据之件，可由两造推举中人，和平解决。如遇不能和解时，再由会审委员会判决。会审委员会分常设、临时两项。常设会审委员会，于俄国领事驻在地设置之，以领事或领事代表及蒙古官吏之代表有相当阶级者组织之。临时会审委员会，于未设领事之处，酌量所出事件之紧要，始暂开之，以俄国领事代表及被告居留或所属蒙旗之蒙王代表组织之。会审委员会可招致蒙人、华人、俄人为会审委员会之鉴定人。会审委员会之判决，如是关于俄人者，即由俄领事官从速执行，其关于蒙人、华人者，则由被告所属或所居留之蒙旗蒙王执行之。

第十七条　此专条自签押之日实行。两方全权，将此约（俄）（蒙）文字，平行排列，缮备两份，校对无讹，签押盖印，互换为证。俄历一千九百一十二年十月二十一日，即公举蒙古主之治理第二年季秋月二十四日，立于库伦。

第十七条全文，俄使已允认删去。此外附件中之蒙古政府字样，改为蒙古地方官，凡蒙古字样，全加一"外"字。其余所修正之处，俄使全不允认。

议既定，遂于五月三十日提交众院同意，众院即交审查，议定第一、第三、第五、第六四款，悉照原文同意。第四款删"中央"二字，第二款须加说明书，（甲）不更动历来地方自治制度即待遇条例第一款，所谓各王公原有之管辖权，一律照旧；（乙）组织军备及警察专有权，应声明此项军备及警察，依第一款之规定，当然按照前清旧例，受中国政府之节制；（丙）拒绝非蒙古籍人，在其境内殖民，应声明但如第五款所指之商务利益，当然不在殖民之限。附件中凡蒙古字样上，均加一"外"字，而删去第十七条，惟此为最后让步之办法。如尚有磋商余地，则第三款专有权下，须加但书，但组织方法及其经费，须经中国政府之许可。第六款中关于改动该处制度之九字删。附件第八款派领事下，加但须经中国政府之许可。于六月三日，提出大会，其时党争方烈，国党

中人，既厌宋案、大借款两题目之陈陈无味，得此乃如久病之后，
忽得糖饴，胃口为之一振，函电纷驰，竭力挠阻。蒙古王公联合
会，累函国务院及国会，且印送优待条件，以明蒙古自治，实优
待条件之所许。而议员诸公，充耳不闻，惟党见是徇，因循月余，
众院虽微幸通过，俄使愤于我之延宕不了事，遂肆行恫吓，声言
俄对蒙古，本分三层，此时尚是平和办法，更进即认蒙古为独立
国，更进则助外蒙征服内蒙，中国虽欲订约而不可得。七月十三
日，俄政府急电驻京俄使，悉以中俄冲突，归咎于我，而另提出
条件四款。略谓：俄国政府，关于蒙古问题，与中国政府开始交
涉时，即有意旨通知中国政府，谓此次交涉，以千九百〈十〉二
年缔结之《俄蒙条约》及其附约为原则，如中蒙间宗主权之保存，
并蒙古人由其所得之国家的联合，有完全之自治及行政权，且禁
止中国人之蒙古殖民，及保有本国军队是也。其后再三磋商，乃
从中国政府之希望，关于提案之形式，颇示让步。当时俄国常注
意此种变态，已非协约上确定不易之本义，即恐交涉时，中国对
于本问题，与俄国态度迥异，致欲修正条约文，而插入他条项于
其中。例如蒙古政治最高机关，适用中央权之一条，以在中国文
恐多误解为口实，主张由正文中削去之，即其最著者也。此据法
译正文，本无异论，若修正之，则中俄两国全权交换之解释，必
使蒙古再复旧态。废止活佛及其内阁之统一力，中国对此问题，
不甚注意，致今日一般舆论，多曲解协约之真义，遂以之为完全
否认中国在蒙古之主权，国会及言论界，均同持此谬见。且中国
政府通知俄国全权，要求蒙古军队，隶属中国土官，遂至制定内
容相反之条文。夫蒙古协约，乃包含所谓广泛之各种紧要问题者，
非双方以同一之观念了解其主旨及意义，实不能达其所期之目的，
拘泥于其种种之文句，致不能解其根本的要义，即关于同一规定，
亦议论百出，无收拾之途。故一［次］遇协约之适用，即两条约

国间，关于一切项目，有意见冲突之危险。盖条约签印，防将来误解于未然，则在签印之日，须酿成更大之纷扰，故中国提议，于条文中，加以种种变更，俄政府一概拒绝，因之交涉遂不进步。如不得已而再采自由行动之机，乃俄国之所遗憾。然俄国以善意解决此悬案及再开始交涉之希望，实未尝稍减，敢断言之，惟再开始交涉时，关于该问题之解决，须中俄两国之意见，于根本上协力一致，从实际上图相互之利益。在俄国一方面，以为须先用通牒交换两国一般的意见，且此通牒之根本的眼目，宜表示如下：（一）中国承认蒙古之自治及其相联权利（但编入内蒙古之地方不在其内）；（二）俄国承认中国在蒙古之宗主权及其相联权利；（三）中国与蒙古政府之相互的制定，对于俄国，须声明其竭端和好之旨，且就此问题，须根据千九百〈十〉二年俄蒙所订协约及附约之真理，听俄调处；（四）凡中俄两国在蒙古之利益及蒙古今后发生之诸问题，即由中俄两国协同讨议。最后则谓俄政府与中国，未有何等协约以前，亦可根据《俄蒙协约》及一切对蒙关系，为单独之处理云。抑俄人不唯空言恫吓已也，且实行军事侵略之计画，于中俄交界地方及沿黑龙江、新疆与中央亚细亚一带，逐日增兵，显然为作战之预备。交涉一旦破裂，即分三路进兵，（一）由呼伦贝尔出发，直达洮南府，以侵我内蒙；（一）由沿黑龙江边界出发，直犯满洲各处；（一）直向新疆伊犁一带出发，以犯我西境。一月以来，实地调查，徐图布置，一面复以兵力暗助外蒙，犯我边境，浸浸乎有变玉帛为干戈之势。

当中俄协约问题之初发生也，外交界危险殊甚，陆总长慷慨出任，大有死生以之之概，继与俄使屡次磋商，而个人友谊之敦厚，终难济邦交之失败。俄使貌似退让，而暗中坚持日甚，陆惘然莫措，提交国会之中俄条约六条，确为两方交涉之最后结果。尔时颇有主张将此项订成草约，要俄使先行签字，使彼无翻悔地位者，即袁总统亦曾以此嘱陆总长，陆不肯负责，欲全卸仔肩于国会，不意参院竟于七月十六日否决。俄使另提四条，不啻要求在外蒙自由行动，陆大愤，以前约既定，忽复另议，为外交界之变例，为外交家之奇辱，因坚请辞职，不得；欲自杀以谢国人，又不得。蒙古王公及议员等全体大愤，议员等全体退席，各王公等通电全国，痛诋某党，甘心误国，并筹议最后对待方法，一律回牧，与中华民国断绝关系。政府大窘，议以众议院通过之原约全案，援照《临时约法》第二十三条，由大总统再行申明理由，送交该院复议，请求同意，并由外交部照覆俄使，略谓此项交涉，既经众议院通过，日内即再交参议院覆议，一俟该院表决后，即可双方签字，作为完全成立。前经续加四款，显与此约，大相悬殊，无论敝国国会，不能承认，即贵国亦断无尽反汗前言之理。本国政府，始终持和平解决主义，苟可退让，必不十分争执，以期早日解决，而敦睦两国国交，希即将此意转达贵政府。然其时我内乱方急，俄方欲乘机进取。七月二十一日，竟由俄使用半正式公文，宣告决裂。谓敝国与贵国关于蒙古交涉，贵国既不肯承认前项（按此系指新提四条而言）条件，当然作为正式决裂。本公使已奉本国政府训令，以后对于蒙古事宜，直接与蒙政府交涉，与第三国无涉，所有此项协约，即行取消。于是，前此几经磋磨之六条，又为俄使片言，轻轻取消以去。陆总长累次告病，旋即移入法国医院养疴，此项交涉，即无形中止。我国内乱虽急，然北方军备，并未稍疏，各国严守中立，助乱者尤为世病，故俄人虽有三路进兵之计，亦不敢遽冒不韪，中俄交涉，为之一缓。

　　然俄人虽不敢公然出兵，与我为难，而其羽翼蒙逆，迄未稍懈。最初即贷借二百万卢布于库伦政府，以为着手地步，凡前后数次贷借之额，计达七百万卢布，此外加以蒙古王公贷借金，已超过一千万卢布，即用此种资金以训练蒙古军队，并以正军及马

贼二万组织抗华军，分赴多伦诺尔、张家口、归化城三方面以便
南下。且自派军队于蒙古，占领重要地位，密遣其一部暗助蒙古，
联合抗华。其驻屯之兵，凡库伦步、骑、炮兵十大队，恰克图步
兵二大队，乌里雅苏台步兵二大队，科布多步兵一大队，炮兵一
中队。乌鲁木齐骑兵四百，固尔札骑兵六百，喀什喀骑兵二百五
人。于北满一带，增兵设防，尤为汲汲。库匪独立以前，仅有步
兵三协，马兵六标，炮兵一协，独立以后，较原有数目，又增加
一万五千有奇。凡由该国陆续调来之红牌军队，均改为绿色肩牌
（《中俄条约》东中路沿线之内只准驻绿牌队，故暴俄调来红牌队
一律改换肩章，以掩我国人之耳目），编入各营之内，人数既增，
与原制不符，故名称亦多变更。"协"之名称，现改为队，以将军
统之，又将分驻所各段之兵，更分为边队，每边队以统领统之。
队即旧日之"协"，每队之中，步骑相兼，炮兵附焉。第一队（原
名第一协）司令部驻博克图。第一队第一边队（原名第一协第一
队）总扼守海披〔拉〕尔一带。其中步兵第三支队驻满洲里，第
十三支队驻海拉尔，第六十支队驻扎赖诺尔，第五十一支队驻海
拉尔，第十四支队驻兔〔免〕渡河。骑兵第一支队驻海拉尔，第
十支队驻海拉尔，第十一支队驻满洲里，第三十支队驻扎赖诺尔，
第五十一支队及第五十二支队驻兔〔免〕渡河。第一队第二边队
（原名第一协第二队）总扼守博克图一带。其中（此队中格林炮甚
多）步兵第二支队及二十九支队驻博克图，第四十四支队驻日德
勒，第四、第五两支队驻兴安岭，骑兵第五、第十六、第廿九三
支队驻博克图，第四十七支队驻兴安岭。第一队第三边队（原名
第一协第三队）总扼守富拉尔基一带。其中步兵第十、第十一、
第二十三、第三十三四支队分驻扎兰屯、成吉思汗、富拉尔基
（此四支队所驻之地时常调换）。骑兵第二十六支队驻扎兰屯，第
二十七支队驻哈拉苏，第四十五支队驻成吉思汗及碾子山，第五

十四支队驻富拉尔基。第一队第四边队（原名第一协第四队）亦
扼守富拉尔基一带。其中步兵第十二支队分驻昂昂溪、烟桶屯、
小蒿子三处，第三十九支队、四十支队均驻富拉尔基，五十四支
队驻喇嘛甸子。骑兵第十、第二十二两支队驻喇嘛甸子、沙尔图
两处，第四十四支队驻富拉尔〈基〉，第三十五、二十五两支队驻
昂昂溪。第二队（原名第二协）司令部驻哈尔滨。第二队第五边
队（原名第二协第五队）扼守哈尔滨一带。其中步兵第十六、十
九、二十七、二十八四支队均驻哈尔滨。骑兵第二十、第三十七、
第四十八三支队亦均驻哈尔滨。第三十六支队驻安达站，第四十
九支队驻对青山。第二队第六边队（原名第二协第六队）亦扼守
哈尔滨一带。其中步兵第五、第六十五、第三十七、第四十七、
第四十八、第五十各支队统驻哈尔滨。骑兵第八支队、第二十二、
二十三、四十二、四十三、五十各支队，亦统驻哈尔滨。第二队
第七边队（原名第二协第七队）扼守老少沟一带。其中步兵第二
十五、二十六两支队驻乌吉密、双城堡，第三十、三十六两支队，
驻老少沟，骑兵第二十四、四十四、四十一各支队分驻乌吉密、
双城堡，第三、第七两支队统驻老少沟。第二队第七边队（原名
第二协第八队）扼守长春一带。其中步兵第二十、第四十三两支
队统驻窑门（即张家湾），第四十二支队驻长春，第五十三支队驻
米沙子，骑兵第三十八支队驻长春，第三十九支队驻米沙子，第
三十四、四十八两支队驻窑门。第三队（原名第三协）司令部驻
横道河子。第三队第九边队（原名第三协第九队）扼守一面坡一
带。其中步兵第四十支队分驻三家子、阿什河，第四十一支队分
驻山领子、帽儿山，第十八支队驻乌吉密，第一支队驻一面坡，
第五十五支队驻苇沙河，骑兵第三十四支队分驻三家子、阿什河，
第十七支队分驻双城堡、帽儿山，第二支队分驻一面坡、乌吉密，
第二十八支队驻苇沙河。第三队第十边队（原名第三协第十队）

扼守乜河一带。其中步兵第三支队分驻高岭子、石头河，第二十二支队驻横道河子，第九支队驻海林，第七支队驻牡丹江，二十八支队驻磨刀石，骑兵第十二支队分驻牡丹江、磨刀石，第六支队驻石头河，十四支队驻牡丹江，三十一支队驻磨刀石。第三队第十一边队（原名第三协第十一队）扼守穆陵〔棱〕一带。其中步兵第四支队驻穆陵〔棱〕，十八支队驻马桥河，十七支队驻细鳞河，二十四支队驻五站。骑兵十五支队驻穆陵〔棱〕，二十五支队驻五站，三十三支队驻拉马沟。统计步兵共三队，分十支队，每支队约四百五十名，统计步兵二万七千名。骑兵共六标，分四十九支队，每支队一百名，统计骑兵四千九百名。炮兵一协，第一队驻乜河，第二队驻哈尔滨，第三队驻老沟，第四队驻富拉尔基，野战炮兵第五队驻博克图，第六队驻香房，第七队驻老少沟。炮兵一协分七队，每队约一百二十人，炮八尊，统计炮五十六尊。铁路工程队共二大队，共兵一千六百余名，分驻东中路沿线各站。马兵巡警共三千名，在哈尔滨驻一千名以上，总计约已达五万有奇。军装总库在齐都，支库在哈尔滨南香房。陆军存粮处，在富拉尔基横道河子、长春老少沟、哈尔滨老汉屯。抑不仅此也，库匪之中，亦往往有俄人为之发纵指示，如白灵庙之胡匪，俄国将校为炮手，大红庙之胡匪，俄国将校作参谋，至其暗助战斗品，犹其小焉者耳。从可知库匪之敢于犯顺，多由俄人之煽惑，而俄人之所以力事煽惑，直是间接窘我，以求协约之成速。库匪饮鸩自甘为俄人所利用，底〔抵〕死不悟，固是可怜，而我虽明知其隐，亦不敢不虚与委蛇，尤可叹矣。

中俄交涉，自参议院否决，俄使重提四条，一味强硬，坐是此项交涉，已至山穷水尽之地，不复再能推行。孙总长继任外交，虽有第二次磋商之意，然以俄人既提出四条，一时决不肯让步，故数月以来，颇有搁置不理之状。及正式总统选定，蒙边用兵消息，又以天时、地理之障碍，不能占得胜着，中俄交涉若不解决，不但战祸不能即消，即内蒙内向之诚，亦将因此灰懒。因复由外交孙总长与驻京俄公使，开始交涉，且请法使转圜。会议时，首先宣言两方面宜先解决不设官、不驻兵、不拓殖事业之三大问题，俟此三件解决后，再行开始谈判俄库私约之存废问题。当提出草案三条：（一）中国设官，以保护中国之商场及商民为职（意即不能支配其他国之商民，略与领事官同其性质）。（一）中国驻兵，改为在外蒙王公公共开放之商埠（其性质略与领事裁判权中应设之警察等）。（一）拓殖事业，中国可以任便投资于蒙古各项实业，惟不可移殖无资本之劳动者，侵夺蒙人之生存力。孙总长亦知此事损失过甚，未敢轻诺。然以时局变迁，边患日亟，蒙事一日不宁，则人心一日不安。且蒙匪窜扰多伦、经棚、楼子庙等处，因碍于协约，不能痛剿，为害边疆，虚縻兵费，莫此为甚，故极力退让，力主协约成立。约有四利：民国财政，正在困难，协约一成，可省无数兵费，利一。内蒙向来效顺中央，协约一成，可得尽力保护，利二。因外蒙问题不能解决，某国且在北满有种种违约举动，延及东三省，较之协约所失，孰轻孰重，利三。协约一成，边患自少，中央得以专施内政，以巩国基，利四。本是主义，竭力磋商，始由俄使改提具体之五条件：（一）中国须承认喀拉喀有特别自主权；（二）外蒙全境有完全自主权；（三）外蒙内政，一切事件，中国不得干涉；（四）中国不得派官于外蒙；（五）中国不得派调军队前往外蒙。其中最为争论之烧点者，即为外蒙范围之解释。依据前清沿革，札萨克图、土谢图、车臣、三音诺颜四汗部为外蒙古，其唐努［山］乌梁海、阿尔泰以及厄鲁特、阿拉善，皆不在外蒙之列，即民国之国会组织法，别画西蒙为一区，其事亦甚显然可证。而俄国之主张，则谓唐努［山］乌梁海、科布多等，均包括在外蒙之列。迭次磋议以后，俄国又请改外蒙之意为喀尔喀族，如此则喀尔喀族之自治，其义较外蒙古自治尤为广大，且易含混，盖漠北各旗，多系喀尔喀族也。直至十一月四日，两方关系，始得完全成立，订立声明书五条，附件四条，于初五日在外交部秘密签字。其时国会以国党议员之褫革，已不能成会，固无虑其掣肘。初四褫革国党议员，初五即签押《中俄协约》，初六即签押《浦信借款合同》，二者皆为国会所扼，而今适以其时，双方并进，吾人于此，益不得不佩政府之妙用矣。

（一）声明书

俄国政府，关于外蒙古事件，标示与中国国家为形成其关系基础，又经中国政府之承认，两国政府同意者如下：

第一　俄国政府承诺中国在外蒙古之宗主权。

第二　中国政府承认外蒙古之自治权。

第三　中国关于外蒙古之自治，以外蒙古之蒙古人管掌内政事务，凡解决商业上、实业上之问题，承认其有绝对之权利。中国不驻在文武官于该地，亦不殖民开垦。但中国政府可派一高级武官，携带合宜之幕僚与护兵，而驻扎库伦，又为保护中国人之利益起见，可设代理人驻在于外蒙古之某地方，其地方俟将来协商定之。

俄国政府以相互条件，除领事馆护卫兵外，不驻屯军队于外蒙古，又不干涉其行政权，并禁止殖民诸事，俄政府俱保障之。

第四　中国除遵照前条所述之主义，及一千九百一十二年十一月三日于库伦所缔结之认定书外，为确立蒙古之关系起见，容认俄国政府之居中调停。

第五　凡从新发生之中国及外蒙古利益之问题，为将来开催协商之主题。

（二）另件

第一　俄国政府承认外蒙古之领土，为中国领土之一部分。

第二　关于中俄两国间政治上、领土上之协商外，蒙古官宪，亦得参与之。

第三　凡此三者，参与声明书第五条所规定之协商及决定会同地。

第四　行自治之外蒙古，以从前库伦驻在之中国办事大臣、乌里雅苏台驻在之满洲将军，及科布多之中国办事大臣等所管辖之地域皆包含之。但缺少详密之地图，而其疆域不明之时，则外蒙古之境界与科布多、阿尔泰之疆域，依声明书第五条所规定，为协商之主题。

中俄交涉，于此为一大结束，当局之意似已踌躇满志。国务院之通电中，有谓如外蒙为中国领土，中国派大员驻扎库伦，并派专员分驻各地，及外蒙政治、土地之交涉，由中国与俄协商，保持领土，即所以维系主权。至承认外蒙之自治权，本系上年八月公布《蒙古待遇条件》第二款所许，现在俄国亦担任于外蒙不驻扎军队，不干涉内政，并不在该境殖民，例以续提四条之条款，挽救已属不鲜。此次协商，系属声明文件，与订约不同，虽不能完全满意，然外蒙独立，彼既阻我进兵，库约告成，彼更有恃无恐，况一年以来，蒙匪出没无常，边氓骚扰日甚，若不从速解决，必至牵动全局，贻患何堪设想，交涉时机，稍纵即逝，不得不两害从轻，免致再误。而某当局之谈片，亦谓全文虽只五条，而我所占之优点有二：（一）俄人在外蒙无驻兵权利；（二）俄无干涉外蒙内政权利。挽回原文者一，盖俄使最初开示条件中，有蒙古认中国为上国一语，今改正为俄国承认中国在外蒙古之宗主权，其另文申明中，有俄国承认外蒙古土地为中国领土之一部分。无可挽回者一，即第二条中国承认外蒙古之自治权也。其无可挽回之原因，则因《俄蒙协约》之影响。值此内力不充，财政、兵力交困之际，外交坛坫，失其后援，此现状上，无可如何，亦毋庸为讳。随由政府将新约全文，分电驻东西洋各国公使，令通知各该国政府，并电知东三省、晋、陕、甘、新各省都督、民政长、热河、察哈尔都统、绥远城将军、伊犁镇边使及各边办事长官、参赞、各军师长，开诚布公，咸予原谅。观其意态，微特不以为失败，且自诩其补救之竭力，而外人论调，则殊不能悉如政府诸公之旨，俄国《诸乌屋爱部雷米》报，言之尤为痛切。略谓："蒙古非中国之属而清朝之属也，中国与蒙古之共同王朝既以颠覆，则蒙古与中国，同有任意选择国家形式之权。然中国颇不欲蒙古之脱离关系，俄乃使前驻京俄使，亲赴蒙古，游说蒙古王公，承认中国之宗主权，几经困难，始于去年十一月三日，订《俄蒙协约》。于是更进而与中政府交涉，使其承认蒙古之自治，中政府殊无意于速了，俄遂用恫吓之计，中止谈判，声明自由行动之旨，亦几经困难，始于今年十一月五日，订《中俄协约》。据此约，中政府遂认外蒙自治，外蒙可不待中国之干涉，自行处理内政，中国虽得派特别事务官于其地，然绝无保护其自己权利之权，惟有防止其本国殖民之责。且全然承认《俄蒙协约》，中蒙关系，必从该协约附件之所规定，要而言之，中国政府，已全行放弃其领有蒙古之要求而已。"然则《中俄协约》之价值，又何待吾侪小民之多言哉。

《中俄条约》几经磋商，始争得一宗主权之虚名，而其实库伦事权，已无一不在俄人掌握。军政进退，悉听驻库俄总监调度，军事会议亦任其主持，教练官率皆外人。财政方面，预算由外人编定，税则由外人增加，最近与俄借三百万卢布，尚由俄人勒指十三处矿产作抵，除军队用款外，限制最严。关于立法行动，久已仰于外人指导，其所谓国会，至举俄人为议长，裁判、警察，悉不自由。俄人于库伦各商埠设立学校，以两国合璧之文字、书报，推广普行于各处，教员亦多系俄人。商政之权，亦由俄人综之，于乌里雅苏台及哈克〔科布〕多等处，设立商务研究会，且代厘订商法，则俄于库伦，已着着握其实权。《中俄协约》之有无，诚何足为其重轻，唯我方以此为釜底抽薪之妙法，则又汲汲与俄使续议处置库伦之法，于十一月二十七日，提交俄使。一、中俄两国，定期将所订协约宣布库伦后，哲佛应于一星期内取消独立。二、取消者，首为蒙古国号。三、该活佛当于若干日内，宣明对于协约范围中应行会议各政之意见。四、库伦哲佛取消独立后，应受中央政府核照原约自治范围，所予之名称（闻预议其呼图克图之喇嘛名号，仍旧另加以兼任外蒙古自治总督）。五、外蒙当即改用五色旗，为国徽，以符领土之实。六、除另订教服外，应遵中央定制，服用制服，或别定蒙古服式。以上六条，皆对于库伦而设者。至关于俄人方面，孙总长亦拟提出二事，一为撤退噶什喀尔俄兵，一为怕〔帕〕勒塔所陈之阿边交涉。盖协约虽定，库伦、乌里雅苏台、科布多等处，仍有俄警备队驻守，其服色仍系红绿牌队，惟于左臂上订以三角式白色之臂章，有增无减。驻库、驻乌中国官吏，则勒令即日出境，至阿尔泰是否属于外蒙自治范围，尚未明了，乃俄国亦派警备队前往驻守，帕长官曾来电告急故也。事并另加声明一件，谓：蒙约双方签定，除正文第五款所声叙之各项事宜，及期前列议之俄蒙所订各项条约不计外，其本约签字后发生之一切条约、合同，均作无效，亦不得列入将来之会议案内，抑亦亡羊补牢之意乎？

然而逆佛顽梗如故，不唯不取消独立，撤退蒙匪，且增加兵力，节节内犯，蹂躏经棚、乌丹城、大王庙、巴西、林西一带，多伦诺尔几致陷没。一面以伪总理三音诺颜汗为特使，赴俄要求借债助兵，一面且特颁奇令，凡在库人员，向以赞助民国者，驱

逐出境，以后如查得有赞成民国者，处以死刑，各国人在库之赞
助民国者，亦须出境。对于俄人，须予以特别权利。于是我外部
乃照会俄使，嘱其转告逆佛，撤去蒙匪，毋扰边境，俄使游移其
词，谓库伦政府，现亦无力使在外将帅受命撤兵，我政府始知俄
亦难恃，决意用兵，将蒙边分为四区，严密防剿。（甲）区域，自
开鲁、赤峰、丰宁、古北口以至朝阳附近，军队分驻总数二万一
千四百人。（乙）区域，自乌珠穆沁、多伦诺尔、打马诺尔附近，
军队驻扎总数四千人。（丙）区域，自张家口、大同、丰镇、宣
化、顶家店、高阳附近，军队驻扎总数九千一百人。（丁）区域，
自归化、宁远、陶林、绥远、包头、龙兴、卡特木儿、土城子附
近，军队驻扎总数五千四百零五人，节节进攻，次第克复昭苏乃
木城、林西、经棚、大王庙等处，军威大振。旋据俄使照称外蒙
亦请中国撤退大王庙之征蒙军，必双方罢退，方得持平，乃商定
外蒙撤去南犯之军，中国亦撤回进入外蒙界限之军。至库兵如再
越界南侵，中国兵仍须抵御剿办，其余内蒙沿边之中国防军，亦
仍照常驻扎，以保边围，由中央电示东省，当由都督府分饬各边
统将，遵照办理。现据确切调查，库匪南下总数，实有一万五千
人，分三路来犯。在多伦方面者九千人，在张家口方面者四千人，
在绥远方面者二千人，此外驻扎于外蒙者，亦有万人以上。库伦
有骑兵十余队，哥希母登有步兵二队，乌里雅苏台有步兵二队，
科布多有骑兵一队，奇泰母斯哈来有炮兵二百五十人，乌兰噶有
炮兵四百余人，母来有骑兵六百人。又一消息，谓：热河一隅，
蒙匪号称三万，实不过一万二千七百名，然有战斗力之兵卒，更
仅一万内外，缘蒙匪十之五为蒙古人，三为华人，其二则为女人，
该匪队中工程辎重队，无非以妇女充任。内计统领鲍四、阎三
（建平县人）部下四千名，高喇嘛（开鲁县人）部下一千名，乌喇
嘛（同上）部下一千名，佐领苏三部下一千五百名，奈曼台吉某

部下一千名，静山乐亭（前众议院议员）部下一千二百名，奎耳套部下一千名，鲍图鲁部下二千名，两说可资互证。至我国军队，则仅热河一方面已有五十三营之多，姜桂题所部毅军，米、常、段三统领各带步兵五营外，炮兵一营，骑兵三营，机关炮七门。吴俊陞所部奉天后路巡防队，骑兵三营，步兵三营。陈光远所部淮军步兵七营，热河混成旅团步兵二团，炮兵一营。热河游击队骑兵四营，热河北路巡防队步兵五营，骑兵二营，热河中路巡防队步兵六营，骑兵二营。以兵力而论，我军实占优势，然蒙匪剽悍善骑，性耐苦寒，我军则往往为寒气所困，大有积雪没胫，坚冰在须，绨纩无温，杜〔堕〕脂〔指〕裂肤之概，纵有良枪利器，亦无所用之，故往往不利，现虽以《中俄协约》之影响，两方各允罢战，然微闻蒙军之去，亦以今年寒气较烈之故，日暖风和，难保不再乘时而动也。

库伦之特使，以三音诺颜汗为首，一行凡二十九人，其抵俄也，在十一月十七。俄国居然以宫中上宾相待，赐宴叙勋，竭力拉拢。哈尔滨各俄报，声称三音诺颜等此次赴俄，不但于《中俄协约》毫无关系，即于中、俄、蒙三国之政治，亦无甚影响。其来俄之宗旨，不过考查俄国文武官署之规模，以便在蒙古仿照添设，且就近调查俄国工商两界之情形，以便研究俄蒙贸易发达诸问题。实则此等言语，不过图掩我国人之耳目。三音诺颜等此次赴俄，乃奉逆佛之命，向俄国要求三事：（一）要求俄政府对于《中俄协约》，无论如何规定，从前之《俄蒙协约》，必须有效，蒙古独立字样，决不能取消。（二）库伦自独立以来，陆续所借之俄款，已达七百万卢布，现在仍一贫如洗，拟与俄政府磋议，再行续借二三百万元，共成一千万卢布，双方另立合同。（三）要求俄国出而援手，供其军火，以兵力征服内蒙。盖蒙古财政，亦极困难，犯顺以来，军需尤急，每年出款终在一万万元以上，而财源所入，唯以我国货物之输入品为最重，出入悬殊，是以汲汲于借款也。蒙古军队，多仍古式，俄人资以枪械，始变弓矢之习。近日蒙匪来犯，我军往往失利，则俄人于军事上如何扶助蒙人，已可想见。此次之要求供给军火，征服内蒙，虽未必成为事实，然东西函电彰彰可考。且于伪使之谈话中，亦往往流露于不觉。其对日本驻俄新闻记者，曾谓："《中俄协约》认外蒙自治，固无异议，而内蒙之分离，则断乎不可，吾辈曾以反对意见书，送之中国公使及俄国外部，不日当更以此种公文送之日、英及其他各国。要之库伦政府，必欲谋全蒙之统一，此实为成吉思汗以来之权利，乌梁海当然为蒙古领地，惟现尚未决，洮南府为我随员（伪司法次长）之领土，中日两国缔结敷设铁路之约，实属不当。"察其语气，似其使命之要点，实在蒙古之统一，则所谓第三使命，未必尽属子虚。而据俄国报纸所载，虽语不及此，亦足以觇蒙事之一斑。采伦铎尔奇公（伪外交次长）之言曰："我辈此行，在与俄国新旧两都之实业家，谋商业之联络，益图俄蒙关系之亲善。"铎那铎尔奇（伪陆军次长兼总理秘书）之言曰："蒙古军队，非有军队之形式也，蒙古盖绝无欧式训练之兵，由各旗征集者，约有万余，或持快枪，或持线铳，或仅有刀剑，或并刀剑而无之，惟必服从种种义务。以六中队编成一联队，复又联队编成旅团，以骑兵为兵之中坚，兵员不论阶级之上下，年龄之老幼，皆征集于各旗。近聘俄国军官，训练军队，然为日尚浅，去年所练，仅及一年，今与中华共和国军队对抗者是也。用欧式教练之兵，分为炮兵、骑兵、机关兵三种，今仍在训练云。"乌台乌屋（伪司法次长）之言曰："今蒙古尚未组织为完全国家，为蒙古之首长而支配蒙古人者，活佛也。活佛之下有内阁，三音诺颜汗为长，然不常召集阁员开阁议，重大事件，往往出于活佛之独断，阁员皆有面见活佛言事之权。行政上分蒙古为各旗，重要之国库收入，厥惟输出入税，但俄国货物全然无税，盖例外也。纳税之制，不以金钱而以货物，余等之意，颇欲乘此机会，研究俄蒙税制之得失，以为改良之准备云。"现闻俄政府仅允借款一事，余事悉遭拒绝，三音等欲西游，俄廷又阻之，以是颇怏怏，定正月一日回蒙，三音忽病，不识其能行否也。三音于外蒙，势力绝伟，活佛之下一人而已，而持论如此，则将来之中俄协商，我其殆哉？

我自协约宣布以来，即筹善后手续，拟于库伦设办事长官及左右参赞。盖自库伦独立，三多回京，该处即无中国官吏。现在《中俄协约》成立，中国在外蒙古有宗主权，依照第三款，中国当然任命大员，偕同属员及护卫队，驻扎库伦，以履行条约。其护卫队暂定一团之数，并取消科、乌参赞、将军名义，按《中俄协约》第三款，中国除在库伦派驻大员外，其余自治区域内，不得安置文武官员，将来亦可酌派专员，但须按照第五款商订驻扎地点。故将科布多参赞大臣及乌里雅苏台将军名义取消，所有驻科、驻乌军队，按照正文第三款，统改为护卫队，任延年为驻科护卫队队长，那彦图为驻乌护卫队队长。且以外蒙自治地域，须由中、俄、蒙派员会勘，有派毕桂芳为勘界使之意。毕系同文馆俄文学生，前清时曾为塔尔巴哈台参赞，现为黑龙江都督。至会议地点，闻已决定在恰克图，吾人所知如此而已，外交事秘，不可得而详也。俄人方面，对于协商之主题，尚未闻有正式表示，然其并吞乌梁海之意，则灼然可见。查《中俄协约》第四条，声明有自治权之外蒙古，以库伦办事大臣、乌里雅苏台将军，及科布多、伊犁办事大臣所辖诸部而成，又规定境界暧昧之点，因无正确地图，当以今后之交涉而定。我国号称蒙古上国，乃至并蒙古地图而无之，真可浩叹，而俄国则有较为明细之地图，交涉之际，自有把握。且俄蒙亲交，以蒙古特使，在俄备受欢待，而益加亲密，故今后之中、俄、蒙协议，我国益处于不利之地。乌梁海于《中俄协约》中，未明言所属，然其大部属于乌里雅苏台将军，一部属于库伦办事大臣，似为外蒙自治域区，俄之欲占北乌梁海，盖欲于划界之先，乘机自利。且俄人本谓乌梁海原属俄境，交涉不慎致为清有，久已企图攘夺，垂涎不能止，今划界问题将次开议，而俄国忽有进兵北乌梁海之事，则此后交涉，不问可知。然乌梁海形势绝胜，有萨彦岭足以控制东、西、北三方，南则以唐努鄂拉岭与科布多及扎萨克图、三音诺颜相接，面积甚广。境内多矿山，尤富金矿，政府如不欲遂弃此地，当亦有以为之备矣。至于外蒙区域，必为将来协商之争点。台薄斯铎奴（蒙古探险家薄斯铎奴弟），以精通极东形势名者也，近据俄使署翻译官戈莱沙氏之著作，主张外蒙自治地域如左：

（一）属于库伦办事大臣者，为土谢图汗及车臣汗之两部，及西亚勤族之所管，此种种族，不自有土地，而游牧于喀尔喀者也。

（二）属于乌里雅苏台将军者，为三音诺颜汗及札萨克汗〈图〉二部，及住于唐奴〔努〕乌拉山麓之乌奴乌梁海二十六旗。

（三）属于科布多办事大臣者，以科布多管部所属之蒙古人，及厄鲁特人等民族而成。

据此以观，则外蒙自治范围，当东至克尔图（伊犁），西至满洲里停车场，不识与我之所谓外蒙，其范围大小果何若，愿当局一注意也。至其终局之结果，则非待中俄协商揭晓之后，盖不可知。协商之期，或云在明年正月，或云须迟至三月，现尚未定云。

吾人对于外蒙自治之始末，已竭其见闻之所及，叙述如右。特尚有二事，似亦必为阅者一告，即胜福与甘珠呼图克图之逆命是也。志之以为尾声。

胜福，呼伦贝尔总管也，前年听成德之耸动，俄人之唆使，竟随库匪背叛民国，倡言独立，屡助库逆，侵我多伦，竟下伪示，驱逐汉人。略谓：钦命呼尔统辖大臣托息多法什尚阿贝子衔头品

赏戴双眼花翎顶戴胜，帮办大臣乌能促法什尚阿镇国公头品赏戴
双眼花翎车，为出示晓谕事。照得大臣莅任，设置呼境以来，商
民安谧如恒，乃近日查城内竟有不逞之徒，造谣生事，希图煽惑。
加以近日附郭之地，杀人之案，层见迭出，若不严速驱逐，将何
以维治安而儆刁顽。自出示后，凡城内闲居无业之中国人民，限
三日内一律出境，否则当派兵驱除，倘有隐匿不行，违抗本大臣
之示谕者，一经查出，惩罚不贷。阖域〔城〕商民，一体知悉勿
违。特示。共戴二年十二月初三日，云云。意气扬扬，不可一世。
协约告成，呼伦贝尔不在外蒙自治范围之内，黑龙江护军使朱子
桥，因具呈总统，先攻呼伦，以剪逆佛羽翼。而库逆哲布丹尊，
以呼伦贝尔如取消独立，殊非所利，特唆使俄人，要求我政府认
呼伦为外蒙属地，当经外交部驳覆，并向外交团声明呼伦贝尔暂
作戒严区域，订定条件：（一）划定戒严区后，内国外国人不得通
行，犯者一律逮捕，照蒙匪处治。（二）不问何国，以军火售卖库
伦，劫获后应拘罚。（三）外人原居戒严区旁近者，当依期移徙，
预免危险。（四）向各国声明，此次征讨蒙匪，他国概不得干涉。
并电致黑督，通令驻扎沿边各要隘军队严查，照会驻江各国领事，
查照办理。俄人见无懈可击，闻已电饬伪廷，转令呼伦贝尔取消
独立，以重条约。胜逆以《中俄协约》成立，呼属已不在自治区
域以内，内而财政困难，外而战事败衄，故决计取消独立，惟属
旗颇有反对者，大有进退维谷之势，要其取消独立，或当不久实
行矣。甘珠尔瓦呼图克图通匪情形，久已道路喧传，兵民共愤，
经多防镇守使王怀庆，于十一月二号电陈京都，旋奉大总统令饬
将确切证据，另文详报。其中昭苏乃木城一役，匪据甘珠庙栈，
伤我军士各情，早经电陈。近又查得各项证据，汇录清折，于十
二月二十五日呈覆总统，录之如左：

　　章嘉呼图克图印函一　径启者：呼图克图自阴历五月一日收回

后，查悉甘珠尔瓦呼图克图之庙内，至今并未回多①。窃维当此军事紧急之时，三点河为由多至库之要道，该呼图克图隐居该处，毫无畏惧，情形殊为可疑。更风闻该呼图克图有暗通库匪情事，虽无确实证据，而人言啧啧，曷能遽谓无因？呼图克图掌管印务，既有所闻，不敢不据实已告，仰祈贵镇守使严密访察，酌核办理，以免贻误大局，是为至幸。此致多防镇守使。十一月四日。

章嘉呼图克图印函二　径启者：甘珠尔瓦呼图克图，移住三点河一切情形，已函达在案。其最可疑者，呼图克图之马群，均被库匪抢掠一空，而甘珠尔瓦呼图克图之马，不但无损，反见增多。更风闻库匪来往皆呼图克图接济粮米，并在该庙居住，虽未目睹，而人言如是，不为无因。仰祈贵镇守使察核是幸。此致多防镇守使。十一月十一日。

据阿不其各白云白音拉供，年三十六岁，系三座塔即朝阳县原籍。现住一间河，家有父六十七岁，母五十九岁，妻三十岁，子二、女二。有地在哈大山，二八分粮，每年可分粮五六石。先曾在协台衙门放马，后以打围为生。今年八月二十日，被蒙兵抓入营中，经蒙匪索龙大将军并阿天嘎木伦嘎台吉、多归台吉、那木司外巴头等将军，派为尖干，赏五品顶，每月给饷十六两，带领蒙兵五十名，归阿林嘎所属。阿林嘎先是台吉，现充夹千气，先派小的赴那巴嘎王府牧羊，后调归昭苏乃木城驻扎。八月二十几日，来黄衣兵一百多人，大官徐姓，所掳汉人，另扎一营。又闻忙乃巴图鲁已回库伦，昭苏乃木城驻有蒙兵二千余人，小的因随长官领茶叶、子弹，曾与索龙大将军见过二次。喇嘛庙甘珠佛与索隆大将军，时常来往，曾赴将军营二次，送马七百余匹，又送酒、面、肉、米数次，并在蒙营念经二次祈祷，又会银匠手艺，

---

① 原文如此。——整理者注

并能收拾枪械，凡蒙兵有损坏枪支，均送该庙修理。章嘉佛前者进京，大将军派兵劫杀，该活佛因恨章嘉佛未肯随他，本月初六日，在昭苏乃木城与官军打仗，因势不支，败归奎素，约七千余人，此仗阵亡匪内，有那木斯赖巴图鲁一名，并其亲兵四五名。嗣于初九日在奎素又与官军开仗。蒙兵布阵，旗帜记号，达将军系用尖黄龙旗，管十人者，用小黄旗，管五十人、管一百人者用大黄旗，管二百五十人者，用大红方旗镶白边心，所有牛马群，于奎素开仗之先，均赶出数十里外，恐被官军夺去，统共牛两千余头，马八九千匹。匪将军共五人，在高山头指挥，小的带领蒙兵五十人，及他官共领二百余人，抄击官军后路，车驼被官军用炮火轰伤二十余人，派人拉往猴头庙。至日暮，蒙兵力不能敌，全行败回距奎素八十余里之八音敖营盘。此仗共死八百余人，受伤者一千余人，匪将军哈特拉，脑门受伤甚重，扶上马去，鞍后有一人抱持回营。又匪将军阿木苏之弟，亦受伤，并被官军打坏大炮一尊。小的本营之长官，名邪拂阁，管五百人，月饷五十两，所带之蒙匪，亦死一百二三十人，其余身上腿上受伤者甚多。此外凡有阵亡蒙匪尸首，均行抢去，均找沙窝掩埋，并将衣服剥下，以备野兽残食此俘，蒙俗谓之吃肉反肉。第二日又调八奇敖老营生力蒙匪二千余人，至奎素劫营，复被官军打败，均逃往西北方向敖尔诺庙一带，不知现往何处。蒙古宿营，夜间设卡，如小的带五十人，则派三人到大将军处下夜，俟后又将小的派在牛厂设卡，有蒙匪三百余人，黑风庙卡，亦有蒙匪一百余人。同拿之江木思，系匪官侧勒布部下，侧勒布管三十人，日前奉大将军传谕，于本月二十七、二十九两日，来攻多伦，无论如何，今年必进多伦，好有吃穿。并闻西藏又来一活佛，会念咒，使人头痛，并能先知风雨。本月二十五日，官军至牛厂围击，小的与黑风卡兵，打死者不少，余均骑马逃跑。现在蒙匪尚有六千余人，库匪五百余人，达将军左近，有四百余人，衣服等项，均比外边兵好，其余各处蒙匪，多数尚无御寒衣服。近闻库伦送信人，三五日即到，并送靴子，此刻蒙匪，异常困苦，因此心皆离异，又不敢跑，恐被拿回枪毙。现在食物甚少，所有蓝旗印上发来牛马，均系由前地等处抢米的大车，系同拿之马记格等拉面的。一同被拿之人，只认识江木思、孙牛子、马记格三人。至八月十二日之战，小的尚未到营，听说共来蒙匪七八千人，死一千余。历次打仗，蒙匪受伤者，闻已有一千余人，均在猴头庙医治，有蛮子先生、蒙古先生各一人。所供是实。

按阿不其各白云白音拉供词，不特为甘珠通匪之证，且可以据以考见蒙匪之内情，故全录之。

《时事汇报》（季刊）

上海时事新报馆

1914 年 2 号

（朱宪　整理）

蒙藏院官制

五月十七日大总统教令公布

作者不详

第一条　蒙藏院直隶于大总统，管理蒙藏事务。

第二条　蒙藏院置左列各司：

　　第一司；

　　第二司。

第三条　蒙藏院置职员如左：

　　总裁；

　　副总裁；

　　参事；

　　司长；

　　秘书；

　　佥事；

　　编纂；

　　翻译官；

　　主事。

第四条　总裁一人，总理院务，监督所属职员。

第五条　副总裁一人，辅助总裁整理院务。

第六条　参事二人，承长官之命，掌拟订关于本院主管之法律、命令案事务。

第七条　司长二人，承长官之命，分掌各司事务。

第八条　秘书二人，承总裁之命，掌机要事务。

第九条　佥事十二人，承长官之命，分理各司事务。

第十条　编纂四人，承长官之命，掌编纂事务。

第十一条　翻译官十人，承长官之命，掌理翻译事务。

第十二条　主事二十四人，承长官之命，助理各司事务。

第十三条　蒙藏院因缮写文件及其他庶务，得酌用雇员。

第十四条　蒙藏院各司之分科职掌，由总裁定之。

第十五条　本官制自公布日施行。

《时事汇报》（季刊）

上海时事新报馆

1914 年 7 期

（朱宪　整理）

乌、昭两盟归并归绥之计划

国务院　编

内蒙改组行省之说，喧腾已久，惟以种种妨碍，不克实行。近由绥远城将军张绍曾筹画，以附近直省蒙境，酌量改隶内地行政区域，而蒙边人民，亦颇赞成是举。先将口外十二县，离山西而独立，并合西蒙乌、昭两盟，为一行政区域，此亦蒙边之重要问题也。兹录国务院呈请总统，将口外十二县及乌、昭两盟归并归绥，呈文如下，以征蒙边变迁情形。略云：

大总统发下绥远城将军张绍曾呈：窃维绥远地居冲要，边事日见艰危，迭据归绥、乌、昭人民，联合请愿，要求国会改建行省。第以兹事体大，素无预备，恐非一蹴能几，而外迫于时势之逼人，内顺乎人民之公意，曾拟变通办法，仿照热河先例，先就归绥十二县及乌、昭两盟，划成一行政区域，拟具《官厅组织暂行章程》十九条，呈请施行在案。顾以南变骤起，内阁虚悬，政务停滞，延未解决。今者正式政府成立，一切政治咸予刷新，而绥边现当蒙氛吃紧之时，库患日滋，边危日迫，事机之来，瞬息万变，益以内讧，宁复有幸。今日攘外安内之策，盖莫急于绥边之自成一行政区域，顾议者多疑改革之初，政费庞大，恐以经济益增中央之累，请再就绥边财政情形缕晰陈之。查归绥以往岁入关税，年约十二万两，斗秤捐年约八万余两，烟酒厘、盐厘、煤炭厘、虎盘捐，年约八万余两，牲畜皮毛厘捐、百货统捐，年约十一万余两，各属升科地租，年约十二万余两，统计岁入，约在六十万左右。而就改革后之行政经费而论，裁并骈枝之机关，节缓不急之政务，即前呈组织之各官厅，亦可变通办理，务求撙节，统盘筹算，年约四十万两，足敷行政支出。其余拨补旗饷，尚无不足，一俟旗丁生计筹定，余款自可移作经费，此后若将各项税收，切实整顿，并将历年垦地，一律升科，举办契税，三四年后，岁收当可达百万以上。至于绥边军费，今后军备之缩伸，应视防务之缓急，国防计画听于中央军事所需，固未可限以地方之财政，即论目前绥防，受中央军费协济者，一年以来，已逾三十万，是改革以后，于中央担负并无增加，而于绥边整顿实有裨益。所有请将口外十二县并乌、昭两盟，划为一行政区域，以靖内蒙而固边圉之处，合再说明理由，呈请鉴核，饬交国务会议，决定实行等因。当经提出国务会议，佥以绥远北控西盟，东卫京师，既边疆之重地，亦拓殖之要区，近年以来，屡有改建行省之议，虽一时未能见诸实行，而值此边防吃紧之时，实应因时制宜，预筹善策。查绥远将军职权，原系直辖西盟各旗，并为归绥道之监督，现因内省军民分治，所有口外十二县，又属于山西行政统系之下，以致事遂牵掣，政亦荒废。且口外各县，距省千余里，本有鞭长莫及之势，若划归绥远，则臂指相应，行政实多便利。讨论再四，业经议决，照原呈将口外十二县并乌、昭两盟，划归该将军管辖，与晋省划清权限，以专责成。惟既为一行政区域，当变通官厅之组织，而组织之方法，尤以财政为前提。据原呈内岁入约六十万左右，改革后力求撙节，年约四十万两，足敷一切行政支出，所有行政组织，应由该将军斟酌财政状况，另行拟具相当章程，呈由中央，转呈大总统鉴核施行云云。

国务院既经议决，旋于十一月十三日，将此项议决案，咨绥远城将军云：

准将口外十二县并乌、昭两盟，划归将军管辖，与晋省划清界限，以专责成。所有划分后，该地方所属民政、军警各项常年经费，均应就地筹集，迅将一切计画，先行分别呈咨核办。

嗣经绥远城将军拟定《暂行组织办法大纲》六条，分别呈咨到京。国务院接到此项公牍，即函送内务、财政、司法三部，请于三日内，各就其主管项下事务，分别签注，日前已一概签注送院汇齐，俟下次开国务会议时，即当议决。闻此项大纲，据各国务员之意见，将来于各部签注，办法无甚更改云。兹将绥远城将军所拟大纲及各部签注大意，以次详列于后。

绥远城将军拟定《暂行组织办法大纲》：

（一）将军府设置机关如左：

（签注）将军府拟改称将军公署。

秘书厅

军务机关，编制依旧

民政机关

一、内务厅，实业、教育、警察、蒙旗等事务，分科治理

一、财政厅

（签注）原拟内务厅，将实业、教育、警察、蒙旗等事务[局]，一律附入，分科治理。查绥远初经改划行政区域，与内地情形不同，其实业、教育诸端，固宜逐渐进行研究，不必铺张扬厉，多设机关。该处原有分置四厅之议，此次合为一厅，分科治事，组织尚属简单，按之边疆情形，颇堪适用，应即如拟办理。至内务之外，特设一司法处，当系为司法独立之预备而设，惟该处军民合治，蒙旗之诉讼无论已，即各县司法事务，亦俱由知事兼理，公署覆核机关，应否设立专员，为现今内地官制草案所无，绥远是否特设，此层尚待商榷，事关司法部权限，应与该部接洽后，再行核定。

（一）归化副都统一缺，事务简少，迹近骈枝，拟请裁撤，所有土默特蒙旗事务，统归将军管理。

（签注）查归化城副都统职权，专管土默特旗事务，而口外之归、萨、和、托、清五县，即系土默特之区域。将军既统辖各县，主管各政，副都统形若赘疣，当然在裁撤之列。本部前提出特别行政计画书内，已声明应行裁去理由，自可依照所拟办法，将归化副都统一缺裁撤，以一事权而免掣肘。

（一）现有归绥观察使一缺，拟即裁撤，该管行政事宜，分配各厅办理，其余骈枝机关，亦酌量裁并。

（签注）查归绥道观察使，原系监督口外十二县，属于山西行政统系之下，在未改划之前，十二县距省千余里，有鞭长莫及之势，故不得不设置观察使，以资治理。现十二县既归将军管辖，而归绥道驻归化，与绥远相距咫尺，实无复设之必要，亦可照所拟办法，将归绥道裁撤，其余骈枝机关，应即由将军斟酌裁并。

（一）归绥地方民情，与内地不同，兼以财政支绌，所有司法事务，暂令各县知事兼理，于将军府内，附设司法处，直隶将军，监理各县及两盟司法事宜，并兼理高等审判事宜。

（签注）查内载司法事务，暂令各县知事兼理，于将军府内，附设司法处，直隶将军，监理各县及两盟司法事宜，兼理高等审判［厅］事宜等语。按司法独立，所以避上级官厅之干涉，以期诉讼之公平。各县虽有帮审员之设置，然亦不属地方行政官之管辖，今将军府内之司法处，兼理高等审判，是行政、司法，不能分立，法官执行职务，往往承上官意旨，难望诉讼之公平，于司法独立政策，不无阻碍也。

（一）绥属捐税，淆杂不一，应由财政厅按照部章，秉承将军逐渐饬理，遇有重要事件，应由将军咨商财政部办理。

（签注）绥属捐税，淆杂不一，除向归财政部直辖官厅外（如塞北局），余应由财政厅按照部章，秉承将军逐渐饬理，并应将办理情形，随时呈报财政部，如遇有重要事件，应由将军咨商财政部办理。

（一）以上所列各机关编制事宜、施行细则，及薪给等项，均分别订定，另案呈咨。

（签注）查国务会议议决，将口外十二县及西二盟，划为一行政区域，本部会同国务总理，呈大总统文内，曾声明公署组织，以财政为前提，绥远行政组织，应由该将军斟酌财政状况，拟具相当章程，由中央呈请大总统鉴核施行。所有该处编制事宜、施行细则等，应由将军拟呈内务部，会同国务院核定后，再呈大总统施行。

《地学杂志》（季刊）
北京中国地学会
1914 年 5 卷 1 期
（李红菊　整理）

中俄对蒙之成败

——译日本《新日本》杂志

章锡琛　译

蒙古曩昔固清朝完全之属国，非如俄国所谓宗主国（上国）、保护国之关系也，以两国对蒙政策之变迁，于是主客易位，而蒙古遂离清独立，受抚字于俄国，然而清固未之许也。中华民国，既代清而有中国全土，统治蒙古之权，自随以移属焉。特自蒙古言之，清之让蒙古于民国，清自让之，非蒙古之所许也，清帝之退位而嬗于民国，正蒙古所宜自决去就之秋。蒙古既离清而独立，清即无让蒙于民国之权，清即让蒙古于民国，民国亦必不能有蒙古，此民国劝蒙古取消独立之所以无成也。虽然，蒙古国力之不能独立，其终必见并吞于俄国，有不待智而后知。中华民国，以结好于蒙古之故，使蒙人处五族共和之中，与汉人受同等之权利，而清代之待遇，如爵位、俸禄之属，仍衍袭颁锡不稍衰，又复禁拓殖，撤戍兵，免繇役，以极其恩礼之隆。蒙人乃弃而不顾，妄欲依俄以立国。俄之遇蒙，非有华之渥也，今且移民于蒙古，遣师于蒙古，征繇于蒙古，蒙古广大之疆域，殆将成俄国之属土，蒙人悔恨怨悟之期，既近于眉睫，而拒俄之情，且已表露矣。然俄树势于外蒙既固，蒙人纵悔恨怨悟，亦无如俄何。且外蒙之所受既尔，其影响遂及于内蒙，内蒙与外蒙，族类、性情，靡不同一。外蒙独立之倡，实为陶什陶、海珊、乌泰。陶什陶，本郭尔罗斯部台吉，尝与海珊为东蒙马贼之渠帅，乌泰则科尔沁部右翼前旗札萨克图郡王，皆内蒙之觍徒也。加以内蒙之哲里木盟、乌兰察布盟等，均与外蒙接壤，在在皆相关连，我（日人自称）南满铁道，经科尔沁部左翼中、后两旗者，三百十一华里，内蒙不靖，我国（指日本，下同）不得不起而干涉，况蒙人之处北满黑龙江省者，为数亦众，设俄国利用之以取北满，我国又安能终忍而不校乎。俄人于日本之满蒙问题，探本究原，不遗余力，我国人多漠视而不之攻讨，其或著书立说，亦往住〔往〕陷于谬误而不自知，耻莫甚焉。今草述此篇，以谂当世，非敢曰纠正补偏，亦聊以促国人之攻讨而已。

（一）蒙古之名称及范围

蒙古本种族之名，为游牧于不儿罕山近旁之小部落。不儿罕山者，今外蒙古车臣汗部北境克鲁伦河（额尔克〔古〕讷河上流）、敖嫩河（什尔喀河上流）间肯特山之支脉也，十二三世纪之交，成吉思汗崛起于此，吞并附近诸部落，并征服亚细亚之北部、西部，逮其子孙，复席卷亚细亚之大半，及欧罗巴东部，于是类蒙古、非蒙古诸部落，皆称蒙古，旋更以之为国号。元世祖忽必烈，致书日本，自称大蒙古国皇帝。十七世纪初，蒙古察哈尔部林丹汗，致满洲太宗书中，亦称蒙古国主，是其建国号为蒙古，较称元、称鞑靼，尤为有征。然兹不过对外国而言，究未可谓为国号，亦未可谓为地名也。

蒙古为种族名称，此蒙古种族所居之地，广漠无垠，自常称内外蒙古外，若新疆省天山南北路及塔尔巴哈台，若青海，若呼伦贝尔等处，莫不有蒙人之足迹。呼伦贝尔者，乃黑龙江西南一带额尔克〔古〕讷河支流根河、呼伦湖（达赉海）、贝尔湖（捕鱼海）、克鲁伦河、讷墨尔根河及海拉尔河、伊敏河、墨尔格勒河等诸流之所灌溉，地势接外蒙古车臣汗部，而嫩江流域之齐齐哈尔，则距兴安岭而别为一区，其间若额鲁特、巴尔呼、新巴尔呼，即俄国地理书所称为阿罗特、的布丁、不里耶特者，皆蒙古种族之所居，而尤以新巴尔呼（即不里耶特）为最多，凡分八旗，清代设有总管、副总管，受呼伦贝尔〈副〉都统之节制，后改都统为道，此次首创呼伦贝尔独立之胜福，即此蒙古总管也。额鲁特部之闲散辅国公，即伊克明安公（伊克明安为额鲁特部之姓，公以反对呼伦贝尔独立，由中华民国晋封贝子），其府第在齐齐哈尔东北，嫩江之支流瑚裕尔湖，居蒙人亦众。

蒙古种族，此外又居于俄属后贝加尔及伊尔克克，其在欧罗巴俄罗斯，则杜尔伯特部亦蒙古种族，俄国五六十万众之喇嘛教徒，蒙古种族亦居其太半。凡蒙古种人所居之处，皆可称为蒙古，其范围至广，固不仅如吾人所常知而已也。至与独立有关之蒙古，则为常称之蒙古，即长城外满洲与新疆间蒙古之根本地，今兹所述，虽于他之蒙古不无关系，而要以此间之蒙古为主。

（二）清蒙历史上之关系

（甲）清与内蒙古之关系　清兴满洲时之蒙古，犹十三世纪蒙兵侵入时之俄国也，在乌拉伺弥尔大公格之察哈尔部林丹汗，为元嫡裔，故称可汗，似有统辖全蒙之权，当时归化城之土默特部、鄂尔多斯部等，虽亦称汗号，皆不过由察哈尔部可汗特许之小汗。然察哈尔部虽名为统辖蒙古，实则蒙古分为几多独立之部，此所谓部，与今日之部不同，今之部仅以表拥戴同族君主之关系，而无与于政治。其为今日蒙古政治之单位者曰旗，立于旗上之政治机关曰盟，而部不与焉。若当时之部，则为政治上最重要之团体，而处政治活动之中心，林丹汗对于是等诸部之关系，较乌拉伺弥尔大公对于各诸侯之关系尤疏。隶属哲里木盟之东蒙诸部，自明永乐时，早与察哈尔部离析，翁牛特部，为乃颜之血统，尝助太宗窝阔台子孙与忽必烈争可汗，喀喇沁部及土默特部左翼，当初所戴，本非成吉思汗血统之君主，故林丹虽元之嫡裔，有恢复可汗之实权，然似兹疏远之关系，其为事实至困难。清起满洲，蒙古介在明清之间，助清则清重，助明则明重，明清之重轻，实系于蒙古。林丹汗贪明之岁币，与明同盟，哲里木盟之科尔沁部，既疏察哈尔部，其壤土与满洲，犬牙相错，则于满洲战争极相关切，尝与满洲诸部世通婚媾，而满蒙生活状态，又甚相似，盖成吉思汗时，满洲尚称全国，即先中国而见征服于蒙古，为辽东中书省所治，故以后几相同化，今科尔沁部既自知与满洲密迩当亲，故背察哈尔部而臣服于满，其他诸部，时出入于满洲与察哈尔部之间，反覆无常。清人早知非奄有察哈尔部，不足以称强，是以太宗有三次之亲征。其后千六百三十五年，睿亲王遂降林丹汗之子额尔克孔果尔汗（母为满洲叶赫部之女），而名义上蒙古诸部共戴为可汗之察哈尔部，始服从于满洲。翌年，内蒙古十六部四十九贝勒，开王公大会，议以满洲皇帝继蒙古可汗之大统，劝进博克达彻辰汗尊号，其内蒙诸部，昔日因避林丹汗兵乱，亡在外蒙，未及与议，然不数年间，皆相继承认，服从满清，独察哈尔部犹加特位，在内蒙二十四部上，逮康熙时，以图叛夺权，人民遂直辖于清。

（乙）清与外蒙古之关系　外蒙喀尔喀中之三音诺颜部，为清室之所封，其初只分车臣汗、土谢图汗、札萨克图汗三部。察哈尔部降附于清，先仅纳贡而不臣服，其臣服实后于内蒙古五十年。清康熙二十七年，有准噶尔部者，为蒙古别部，其酋长噶尔丹，大举侵外蒙，喀尔喀蒙古不能抵御，集众议依俄依清，二者孰利，是时喇嘛教已盛于外蒙，其第一代活佛，势力最伟，非若后世无涉及可汗之权，因建议俄非佛教国，而清奉佛教綦虔，欲祈万年之福，莫若依清，遂分途奔内蒙，依清宇下。清圣祖发归化城、张家口、独石口仓廪施振，并赐牧地于内蒙域内，养之八年，迨三十五年，亲征噶尔丹，逐诸外蒙之外，乃归其旧牧地于喀尔喀蒙古。

（丙）清与阿拉善额鲁特、额济纳土扈尔〔尔扈〕特及科布多、阿尔泰地方之关系　阿拉善额鲁特部（宁夏、甘州边外）及额济纳土扈尔〔尔扈〕特部（甘州、肃州边外），在内蒙之西，科布多、阿尔泰，在外蒙之西。蒙古种族之游牧于是等诸地，与内外蒙古之哈尔哈蒙古，别为一族，盖元卫亦剌、明瓦剌之后，称四卫拉特或额鲁特，近旁之吉尔吉思种族，称额尔谟克，准噶尔部及阿拉善额鲁特、额济纳土尔扈特所属之和硕特部，皆其中之一部。阿拉善额鲁特，因见败于准噶尔部，求庇于清，清圣祖赐今地为其牧地，额济纳土尔扈特，与明末迫于准噶尔部奔俄之土尔扈特，别为一部，清康熙时，入藏谒达赖喇嘛，归途为准噶尔部邀击，内附于清。

科布多、阿尔泰，本喀尔喀蒙古与额鲁特蒙古争攘之地，清尝与准噶尔部，因其境界问题，屡起争执，及清高宗征服准噶尔部，伊犁属清，于是得行主权于科布多及阿尔泰。科布多先以见迫于准噶尔部内附，清以赐额鲁特四部之一之杜尔伯特部，复以阿尔泰赐新土尔扈特部。土尔扈特部，明末奔俄，徙牧于瓦尔额河之下流，及俄国强大，渐为所迫，又疲于邻近吉尔吉思族克利谟汗国之战争，遂因阿兰丁巴活佛之劝，动归清之志，适遗在伊犁之土尔扈特，时方朝俄，准噶尔部既灭，正土尔扈特所宜恢复旧日牧地之时，瓦尔额河之土尔扈特，乃从清廷之招，归牧伊犁旧地，于是有乾隆三十六年土尔扈特部伊犁归牧之事，清廷乃发内帑三十余万两，买毡氍、布帛、米麦、牛羊以赐之，瓦尔额河之土尔扈特既归牧，赴俄者别为新土尔扈特，即与杜尔伯特同受赐地于科布多、阿尔泰者也。

（丁）清与唐努乌梁海地方之关系　　在外蒙古三音诺颜部札萨克图汗与科布多北方，深入于俄属地者，为唐努乌梁海，其地之种族，称乌梁海，以游猎为生业，与游牧之蒙古种族异，或谓乃明代居直隶边外之蒙古兀良哈种族，迁徙于此，其种族要与蒙古相近无疑，语言属土耳其诸系，盖蒙古种族迁于土耳其诸族所居之地，而渐习其语言风俗者也。唐努乌梁海为叶尼塞河源流犍河之灌溉地，俄人以十七世纪中，有阿尔坦汗者，尝设幕庭于此，且以其曾称臣于俄，因谓此地属其后裔，当为俄国领土之一部，不宜编入蒙古。然考阿尔坦汗及其子鲁珊、撒星康、泰肖时，虽屡与俄国通好，礼物互相报赠，在俄国自谓阿尔坦汗供朝贡之职，实同臣服，而在阿尔坦汗，不过借以牵制准噶尔部，且可得珍奇之货于俄国而已。试征诸史，千六百三十五年时，俄使臣葛赍却宁，聘于阿尔坦汗幕庭，阿尔坦汗以俄皇付使臣诏中，不宜有荷尔斯多（臣仆）一语，力争于俄；及一千六百三十八年，其子鲁珊，倔强更过其父，辱俄使斯泰尔柯，且不执臣礼，此皆阿尔坦汗未尝称臣于俄之证。况千七百二十七年（雍正五年）之《恰克图条约》，明载以萨彦山为两国境界，俄在萨彦山之南，固已明认唐努乌梁海为中国之领土矣。今俄人背弃前约，强指唐努乌梁海为非蒙古，禁华商往来此地，十九世纪以来，竭力经营农工商业，设牧场、垦植所、牛酪制造厂等，俨同己国之领土，其蔑视中国，不亦甚哉。

（三）清蒙制度上之关系

（甲）蒙古政治上之编制　　内蒙古二十四部，分六盟四十九旗，各旗旗长札萨克，初归理藩院，其后汉蒙杂居诸处，如直隶、山西及接近满洲之蒙古地域，则受治于热河都统、察哈尔都统、绥远城将军、盛京将军（后为东三省督抚）。外蒙古之喀尔喀蒙古四部，分四盟十六旗，属乌里雅苏台定边将军之节制，库伦有办事大臣，其东二盟之车臣汗与土谢图汗，归其管辖。阿拉善额鲁特及额济纳土尔扈特，各成一部一旗而无盟，札萨克直接受治于宁夏府之理藩院理事官及陕甘总督。

科布多、阿尔泰地方，为杜尔伯特、新土尔扈特、新和硕特等七部三十旗之游牧地，受治于科布多参赞大臣，属乌里雅苏台定边左副将军之节制。光绪三十一年，科布多办事大臣锡恒巡视阿〈尔〉泰后，于次年在阿尔泰置独立之军镇，三十三年，更依科布多参赞大臣联魁之奏，定阿尔泰、科布多之分治，杜尔伯特左翼达赉汗所属一盟十二旗（杜尔伯特部十一旗、辉特部一旗）、右翼亲王所属一盟四旗（杜尔伯特部三旗、辉特部一旗）、札哈沁部二旗（公一旗、总管一旗）、明阿特部一旗（总管）、额鲁特部一旗（总管）合四部二十旗，为科布多参赞大臣之管区，新土尔扈特部一盟二旗，新和硕特部一旗，乌梁海七旗（左翼四旗、右翼三旗）合三部十旗，为科布多办事大臣之管区，办事大臣本参赞大臣之副，自是为阿尔泰管区长官，驻额尔齐斯河上流之哈喇通古，因哈喇通古城垣、官署，猝难竣工，遂暂设办事处于北百二十里之承化寺，寺去新疆绥来县（玛纳斯）九百二十里，去科布多城五百里。

唐努乌梁海，本无旗之编制，属于定边左副将军札萨克图汗部、赛音诺颜部或库伦活佛等之部民，合为四十六佐领，近以定边左副将军所属之部民二十五佐领，编成五旗，俄国势力，既伸展于唐努乌梁海，其地遂为清力之所不及。总计内外蒙古、阿拉善额鲁特、额济纳土尔扈特、科布多、阿尔泰、唐努乌梁海等，为旗一百七十有余，为盟十三。此外散牧于热河附近，如额鲁特之未变成旗者，则有若归化城土默特左右翼三旗，察哈尔八旗，虽编制如旗，然皆无札萨克而归清直辖者也。又有所谓沙毕那尔之喇嘛旗者，在内蒙古者一，在外蒙古而始为库伦活佛之旗者五。

（乙）蒙古之旗制及札萨克之权限　蒙古之旗，不知始于何时，大抵清代必采旧有之旗制而扩张之，增分旗数，多封札萨克，盖所以寓恩赏之意也。各旗疆域狭小，且严禁越境狩牧，蒙人之僿陋，盖由于此。旗为蒙古唯一之自治区域，札萨克掌一切旗务，然非广有自治权，第一札萨克可以世袭，惟如何承袭，无详细之规定，故常须纳费于理藩院官吏，不能安然承袭，此次独立有关之乌泰，即前科尔沁部右前旗郡王，曾于光绪二十八年，受革职暂行留任之处分。旗内行政，札萨克有专断之权，其辅协理台吉，得由札萨克会同盟长荐举正陪于理藩院，管旗章京、副章京，由札萨克以序选任，协理台吉、管旗章京、副章京之办事人，皆有定额，分课管理旗内行政，须遵守严重之规则。

札萨〈克〉无自由处分旗内土地之权，禁招内地人民或他旗人民开垦，既垦之土地，宜分给其垦费之半于旗内台吉以下军民。徭赋之制，王公、台吉等，征诸所属，有五牛以上者，或二十羊以上者，皆取羊一，四十羊以上者，取羊二，虽多不得增取，有二牛者，取米六锅，有一牛者，取米三锅。旗内重要政事，札萨克须与盟长协议办理，盟长由理藩院于同盟之札萨克及闲散王公中选定，奏请任命，其职不特参与旗务，并握札萨克及各种爵位承袭之上奏权，故札萨克必受盟长、理藩院之监督干涉，其设将军及大臣之处，并当受将军、大臣之监督。

军事上札萨克统一旗之兵，关于军队编制及兵器、军纪之规则，皆有严密之规定，受盟长或定边左副将军、参赞大臣等清廷任命之官吏检阅，有事之际，则立于清廷任命满洲将军、大臣统辖之下。

清以怀柔蒙古之法，特制定蒙古法律，初审裁判权，委于札萨克，不服者，得赴诉于盟长，更不服，则可赴诉于理藩院，有驻司官者，由司官会同札萨克判断，内属蒙古，归驻防大臣听之，若与汉人有关系之诉讼，则由札萨克会同清廷任命之地方官豫审，由将军、总督、都督等覆审。旗内重大之事件，由理藩院会同刑部裁判。

外交之权，据《恰克图条约》，仅将恰克图互市国境及逃犯事务，委任于蒙古王公，盖与俄国委任外交权于本国国境官吏相同，蒙古王公，断无独立之外交权，因《恰克图条约》成立之时，尚未设库伦办事大臣，故今俄交涉案件，命蒙古王公得以便宜办理，及库伦办事大臣任命后，则一切交涉，均归其管理。光绪三十四年，清廷曾颁禁令，蒙古王公非经政府许可，不得向外国借债及私订条约，此足以见蒙古王公之无外交权，而俄人之说，皆牵强附会而背于事实者也。

（四）清之对蒙政策

（甲）对蒙政策之主旨　自历史上、制度上观之，蒙古固决无完全自治之权，此观于年班（蒙古各部，自汗王以下朝正于京师，分班而至，谓之年班）朝贡之制度，尤为明显者也。

清之于蒙古，固无利益之可获，与欧罗巴诸国之殖民政略，截然不相同也。朝贡之物，不过羊、麨、乳、酒之属，及所谓九白之贡（外蒙车臣汗、土谢图汗岁贡白驼一、白马八，谓之九白之贡）而已，而清廷赐答之费，远过于其所贡，每岁又有封爵之俸银、俸缎，朝觐后归国之川资，科尔沁部三亲王、一贝勒居京之旅费，留京时之恩赏，仆从、牲畜之饲养费，其他临时之恩赐，为数浩繁，而未尝稍取偿于蒙古，盖清之待蒙所以若是其优渥者，无他，欲蒙人不与汉人相接，冀其常助满室以御汉族也。故其所持之政策，如尊喇嘛教、保护畜牧、禁用汉文、婚姻政略，莫非为此，以下就此种政策详述之。

（乙）尊喇嘛教　喇嘛教之入蒙，在十六世纪之后半，归化城土默特部之祖俺答汗、鄂尔多斯部之辰洪台吉、博硕克图济农、土谢图汗之祖阿巴岱、赛音诺颜部之祖图蒙肯等，皆信仰尊敬，因之骤臻隆盛，是时有所谓额尔德尼招之喇嘛寺，建于和林之迹，清太祖、太宗，见蒙人深信喇嘛教，知可利用之以抚驭蒙古，既开优遇之端，其后顺、康、雍、乾之际，对于喇嘛教，皆非常隆崇，多伦诺尔之旧新庙（汇宗寺、善因寺）、热河之溥仁寺、溥善寺、普宁寺、安远庙、普乐寺、普陀宗末庙（布达拉庙）、须弥福寿庙（什伦布庙、行宫庙）、库伦之庆宁寺等诸大喇嘛寺，皆系斯时敕建，活佛之转生于各地者，内蒙古哲里木盟四人，早〔卓〕索图盟六人，锡林郭勒盟十五人，乌兰察布盟六人，伊克昭盟一人，内属蒙古即察哈尔及归化城土默特二十一人，锡呼图库伦喇嘛旗二人，阿拉善额鲁特部二人，外蒙古喀尔喀十九人，共有活佛七十二人。在今内外蒙古，库伦活佛，法号曰哲布尊丹巴呼图克图，顺治初年，见于清之纪录，第一代活佛，为土谢图汗之子，太宗时转生于蒙古，康熙二十年以后，十载之中几无岁不召入北京，蒙人于第一代活佛之高德及圣祖之优遇，犹有种种之传说，虽未可据为典要，然今昔相较，厚薄悬殊，不能不生无穷之感慨。活佛在库伦，闻世祖晏驾，即进京谒枢，雍正元年敕建之喇嘛寺黄寺，犹可追寻圣祖之迹。雍正元年，世宗拒理藩院之谏，亲临吊奠，供茶悬帕，并赐名号、印册，遣特使护其丧归库伦，赐川资万圆，围墙之缘，准用黄色。第三代以后，转生于西藏，至第五代，进京朝见，许乘黄舆、黄轿，住黄幕，并种种优待。

（丙）保护蒙古之畜牧　清于蒙古，行计口授地之制，每十五丁，给以广一里、长二十里之地一区，为蒙古旗民之私有地，以外每旗均有公共牧地，所以谓之公共牧地者，言非札萨克、王公等得而私也。然札萨克、王公等，往往贪租赁垦种之费，滥用权势，强占招垦，故蒙古之王公、台吉等，类皆富有，而所属人民，因之贫乏。蒙古土地，初准内地人民开垦，其后王公、台吉，惟冀蒙民尽陷于困穷，可招内地人开垦，以遂其欲，及蒙民既困，王公、台吉等亦卒受其弊。清廷以其有妨蒙人生计，是以特颁令禁止招垦，然札萨克、王公等，仍贪租赁垦种之费，不肯遽改，而内地人民，又以利益所在，未忍舍弃，故其法卒不能行。清廷亦知此等移住之民，不能一朝驱逐，因准在现在既垦之地，仍前租垦，惟以后不许多招一户，多垦一亩，复严禁蒙人典卖土地，已典卖者，勒令即日赎回，其无力回赎者，为之限定年限，限内准由内地人买主耕种，满限免除赎金归地蒙人，并永禁内地人在蒙置买土地。特禁令虽密，实行殊难，内地人与蒙人交涉之事，因之繁生，故直隶以北之赤峰州、朝阳府、建昌县、平安州、东三省以东之昌图府、长春府等处，诸蒙古地面，由理藩院派员为之裁判，而陕西延安府、榆林府等边外之内地人民，亦如直隶、东三省边外，有借地借屋之风。汉人之垦地日广，蒙古牧地，遂渐为汉人之所侵蚀，俄人谬谓清尝受〔授〕蒙地不可侵权之约束于蒙古王公，而以清人无干涉蒙古王公领土之权，不知清廷向果一任札萨克、王公、台吉之自为而不之禁，则今日蒙古之土地，恐早成内地人之产业，惟其欲保护蒙民之利益，故尝制法以抑之，俄人之言，岂非与事实大相剌谬哉。

（丁）禁用汉文并限制汉人行商于蒙古　清禁蒙古人用汉名，习汉文，凡诉讼及各种公文，不得用汉字，教者、代书者、习者皆处罚，并禁止内地人民与蒙古人民结婚。至内地人民携妻赴蒙，虽无禁止明文，然按诸事实，可不待禁而自无，盖内地商人之赴蒙贸易者，必须在张家口、绥远城、多伦诺尔等事务局，领有理藩院发给之院票，票上记明名姓、货物、行商地点、出发日期，所至应受官吏及札萨克之检查，留滞蒙地，以一年为限，过期不得逗遛，并仅准在旷地张布帐住宿，不得建造房屋，唐努乌梁海地方，则绝对禁止前往，但许由乌梁海来乌里雅苏台纳貂皮者互相交易而已。

（戊）婚姻政略　婚姻政略者，清廷怀柔蒙古王公政略之一也。科尔沁部左翼中旗一旗中，为清后者凡三人，其一即世祖之母孝庄文皇后，清公主下嫁者凡五人，固伦公主，即为皇后所出，今公主子孙之台吉，居此旗者二千人，居同部左翼中旗者，五百二十余人，敖汉六百人，巴林百七十余人，其他或居喀喇〈沁〉、奈曼及阿鲁科尔沁，而外蒙古之土谢图汗部，亦多公主下嫁，其子孙尤为蕃衍。清既重婚姻政略，故有所谓额附〔驸〕之制度，其制从与清最亲之蒙古十三旗王公、贝勒、贝子等嫡亲子弟及公主子孙中，择性质聪颖，年届十五岁至二十岁者，送于理藩院，指令为公主、郡主之婿。

（己）清朝对蒙政策之成败　以上所述种种之政策，要在怀柔蒙古，维持秩序安宁，不生叛乱，且使蒙汉离隔，永戴满族而已。清治蒙古二百五十年，蒙古叛清之事，仅有两次，其一为康熙时，内蒙察哈尔部，乘吴三桂之乱而叛；其一为乾隆时，外蒙土请〔谢〕图汗部郡王，乘伊犁阿睦尔撒纳之乱而叛，未几即均以兵力平定，恩威并行之效也。惟蒙古驯于清恩既久，故治之遂亦匪易，蒙人今日之尪弱，早丧失成吉思汗时勇武之精神，不能从事于战争，又复贫乏异常，无以自支，此次土谢图汗部亲王抗达多尔济之主张独立，人谓其因负华人之债过多，无力归还，故出此举，又据宣统二年库伦办事大臣三多之报告，土谢图汗、车臣汗两盟，与库伦活佛之沙毕那尔（喇喇〔嘛〕旗），向华、俄商人借款不偿之额，达百余万两。若夫蒙人不解汉语，竺守其民族之特性，而不与汉人相亲接，则尤为中国之大患，盖满清之于蒙古，惟在防范汉族，而未知有俄人之横侵，此其所以铸成大错也。

（六〔五〕）俄国之对蒙政策

（甲）俄对蒙古条约上之权利　中国与俄国，关于蒙古第一次之条约，为雍正五年（千七百二十七年）之《恰克图条约》，自额尔克〔古〕纳河堤（即清末满洲里驿附近境界问题久未解决之地方）经恰克图至唐努乌梁海之西北端沙弼奈岭（Shabin Dabag）定为全蒙古北部界线，以萨彦山脉为两国国境，而唐努乌梁海，则如前所述，定为清之领土。又以康熙二十八年（千六百八十九年）中俄缔结之《尼布楚条约》，有两国臣民得自由往来贸易之语，未尝限定地点，每起争执，故此约中更定恰克图及尼布楚附近便宜地点，为两国互市场，以外则皆禁止贸易。第二为咸丰元年（千八百五十一年）之《伊犁条约》，于蒙古无直接之关系，定新疆之伊犁、塔尔巴哈台二地为互市场，许俄国置领事。第三为咸丰八年（千八百五十八年）之《天津条约》，定最惠国条款外，约以两国费用，创办北京、恰克图间之邮政。第四为咸丰十年（千八百六十年）之《北京条约》，定新疆天山南路之喀什噶尔为互市场，许俄国置领事外，准俄商于往来恰克图、北京间途次在库伦与张家口贩卖零碎之货物，并许在库伦置俄国领事。该约中又载关于国境问题，俄国阿模尔州及沿海（布里摩斯加）州之军务知事，与中国黑龙江省、吉林省之将军，俄国恰克图国境官吏，与中国理藩院官吏，皆得直接谈判，因俄之官吏，敏干远胜中国，故俄国常得增固其势于国境。第五为同治元年（千八百六十二年）之

《北京陆路通商条约》，始设两国国境百华里之免税地带，光绪七年（千八百八十一年）之《伊犁陆路通商条约》确认之，约载国境百华里之地带，两国均不得取关税，其地带外，由两国各定关税，不相干涉。千九百九年一月，俄国反对清国之交涉要求，废极东无税输入制度，自中国输入于此地带外（俄国领土）之原料品，均须课税，而同治元年之条约，又许俄商赴蒙古各处无税贸易，在无税地带内外之中国领土，本皆蒙古地域，故俄国不得课输入税于中国生产品，中国亦不得课税于俄国之蒙古输入品。民国元年九月，俄国向民国政府通告《伊犁条约》之十年期效，同时宣言国境百华里内俄国地带，当以民国二年一月废止，并谓对于中国一方之无税地带废止，亦无异议，然俄国在蒙古有无税贸易权，故中国虽废止无税地带，仍不能课输入税于俄国商品。又该约（同治元年）所定，俄商在张家口买华产货物输往俄国者，输入税特照普通海关税减二分之一，其俄产货物陆路自恪〔恰〕克图、尼布楚经张家口、通州输入于天津者，减普通关税三分之二，第六即光绪七年（千八百八十一年）之《伊犁条约》，该约减税地点，不仅恰克图、尼布楚两处，凡俄产货物，自两国国境经科布多、归化城出张家口、通州，而输入于天津及甘肃之肃州者，皆减输入税三分之一，又许俄国在肃州（嘉峪关）、土鲁番置领事外，其余科布多、乌里雅苏台、哈密、古城（孚远）、乌鲁木齐五处，贸易发达，经诸国政府同意，得置领事，俄国在此有置领事权利之地，及张家口（在张家口置领事后）所买之土地，或中国提供之土地，并有建造房屋、商店、仓库等权利，俄人因此主张购买土地为所有之权利，该约又确认俄国之蒙古无税贸易权，因之蒙古贸易发达，中国不能保存设关收税之权利，盖科布多、乌里雅苏台贸易发达，应准俄国置领事，有俄国领事，则中国不能取关税。新疆天山南北路之地，亦与蒙古相同，以无税贸易权许俄，贸易发达，得因两国之协议，而设关税，惟乌鲁木齐既设领事，中国未尝有设关税之议。其后哈密、古城，俄国请置领事，中国主张协定关税之权利，然蒙古则已无力矣。该约之尤可注意者，俄国在蒙古、新疆等无税贸易地，不问何地生产，何种货物，皆有自由输出输入之权利，俄国据此权利，反对中国宣统元年以来在伊犁、塔尔巴哈台所设之伊塔茶务公司，据中国政府解释，谓照条项〔约〕输出入之文字上考之，俄国得在此等无税贸易地为自由贸易者，当为外国之产物，断无以如茶之华产物，与以与华人竞争自由之理，然俄人则坚不承认，此千九百十一年春两国争执之重要问题也。两国关于蒙古最后之条约，为光绪十八年之《电报条约》，中国于五年内架设北京、恰克图间之电线，协定购材料于俄国商人。

由此观之，俄国每与中国订一条约，则必得种种之权利，而光绪二十五年有名之《英俄协约》，约定英国不得为己国或他国要求长城以北之铁道布设权，若俄国要求此布设权时，英国不得直接间接妨害之，故俄国欲得恰克图、张家口间蒙古横贯铁路敷设之权利者，不止一日，千九百年以来，屡次查勘此路，并向中国要求，冀终达其目的。日俄战争后，中国创议自办，拒绝俄国之要求，千九百十年，俄国又设法反对英美资本家所谋之锦爱铁路，议用万国共同之资本建蒙古横贯铁路。是岁，俄国又置领事馆于乌里雅苏台。

（乙）俄国之利用喇嘛教　俄国不特夙夜谋攫条约上之利权，且以其所属之布利雅德人，为纯粹蒙古种族，语言、风俗，多相近似，又皆信奉喇〈嘛〉教，因利用之以为抚驭蒙古之策。考布利雅德人，向居贝加尔湖之滨，自千六百二十七年以来，渐立于俄国权力之下，十七世纪时，始归喇嘛教，至十八世纪末叶，喇嘛教已成布利雅德人之宗教，僧侣、医士之至自蒙古者，络绎不

绝，乃始建喇嘛寺于塞连金斯克东南中国国境附近之济柯，由俄
政府任命所谓锡呼图之僧官，锡呼图三十四人，政府复任命所谓
班第达堪布喇嘛之总教，此班第达堪布喇嘛，居于塞连金斯克西
北后贝加尔之最大喇嘛寺，□葛锡那阿塞勒基达善。千八百五十
三年时，俄政府限定喇嘛之数为三百人，其后增为一万五千人乃
至二万人。敖嫩河之都柯斯克寺，甘卓尔瓦呼图克图活佛之所居
也，有喇嘛僧曰特尔及甫者，亦布利雅德人，俄人因谋得西藏达
赖喇嘛之欢心，乃因库伦活佛之介绍，使依达赖喇嘛，甚见信用，
此次《蒙藏协约》之成立，特尔及甫之力为多。特尔及甫，本名
萨蒙罗奔，此名乃俄人所赐，为俾的布尔克大学蒙古文学教授，
以西藏探险著名，盖俄国知库伦活佛之归附为怀柔蒙古之要事，
故特利用布利雅德之喇嘛教徒，并使库伦领事以甘言厚赂，以结
其欢心也。

（丙）俄罗斯式蒙古王公怀柔策　俄既谋结活佛之欢心，又复
讲求为种种之策，俾蒙古王公，皆去清而归俄。义和团案之前岁，
俄人某氏，与两广总督李鸿章缔密约于广东，约称中国与西欧诸
国有冲突之际，俄国当以财力、兵力助清，清即以满洲为酬报，
并以蒙古之土谢图汗、车臣汗二盟为俄国保护国，但蒙古王公反
对时，清国不负责任云云。逮千九百年，有本在天津税关奉职之
俄人葛洛德者，曾谋如约采掘土谢图汗领内之金矿，事闻蒙古王
公，遂开大会议反对，时俄国领事为西西马利甫，亲临该会议，
用蒙语巧辞演说，大抵谓受俄保护，较属于中国尤为有益，复散
金十万卢布于王公，蒙古王公咸为之动，拒俄之势遂衰。拳乱方
剧之际，蒙古本极安义，未尝受其影响，时恰克图至北京已设电
线，电局系归中俄两国人管理，忽停止拍发私电，并杜绝金融，
西西马利甫遂警告俄人及外国人，劝其退还俄境，谓向南必陷危
险，俄人及他人，皆深信其语，以为大乱即在目前，群向俄境

奔避，蒙人方惊惧间，电局忽报义和团已自张家口方面杀掠前进，蒙人不知为俄国官吏之诈，皆震怖无措，遂请俄领事以兵力保护，领事即允其请，以急电征调布利雅德之哥萨克兵四百人，因布置在先，不二日即达蒙古。兵队既至，拳匪侵入蒙古之谣，即归消灭，而俄国遂为拯救蒙古危难之恩人。其在北京，一方则与列国为一致之行动，一方则依广东密约，实行财力上之援助，以巨数之银块，经恰克图、库伦送往北京，未至而清廷出奔，俄领事遂以其二百万卢布筑炮台于领事馆后之山上，并建筑兵营，以为防御，在蒙古人以为为之备中国之义和团，在中国人则以为为之备蒙古之土匪，一举而见德于两方，其狡黠之技，诚非寻常外交家之所能及。且尤有甚者，一方既市德于蒙人，使之背清而附俄，一方又力訾清政府对蒙之新计画，诋其蹂躏蒙古之权利，以启其仇华之心。复行借债政略，以资财借蒙古王公，使出土地、矿山为抵，先收经济上保护之权，如科尔沁部右翼前旗之札萨克图郡王乌泰，千九百三、四年之交，向俄国借债两次，以土地为抵押，本利至三千余万两，不能清还，后由东三省总督徐世昌设法，令向大清银行借银四千万两，仍以土地作抵，偿还俄债。

（七〔六〕）清朝对蒙政策之变化及蒙古之独立

（甲）中国之移民实边策　当俄国汲汲谋蒙之日，中国政治家正唱变法自强、恢复权利之论，所谓移民实边、裁抑教权、施行新政、预备立宪诸事，方谋渐次实行，而蒙古独立，遂因之而起。

清禁内地人民开垦蒙地之令，既不获行，而直隶省之边外喀喇沁、翁牛特、土默特、敖汉，盛京省边外之科尔沁左翼各旗，山西省之边外归化城土默特、鄂尔多斯等，内地人民之赴蒙开垦者，逐年加众，汉蒙杂居之区域日广，交涉事件，因之纷出。中国当雍正、乾隆之时，已设官置县于蒙土，如直隶省北之八沟厅（喀喇沁中旗）、塔子沟厅（喀喇沁左翼旗）等，与热河厅、四旗厅、喀喇和屯厅，同设于斯时，其后又设三座塔厅（土默特右翼旗）、乌兰哈达厅（翁牛特右翼旗）。乾隆四十三年，置承德府（热河厅）、丰宁县（四旗厅）、滦平县（喀喇和屯厅）等府县时，以八沟厅为平泉州，塔子沟厅为建昌县，三座塔厅为朝阳县，乌兰哈达厅为赤峰县。在东三省方面，如吉林以东之长春厅（郭尔罗斯前旗）、盛京省以东之昌图厅（科尔沁左后旗、博多勒噶台亲王旗）等，亦已置于嘉庆时代。又道光元年时，解放盛京省边外科尔沁左翼旗（达尔汉亲王旗）之荒地，光绪三年，升昌图厅为府时，新设怀德、奉化两县于科尔沁左中旗，光绪六年，置康平县于科尔沁左后旗，嘉庆二十四年，升长春厅为府时，置农安县于郭尔罗斯前旗，光绪十七年，开放科尔沁右前旗（札萨克图郡王旗）之荒地。然蒙古之地，虽已为内地人之所垦，而禁垦之主义，犹未变也。及晚清末年，渐觉俄势南下日逼，遂一变其主义，而取移民实边之政略，即多使汉人移住于蒙古，而于其移住之地，仿内地行政，施行府厅州县制，旧日禁止殖民之方针，一举而更之，实为非常之变革。中日战争后，光绪十三年，山西巡抚胡聘之，已倡急宜改革之说，光绪二十七年，张之洞、刘坤一等，联名奏请变法自强，中言蒙古生计，向以游牧为主，惟近数十年来，蒙古日就贫弱，难以防御强邻，不可不讲求变通之道。政府亦以为蒙古生计，垦殖实较畜牧为有益，专事保护畜牧，非所以施实惠于蒙人，蒙古荒地甚多，若招内地人前往开垦，蒙人既获收租赁、耕种之费，而亦不致有损于畜牧，且蒙古之贫弱，今日可谓已极，各旗中之苦于债务者不可胜计，仅科尔沁左中旗（达尔汉亲王旗）债主至五百余户，债额达数十万两，科尔沁右前旗（札萨克图郡王旗）亦苦于负债押地，而行放荒（为蒙旗借资偿债）

之法，光绪二十八年，遂以救济蒙艰之理由，准蒙古王公招垦。政府又以督办开垦事务，特派大臣，增设府厅州县，并置垦务局、办荒局、垦牧公司、农务公司等于各地，奖劝蒙古王公招内地人民开垦蒙地，于是黑龙江省南之札赉特旗，虽自光绪二十六年解放，至光绪二十九年，复新设辽源州（在郑家屯，归盛京省昌图府管）于科尔沁左中旗，明年，又设洮南府（在双流镇）于科尔沁右前旗，在直隶边外，则朝阳县亦于光绪二十九年改府，并于土默特旗及喀喇沁旗新设建平、阜新两县。日俄战后，蒙地之殖民开垦，增设州县，日以益盛。光绪三十二年，设靖安、开通两县于科尔沁右前旗，设醴泉县于科尔沁右中旗（图什业图亲王旗），设安广县于科尔沁右后旗，宣统二年，复于科尔沁右后旗设镇东县，隶洮南府，在盛京省管辖之下，杜尔伯特之安达厅、武兴厅，郭尔罗斯旗之肇州厅亦设于是时，与光绪三十年札赉特旗新设之大赉厅，共归黑龙江省管辖。在直隶省边外者，光绪三十四年，于阿鲁科尔沁、东西札鲁特三旗地方设开鲁县，于巴林旗设林西县，皆隶于由县升直隶州之赤峰州，于小库伦及奈曼旗设绥东县，隶朝阳府。光绪三十二年，左绍佐、岑春煊等，陈意见于政务处，拟置行省于热河、察哈尔、乌里雅苏台、库伦、科布多、阿尔泰、西藏等处，改沿边各地将军、大臣为巡抚，并加陆军侍郎衔，严防边疆，政务处因奏请急行增设府县，以为预备。明年，东三省总督徐世昌，奏请移罪犯于黑龙江省，以御俄国南下，据法部之意见，自三十四年以北京、直隶、山西、河南等省杀人犯中之情罪可原者，听其自愿携带妻子，发遣于黑龙江。当时东三省总督、热河都统、绥远城将军等，关于开垦蒙地之报告、章奏，在《谕折汇存》、《政治官报》中，几于层见叠出。然以主持诸人，操之过急，而所派官吏，与蒙古王公协议征收地租、垦费之事，又专营一己之利益，遂致蒙古王公积不能平，群起反对，隐以牧地日狭、生计被夺之词，煽惑蒙民，反抗政府之垦务，于是有啸聚数百人骑马担枪袭杀垦务局官吏之事。光绪三十四年，库伦办事大臣三多，派吏调查车臣汗部、土谢图汗部之开垦事务，亦尝受困于土谢图汗部之抗达多济亲王旗。然蒙古人对于移民实边之实行，既莫不疑惧反侧，而政府仍雷厉风行，不少假借，至宣统二年，遂将开垦蒙地之禁令，正式废止，合全国精力，贯注于殖民国防之大计。

（乙）裁抑喇嘛教之待遇　清以厚遇喇嘛教为抚驭蒙古之策，前既言之矣，然至第六代活佛之时，清廷对于活佛之待遇，不复如凤昔之优厚，自第五代活佛于道光十九年冬进京朝见后，以下三代六七十年间，无入京朝谒者，而恩赏特权，亦未尝颁赐。光绪四年，库伦办事大臣见活佛时，仅行换帕之礼，废向日之磕头，并令活佛起立迎接。近年以来，清之政治家，既日谋变法自强，扩张政权，杜绝列国之觊觎，恢复既失之权利，欲使国内外经济、政治，皆保守完全独立，而以蒙古、伊犁、青海、西藏等藩属之地，文化僿陋，教育低浅，莫非受宗教之蒙蔽，将举西欧诸国数十年始得解决之政教分离问题，一朝而解决之，而欲速不达之弊，兴于是矣。光绪三十四年，达赖喇嘛入朝，遂于待遇之礼节上，表见其所取之政略，时适两宫晏驾，达赖喇嘛，虽日在梓宫前唪经，而清之待遇，仅有形式，较之顺治时代第五代喇嘛所受之恩宠，厚薄迥殊。达赖喇嘛既含愤去京，政府更命四川边务大臣赵尔丰率川兵入西藏，占领拉萨，宣统二年正月，以达赖喇嘛图谋反叛，擅离招地之罪，革其位号。据喇嘛教教理，活佛死而不失其真，后身曰呼毕勒罕，其转生何处，能自预知，由其弟子迎而立之，清廷既废达赖喇嘛，因降旨谓此为伪达赖喇嘛，非真达赖喇嘛，令驻藏大臣别以真达赖喇嘛之呼毕勒罕立为达赖喇嘛，然清廷此举，在藏人究不免视为蔑视教理也。

　　清之裁抑教权，不独及于达赖喇嘛，青海之察罕诺们罕，实为青海番人信仰之中心，雍正时，曾以左祖青海和硕特部之反叛，起二十余万番人之大乱，至宣统二年，以阻挠青海之垦务，亦处严罚。

　　今库伦活佛，乃达赖喇嘛近侍之子，同治九年，由生于西藏拉萨之达赖喇嘛，选为库伦活佛，达赖喇嘛被废以后，其所选之库伦活佛，自不能无疑惧之念，适岗嶝喇嘛，在库伦木材厂，有殴打抢夺之举，库伦办事大臣三多，亲赴岗嶝逮捕首犯，被喇嘛僧二三千，聚众抵抗，三多大愤，捕缚数人，将处严罚，活佛闻之，即求见三多，请予宽宥，三多以此事关系国家之法令，及官长之威严，拒而不允，其被捕之喇嘛僧，皆活佛处近人，三多奏请皆加以重罪，并弹劾管理沙毕那尔（喇嘛旗）俗务活佛处最有势力之商卓特巴（官名）巴特玛多尔济，力迫岗嶝喇嘛车林多尔济交出，活佛大怒，遣人进京运动，将三多免官，三多是时方为政府信任，竟不见效，于是活佛遂叛清而附俄。

　　（丙）施行新政　光绪三十二年，改理藩院为理藩部，附设调查、编纂两局，着手调查蒙古之状况，定牧政、开垦事务、矿产、林业、渔业、学校等调查纲领十四条。宣统元年，与各部及各方面将军、大臣、督抚等，定协议施行之方法，其所取方针，大抵在以蒙古之财，办蒙古之政。二年，废开垦蒙地禁令时，并废禁止汉蒙结婚之法律，奖励赴蒙者携带妻子，又准蒙人用汉名，学汉文，聘汉人为书吏，用汉文作诉讼及各种公文，昔日恐习于汉俗而失蒙古淳朴之风者，今则惟恐其智识之不开，风俗之不变。是岁，理藩部设宪政筹备处，合并调查、编纂两局，又设藩政研究所，置咨议官，热心从事于藩政之研究。

　　其在库伦，则办事大臣三多，又新设卫生局、巡警队、简易学校、商品陈列所、动物市场、审判所、交涉局等，改革办事大臣衙门之官制，大加扩张，内地人员之办理新政者，络绎而入库伦，所需经费，则就地筹捐，设车驮捐局、木植薪炭捐局，课牛马税、木材薪炭税、盐税等新税，其为蒙人所不愿者，则为兵备处，兼募汉蒙人民，编练军队，以兵兼警之目的，赴直隶招募，其总办为军咨局参议官唐在礼，出示募蒙民为兵，以银十六万两建兵营于库伦之东，蒙民习于游牧，不愿充兵者，则强迫入伍。又开办张家口、库伦间之铁道，使留德学生张一鹏从事测量。是时施行新政之文告，十倍于前，印房司员，终日疲于翻译，库伦事务所前，每日必新揭文告，所用名词，皆蒙人所未尝见闻，于是蒙人疑惧不安之念，日以滋长，常恐千年以来之领土，为华人所掠夺，而无可立足之地。宣统三年六月，蒙古诸王公开大会议，共筹对付之策，其和平派主张促中国政府反省，要求首先停止军事施设，然以反对者多，遂为亲俄之说所胜，而抗达多尔济亲王，乃第一次赴俄，及亲俄派商卓特巴之巴特玛多尔济免职以后，活佛及诸王公反对三多之气炎益高，蒙古于是恃俄国之保护而宣告独立矣。

　　以上言旧属清国之蒙古附俄独立之颠末，至于独立以后，俄国势力之发展于蒙古，尤为迅速，蒙古之形势，几于日新而月异。中俄两国之交涉，实为《俄蒙协约》，今中俄条约业经成立，自文字上观之，似尚无可訾议，若夫蒙古问题，究将若何解决，则不能不期诸来日耳。

《东方杂志》（月刊）

上海商务印书馆东方杂志社

1914 年 10 卷 7、8 期

（李红权　整理）

俄蒙交涉之内容

许家庆　撰

本年四月七日，俄国外务部发表关于对蒙交涉之橙皮书，日人某君录其梗概，由俄京圣彼得堡寄至日本东京日日新闻社，揭载该社五月二十八、九二日报端，兹录其原文如左：

该橙皮书中，载一九一三年九月五日以后，至一九一三年十一月二十五日止，所有与蒙古问题有关系之文件，共一百零七件。第一件即载俄外务大臣萨绍诺甫氏与特派前赴蒙古专使廓索维慈氏之训词，此项训词，乃说明对蒙古政策之大本者，其大致曰：

> 我国（指俄）对于喀尔喀之政策，目的在不许有强大（指军事上之势力而言）之国家存立于此区域内，欲求达此目的，须厉行下列三条：（第一条）在喀尔喀设置民族的官宪之政治机关；（第二条）防遏中国军队之侵入；（第三条）拒绝中国之殖民。

迨俄国着手于对蒙直接交涉，而中国官场，始为之愕然。驻北京俄使克儿班斯基氏，是年十月六日，以电报通告俄政府曰：

> 中国外交次长访余，要求我国（指俄国）弗妨害中国政府之平服外蒙策，且请将中俄两国间争执之事，悉付诸一友邦之仲裁，以冀和解，余已断然拒绝之矣。

是时库伦之交涉，亦以意见冲突，搁置不议。蒙古官场，于中俄两面，孰从孰违，尚踌躇不决，既而决计宣告独立，则其欲望复见增长。十月十日，廓索维慈氏报告俄政府之电文曰：

> 蒙古政府希望完全之独立，所谓完全云者，谓不仅脱离中国一国之羁绊，对于所有外国，概不受羁绊，而为真正之独立。

是月十二日，廓氏又报告俄政府曰：

> 蒙古人首先主张者，为并合内蒙古，目下蒙古内阁会议，似以此为最大问题。

俄国外务大臣萨绍诺甫氏之覆电云：

> 蒙古如此之欲望，吾人不能负尽力相助之责务。

是月三十一日，萨绍诺甫氏又发如左之训电：

> 对于喀尔喀以外蒙古政府保证自治权之范围，帝国政府当保留其自定之之权利。

十月二十四日，廓索维慈氏将照蒙古政府之意改正之《俄蒙协约》草案，电告俄国外务大臣萨绍诺甫氏，萨氏再加修改，自是往返再四，乃于十一月三日，在库伦订结《俄蒙协约》四条，附约十七条，由库伦政府诸公与廓索维慈氏署名盖印。同时俄国外务大臣萨绍诺甫氏，电命驻北京俄使，将此项协约之成立，通告民国政府，且要求赞同此协约之精神，民国政府拒绝之。

中俄关于蒙古问题之交涉，从一九一二年之末，至一九一三年之末，经一年之久，波澜曲折，往复商榷，载于橙皮书之俄外务大臣致驻北京俄使之电文，竟有七十五件之多。是时驻北京俄使克儿班斯基氏，奉俄外务大臣之命，以严厉态度对付民国政府，不肯退让，愈交涉而锋芒愈锐。民国外交总长陆君，介于俄国公使与政府及议会之间，受各方面之压迫，至不能堪，遂辞职而去。自是以后，民国政府，于该协约之大体，虽已勉强赞成，惟尚要求修改字句，不肯遽尔承认。俄国外务大臣萨绍诺甫氏，乃突然于一九一三年七月十一日，电嘱驻北京俄使停止对华交涉，于是民国政府，遂屈己之主张，事事惟俄国是听。是年十一月五日，驻北京俄使与民国外交总长孙君，乃互换宣言书五条，惟此项宣言书之互换，不过中、俄、蒙三国关系确定上唯一之阶梯。旋即商定中俄两国，当再在恰克图，会齐三国专使，缔结三国协同之协约，然此恰克图会议，因蒙古政府托言左右，有意延宕会期，且派其首相至俄都圣彼得堡，施种种运动冀达合并内蒙古之目的，以是荏苒至今，未尝会议。自今以后，究将何时开议，殊不可知。

批阅该橙皮书时，当见俄国驻蒙使节致俄国外务大臣之电报，言蒙古官场之逡巡踌躇，颇有奇异之感触。例如廓索维慈氏，于十月八日，即彼行抵库伦后之数日，至俄国外务大臣之电曰：

> 余至此间，为日尚浅，关于蒙古之交涉，形势日非，此皆由于民国政府用种种威吓与甘言以惑蒙古诸公之效果也，交涉中最重要之人物，为达赖喇嘛。达赖喇嘛之言曰："现在蒙古政府，宜就民国乎，抑宜就俄国乎，两者之选择，洵属难事。"彼三音诺颜汗公，亦有联络民国之意，其踌躇不决之状，颇难对付。

磋商缔结《俄蒙协约》时，廓索维慈尝以紧急电报报告俄国外务大臣云：

> 达赖喇嘛、香托得柏及其余诸公排俄联华之倾向，颇有显然可见者。予确闻华蒙两国间之秘密交涉，依然暗中继续未已。

一九一三年俄国对华交涉正紧急时，即是年九月十二日，俄国外务大臣忽发一电与其驻蒙外交事务官米尔娄氏，电文曰：

> 得报告，谓活佛决计服从中国，确乎，速覆。

即此足见俄国当局之苦心矣，而库伦政府无一定之方针，亦可见矣。

夫俄国外务部之发表橙皮书，出于欲将对蒙政策公示天下之意，固不待言。惜所辑外交文书，多为世所已知者，并无发布何种新奇之消息。彼借款及财政监督问题如何，武器供给及教练官招聘问题如何，金矿、铁路及邮电租借权问题如何，所谓《俄蒙密约》之内容如何，乌梁海问题之结果如何，依然为外交界中之疑问，徒令世人之疑惑愈深耳。

《东方杂志》（月刊）

上海商务印书馆东方杂志社

1914 年 11 卷 2 期

（朱宪　整理）

内蒙古日人之调查

作者不详

日本陆军步兵第三十七联队大队长友森少佐最近前往古〔东〕蒙古各处视察一切情形，曾于十四日在大坂卫戍将校学术研究会报告东部内蒙古之情形，大略如下：

（一）地势：东蒙古地方，因有兴安岭脉起伏，以成地形，故山地甚多，即其南部为平坦大陆，北部则纯属山地，然东蒙古之山地，恪〔恰〕似满洲地势，而自成大陆之地形，故其余〔于〕军事上殊有绝大之价值。

（二）人口：东蒙古全体约达五百万人，此内蒙古人仅居其十分之一而已，其余则皆满人及汉人也。满汉两族之人口俱逐年增多，而蒙族之人口则逐年减少，而与满汉两族相较，适成反比例。查蒙族人口所以衰落之原因，一则男子多为喇嘛之故，二则因优胜劣败不自振作之故。

《兵事杂志》（月刊）

浙江兵事杂志社

1915 年 20 期

（丁冉　整理）

中、俄、蒙议定条文

登四年六月十六日《政府公报》

司法部参事室　录

大中华民国大总统、大俄国大皇帝、外蒙古博克多哲布尊丹巴呼图克图汗，愿将外蒙古现势发生之各问题，公同协商解决，各派全权专使如左：

大中华民国大总统特派都统衔毕桂芳、驻墨西哥特命全权公使陈箓；大俄国大皇帝特派驻蒙古外交官兼总领事正参议官亚历山大密勒尔；外蒙古博克多哲布尊丹巴呼图克图汗，特派司法副长额尔德尼卓囊、贝子色楞丹津、财务长土谢图亲王察克都尔扎布为全权专使。

各专使将所奉全权文凭互相较阅，俱属妥协，议定各款如下：

第一条　外蒙古承认民国二年十一月五日《中俄声明文件》及《中俄互换照会》。

第二条　外蒙古承认中国宗主权，中国、俄国承认外蒙古自治为中国领土之一部分。

第三条　自治外蒙无权与各外国订立政治及土地关系之国际条约。

凡关于外蒙古政治及土地问题，中国政府担任按照民国二年十一月五日《中俄互换照会》第二条办理。

第四条　外蒙古博克多哲布尊丹巴呼图克图汗名号受大中华民国大总统册封，外蒙古公事文件上用民国年历，并得兼用蒙古干支纪年。

第五条　按照民国二年十一月五日《中俄声明文件》第三条，中国、俄国承认外蒙自治官府有办理一切内政并与各外国订立关于自治外蒙工商事宜国际条约及协约之专权。

第六条　按照《声明文件》第三条，中国、俄国担任不干涉外蒙古现有自治内政之制度。

第七条　《中俄声明文件》第三条所规定，中国驻库伦大员之卫队，其数目不过二百名。该大员之佐理专员分驻乌里雅苏台、科布多及蒙古恰克图各处。每处卫队不过五十名，如与外蒙古自治官府同意在外蒙古他处添设佐理专员时，每处卫队不过五十名。

第八条　俄国政府遣派在驻库伦代表之领事卫队不过一百五十名，其在外蒙古他处已设或将来与外蒙古自治官府同意添设俄国领事署或副领事署时每处卫队不得过五十名。

第九条　凡遇有典礼及正式聚会，中国驻库伦大员应列最高地位。如遇必要时，该大员有独见外蒙古博克多哲布尊丹巴呼图克图汗之权，俄国代表亦享此独见之权。

第十条　中国驻库伦大员及本协约第七条所指在外蒙古各地方之佐理专员，得行使最高之监察权，使外蒙自治官府及其属吏之行为不违犯中国宗主各权利，及中国暨其人民在外蒙古之各利益。

第十一条　自治外蒙区域按照一千九百十三年十月二十三号《中俄声明另件》第四条，以前库伦办事大臣、乌里雅苏台将军、科布多参赞大臣所管辖之境为限，其与中国界线以喀尔喀四盟及科布多所属，东与呼伦贝尔，南与内蒙，西南与新疆省之戈壁，西与阿尔泰接界之各蒙旗为界，中国与自治外蒙之正式划界，应另由中、俄两国及自治外蒙古之代表会同办理，并在本协约签字后二年以内起首会勘。

第十二条　中国商民运货入自治外蒙古，无论何种出产，不设关税，惟须按照自治外蒙古人民所纳，自治外蒙古已设，及将来添设之各项内地货捐一律交纳。

自治外蒙商民运入中国内地各种土货，亦应按照中国商民一律交纳已设及将来添设之各项货捐，但洋货由自治外蒙运入中国内地，应按照一千八百八十一年《陆路通商条约》所定之关税交纳。

第十三条　在自治外蒙古，中国属民民刑诉讼事件均由中国驻库大员及驻自治外蒙古各地方之佐理专员审理判断。

第十四条　自治外蒙古人民与在该处之中国属民，民刑诉讼事件，均由中国驻库大员及驻自治外蒙古各地方之佐理专员，或其所派代表会同蒙古官吏审理判断。如中国属民为负责者（案此指民事被告而言），或被告人（案此指刑事被告而言），自治外蒙古人民为索偿者（案此指民事原告而言），或原告人（案此指刑事原告而言），则在中国驻库大员及驻自治外蒙古各地方之佐理专员处，会同审理判断。如自治外蒙古人民为负责者，或被告人中国属民为索偿者，或原告人，亦照以上会同办法，在蒙古衙门审理判断。犯罪者，各按自己法律治罪，两造有权各举仲裁和平解决争议之事。

第十五条　自治外蒙古人民，与在该处之俄国属民，民刑诉讼事件，均按照一千九百十二年十月二十一号《俄蒙商务专条》第十六条所载章程审理判断。

第十六条　在自治外蒙古，中俄诉讼事件，俄国属民为索偿者或原告人，中国属民为负责者或被告人，俄国领事或亲往，或由其所派代表会审，与中国驻库大员或其代表，或驻自治外蒙古各地方之佐理专员有同等权利。俄国领事或其所派代表，在法庭审讯索偿者及俄国证见人，其负责者及中国证见人，经由中国驻库大员或其代表，或驻自治外蒙古各地方之佐理专员，间接审讯。俄国领事或其代表人，审查证据，追求赔偿保证，如认为必要时，得令鉴定人声明两造所有之权利，并与中国驻库大员或其代表，或驻自治外蒙古各地方之佐理专员，会同拟定，及签押判决词，中国官吏有执行判决之义务。

如俄国属民为负责者或被告人，中国属民为索偿者或原告人，中国驻库大员及驻自治外蒙古各地方之佐理专员，或亲往，或由其所派代表，亦可在俄国领事署观审。

第十七条　因恰克图、库伦、张家口电线之一段在自治外蒙境内，故议定将该段电线作为外蒙自治官府完全产业。凡关于在内外蒙交界设立中蒙派员管理之转电局详细办法，并递电收费章程，及分派进款等问题，另由俄国、中国及自治外蒙所派代表组织之特别专门委员会商定。

第十八条　中国在库伦及蒙古恰克图之邮政机关仍旧保存。

第十九条　外蒙自治官府，供给中国驻库大员及驻乌里雅苏台、科布多、蒙古恰克图之佐理专员，暨其属员人等必要之住所，作为中华民国政府之完全产业，并为该大员等之卫队在其附近处，让与必要之地段。

第二十条　中国驻库大员，及其佐理专员，暨所有中国官员，使用蒙古台站时，可适用一千九百十二年十月二十一号《俄蒙商务专条》第十一条之规定办理。

第二十一条　一千九百十三年十月二十三号《中俄声明文件》、《声明另件》，及一千九百十二年十月二十一号《俄蒙商务专条》，均应继续有效。

第二十二条　本约用中、俄、蒙、法四文合缮各三份，于签字日发生效力，将来文字解释，以法文为准。

《司法公报》（半月刊）

北京司法部参事厅

1915 年 35 期

（李红权　整理）

恰克图会议后之库伦与海拉尔

作者不详

恰克图会议之结果，中俄政府，彼此称为满意解决者也。惟就最近之情形观之，今国人有不能满意者，约有二端。其一系库伦活佛及外蒙王公、大臣，不受民国政府之册封及奖励也。近据法文《政闻报》转载俄文报云：中、俄、蒙恰克图会议终结后，袁总统曾有函致库伦政府内阁总理大臣，其词谓恰克图会议，双方满意解决，外蒙仍内附民国，此后当群策群力，以期国家得臻富强，凡外蒙百凡改革，吾人当竭诚相助。现按照国家法律，拟择外蒙王公、大臣之卓著勋劳者，予以相当之奖励，务希将名单详细开列，即日递寄为嘱。库伦政府内阁总理大臣，闻接此函后，以为外蒙人民，应由外蒙政府黜陟而赏罚之，不当受民国元首之支配，袁总统此举，实欲干涉外蒙之行政事务，始终未将名单开列寄递。库伦博克多汗哲布尊丹巴呼图克图，又不受中央册封，并对于陈都护有不承认协约规定宗主权之意。兹闻政府为此问题，除由外交总长向驻京俄国公使提出交涉外，现议特派中国驻俄公使署二等秘书郑延禧，前往库伦与陈都护议商交涉办法。前月二十六日，并由外部致电驻俄刘使，征其意见矣。其二系海拉尔本不属外蒙范围，亦取消旧呼伦道治也。海拉尔自独立以后，添练蒙兵，设行政各种机关，款无所出，遂向俄人息借，将境内之路权、矿产、森林、渔业、畜牧等，尽充抵押品，先后与俄订立密约十八件。本年三月恰克图会议之先，俄人将此项密约，一一呈之于中国政府，当向中国政府，声明能将此项密约，一概承认继续有效，即行开议，否则无会议之余地。迨后开议，关于此件，双方协议多次，未能解决。最近闻驻京俄公使与北京外交部，已签定协约，其要项约有五条，即（一）取消海拉尔之独立；（二）废弃海拉尔总管胜福与俄国缔结之一切协约；（三）确认中国之宗主权；（四）废总管，改名都统，以胜福任之；（五）承认俄人有渔业、矿山、森林权。查海拉尔一名呼伦贝尔，原系黑龙江省之一部分，在前清末季，设胪宾府治，以其土宇辽阔，复设呼伦道缺以统之。及宋小濂为呼伦道，对于人民，专用搏噬手段，人民恨之，而郡王胜福，恨之尤深，缘宋硬将其荒地出放六七万圆，均入己之私囊也。辛亥之秋，内部各省先后独立，胜福见清政府无力顾及边陲，先与俄人议妥，后号于众曰：内省皆独立，吾等亦趁此逐宋小濂，率众□拥入道署，宋几被杀，赖俄商务委员（尔时俄在该地犹未设领事）救护，始得出境。自是呼伦无主，群奉胜福为总管而独立。今协约成，虽得取消独立，乃由俄人承认我宗主权，并旧府道治，不能规复，是诚一憾事也。

《青年杂志》（不定期）

上海新青年社

1915 年 1 卷 4 期

（朱岩　整理）

归绥现状与将来

录陕西《秦风报》

作者不详

归绥自划分区域后，口内人士，情形隔膜，鲜克知其梗概。吾漫游至各县，见其民生凋敝如故，吏治濡进依然，蚩蚩者氓，几不辨划分之利，甚有诋划分之非计者，此岂愚民可与乐成难与图始耶，抑分区之利未可以一时计耶。官僚心理不变，而重之以权，则图治易，病民亦易，士民实力不充，而竞骛虚名，则议论多而成功少。往者已矣，来者可追。居斯土者，应如何雄飞锐进，惨淡经营，以副创议者之深心与边氓喁喁望治之苦衷，吾不禁馨香遥祝。或曰，分省，归绥人之意也，建设特制，非归绥人之意也，果尔，则昔日乌、伊十二县联合会之目的，犹未尽达乎。

塞外风气闭塞，文化逊于腹地。归化号称对蒙贸易之第二市场，近且兼政治区划之中心，而无一商业学校，无一大书肆，无一阅报所，无一女学校，仅一普通中学校，而毕业人数，前后不过百人，其学务之幼稚，已可想见。中学校校长，现拟招考师范科一班、矿业科一班，附设于中学，并依次推及他科，于变通办理之中。为扩张教育之计，归绥学务之进步，或将以是为权舆，然育一英才，不如化百愚民之要，尚望有教育之责者，于社会教育、蒙民教育，加之意焉。

归绥舆论，以一年前为最显著，然县议会与商会，同为自治团体，而元年冲突最甚者，则归化县议会与商会。同一乌、伊十二县联合会，而前者则主张划分区域，后者则反对划分区域，此中蛛丝马迹，殊非局外人所能思绎。然竞争者进步之动机，舆论之成功，原不惧其纷歧，今日群情消极，万马齐暗，求为昔日之纷呶现象，不可得矣。归绥代表舆论之报纸，始为《归绥日报》，继为《塞外春秋》，近则一〔二〕报与《晋边报》，先后辉映，而正在筹备者，尚有《归绥时报》。该埠报界，几经跌落，而当局者始终不懈，曲折以达目的，令人钦佩。友告余曰，报在归绥，言论范围，宜不出归绥，否则浮泛而不易动人听闻，其言切中事情。并著新归绥小说，不日出版，考既往，述现在，测将来，异日归绥急剧发达，此书其操左券乎？

口北鲜古迹名胜，足以游目骋怀，极视听之娱，惟古寺召庙，大者建筑费十数万，盛时喇嘛数千人，虽崇山峻岭，荒郊僻壤，鲜不有召庙耸峙，颇极巨观。惜兵燹之后，多半残破，未免大煞风景。吾漫游至梅力更召附近，偶与某喇嘛谈话，语多龃龉，余异之，细察其故，则以该召辛亥、壬子间，被三林子、四林子党羽焚劫，某喇嘛愤闷不释，罕与途人往来，劫后余生，爱憎反常，原不足怪，而怨天尤人，意气用事，殊非宗教家态度。边地五族杂处，社交日繁，有人焉，随时随地，输灌知识，联络感情，则效力之巨，胜于连篇累牍之文告，惜弃乡远游者，率皆中下社会，而道高德隆聪颖才智之士，鲜肯托迹，不易收潜移默化之效也。

河套垦荒，近代时有所闻。前清中叶，率由农民向蒙旗租种，年限二三十年至四五十年不等（水田间亦有永租者），限内许退不许夺，然以契约含糊，豪强兼并，争界霸地之风颇炽，且旋垦旋荒，无足称焉。自贻谷办垦，推广水利，而后套垦务稍形发达。其杭锦旗、达拉旗粮地，率人民一次出资（每顷收地价二三十金至百金不等，原定三年缴清，而至今尚多拖累，然此多系强有力者，细民多不与焉），据为己有，国家岁征其租税（现尚未升科）。其达拉旗永租地，则地属蒙旗，渠属垦局（原议渠开至何处，地即放至何处，收入除修浚渠道外，三成归蒙，七成归公），垦户岁纳渠租与地租（渠租岁纳银五两，地租岁纳银二十至三四十两不等），而垦局代为经理。迨垦局取消，改设水利局，而永租地悉由商人包租，其有力者，并兼包水渠，然后套地广人稀，农民居无定所，地力稍减，或水势稍变，则弃而之他。兵燹之后，垦而复荒者，益多于前，地方元气，十数载培养之而不足，一朝摧残之而有余，良可慨已。河套达拉、杭锦两旗地，多已垦种，而乌拉三公旗地，则多荒芜不治。昆都仑东西牌界地，纵横各四十里，今春即有放垦之议，嗣以内部稍有纠葛，迁延至今，现官厅已办理就绪，行将放垦。东牌地，其地黄土兼沙，肥瘠不一。惟昆都仑河，山水来源，远在三百里以外，往往青天白日，山水涨发，且夏秋挟附近牧场腐殖物等废料而来，水色混浊，以之灌溉，可逐渐输送可耕土于地面，积久能使土质变易。土特默〔土默特〕北部，成例颇多，土人以其地近包头，故艳称焉。然昆都仑河下游，亦多资以灌溉之利，设上游分其水势，或不免有顾此失彼之虞乎。

　　乌拉旗荒地之交通便利、土壤膏腴者，首推三虎湾。三虎湾南傍黄河，中横可通舟楫之三虎河（三虎河系黄河分歧之支流，弧行二百里，复归黄河），北据森林丰富之乌拉山。昔年商民，亦承垦过半，大祲之后，始日就荒芜。其地由乌拉山西端，引黄河东行二百余里，退泄于昆都仑河，北部可成水田，由西公旗营盘西南引三虎河东南行，退泄于黄河，则中滩可成水田（中滩，即黄河与三虎河间之淤积土，长百余里，宽二十里上下，现商民已承垦十分之五六）。北部之渠，退泄于昆都仑河，则昆都仑西牌地悉资灌溉，而迤南之诸农村，咸沾余润，利甚溥也。

河套耕种习惯，率贪天之功，不尽人力，然以地理之异，耕种习惯，亦不无小异。鄂尔多斯南部，沙梁起伏，间有当水草之低地，土人筑室以耕，风力变迁地面，此方之旋涡，逐渐湮没，彼方之旋涡，逐渐构成，土人复舍此就彼。后山旱地，本年休息之田，秋间犁草覆土，名曰压青，次年播籽之后，即毕乃事。至黄河沿岸，土地平坦，水渠四达，居民夏秋引水于田，深数尺，至霜降犹浸散不尽，来春草腐冰解（表土甫解冰时，即须撒种，过此即苦泥泞），地面饱收水量，复以水冻冰体积涨之故，而表土疏松，大抵不犁不锄，即庆丰收（河套地多以胶泥粘土构成，但使地内蓄水深厚，性极耐旱），亩地岁获一石，犹以为常岁，盖土沃人稀使然也。

归绥人口，以土默特平原为最繁盛。毕齐克齐、察什齐、沙尔沁诸村，居户或一二千，或三四千，树林森翳，园艺优美，不亚腹地。而大青山北，包镇以西，则人户稀少，缘内地豪商大贾，其资本家率采幼稚时代之监督主义，不愿其眷属离乡，而永租地与年限地，地产多非垦户所有，鲜肯竭全力以经营，稍有积蓄，则挟资归故里，甚或春去秋来，靡有定居，无殖田园、长子孙之计。吾国民乡土关〔观〕念本深，复无家族团结力以维系之，则生聚之难，无足怪也。

宁夏据黄河上游，水峡引水，取舍如意，故谚有"天下黄河富宁夏"之语。

后套形势不及宁夏，而沟洫颇称便利，其大渠率由西南而泻，东北退泄于乌加河。乌加河为黄河故道，容量颇大，然以多年淤塞，下游已与黄河隔绝，故乌梁素海（距黄河八十里）附近之东西达拉淖、二分子诸农村，水患年甚一年，现居民为退水计，拟排除障碍，使乌梁素海与黄河通，尚未竣工，他日如能继续扩充，疏浚全河，使可通舟楫，非惟可免水患，兼收交通之利，裨益社会甚大。然工程颇巨，需款浩繁，非公家竭力提倡，不易观成。至河套，黄河水势纡缓，险阻极少，船舶可由宁夏、包头河口而抵河曲（河曲以下，水势稍猛，船舶多不搭客，碛口以南，形势益变，货船亦鲜敢下驶）。昔英人某，试制小轮船一艘，溯流而上，嗣以不免搁浅诸弊，遂未推行。他日人口繁盛，商务发达，以人力疏浚之，轮船之利，当能见诸事实也。

贺兰山一带，地据河套，土地肥沃，向为产粮饶富之区，而今春五原境内，斗麦涨至六七元，宁夏一隅，斗麦涨至十二三元。昔之顺流而下者，今则溯流而上，推其原因，则以兵燹之后，家鲜储蓄，而年前边地种烟颇夥，亦产粮顿减之一大原因。毒卉之害嘉禾，理无可逃，而鸦片之流毒，非惟使吸之者富有惰性，兼使种之者失其常性。本年燕、齐、秦、晋之民，贪阿拉善诸地种烟之利，趋之如归市，迨烟苗犁毁，则废然而返，一似此外无足当意者。社会徼幸之风炽，则群情趋之如鹜〔鹜〕，虽破产伤生而不惜，社会负若辈乎，若辈负社会乎，吾不暇究。惟全国禁绝期限，转瞬即届，而国民心理，犹执迷不悟，吾为此惧。然利令智昏，而盲从孤注者，岂独愚民，彼宦情热中，趋炎附势，前仆后起，老死而后止者，皆愚民争趋种烟之类也。

归绥地大物博，光明宝藏，郁极思发，而民业凋敝，触目惊心。乌拉山号称森林丰富，而非深山幽谷，不见畅茂气象。土默特平原，号称人户繁殖，而距归化二十余里之旷野，尚弥望荒芜（昭君坟距归二十里，迤西尚有大段荒地，纵横均十余里）。乌、伊两盟，号称牧畜业繁盛，而牲畜价目，近几与内地相埒（此固由于军兴之后，征发者多，而外蒙牲畜不至，亦近边滋生顿减所致）。他如枣、梨、苇、竹，不生园囿，器皿制造，来自远方，渔猎无保护之律（大青山一带产鹿暨山羊、黄羊、青羊等），矿石有采取之禁（产煤、水晶、石棉等，蒙人迷信风水，多未开采）。而大段荒地，逾千百方里者，尤数见不鲜，民业萎靡不振至此，文化之发达，教育之普及，收效何年，益非所知已。

归绥民业不振，有历史上原因，有交通上原因，而官厅保护不力，亦一大原因。武川建厅多年，而县治或主设于乌兰华，或主设于可可以力更，至今县尹犹驻归化。五原建厅多年，县治拟设于隆兴昌，而县尹至今仍驻萨境。有设治之名，无设治之实，缘是而二县居民鲜少，盗贼潜滋，秩序每逊于他县。现潘都统、孔师长，维持公安，不遗余力，赵友琴团长，复好提倡公益，苦口演说，归绥前途之幸福，或以是而渐增。朝鲜亡国以来，东北边防，重于东南，《俄库密约》而后，西北边防，复重于东北，筹边者苟能强固吾圉，使百废俱举，远方之人，趋之如归市，非独一隅之福，实全局之福也。

抑又思之，归化城位于土默特广漠之平原，当中蒙贸易之孔道，凡客货之往来京、津、新、甘、乌里雅苏台、科布多诸地者，鲜不经过此地。包头复以南临黄河，繁华与之相埒，他日商埠发达，交通便利，中蒙贸易之市场，一变而为环球互市之要地，文明进化，一日千里，其气象当别开生面。然门户洞开，机会均等，此后利害复杂，能否不为外商经济势力所披靡，则不可知之数。今锣鼓争鸣，舞台犹空，时不可失，势大可为，尚望内地父老兄弟注意焉。

《东方杂志》（月刊）

上海商务印书馆东方杂志社

1915 年 12 卷 2 号

（朱宪　整理）

恰克图会议之经过

高劳　撰

中俄关于蒙古之交涉，依民国二年十一月五日所订协商文件（见本志十卷六号《中俄关于蒙事协商之成立》）之结果，凡该协商所未及规定之各项事宜，两国应另行商订，外蒙古亦得参与其事。故中政府于协商订立后，即派专使毕桂芳、副使陈箓，会同俄国所派代表驻库伦总领事米拉特，及库伦所派代表三音诺颜，于民国三年九月八日，在恰克图开始会议。重要议题之基于协商条件者：（一）中政府遣派官吏之驻扎地点问题（协商声明文件甲，第三条）；（二）中、俄、蒙利益关系问题（声明文件甲，第五条）；（三）政治上、土地上交涉规定细目问题（声明文件乙，即交换公文第二条）；（四）划界问题（交换公文第四条）。数者之中，以境界问题，最为困难。

当开会之始，毕使宣言："此次会议，为中政府与外蒙古规定自治区域之交涉，俄国乃居于仲裁之地位，与国际之外交会议不同。"并宣言："前清圣祖时，准噶尔恃强东侵，四部落人民，遭其残害。清师征服准噶尔，规复四部落土地，各王侯感恩怀德，乃以外蒙古全部，为中国之领土。清末政衰，革命事起，隆裕皇太后不忍生灵之涂炭，举完全固有之领土，让之民国。民国政府，认定此旨，凡从前清承受之领土，丝毫不得损失，内蒙各旗，既已全体赞成，外蒙事同一律，盖其为中国之领土，固由继承而来者也。此等意旨，已载于中俄协约宣言及其文件中，今之会议，实基于此，内蒙承认此旨，已无待言，然外蒙迄无何等之表示。本专使特于开议之始，要求外蒙代表，宣布正式且确实之承认，庶会议上得根据之以进行。"毕使又言："外蒙古应将独立及帝号正式取消，其共戴之年号，亦应废去，而用民国之年号。"此次会议，中国政府所要求者，一以中俄协商条件为范围，其大要不外：（一）地方自治之地位；（二）邻邦特别之利益；（三）宗主权及领土上当然所有之权利而已。嗣后三次会议，均无结果。至九月二十三日为第四次会议，毕使提出草案四条：

> （一）外蒙古应承认《中俄宣言书》及协商条件；
>
> （二）外蒙古应声明无独立之事实；
>
> （三）外蒙古应承认取消帝号，而用哲布尊丹巴呼土克图
> 名称；
>
> （四）外蒙古应承认取消共戴年号而用民国年历。

此条件提出后，外蒙代表谓取消帝号、年号，无讨论之余地。至由宗主权发生之自治，外蒙应享如何之权利、义务，要求毕使说明。毕使则要其先行承认四项之条件，相持不决。二十六日，复为第五次会议，毕使对于前次所提条件，再加说明，略谓："本会议基础于《中俄宣言书》及协商文件，如无该宣言书及文件，即无本会议也，故外蒙代表，不可不完全承认，俄国居于调停之地，当努力忠告外蒙，令其服从中央。"讵外蒙代表仍借不明宗主权及自治权之解释为口实，毕使复声言："外蒙不徒应取销独立，且当声明无独立之事实，盖俄国虽屡有承认外蒙自治之宣言，而未尝承认为独立国，故于国际上无何等独立之事实，若从中国观之，则其独立为反抗中央，破坏领土完全，决不能容许者也。又废除帝号，亦当然之事。俄国代表谓活佛惟称博克多汗，未尝称皇帝，不知蒙古文无皇帝事样，博克多汗与皇帝，意义相同，乃

蒙人形容一至尊圣主之称谓。且前清皇帝，亦常称博克多汗名号，中俄公文中曾屡用之。俄国代表又援摩洛哥等之例，主张自治地方不妨称帝，但其所引者，乃保护国之例，不适用于领土一部分之自治地方。至年号当废，其理甚明。本委员所主张者，乃年号而非年历，年历之或阴或阳，不妨听其择用，惟因文书划一必要时，则年历亦应用阳历耳。"

是日会议，仍无结束〔果〕。盖俄国代表，对于令外蒙承认中俄协商条件一节，缄默不言，而于独立问题，亦不表示何等之主张，至取消帝号之谈判，且从而为之辩护，无怪外蒙之顽强而不肯就范也。旋于十月八日，复开第六次会议。毕使就宗主权及自治权，为大体之解释，略谓中俄协商文件，虽许外蒙古以自治权，而其范围，固记载于文件（文件甲）第三项，中国对之之领土权、宗主权，亦明记于文件中。该文件内并无蒙古立国等字句载入，则其权固在于中国也。抑宗主权者，不过对于一国内之某地方完全主权，加以某种之限制，查历史之先例，在完全之主权国，因其国内某地方要求某种权利而给与之，遂抛弃其主权之若干分，而立于宗主国之地位，但其范围，悉由该主权国单独之意思定之，而以单独命令行之。今中国乃就自治权之范围，而定宗主权之界限，明白讨论，在中国已极端让步，外蒙古当承认之而不宜妄有希冀也。又自治区域，已规定于声明文件（乙）第四项，当据之而为境界之勘定，而外蒙代表，乃有自行划定区域之意，殊堪怪讶。今中国政府，以中俄邦交和好为目的，将前提出之四条，加以修正如左：

　　（一）外蒙古承认中俄协商之声明文件；

　　（二）外蒙取消独立，中国承认外蒙为自治地方；

　　（三）活佛得称为博克多哲布尊丹巴呼土克图汗，由大总统任命之；

　　（四）外蒙古正式公文，用中华民国年历，并得兼用干支纪年。

　　是日会议，仍无结果。其后叠次开会，至十一月下旬第十二次会议，活佛始承认废除帝号，嗣复继续讨论，至十二月二十六日，得解决如左揭之十款，尔时喧传协约成立者，殆即指此也：

　　（一）中国承认俄蒙条约；

　　（二）中国承认蒙古之自治；

　　（三）外蒙古取消国号；

　　（四）活佛取消帝号；

　　（五）外蒙古遵用民国年历及服制；

　　（六）中国政府置统监于库伦；

　　（七）中国得于其官吏所在地置护卫军；

　　（八）外蒙古之对外关系，由中国官宪处理；

　　（九）外蒙古之实业，中俄两国有同等之特权；

　　（十）规定活佛觐贺总统之仪式。

　　右十项，据传闻谓，已于一月三日正式签字。此外尚有七项，现在协议中。七项中最重要者，约有三项：（一）裁判问题，毕专使主张，凡中、俄、蒙人民间有交易契约等之纷更而发生诉讼时，由中蒙官吏会同裁判之，俄国代表，则依据一九一三年《俄蒙协约》，主张由俄国领事与蒙官组成之混合裁判所审判。（二）关税征收问题。（三）境界问题，此问题最为困难，中蒙两方，各坚执不让，颇难妥协。中政府拟据《尼布楚条约》、《恰克图条约》、《勘分西北界约记》、《科布科条约》、《乌里雅苏台条约》、《勘分黑龙江东界约记》、《塔尔巴哈台界约》、《伊犁界约》、《喀什噶尔西边界约》、《重勘珲春东界约记》等，以为划界参考资料，俟闭会后，即由毕专使会同外蒙代表办理云。

《东方杂志》（月刊）

上海商务印书馆东方杂志社

1915 年 12 卷 5 号

（朱宪　整理）

西蒙宣抚使请愿蒙古优待条件

作者不详

西蒙宣抚使塔旺布理甲拉为请将优待蒙古条件编入宪法，特致函参议院云：前据西蒙乌兰察布盟盟长暨各旗王公等请愿，将优待蒙古各条件加入宪法，业经本使据情转达在案。兹据锡、乌、伊三盟盟长暨各旗王公再恳呈称：民国肇造，五族一家，内蒙各盟旗首先景附，翊赞共和，是以优待蒙古各条件载入《临时约法》，五年以来，履行罔替，凡我蒙人，固已欢忻鼓舞，感泐莫名矣。惟是法积久而易弛，非泐诸宪典，不足坚人民倾向之心。况外蒙倡乱以后，不肖匪徒造谣煽感〔惑〕，内蒙各盟旗被其勾引者，实繁有徒，匪势蔓延，迄难扑灭，欲抚不得，欲剿不能，致令沿边一带蒙众，当陷于水深火热之中。当此人心浮动、希望将绝之时，设非将优待各条件列诸宪典，宣告蒙民，窃恐拱卫畿甸之蒙疆，以不转瞬而呈破裂不完之险象。为此合词吁恳，务祈据情转达，将优待蒙古各条件，重新提出，编入宪法，以期效力永存，遵守不渝等情。据此，本使查优待蒙古各条件，前既载在约章，此后编纂宪法，自应继续列入，以昭大信，而奠邦基。据呈前情，相应函请贵院查照，准如所请，以慰蒙民喁喁望治之心，是所企祷。

《商业杂志》（月刊）

上海中国商业函授学校

1917 年 2 期

（丁冉　整理）

外蒙议员问题

鲠生　撰

　　外蒙议员名额，《国会组织法》之所规定，根据《临时约法》之精神者也。外蒙对于民国之法律上关系，则因《中俄协约》暨《中俄蒙恰克图条约》生变动。而斯两条约者，发生于《临时约法》、《国会组织法》制定之后者也。国会重开，外蒙议员依法以列席，俄政府则执条约以抗议。国人向不经心之外蒙关系，忽影响及于国会议席问题。问题之来，出于意外。吾政府对外则感于条约之解释，对内则限于国法之规定，数月以来，苦于对付无术。今虽婉词以谢俄使，暂息其抗议之锋（一），然如斯悬案，终有待乎根本之解决，平情讨论，吾人之义务也。

　　今日所谓外蒙议员问题，实具有两重关系。第一为对俄交涉问题，即根据《中俄条约》，俄政府是否有反对外蒙议员列席吾国会之权利是。其次为关于国会之组织，即在《中俄》、《中俄蒙条约》成立，外蒙对吾关系一变之今日，吾国会是否尚有容外蒙议席之必要是也。前者为国际争议，后者为国法问题。两者虽生于同一事情，究各别为一个问题，为图根本解决之方，仍当分别研究。今请先论第一问题，而后及其次。

　　（一）对俄国交涉问题　根据《中俄》、《中俄蒙》两条约，俄国对于吾国会外蒙议席，果有抗议之权乎？交涉之起，根据于此两条约，吾人第一着之研究，即在此等条约自身之效力。使此等条约而能证为无效，则俄政府抗议之根据打消，对俄交涉问题迎刃而解。然察今日国内对于此两条约之效力问题，尚无定论，综而观之，要不外归于两说：

甲说 《中俄》、《中俄蒙》两条约，绝对无效。盖据《民国临时约法》第三十五条，总统缔结条约，须经参议院之同意。而据二十八条，参议院解散，其职权由国会行之。缔约之权定诸《约法》，国会实与总统共之。《中俄》、《中俄蒙》两条约，未经国会同意，而由总统袁氏单独擅行缔结，斯为违宪。违宪而立之约，当然无效。吾政府可直通告否认此两条约，俄政府对于外蒙议席之抗议云云，更不成问题矣。

乙说 《中俄》、《中俄蒙》两条约，依然有效。盖依据《民国约法》，总统缔结条约，虽须经国会之同意，然而总统之遵行此规定与否，纯为吾国法问题，内政问题，非外国政府之所及知。彼但认元首为一国对外之代表，其批准之条约，于国际上发生效力，国民可问责其违宪，而不能溯及的取消其对外代表之资格，否认其所缔结之条约。袁氏虽未遵《约法》，《中俄》、《中俄蒙》之两条约，究以出吾国元首之名义缔结，今而否认其效力，非吾国民所以对外昭信誓也。

由甲之说，则民国国会重开以前袁氏专政时代，违反《约法》而行之事，固不止于缔结条约，违反《约法》而缔结之条约，又不止《中俄》、《中俄蒙》两约。如以违反约法之理由否认此两约效力，是非举袁氏在世违反《约法》所出之一切法令、条约而悉宣告无效，不足以塞俄政府之口。而今日之事实，岂其然者，其势之不可能，则又可以常识推知也。由乙之说，则凡民国元首缔结之条约，不论其循《约法》规定与否，于国际上悉有拘束民国之效力，过去如是，未来亦何不可援例。设他日民国政府漠视宪法规定，擅以总统单独之行为与外国立约，吾国民亦将默负此条约之义务乎？是则宪法之规定，等于虚文，民国在国际上关系，随一人之意志以拘束，外交之危险与专制君主时代无殊矣。可知甲、乙两说者，皆偏于一面之观察，于本问题不能与以真正之解决也。

今欲断论此两条约之效力，要在分别平时与变时之关系。通常一国与外国缔结条约，虽由元首出名，然其代表资格之为绝对的与否，仍各视其国之宪法上有无限制以定。代表资格者，在国际法构成条约之最要条件，犹之契约当事者之资格在私法契约最为重要也。一国政府与他国缔结条约，彼此当各注意固有宪法之规定，苟一国之宪法上对于其元首之缔约权设有限制，斯元首之代表资格，非绝对的，必待遵循宪法之规定以行动，而后缔约有效。非然者，不仅其专断立约在国法上发生违宪问题，在国际上亦失代表国家之资格。立约不足以拘束国家，国民当然否认其效力。而条约当事者之他国政府，不能执此以强其国民履行条约之义务。是则缔结条约之通则，国际法家共认也。俄滨罕者，当代国际法学家之观察最周到者也，其论缔约权也，特注重于宪法之限制，曰："据国际法，国家之元首，为行使一国缔约权之机关，然而对于元首之行使此项权力，常设有宪法之限制，则又国际法所重视也。条约之经元首或其委任之代理缔结，而违背此等宪法之限制者，不得为真正之条约，于该国家不生效力，盖其国家之代表缔约已越权也。此等宪法之限制，虽在英国不关重要，而在其他各国宪法，则极重视之。据法国宪法第八条，总统行使缔约权，然而讲和条约及关于通商、财务与其他事项之条约，则非得法国议会之赞同，不生效力。又据德意志帝国宪法第一、第四、第十一条，德皇行使缔约权，然关于国境、通商及其他项事宜之条约，须得帝国议院与联邦参议院之赞同，始有效力。又据美国宪律第二章第二条，总统批准条约，须得元老院之同意。"（二）吾《民国临时约法》第三十五条之规定，与法、德、美各国之宪法规定同一精神，原在限制元首之缔约权。总统越此限制以缔约，斯为违宪。外国政府不审清吾宪法规定是否遵行，贸然与吾总统缔约，是错认代表资格，其结果则条约无效，罪不在吾国民之不守条约信誓，而实缔约之外国政府疏于审察之过也。然则《中俄》、《中俄蒙》两条约，不其全无效力，如甲说所云乎？曰是又不然。予上之所论，就平时详言之，即就通常国家政治循正轨，未有政变、内乱时言之。使《中俄》、《中俄蒙条约》而缔结于此等平时通常情状之下，未循宪法规定，其无效力，法理之当然。然事实固有大相反者。《中俄条约》缔结于民国二年冬月，正值国内鼎沸，内乱政变之交。《中俄蒙恰克图条约》之缔结，则在国会解散，《约法》蹂躏，袁氏独裁政治之时代，是皆去通常情状已远而值国家变时也。国家不可一日无机关，当一国国内政出常轨，武断代法治之时，外国政府但认一权力之中心而与之接洽，合法与否，非其所问，实则事实已不能顾此，盖时则法已不存在，无所谓合法不合法也。合法之政府（Dejure Government）不存在，则外国政府求"事实之政府"（De facto government）以为对手之交涉机关，此则国际交涉之通例，国际法家所承认也（三）。外国既在变时有与事实之政府交涉之权，则交涉所生之结果或为一时协定，或为永久条约，当然发生效力。而将来之"合法之政府"出现，势必继承其义务，则征之各国先例及吾国实情，皆不能否认也。《中俄》、《中俄蒙》两条约，实成立于此等变时，缔结于事实之政府之手，此两条约若何有伤国权，他日是否须有改订之必要，当别为一问题，而在民国议会重开、合法之政府建立之今日，究不能否认其效力，则予敢断言。

《中俄》、《中俄蒙》两条约之要点，在认吾国在外蒙有宗主权，外蒙有自治权，吾与俄国均不干涉外蒙内政，其真性纯限制吾在外蒙之权利，而并无绝对断绝吾与外蒙一切政治关系之规定也。条约禁止吾干涉外蒙内政，并不禁止外蒙参与吾国政也。

今日之问题，其属于外蒙内政耶，抑属于吾内政耶？如其属于前者，则俄国根据条约，当然有抗议之权；如其属于后者，则违约之问题无由成立。今试细究一国议会之作用，则知吾国会之有外蒙议员，全然与外蒙内政无关，有此议员，非吾所以干涉外蒙内政而实吾令外蒙得以参与吾国政，外蒙议员特吾国会之一分子，其职务在讨论吾国全局问题，国会所立之法，施约于民国，国会所议之事，关于全国之事，固与外蒙内政问题诚风马牛之不相及。吾国今日犹应许外蒙有选出议员参与吾国政之权与否，全然属于吾内政问题，与《中俄》、《中俄蒙条约》漠不相涉，俄政府今日之抗议，实容喙于吾国人之组织，干涉吾内政也。俄政府举加拿大自治在英伦国会无议员之例，以证其抗议之理由，俄政府其将以吾国今日对外蒙之关系，拟之英帝国之于加拿大耶？果尔，则循此类推，吾国会于外蒙当行使最后之主权，吾元首当然长外蒙之行政权，非惟吾一切法律得生效力于外蒙，外蒙一切法律，须最后得吾政府裁可，外蒙之内政，且将由吾元首任命之总督以其名义执行之。俄政府能容认此状态乎？能不为违约之抗议乎？吾知俄政府于此亦将觉其比类之失当矣。且即以加拿大在英伦国会无议员而论，非英伦无设加拿大议席于巴力门之权利，实英国自身今日尚不愿有此等殖民地代表参与帝国议政也，盖选出议员于母国议会，与属地自治之权并无妨害，但使母国愿授与此项参政特权于属地，两者固可并行不悖也。今吾国会之有外蒙议员，果何害于外蒙之自治？《中俄》、《中俄蒙》两条约，除禁止干涉外蒙内政外，并别无禁止外蒙参与吾国政之规定。吾今自愿与外蒙以此特权，俄政府抗议，果何由成立？今日吾政府惟有以直切了当之语答覆俄使曰：外蒙议员之应否存在于吾国会为吾内政问题，吾自有处分之自由，毫无涉于蒙之内政，俄政府在条约上无抗议之权利也。

（二）关于国会议席问题　谓在条约上俄国无干涉吾国会外蒙议席之权，不必即认定在国法上，吾今日尚须有外蒙议员也。国人徒愤俄政府之无理干涉，而辄忘乎外蒙议席之存废，在吾自身亦急需解决之问题。吾固不得因俄国之抗议，即取消外蒙议员以遂其要求，然在外蒙关系变动之今日，从前《国会组织法》之规定，是否不须修改，亦不可不深思也。国会组织之规定有蒙古议员，以其服于吾统治权之下，秉五族一体之精神，凡我领土均有参政之权也。《中俄条约》、《中俄蒙恰克图条约》订立之今日，吾对外蒙地位已经变迁，外蒙完全自治，而吾拥宗主虚名，对于其一切内政，吾统治权既无所施，而犹为彼设议席于国会，与彼以同等之参政权，是岂权利之得其平者耶？夫国会代表者，人民一种之权利，而又为其职务也。往昔代议制之初兴于英伦也，议员之选出，实随纳税之义务而生。因有纳税之义务，所以有出国会代表之权利。今外蒙于吾国果尚尽纳税之义务耶？无纳税之义务，而有国会代表之权利，不诚与代议制度之原意大相刺谬耶？近世代议政治之观念，虽不必根据纳税，然选举议员，一方面为行使参政之权利，一方面为尽议政之职责，则不易之原则也。于外蒙内政全然脱吾范围之今日，果尚有与以参政权之必要乎？彼以秦越不相关之地域代表，果能在国会尽议政之职责乎？是不待智者而知其不然。予前既言之，今日加拿大及其他英领自治殖民地，于英伦本国议会无议席，非以其与属地自治不相容，而实英本国在今日未成联邦之时代，不愿有利害关系疏隔之殖民地之代表参与本国内政也。吾今日对外蒙之关系已远疏于英国与其自治殖民地之关系，乃犹许外蒙参与吾国政，宁为得当耶？此就理论言，予敢谓外蒙议员今日已不容再存在于国会也。

即就事实观之，今日外蒙议员之存在，果名副其实乎？试一览蒙古议员名单，真出于外蒙人民之选出者谁何？其为外蒙人或与外蒙有特别关系、熟悉外蒙情形者又有几人？稍具常识，无不惊为奇象。如此性质之议员，而美其名曰外蒙代表，不谓之掩耳盗铃不可得矣。吾国家苟欲增加国会议员名额，则就各省名额分配增加之可耳，又何必假外蒙之名，以造此有名无实之选举区哉。此等空套，非惟有伤国会尊严，抑且举一部议席之与夺操诸少数人之手，实所以长选举请托之弊端，增国会腐败之空气，非立宪政治之下所应有之现象也。或曰，如今日外蒙议员之实况，诚与其有不如其无；然选出之法，独不可以图改良以求得真名副其实之外蒙代表耶？何必因噎废食也。予敢应之曰：改指派之制为选举，俾外蒙人民举出真正之代表列席吾国会，诚具备议员选举之形式，而免上述少数人操纵之弊端矣。然一弊去一弊复起自他方面，且为害或更甚于现在之制度，则又立法者所不可不熟察也。夫所贵乎人民参政者，以其与国家共休戚，有密切之利害关系也。外蒙对于民国之休戚，果关痛痒耶？彼于吾内政果感何种之利害关系，可以启其公益之精神耶？吾不能无疑。实则据现在表现之情况，则岂惟不感利害关系，外蒙且对于民国挟多量之敌意，明眼人所共认也。如是则设想真正之外蒙代表列席国会，果何以与其他议员同发挥急公爱国之精神，果何助于吾议政之作用，吾窃恐其漠视公益，专为捣乱之源，其结果则国会一部分子行动奇离，政党均势，时生变动，于国会政治之运用，生莫大之障碍。英国巴力门之爱尔兰议员已为显例，而欧洲大陆各国议会之所谓"不相容分子"（The irreconcilables）之捣乱之可为前鉴更不待言，吾今果有何必要而自招致此等分子于国会也？当数月以前，爱尔兰自治问题最后解决案之协商于英伦政界也，爱尔兰议员存置英伦巴力门之额数即为该解决案破坏之一大原因。盖统一党领袖诸公，深以爱尔兰自治实行以后，仍拥有多数议席于英伦巴力门，大有害于英伦议会政治之运用也。吾今许彼不感利害关系，且挟敌意之外蒙选出议员于国会，其有害于议会政治，不且更甚于英国巴力门之有爱尔兰议员乎？此就政治实际言，外蒙议员名额亦不容再存置也。

顾说者曰，外蒙议员之存在，有害无利，诚如子言。然于今日而撤消外蒙议席，独不显示外蒙领土丧弃之象，为五族一家之中华民国遗一缺陷乎？则予敢应之曰：严格言之，外蒙在今日是否尚为吾领土，已属疑问。如拙著《宗主权论》所述，借曰领土，领土之表征究在国权之行使，而无与于议员之有无。印度、加拿大诸地非英国之领土乎？彼等在英国巴力门，固未尝有议员也。使吾而于一地域得行使最高无限之国权，对于其政事得下最后之判决，则其地虽不出议员，何伤乎领土之性质？反之而主权丧失漠不相关，虽许彼选出代表，何补于吾国权？代议之制，发达于近世，领土之观念，远在代议制度之前，两者初无不可离之关系。本为领土，断不因撤消议员而失其性质。格兰斯顿之第一次爱尔兰自治案，爱尔兰议员全部除出英伦国会，人固未尝以此为放弃爱尔兰领土而攻击之也（四），然则吾又何所顾忌而必存置外蒙议席于国会哉？

予今请为结论曰：予承认《中俄》、《中俄蒙》两条约有效者也，予不承认俄政府根据此两条约有干涉吾国会外蒙议席之权利也。然予以为在此两条约存在、外蒙关系变动之今日，外蒙议员已失存在之必要，吾当急自处分之。今日不即提出一法案，取消外蒙议席，则他日正式宪法上，不必再设外蒙议员之名额。是非俯循俄政府之要求，而实国法上就吾本国利害关系应有之变更也。予为此论，予非绝对断念于外蒙之为吾领土也，予非谓《中俄条约》即永久的决定吾与外蒙关系之运命也，予非谓将来不有外蒙服归于吾完全统治之下，国会再置外蒙议席之一日也。予不信已覆之水不可收，予固对于民国之版图抱无穷之希望者。特未来之希望自希望，现在之事实自事实，误解现在之事实，转失希望之目的。真欲策国家进行之方针，最要莫如认定现在之事实。此则本论主旨之所在，当为读者所谅也。

（一）外交部答覆俄使似以现正制定宪法，外蒙议员暂时存在，容缓解决为词，而未严词以拒，否认其抗议之权利。

（二）Oppenheim, International Law, Vol I, pp. 545-546.

（三）Dlspangnet, Cours de Droit International Public, pp. 692-694.

（四）Political History of England, Vol. XII, pp. 378-379.

《太平洋》（双月刊）

上海太平洋杂志社

1917 年 1 卷 1 期

（李红权　整理）